Cousin

Cousin

à la bonne fortune.

· LE TRES-PARFAICT
PRATICIEN
FRANCOIS.

CONTENANT LES PLVS
frequentes & ordinaires queſtions de pratique, tant en matiere Ciuile & Crimnel-
le, que Beneficiale & Prophane, digeées
par demandes & reſponſes. Auec vn For-
mulaire de pluſieurs Lettres Royaux.

NOVVELLE EDITION.

Reueu, corrigé & augmenté d'vne ſeconde par-
tie, contenant grand nombre d'inſtructions tres-
neceſſaires pour la pratique des Cours de
France.

Par M. VINCENT TAGEREAV, Aduocat en Parlement.

A PARIS,

Chez CARDIN BESONGNE, au Palais
la Galerie des priſonniers, aux Roſes Vermeille

M. DC. LIV.

AVEC PRIVILEGE DV ROY.

❧❧❧❧❧❧❧❧❧❧❧❧❧❧❧❧❧❧❧❧❧❧❧❧❧

A MONSIEVR

MONSIEVR TVLLIER, Seigneur du petit Maziere, Conſeiller du Roy, Preuoſt, & Iuge ordinaire de la Ville & Septaine de Bourges.

M ONSIEVR,

Depuis le temps que ie frequente la Cour de Parlement, & que ie conuerſe familie-rement auec les Procureurs & Praticiens du Palais, i'ay eu vn ſingulier deſir de faire vn brief recueil des plus ordinaires Queſtions de pratique, & les reduire en vn iuſte volume, pour les communiquer au public; voyant que ceux qui les ſçauent, ne les veulent diuul-guer, ains les retiennent par deuers eux, & ſemblent eſtre marris & ialoux, ſi quelques vns les appren-nent par autre voye que par leur moyen. Enfin i'ay tant fait par mes recherches, veilles & trauaux, que i'ay redigé par eſcrit ce liure, l'ayant extraict des me-moires & regiſtres ſecrets des meilleurs & plus experi-mentez Praticiens, lequel i'ay nommé le Praticien François, qui contient les plus frequentes reſolutions de Pratique, dont on vſe en la Cour de Parlement & aux requeſtes du Palais, & elles ſont digerées par in-terrogations & reſponces pour plus grande facilité. I'eſtime que mon trauail ſera bien receu d'vn chacun,

ã ij

& qu'on me ſçaura bon gré d'en auoir fait participant le public. Ainſi en la Republique Romaine anciennement les formules des actions, & la maniere de les intenter, eſtoient cachées és Temples & lieux ſacrez, & n'y auoit que les ſeuls Pontifes qui en euſſent connoiſſance, & iuſques à ce qu'vn Citoyen Romain, nommé Cneus Flauius, Scribe, Greffier ou Secretaire d'Appius Claudius l'Aueugle, grand Iuriſconſulte de ſon temps, les rendit communes en les publiant. Et ce preſent fut tellement agreable, & ſi bien receu du peuple Romain, que Flauius fut fait à cauſe de cela, Tribun du peuple & Senateur, & honoré d'autres grandes & importantes charges & dignitez. Pour mon particulier, ie n'attends & ne deſire autre recompenſe de cét Ouurage que la bien-veillance de ceux qui s'en ſeruiront, & le voſtre particulierement, MONSIEVR, à qui ie le dedie, & qui adminiſtrez dignement la Iuſtice aux Citoyens de la Ville de Bourges, nos Compatriottes : Eſperant que vous la prendrez & moy particulierement, en voſtre protection & ſauuegarde, comme ie vous en ſupplie tres-humblement, & que me conſeruerez touſiours l'honneur de vos bonnes graces ; Et ie me reputeray tres-heureux de demeurer toute ma vie,

MONSIEVR,

Voſtre tres-humble ſeruiteur,
IEAN LE PAIN.

TABLE DES CHAPITRES,

& de tout ce qui eſt contenu
en ce Liure.

CHAPITRE PREMIER.

Table des Capitres.

Table des Chapitres

ã iiii

Table des Chapitres.

Table des Chapitres.

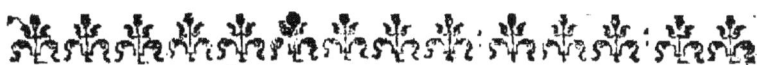

TABLE DES MATIERES CONTE-
nues en l'instruction du Procez Criminel.

Des Prisons & garde des prisonniers, nourriture & conduite d'iceux.

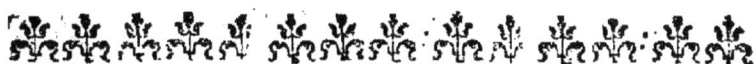

TABLE DES MATIERES

contenuës au parfait Stile des Sergens, & autres Praticiens.

*Inftruction pour les deffens , taxe &
liquidation d'iceux.*

Traité pour les lots & ventes.

Reglement pour les Praticiens.

*Reglement pour proceder au Confeil
Priué du Roy.*

Le ftile des Secretaires du Roy.

LES QVESTIONS ET RESPONSES DE PRATIQVE.

DES ACTIONS.

CHAPITRE PREMIER.

Qu'est-ce qu'action.

'Est vn moyen & vne voye que l'on a de demander son debt en Iustice.

Combien de sortes d'actions.

De deux sortes : Reelle & Personnelle, & la Mixte composée de deux.

Qu'est ce qu'action personnelle.

C'est ce qui regarde la personne, comme quand i'agis en vertu d'vn contract, quasi contract, ou acte equipolent à contract.

Combien de sortes.

Deux : Ciuile & Criminelle.

Qu'est-ce qu'action reelle.

C'est ce qui regarde le fonds & directe Sei-

A

gneurie que l'on a en la chofe, comme pour vn
droiɛt de feruitude de cens, rentes, dixmes, champars, hypoteques, & autres droiɛts incorporels;
& quand ie ne fonde mon aɛtion fur contraɛt &
quaſi contraɛt du defendeur, ains comme vray Seigneur de la chofe, ayant droiɛt en icelle.

De combien de fortes.

De deux: poſſeſſoire, qui eſt mixte : & petitoire
ou reuendication.

Comme s'intente l'aɛtion reelle?

Par exploiɛt d'adiournement, à ce que, comme
Seigneur, on ait à me payer vn tel droiɛt, ou à me
laiſſer paſſer, aller, venir, ou que l'heritage acquis
par vn tiers foit declaré affeɛté & hypothequé à
mon deub : en tout ce n'y a rien de perfonnel.

Qu'eſt-ce qu'aɛtion poſſeſſoire?

C'eſt la complainte, en cas de faiſine & nouuelleté, & la reintegrande.

De combien de fortes?

Deux, Prophane, & Beneficiale.

Pourquoy eſt-ce qu'on les appelle complainte
en cas de faiſine & nouuelleté.

Parce qu'on fe plaint du trouble fait en la poſſeſ-
fion & faiſine.

En matiere beneficiale dit-on complainte en cas de
faiſine & nouuelleté?

Non, l'on dit feulement complainte, d'autant
qu'il n'y a point de faiſine.

Qu'eſt-ce que la faiſine?

C'eſt l'enfaiſinement que le Seigneur a mis fur le
contraɛt, par le moyen duquel l'on eſt tranſmis en
la poſſeſſion de la chofe acquife.

Qu'elle difference entre complainte & reintegrande?

La complainte eſt, pour eſtre maintenu &
gardé en la poſſeſſion.

La reintegrande, pour la recouurer.

Comment s'intente la complainte ?

Par'exploict ou oppoſition. Anciennement on
prenoit Lettres Royaux, & cela s'appelloit ramener la complainte ſur le lieu.

Comment la reintegrande ?

Elle ſe peut intenter ciuilement par ſimple exploict, ou criminellement par information.

Qu'eſt-ce qu'action petitoire ?

C'eſt ce qui regarde le fonds & proprieté de la
choſe.

Combien de ſortes ?

Deux. Prophane, & Beneficiale.

Comment s'intente ?

Par exploict.

Pardeuant quels Iuges.

La Prophane pardeuant les Iuges de la demeure
des parties, ou de l'heritage, au choix du demandeur. La beneficiale pardeuant le Iuge d'Egliſe.

Pourquoy dit-on reuendication ?

Parce que l'on reuendique la choſe qui eſtoit auparauant comme perduë.

Peut-on intenter action petitoire pour meubles?

Non ; mais on les peut auſſi vendiquer : c'eſt ce
qu'on appelle *virobi.*

Comment ſe peut-il intenter ?

Ie preſenteray ma requeſte au Iuge pour auoir
permiſſion de ſaiſir & ſequeſtrer les meubles que
ie pretends m'appartenir, & aſſigner celuy qui les
tient pour m'en faire la deliurance.

Quelquesfois ie feray mener ſans ſcandale celuy

que i'en trouueray faisi pardeuant le Iuge.

Qu'est-ce qu'action confessoire.

C'est vne action qui appartient à celuy qui pretend droict de seruitude sur quelque heritage , &
luy est denié par le possesseur dudit heritage ; en
ce cas il peut intenter l'action confessoire. *Voy*
Carondas, au Tit. des Seruitudes de la Coust. de Paris.

Qu'est-ce qu'action negatoire.

C'est vne action qui s'intente, pour estre deschargé d'vne seruitude vsurpée sur mon heritage,
ou contre mon voisin qui m'apporte dommage.
C'est le droict de liberté en la Coustume de Paris,
& s'intente pour veuë & passage.

Comment s'intente.

Par exploict, à ce que deffenses soient faites de
s'imminser à plus entreprendre, ou faire , &c.

Quelles deffenses du deffendeur.

Soustenir qu'on a le droict, & prendre la demande pour trouble, & former complainte.

Qu'est-ce qu'action hypothecaire.

C'est quand on demande vne rente sur vn heritage nouuellement acquis.

C'est ce qui suit la chose, & non la personne.

De quelle nature est-elle.

Reelle.

Comment s'intente.

Par exploict, à ce que l'heritage soit declaré affecté, &c.

Contre qui s'intente.

Contre vn tiers detenteur : c'est à dire , celuy
qui a acquis de mon debteur.

Pardeuant quel Iuge.

Par deuant tous Iuges ordinaires de la demeure

du deffendeur.

Qu'eft-ce qu'action criminelle.

C'eft vne voye pour auoir reparation de l'excez.

Comment s'intente.

Par fimple exploict , quand il ne s'agit que de fimples iniures & paroles.

Ou en iniures & delicts atroces , par plainte & information.

Qu'eft-ce que procez.

C'eft ce qui regarde & comprend en foy toutes les actions, tant ciuiles que criminelles , profanes & beneficiales.

Combien de fortes.

Deux : Ciuils & Criminels.

Quelle difference entre action , inftance , caufe & procez.

Action, c'eft vne voye licite de proceder en iugement pour faire telle demande que de raifon. Inftance , c'eft proprement le commencement de l'action iufques à conteftation. Caufe, c'eft apres la conteftation iufques à la Sentence. Procez, c'eft apres la Sentence quand il y a appel , & s'appelle procez par efcrit.

Toutes appellations font-ce procez.

Non, car fi c'eft vn appel d'vne Sentence ou appointement donné à l'Audience, ou fur-appointé à mettre, ce fera encores vne caufe qui s'appelle appellation verbale, & caufe d'appel, & inftance.

Pourquoy.

Parce qu'il n'y a autre conteftation que celle portée par la Sentence.

Quelle difference entre action ciuile & criminelle.

La criminelle , pour auoir reparation de l'iniure

A iij

ou excez. La ciuile pour debte.

Quelle difference entre la perfonnelle &
la poffeffoire ?

L'vne regarde la perfonne obligée ; l'autre regarde la perfonne & l'heritage.

Quelle difference entre la petitoire & reelle.

La petitoire regarde le fonds & proprieté. La reelle, la feigneurie & droit qu'on a en la chofe.

Qu'eft-ce qu'action mixte.

C'eft quand, outre ce qui eft de la proprieté & Seigneurie & droict en la chofe, la perfonne y eft obligée infeparablement, & eft dite mixte, pource qu'elle eft compofée de deux, reelle & perfonnelle.

Faut noter que toutes actions reelles paffent en la perfonne de chacun detenteur de l'heritage : mais la perfonne non, & demeure toufiours en la perfonne de l'obligé.

Comment s'intente.

Par exploict, quand on demande tiltre nouueau, & payement des arrerages, & continuation.

Pour l'hypotheque, il eft reel ; & pour le payement & continuation, il eft perfonnel.

Des Actions perfonnelles.

Chap II.

Qu'eft-ce qu'action perfonnelle ?

C'Eft vne action qui defcend de contract, ou quafi contract, ou acte équipolent à contract : Comme contracts, en forme, fentences ou iugement, cedules reconnuës, teftament, ou donations ; & bref tout ce qui dépend de la perfonne & de fes biens hors le delict.

Qu'eſt-ce que contract, ou acte equipolent ?

C'eſt ce qui ſe fait entre deux perſonnes pardeuant Notaires. *Qu'eſt-ce que quaſi contract?*

C'eſt comme i'ay eſté tuteur ou curateur d'vn
pupille, ayant rendu compte de mon adminiſtration, i'ay action contre mon pupille pour mon reliqua, & luy contre moy. Cette action proprement
ne deſcend de contract, car nous n'auons contracté
enſemble: ains c'eſt quaſi contract.

Exemple.

Vn heritier eſt tenu de payer an legataire les
legs, & toutesfois ils n'ont contracté enſemble,
ny meſme auec le deffunct, ains par quaſi contract.

Autre exemple.

Semblablement ceux qui ont quelque choſe commune enſemble ſans ſocieté, comme ſi on leur
auoit donné & legué quelque choſe, & l'vn d'eux
a prins & perceu le reuenu de la choſe leguée ou
donnée tout ſeul, l'autre a action contre luy par
quaſi contract, & s'appelle *communi diuidundæ*.

Autre exemple.

Deux coheritiers pour leurs parts.

Pourquoy ces actions ſont appellees perſonnelles.

Elles ſont ainſi appellées, tant à cauſe du demandeur, que du deffendeur.

Du demandeur.

Parce que les actions ſont en ſa perſonne, demandant ce qui luy eſt deu.

Du deffendeur.

Parce que ſa perſonne eſt obligée & abſtrainte à
ſa debte, & ne ſont iamais les actions perſonnelles transferantes, & ne ſortent la perſonne de
l'obligé.

Qu'est-ce qu'on appelle cause prochaine & sans moyen?

C'est l'obligation qui est mere de l'action personnelle.

La cause auec moyen, ou mediate.

C'est contract.

Quand est-ce que l'action est dite directe personnelle.

Quand la personne est principalement obligée.

Comment faire vne demande en action personnelle.

Pour reconnoistre, confesser ou nier sa promesse
escrite & signée de sa main, pour, en cas de reconnoissance, se voir condamner, tant par prouision que definitiuement, à payer la somme de,
&c.ou quantité, dōmages & interests, auec dépés.

Autre.

Pour voir contre luy declarer executoire, tant
en principal que defpens, certaine fentence ou arrest par luy obtenu contre deffunct son pere, mere,
freres & sœurs, & comme il estoit contre le deffunct, & condamner és defpens.

Autre.

Pour se voir condamner à payer ving-neuf années d'arrerages de rente, qu'il a droict de prendre & perceuoir par chacun an, & icelle continuer
tant & si longuement qu'il sera detenteur, proprietaire & possesseur dudit heritage, partie ou portion d'iceluy, & en passer tiltre nouueau.

Autre.

Pour se voir condamner à rendre compte de l'administration qu'il a euë des personnes & biens des
enfans mineurs, ensemble de payer le replique,
interests & defpens.

L'assignation escheuë, que faire.

Faire la prefentation le Samedy en suiuant, &

le iour meſme ſi elle y eſchet.

Si la partie ne ſe preſente, que faire?

Faut leuer vn defaut, & le faire iuger.

Le profit ?

La cedule tenuë pour reconnuë, condamné à garnir par prouiſion, & au principal debouté de deffenſes.

Et aux autres demandes, quel profit?

Debouté de deffenſes.

Et à faute de comparoir ſur la demande en reddition de compte?

Condamné à rendre compte.

En execution de la Sentence, que faire?

Faire aſſigner la partie, pour voir produire lettres & tiltres, ſi bon luy ſemble, & prendre iour pour ouyr droict en diffinitiue.

Et cependant ſi l'on veut faire executer la Sentence de prouiſion?

Preſenter ſes cautions, & ſon certificateur au Greffe, & en prendre acte, faire ſignifier à la partie, l'aſſigner pour les voir receuoir, leuer le defaut, & par la vertu d'iceluy ſera la caution receuë.

Si le deffendeur ne compare a l'aſſignation ſur le debouté de deffenſes.

Leuer le defaut, faire iuger le profit, le deffendeur condamné, ſuiuant les fins de la demande; & aux deſpens.

Si la demande giſt en preuue par teſmoins, que faire en execution de la Sentence.

Faire demande, articuler les faits, clorre, prendre commiſſion adreſſante au Iuge qui fera l'enqueſte.

L'enqueſte faite & rapportée, que faire.

Faire aſſigner la partie, pour voir produire leuer le defaut, & y faire joindre l'enqueste.

Quel profit ?

L'enqueste receuë pour iuger, & les fins & conclusions adiugées.

Si la partie se presente sur la premiere assignation,
que faire.

Le pourfuiure de deffendre, reconnoistre, ou
nier par defaut, fuiuant la distance des lieux ; &
permission de le faire iuger.

Le profit ?

Comme deuant, la cedule tenuë pour reconnuë,
condamné à garnir, & au principal debouté de
deffenses.

Et aux autres conclusions?

Debouté de deffenses.

S'il se presente seulement en execution de la Sentence du
debouté de deffenses, quelles pourfuites ?

Appointement à produire, bailler contredits &
faluations.

Si le deffendeur peut plus fournir de deffenses?

Ouy, se faisant restituer en refondant.

Comment faire l'appointement de restitution?

Par defaut, par vertu duquel la Cour l'a receu
& reçoit à déduire & proposer ses deffenses, tout
ainsi qu'il eust faict ou peu faire auparauant ladite
Sentence, en refondant les despens de defaut &
contumaces ; lesquels il sera tenu fournir dans trois
iours.

S'il n'y satisfait, que fera le demandeur.

Si les chofes font en estat, prendra defaut, en vertu duquel ; apres que par la Sentéce du defendeur a
esté debouté des defenses, & n'a satisfait au iugement de restitution, la Cour a appointé à produire,

S'il peut fournir des exceptions declinatoires
ou dilatoires ?

Non, faut qu'il deffende peremptoirement.

S'il fournit de deffenses.. que faire ?

Si la matiere gift en preuue, faire appointer les
parties à informer, finon en droiⅽt, eſcrire, produire, bailler contredits & faluations.

Comment faire l'appointement à informer?

Defaut, par vertu duquel la Cour a appointé
& appointe les parties en droiⅽt à eſcrire par aduertiſſemens dans huiⅽtaine, qui ſeront commu-
niquez, pour y reſpondre à la huiⅽtaine enſuiuant,
& huiⅽtaine, quinzaine, ou autre temps apres, informeront des faiⅽts contenus en leurs aduertiſſe-
ments & reſponſes, & pour ce faire, auront commiſſion addreſſante aux Iuges, à leurs Lieutenaus
Generaux & Particuliers, & chacun d'eux en
leur Siege, auront monition, afin de reuelation
nemine aempto ; ſe pourront faire interroger l'vne
d'elle ſur faits & articles pertinents, reſultans du
differend d'entr'elles : & vaudront les exploiⅽts
qui ſeront faits aux domiciles des Procureurs des
parties, comme ſi faits eſtoient aux domiciles d'i-
celles parties, iuſques à ce qu'elles ayent eſleu vn
autre domicile en cette Ville, ſuiuant l'ordonnance, & ne coura le delay d'informer, que du iour
de la cloſture des faiⅽts.

Si le demandeur ſe veut laiſſer contumacer,
quelles exceptions.

Demander copie des pieces, ſoit cedules ou autres, & que la cedule ſoit miſe au Greffe, & ſon
delay, ſuiuant la diſtance des lieux.

Apres cela, & le demandeur y ayant ſatisfait ?

Defendre pertinemment.

S'il ne deffend, que fera le demandeur,

Prendra iteratiue permiſſion de faire iuger ſon
defaut, apres le delay paſſé.

En l'execution de l'appoinctement à informer,
que faire.

Faire offrir ſon aduertiſſement en baillant, faire
commandement, & forcluſion d'en fournir par le
deffendeur, puis le faire ſignifier purement & ſimplement.

S'il n'en fournit.

Faire commandement d'accorder dans huy la
cloſture du voſtre, & le faire clorre.

Si la partie empeſche la cloſture.

Faut preſenter requeſte de *committitur*, defaut,
ſauf trois iours, à faute d'accorder la cloſture des
faicts, defaut ſimple, par vertu duquel eſt ordonné
que les faits ſeront clos par le Greffier de la Cour.

Ce fait. que faire,

Les faire clorre & ſceller, & prendre commiſſion
& faire faire ſon enqueſte.

De matiere reelle, ou petitoire, &
reuendication.

C H A P. III.

Qu'eſt-ce qu'vne action reelle.

C'Eſt ce qui regarde le fond & proprieté de
l'heritage, ou droict reel que l'on a en iceluy.

Quand ie ne fonde mon action ſur contract, ny
quaſi contract du deffendeur, ains comme vray
Seigneur de la choſe, ou ayant droict en icelle.

C'eſt ce qu'on appelle Petitoire, ou Reuendication.

Qui connoift de ces matieres.

Les Iuges ordinaires des parties.

Si Meſſieurs des Requeſtes en connoiſſent.

Non, ils ne connoiſſent que des cauſes perſonnelles , poſſeſſoires , ou mixtes.

Qu'eſt-ce que droiɛt reel.

C'eſt vne direɛte Seigneurie que l'on a en la choſe comme dixmes, cens, champarts, qui ſont droits
incorporels, pour leſquels l'on ne fonde ſon aɛtion
ſur contraɛt, ny quaſi contraɛt, du defendeur.

Si Meſſieurs des Requeſtes en connoiſſent.

Ouy. Car iaçoit que ces droiɛts ſoient reels purement, neantmoins les aɛtions qui en deſcendent
ſont mixtes, eu eſgard à la perſonne & à la choſe;
parce qu'il s'agiſt touſiours d'arrerages , ou de reconnoiſſance qui eſt perſonnelle.

Comment faire vne demande petitoire

A ce que le deffendeur ſoit condamné ſe deſiſter
& départir de la poſſeſſion & iouyſſance de tel heritage , rendre & reſtituer les fruiɛts , deſpens ,
dommages & intereſts.

A qui appartient cette aɛtion.

A celuy qui ayant eſté troublé en la poſſeſſion de
ſon heritage, & n'a formé complainte dans l'an &
iour, ou a perdu au poſſeſſoire.

Iuſques à quel temps la peut-on intenter.

Iuſques à trente ans.

Pourquoy celuy qui ſuccombe au poſſeſſoire,
peut intenter le petitoire.

Parce qu'au poſſeſſoire il ne s'agit que de iuſtifier
la poſſeſſion ſans tiltre. Et au petitoire , faut venir
en vertu de ſon tiltre , ou par vne jouyſſance de
trente ans.

Comment se perit l'action?

Par deffaut de pourfuitte par trois ans.

Comment se prescrit?

Par dix ans 'entre presens, vingt ans entre ab-fens, auec tiltre, & trente ans fans tiltre.

Comment s'entend cette prescription de dix
& vingt ans?

C'eſt-ſi j'ay acquis vn heritage d'vn à qui il ap-partenoit, & i'en ay jouy par dix ans au veu & ſceu d'vn chacun, ſans forces ny par precaire, mais comme vray Seigneur : ou quand j'ay jouy vingt ans entre abſens, i'ay acquis preſcription de telle ſorte, que celuy qui en eſtoit le vray Seigneur & proprietaire auparauant, ne m'en peut plus in-quieter par la petitoire, ny autrement. De meſme, celuy qui auoit hypoteque ſur l'heritage ayant eſté dix ou vingt ans ſans le demander.

Comment s'entend la preſince & abſence?

La preſence, quand celuy qui eſtoit vray Seigneur & proprietaire eſtoit demeurant au Bailliage & Seneſchauſſée où eſt ſitué l'heritage.

L'abſence, quand il eſtoit demeurât hors d'iceluy.

Quelles choſes ſont requiſes pour intenter
l'action petitoire.

Deux, ſçauoir que le demandeur doit auoir droit de proprieté en la choſe.

L'autre, que le defendeur doit eſtre reconnu poſſeſſeur, *reipſa.* Car cette action *definitur ex eo* qu'elle ne peut eſtre dirigée contre autres que le poſſeſſeur ; & quiconque intente cette action, *rerum poſſeſſorem affirmat.*

Que conclure en action pure reelle.

A ce que comme detenteur des heritages, il

foit tenu faire preftation du droiƈt ou deuoir que
le demandeur a fur l'heritage.

Comment fe peut interpreter droiƈt en deuoir ?

Droiƈt de paffer en vn heritage, & bailler veuë
fur l'heritage que l'on a oftée.

Quelle difference en aƈtion reelle ?

Nier le droiƈt, ou fe rapporter au tiltre.

S'il y a denegation.

Meffieurs des Requeftes du Palais n'en connoiffent point.

Si vn priuilegié fait euoquer aux Requeftes, ou
qu'il commence fon aƈtion, que faire ?

Faire auant toutes chofes decliner.

Quelle deffenfe au petitoire ?

L'on peut demander veuë, auffi delay de garand,
& communication de tiltres.

Quelle exception doit eftre la premiere ?

Veuë.

Peut-on demander veuë apres garand ?

Non, parce que demandant garand l'on eft certain de la chofe, & neantmoins on la peut demander à fes defpens.

Quand le garand eft appellé, que fera-il ?

Faut qu'il demande communication des pourfuites faites par le Procureur du demandeur originaire.

S'il le fait, que faire ?

Bailler requefte verbale, afin d'eftre receu à prendre le fait & caufe, & plaider.

S'il en appelle apres conteftation ?

Demander à fe ioindre feulement

Combien de fortes de garands ?

Deux, formelle & fimple.

Le garand simple, qu'est-il?

C'est celuy qui a vendu, & doit prendre le fait
& cause, & mettre le deffendeur originaire hors
d'icelle, à la charge de l'ordonnance de l'an mil
cinq cens trente-neuf.

Comment s'entend cela.

A la charge que le Iugement qui interuiendra
contre le garand sera executoire contre le garanty
quant au principal. Et pour les despens apres execution prealablement faite des biens du garand,
qui fust insoluable en ce cas, sera executoire contre le garanty.

Faut-il appeller le garand à la taxe de despens.
Non.

Quand doit-on proposer les exceptions.
Auant contestation.

Que faire pour faire veuë.

Prendre appointement à faire veuë, & commission addressante au premier Huissier ou Sergent.
Iugement, par lequel l'on ordonne qu'elle se fera
dans certain temps, & à faute de ce, congé & permission, à faute de faire veuë.

La veuë faite & rapportée, que faire.
L'on baille copie du procez verbal d'icelle.

Comment fait-on pour la faire receuoir.
Elle ne se reçoit point.

Que faut-il donc faire.
Continuer la poursuite des deffendeurs.

Comment faire cette continuation.
Par deffaut & permission.

Quelles deffenses.

Soustenir estre possesseur à iuste tiltre, alleguer
prescription.

S'il y

S'il y a Arreſt interlocutoire, que deſcente ſoit faite
que faire ?

Appointer en droiɔt à eſcrire & produire, bailler contredits & ſaluations, & faire commettre
l'vn de Meſſieurs pour s'y tranſporter.

Ce fait, que faut-il faire?

Faut que les deux parties conſignent, ſinon l'vn
pour le tout, & prendre executoire pour moitié.

La conſignation faite ?

L'on ſe tranſporte ſur les lieux.

Faut-il conuenir d'Experts ?

Ouy, & faut faire appeller les parties pour en
conuenir; enſemble pour voir faire deſcente.

S'il faut vn adjoint ?

Ouy, & ſe prend d'office.

Le Iuge eſtant ſur les lieux, que fait-il ?

Apres la nomination, il fait ſon procez verbal.

Ce fait, le faut-il faire receuoir pour iuger ?

Le faut faire receuoir pour iuger, & faut conuenir d'Experts.

Si figure eſt ordonnée ?

Faut conuenir d'vn Peintre, & en faire procez
verbal. *Le procez verbal?*

Le faire receuoir.

Quand il eſt receu ?

Prendre appointement à produire & à ouyr droiɔt.

De matiere feodale.
CHAP. IV.
Qu'eſt-ce que matiere feodale.

C'Eſt ce qu'il s'agit de fief, & droiɔts d'iceluy.
Qu'eſt-ce que fiefs?

C'eſt vn heritage que l'on tient à foy & hômage & droicts, ſelon la couſtume du lieu où il eſt aſſis.

Combien de ſortes de fiefs?

Deux: Sçauoir fief noble & ignoble.

Le noble qui a dignité, qui annoblit le poſſeſſeur, comme Comté, Duché & Marquiſat. Le nom noble qui n'annoblit le poſſeſſeur. Fief & arrier-fief, qui eſt vn fief qui releue du fief ſeruant. *Caron-das ſur le Code. Henry, tiltre 13. de la Nobleſſe. Or-donnance de Henry III. Eſtats de Blois, art. 258.*

Qu'eſt-ce que fief lige?

C'eſt vn fief mixte : c'eſt à dire, reel & perſon-nel, qui releue ſeulement du Roy, & eſt tellement attaché à la perſonne, qu'en quietant le fief, c'eſt à dire, ce qu'il y a de corporel & reel, elle n'eſt pas affranchie ny deliurée.

Quand ſont deus droicts & profits foedaux au Seigneur dominant ?

Quand il y a ouuerture.

Quand eſt-ce qu'il y a ouuerture?

Par la mort du vaſſal, vendication ou mutation de Seigneur, apres la ſignification & publication par luy faite.

Quand le fief eſt ouuert, que faut-il faire?

Faut que dans quarante iours le vaſſal faſſe la foy & hommage, & offre les droicts ſuiuant la Cou-ſtume. *Quels ſont les droicts.*

En toutes mutations eſt deu relief, *id eſt*, le re-uenu d'vn an, ou le dire de preud'hommes, ou vne ſomme pour vne fois offerte par le vaſſal, au choix du Seigneur feodal, fors en vendition & bail à rente où il eſt deu le quart denier. Et de celle qui ſe fait par ſucceſſion en ligne directe, n'eſt rien deu. *Couſtume de Paris, art.* 35. *&* 47.

S'il n'eſt ſatisfait entierement ?

Le Seigneur peut mettre en ſa main le fief mouuant de luy, & les arrier-fiefs ouuerts, & faire les
fruicts ſiens pendant la main miſe.

Faute dequoy ?

Faute d'homme, droicts & deuoirs non faits &
non payez, *art.* 54.

*Comment faut-il faire pour mettre le fief en ſa
main ?*

Faut le ſaiſir. & eſtablir Commiſſaires.

*S'il faut que les Commiſſaires faſſent proceder
au bail ?*

Non.

En vertu dequoy ſe fait la ſaiſie ?

En vertu de la commiſſion du Iuge de la Seigneurie.

*S'il n'y a Iuſtice au fief, en vertu dequoy ſe fera
la ſaiſie ?*

En vertu de la commiſſion du Iuge ordinaire.

Quel effet à la ſaiſie feodale.

D'attribuer les fruicts au Seigneur pendant la
main miſe ; c'eſt à dire, que la ſaiſie dure.

Combien dure la ſaiſie.

Elle dure trois ans, à la fin deſquels, ſi le vaſſal
n'a fait la foy & hommage, & payé les droicts, ou
fait offres valables, faut renouueller la ſaiſie : autrement le vaſſal r'entreroit en jouyſſance de ſon
fief.

*Si le Seigneur de ſon authorité s'immiſce en la poſſeſ-
ſion du fief ouuert, ſi le vaſſal peut former
complainte ?*

Non, mais ſe pourroit par action.

S'il'on obtient des lettres de conforte mäin, s'il suffit de
     saisir & mettre en la main du Seigneur feodal.

Non, mais faut mettre en la main du Roy & de
Messieurs.

S'il y a saisie d'vn creancier auant la main mise
     du seigneur feodal, sçauoir si elle preiudiciera
         au Seigneur ?

Non, sera le Seigneur preferé.

S'il y a deux Seigneurs saisissans contendans le fief
         qui iouyra des deux ?

Le premier saisissant.

Si l'vsufruictier peut saisir ?

Ouy, sommation prealablement faite au proprietaire du fief de saisir, & mettant en saisie le
nom d'iceluy proprietaire.

Où se doit faire la sommation.

A la personne du proprietaire, ou au lieu du fief
dominant.   *Coust. de Paris art.* 2.

Si le proprietaire peut bailler main-leuée de la saisie
     faite par l'vsufruictier.

Ouy, en payant à l'vsufruictier les droicts.

Qu'est-ce qu'il faut faire pour empescher la saisie.

Faire par le vassal la foy & hommage, & offres
suiuant la Coustume.

Quelles offres en la Coust. de Paris.

Reuenu d'vn an, le dire de preud'hommes, ou
vne somme certaine aux choix du Seigneur.

S'il faut faire la foy à l'vsufruictier ?

Non, la faut faire au Seigneur, au lieu du fief
dominant.

L'vsufruictier d'vn fief est-il capable de faire la foy
         & hommage.

Non, faut que ce soit le proprietaire.

Si le proprietaire eſt negligent que fera l'vſu-
fruictier ?

Il peut faire la foy & hommage, comme le curateur ou Commiſſaire, pour empeſcher la perte
des fruicts.

Quand aux terres du Roy y a vn Seigneur par enga-
gement, à qui faut-il faire la foy ?

Au Seigneur qui poſſede, au lieu du fief dominant.

Quelle difference entre hommage & foy, ou ſerment
de fidelité ?

Hommage eſt la reconnoiſſance & ſubmiſſion
faite au Seigneur. Foy ou ſerment de fidelité, eſt le
deuoir que l'on luy promet continuer.

De quelle matiere eſt l'hommage & ſerment
de fidelité.

L'hommage eſt reel, & ſerment de fidelité perſonnel.

Si le vaſſal eſt tenu faire apparoir de l'inueſtiture
de ſon predeceſſeur ?

Ouy, ſinon faudroit qu'il payaſt les droicts &
devoirs acquis à chaque mutation.

Qu'eſt-ce qu'inueſtiture ?

C'eſt la reception en foy & infeodation du côtract.

Comment, & quand faire apparoir de l'inueſtiture ?

Quand le Seigneur la demande.

Si le vaſſal n'en fait apparoir ?

La ſaiſie tiendra, & fera le Seigneur les fruicts
ſiens, & ne le receura le Seigneur à homme.

S'il l'auoit receu homme ſans proteſtation, pourroit-
il ſaiſir pour les fruicts deubs par ſon prede-
ceſſeur.

Non, & n'aura que l'action contre les heritiers
du predeceſſeur.

B iij

S'il y a plusieurs Seigneurs, à qui faire la foy?

Au lieu dont est mouuant le fief.

Si le fief est en vne Prouince, l'arriere-fief en vne au-
tre, selon quelle Prouince se reglera l'arrie-fief pour
les droicts, successions & partages?

Selon la Prouince de l'arriere-fief.

Ce qui a lieu pour les descendans, a-il lieu pour
les ascendans? 　　　　　Ouy.

Si la femme accepte la communauté, doit-elle foy
& hommage, & profits?

Non; pourueu que le mary ait satisfait, & payé
les droicts.

Si elle renonce?

Non, pourueu que le mary ait satisfait.

Si l'vn des heritiers renonce, est-il deu profits?

Non, si la renonciation n'est faite en fraude.

Le temps de quarante iours par mort, a-il lieu en
autres ouuertures.

Non.

Faute de bailler dénombrement, si l'on peut saisir?

Ouy, quarante iours apres qu'il a esté receu en
foy.

En cette saisie, si le Seigneur fait les fruicts siens?

Non, & doit le Commissaire en rendre compte.

Comment se baille le denombrement?

En parchemin pardeuant Notaire, & le faut
porter à son Seigneur. *Coust. de Paris, art. 8.*

En quel lieu?

Au lieu du fief ou domicile du Seigneur, s'il n'y
a manoir.

Si le vassal a baillé son dénombrement, peut-il estre
saisi pour le bailler encore vne fois.

Non.

Comment donc ſe pouruoir.

Par action d'exhiber les tiltres.

Si le Seigneur ne veut accepter le dénombrement,
que fera-il ?

Faut qu'il le blaſme.

Comment le blaſmer ?

Faut que le vaſſal ſe tranſporte ou enuoye par
deuers luy au lieu du fief dominant, ou au domicile du Seigneur, pour receuoir le blaſme.

Si le Seigneur blaſme le denombrement, le ſaiſi aura-
il main-leuée ?

Ouy.

S'il y a pluſieurs heritiers d'vn fief, vn peut-il bailler
dénombrement pour tous ?

Non, mais tous le doiuent bailler.

Quelle peine encourt le vaſſal qui a obmis en ſon
dénombrement ?

Il eſt priué des heritages deniez, s'il ne les augmente ſuiuant ſa proteſtation.

Quãd il y a debat entre le Seigneur, de qui releue le fief,
que fera le vaſſal pour auoir main-leuée.

Obtiendra lettres addreſſantes au Iuge Royal,
pour iouyr par main ſouueraine, en conſignant les
droicts.

En ce cas, de quand courent les quarante iours pour ſer-
uir l'vn des Seigneurs ?

Du iour de la ſignification de la Sentence, & iugemens. *Couſt. de Paris, art. 60.*

Quelle difference entre ſaiſie, faute d'homme, droict &
deuoir, & ſaute de dénombrement ?

La ſaiſie faute d'homme, droict & deuoirs, fait
les fruicts ſiens, & par faute de dénombrement,
non.

En l'vne & en l'autre des deux saisies, le Seigneur
peut-il representer au benefice, & saisir les
arriere-fiefs ouuerts.

Ouy, à faute d'homme, droicts & deuoirs, &
à faute de nombrement, non.

Si dans les quarante iours le iour qu'on baille le de-
nombrement est compté?

Non.

Dans quel temps peut le vassal prescrire le fief?

Ne le peut pour quelque temps que ce soit : mais
les profits se prescriuent par trente ans.

Comment se peut euiter cette prescription?
Il faut saisir.

Si ayant saisi, la saisie discontinuée par trois ans
empesche?

Non, elle n'a plus d'effet.

Apres auoir receu le blasme de l'adueu & dénom-
brement, que faire par le vassal?

Faire assigner le Seigneur pardeuant son Iuge,
pour voir ordonner qu'il sera receu, & cependant
main leuée.

Quelle pourfuitte pour la reception ?

Communiquer les tiltres, adueus & denombremens de la teneure de son fief : puis pourfuiure le
Seigneur de satisfaire, & faire le semblable de sa
part.

Comment se fait cette pourfuite?

Par requeste verbale, defaut & permission, ou
à l'Audience.

S'ils se doiuent purger par serment?
Ouy, s'ils en sont requis.

Des droiĉts & deueirs Seigneuriaux.

C H A P. V.

Qu'eſt-ce que cens?

C'Eſt le premier deuoir, charge & redeuance,
à laquelle le Seigneur feodal baille vn heritage qui doit lots & ventes, ſaiſines & amendes,
quand le cas y eſchet.

Comment ſe doit pouruoir le Seigneur pour
eſtre payé?

Par ſaiſie ſur les fruiĉts, pour les arrerages.

S'il y a oppoſition par le ſaiſi, s'il doit auoir
main-leuée?

Ouy, par prouiſion, en conſignant trois années.

Quels ſont les droiĉts des lots & ventes?

Sont de douze deniers vn.

Dans quel temps doit l'acquereur notifier ſon
contraĉt?

Dans vingt iours, du iour de l'acquiſition.

Que doit-il, faute de l'auoir fait?

Vn eſcu vn quart d'amende.

Vn preneur d'heritages à rète racheptable doit-il ventes?

Ouy, du ſort principal, encore qu'elle ne ſoit
racheptée.

Eſt-il deu ventes pour vn heritage licité entre
coheritiers?

Non, s'il n'eſt adiugé à vn eſtranger,

Comment ſe pourſuiuent les droiĉts?

Par aĉtion ſeulement.

Peut-on eſtre contraint de prendre ſaiſine?

Il ne le prend qui ne veut.

Celuy qui la prend, que doit-il?

Douze deniers pariſis.

*Vn Seigneur censuel peut-il retirer vn heritage acquis
par son suiet, ou autres?*

Non, il n'a droiƈt de retenuë.

De Franc. al. u.   Cʜᴀᴘ. VI.

Et le Franc-aleu, comment se partit-il.

FAut distinguer & dire, s'il y a censiues & terres en domaines iusques à cinquante arpens,
il se partit comme fief noble, & s'il n'y a iustice,
censiue, ou terre en domaine, il se partit esgalement comme chose roturiere.

*Comment ledit Franc-aleu noble doit-il
estre verifié.*

Par escrit & non par tesmoins, parce qu'il en
est fort peu. *Pour le surplus voyez la Coustume.*

Du droiƈt d'aisnesse.
Cʜᴀᴘ. VII.

Qu'est-ce que droiƈt d'aisnesse.

C'Est vn preciput que l'aisné de la maison
prend és fiefs, heritages & terres nobles qui
font à partir entre coheritiers en ligne direƈte.

En ligne collateralle, comment se partit le fief.

Esgalement, sans droiƈt de primogeniture &
d'aisnesse, mais les femelles en pareil degré n'y
prennent aucune chose, ny les enfans desdites femelles y venans par representation : toutesfois
quand lesdites femelles partissent auec les enfans
de leurs freres qui y viennent par representation,
elles y prennent leur part contingente, & ne font
excluses par leurs neueux ou niepces, comme elles
eussent esté par leurs freres.

Qu'appartient-il audit aisné pour son preciput.

Faut voir la Couſtume du pays , & la diſtinguer, comme il eſt porté par le 13. 14. & autres articles de la Couſtume de Paris.

Mais l'aiſné pour ſon droiƈt & grand aduantage ne doit-il point plus grand part des debtes paſſiues.

Non , ſuiuant l'article 34. de noſtre Couſtume.

Et ſi dedans l'enclos y a four ou preſſoir , cela appartient-il à l'aiſné.

Ouy , le corps dudit four, moulin & preſſoir appartient à l'aiſné : mais les profits dudit moulin ſe partiſſent , ſoit bannal ou non.

De l'Inſtance de partage.
Chap. VIII.

Qu'eſt-ce qu'vne inſtance de partage ?

C'Eſt vne inſtance qui ſe fait pour diuiſer les biens d'vne ſucceſſion.

Cette aƈtion ſe peut-elle ceder ?

Ouy, cedans les droiƈts que l'on a en la ſucceſſion.

De quelle nature eſt-elle ?　　Mixte.

Comment conclurre ?

A ce que les biens prouenans de la ſucceſſion d'vn tel ſoient partagez entr'eux , & en ce faiſant contingente.

Quelles deffences.

Il n'y en a autre que de la denegation d'heritier.

Si l'on dénie que l'on ſoit heritier.

Souſtenir le contraire , & prendre appointement à informer.

Dequoy informe-on ?

De la genealogie.

Quand on eſt reglé d'informer ?

Faire bailler copié des faiƈts , forclorre d'enfournir, & faire clorre comme és Enqueſtes.

L'enqueſte faite, que faire?

Rapporter, la receuoir, & fournir de reproches.

Si l'on demeure d'accord de la qualité, que faire?

Prendre iugement, portant que partage ſera fait
entre les parties à leurs frais communs, pardeuant
vn Iuge.

Que faire pour l'execution de la Sentence?

Faire aſſigner les parties pardeuant vn Iuge pour
conuenir de preud'hommes, & gens à ce connoiſ-
ſans, ſinon qu'il en ſera pris d'office.

Combien en faut-il.

Deux, pour priſée de chaque choſe differente.

Si partie ne compare?

Le Iuge donne defaut, par vertu duquel il nomme d'office.

Ce iugement donné, que faire?

Le faire ſignifier à partie, & l'aſſigner pour prendre lieu & heure pour proceder à l'eſtimation, &
les nommer pour preſter le ſerment, & la partie
pour le voir preſter.

Que ſont tenus faire les nommez.

Faire le ſerment de bien & fidellement priſer.

Que faut-il apres.

Se tranſporter ſur les lieux, & eſtimer, & faire
les lots.

Les parties y peuuent-elles eſtre?

Ouy, pour les monſtrer.

Le Iuge y peut-il aſſiſter?

N'eſt beſoin, parce que les nommez baillent
deuant luy le procez verbal de priſée, eſtimation
& cottiſation.

*Quand les Experts dreffent le procez verbal qui y
doit eftre.*

Eux feuls.

Le procez verbal fait , que faire ?

Le faire rapporter pardeuant le Iuge commis,
lequel dreffe fon procez verbal, & infére celuy des
Experts.

Apres cela , que faire ?

Faut bailler copie du procez verbal , & demander l'enterinement d'iceluy, & en faifant qu'il foit
ietté au fort. *Qui fait les lots ?*

En quelque lieu les nommez . en l'autre l'aifné
des parties, en autre les demandeurs, en autre le
Iuge.

Comment iette-t'on au fort ?

L'on fait billets, dans lefquels font contenus
premier, deux & troifiefme lot.

Eft-il tenu de faire ce qu'ont fait les nommez ?

Ouy.

*Si l'on eft receuable appellant de ce qu'ont fait
les nommez ?*

Non, & fera paffé outre au partage.

Où reffort cét appel ?

En la Cour de Parlement.

Le partage fait , en peut-on appeller ?

Ouy, mais s'executant nonobftant l'appel.

Que faut-il faire en cét appel?

Le releuer, & pourfuiure comme les autres.

*Si d'vne Sentence de partage y a appel , & que la Cour
ordonne qu'auparauant de proceder au iugement , il
fera fait arpentage & mefurage , & commiffion addreffée au Iuge , l'Arreft executé, & le procez
verbal dreffé , que faire ?*

Bailler copie du procez verbal, & en demander la reception.

Pourquoy pluſtoſt demander la reception de ce procez verbal, que de celuy de priſe & eſtimation?

Pource que c'eſt la piece deceſiue du procez.

Comment s'entend la lezion du tiers ou quart en partage?

Comme ſi mon partage deuoit eſtre de quatre cens eſcus, & neantmoins ie n'ay que trois cens ſoixante ſix eſcus, ie ſuis lezé du tiers au quart.

Si en matiere de partage, tous Iuges ſont competans.

Ouy

Qu'eſt-ce que legitime?

C'eſt la moitié de ce qui peut appartenir en la ſucceſſion de ſes pere & mere, n'ayans diſpoſé.

Qu'eſt-ce qu'heritiers aſcendans & deſcendans.

Aſcendans c'eſt ayeul ou ayeule: deſcendans ſans enfans.

Si la legitime eſt deuë au pere & mere, & autres heritiers aſcendans.   Ouy.

De quand ſe rapportent les fruicts & intereſts de ce qui a eſté donné en mariage.

Du iour de la ſucceſſion eſcheuë.

Quand vn heritier differe à faire faire partage, que faire.

Faut que la ſucceſſion ſoit ſequeſtrée, & bail à ferme fait des biens d'icelle.

Qu'eſt-ce à dire, le mort ſaiſit le vif, le plus prochain habile à luy ſucceder.

C'eſt la poſſeſſion du defunt, qui eſt tranſmiſe en la perſonne de l'heritier, & peut dés le lendemain intenter l'action en cas de ſaiſine & nouuelleté.

Saifine , fi elle fe peut intenter par vn heritier contre
vn coheritier. Non?
S'il faut que le fubftitué ou fideicommis , ou donataire
demande la deliurance d'heritier.
Ouy, comme n'eftant pour cela faifi.

Des Seruitudes. CHAP. IX.
Par quels moyens procedent.

PAr trois manieres. La premiere , de perfonne
à perfonne. La deuxiefme, de la chofe à la perfonne. La troifiefme, de la chofe à la chofe.

De perfonne à perfonne , comment.
Ce font hommes ferfs, & fubiects au Seigneur.

De la chofe à la chofe.
Ce font efgoufts & paffages qui fe doiuent feruitudes les vnes aux autres.

Du retraict lignager. CHAP. X.
Qu'eft-ce que retraict.

C'Eft vn moyen donné pour retirer l'heritage
vendu.

Combien de fortes y en a-il.
Trois, fçauoir lignager, foedal & conuentionnel.

Qu'eft-ce que retraict lignager.
C'eft vne action qui appartient au parent du vendeur, pour remettre l'heritage en fa ligne.

Qu'eftce que retraict feodal.
C'eft vn droit qui appartient au Seigneur feodal pour retirer l'heritage vendu par fon vaffal par puiffance de fief.

Dans quel temps.
Dans quarante iours , du iour que l'on luy a

baillé le contract.

Qu'est-ce que retraict conuentionnel?

C'est vne clause accordée au vendeur pour retirer son heritage dans certain temps, que l'on appelle remeré.

Quelle forme au retraict feodal?

Faut rembourser le prix; frais & loyaux cousts,
& retenir.

*Les Seigneurs Ecclesiastiques iouyssent-ils du mesme
priuilege?*

Ouy, toutesfois s'ils n'obtiennent amortisse-
ment du Roy, ils seront tenus vuider leurs mains
du fief retenu nō par l'acheteur, ny par le Seigneur
superieur, mais par le Roy seul. *Carondas sur le 20.
art. de la Coust. de Paris. Mōsieur le Maistre en ses De-
cisions, tiltre des amortissemens. C. 6. & tiltre des Fiefs
& hommages? où il cotte Arrests.*

Si vsufruictier peut vser de retenuë feodale?

Ouy.

Quelle forme au retraict conuentionnel?

Faut faire sommer la partie de laisser l'heritage,
suiuant la clause apposée au contract : & luy offrir
les deniers du sort principal, frais & loyaux cousts;
& l'assigner pour voir declarer l'offre bon & valable; & ordonner qu'il delaissera l'heritage suiuant
la clause.

Dans quel temps se doit faire le retraict lignager.

Dans l'an & iour de l'ensaisinement pour les
choses roturieres, & pour les nobles du iour de
l'infeodation.

*Si vn parent dans le temps du remeré peut retirer
l'heritage vendu?*

Non, faut attendre le temps à expirer.

Iusques

Iusques à quel degré de consanguinité peut-on
retirer ?

Iusques au dixiesme degré.

Que faut-il prouuer pour paruenir au retraict.
La genealogie. *Comment le peut-on iustifier ?*
Par tiltres ou tesmoins.

Est-ce chose necessaire auant que d'estre receu.
Non, si elle n'est debatuë.

Quel garand en cette matiere ?
N'y en a point; & n'est retrayant qui ne veut.

Si le vendeur peut retirer l'heritage par luy venduë.
Non, si ce n'est qu'il l'eust vendu à vn parent, &
que le parent l'eust vendu à vn estranger, & faut
qu'il vienne dans l'an.

Quels fruicts peut pretendre le lignager ?
Du iour de la demande & offres.

Quel offre est tenu faire le lignager ?
Offrir le sort principal, frais & loyaux cousts,
bourse & deniers à descouuert, & à parfaire suiuant la Coustume.

A faute de faire les offres, qu'aduient-il ?
Le demandeur debouté du retraict.

Iusques à quand est-il tenu faire ses offres ?
Iusques à contestation inclusiuement, & en causes d'appel iusques à la conclusion.

Si ayant esté debouté faute d'offres, peut-il encore de
nouueau faire sa demande ?
Non, il en est debouté, & ce pour l'exception de
la chose iugée contre luy. *Arrest du* 14. *Iuillet* 571.

Si celuy qui a manqué aux offres peut delaisser l'in-
stance & faire autre demande de nouueau
estant dans l'an ?
Ouy, pourueu qu'il n'ait esté debouté.

C

Si vn heritage baillé à rente, cens, ou surcens, eschet
en retraict?

Ouy, parce que c'est vne espece d'alienation.

Comment se fait la demande en retraict?

A ce qu'il soit condamné à luy delaisser par retraict lignager, & proximité de lignage, l'heritа-
ge par luy acquis de tel, depuis an & iour, en offrant le rembourser en argent à descouuert, frais
& loyaux cousts, bourse & deniers, & à parfaire
suiuant la Coustume.

Si le parent plus proche lignager est preferé
aux autres?

Faut suiure la Coustume des lieux : mais en   la
Coustume de Paris, le premier adjournant est pre-
feré.   *Qu'est-ce que frais & loyaux cousts?*
Les frais du contract & reparations necessaires.

Si le vin & espingles sont des frais du contract?
Non, font part du prix.

S'il y a 2 n retraict en vn retraict?

Ouy, si le Seigneur feodal auoit retiré, le lignager pourroit retraire sur luy.

Dans quel temps?

Dans l'an & iour de la retenuë publiée au plus
prochain Siege Royal.

Si les acquests se peuuent retirer?
Non, parce qu'ils ne viennent de la ligne.

Si vn Seigneur ayant retenu vn lignager peut
estre preferé?

Ouy, & peut mesme retirer sur luy.

Si apres la vente y a supplément par chose venduë pen-
dant le retraict, si le retrayant est tenu payer
le supplement.

Ouy, pourueu qu'il soit sans fraude.

Si toutes personnes sont subjetes au retraict.

Ouy, fors le Roy & l'Eglise.

Si tout heritage vendu est subiet au retraict ?

Non, & n'y a que les propres vendus, encores s'ils sont vendus sur vn curateur à la chose aban-donnée, n'y sont subjets.

Si l'assignation en retraict donné le dernier iour
de l'année est vallable.

Ouy, pourueu qu'elle eschée dans l'an & iour.

Quand commence l'an du retraict d'vne rente faite
par procuration, à la charge de la
ratification.

Du iour de la ratification.

Si le retrayant est tenu rembourser les reparations &
meliorations.

Ouy les necessaires.

Lequel des deux parties est tenu le premier satisfaire
à la sentence, portant le retraict adjugé.

C'est le deffendeur, faut qu'il mette son con-tract au Greffe, & afferme le prix.

S'il ne le fait quelles pourfuites.

Faut offrir & consigner.

Si le retrayant est tenu consigner les reparations &
meliorations.

Non, suffit consigner le sort principal.

Si vn deffendeur en retraict peut-estre contraint de
sortir, encores qu'il ne soit remboursé.

Ouy, sauf son action.

S'il y a appel de la sentence, s'il faut continuer les
offres.

Ouy, si c'est procez par escrit, iusques à con-clusion inclusiuement. En appellation verbale toufiours, parce que l'on conclud en plaidant.

Si és aduènirs pour plaider, est necessaire de faire les offres.

Ouy, mesme en plaidant.

Si le Roy peut retraire ce qu'il vend en son fief.

Ouy.

Si vn coheretier vend sa part d'vne succession, si son coheritier peut retraire?

Ouy.

Si tous les heritages de la succession d'acquests?

L'on les peut retraire, parce qu'ils sont faits propres aux heritiers.

Si vn mineur peut estre restitué apres l'an. Non.

Si vn tuteur peut retraire pour son pupille.

Ouy.

Pardeuant quel Iuge peut-on intenter l'action.

Pardeuant le Iuge du defendeur, ou de l'heritage.

S'il faut commission du Iuge.

Non, vn simple exploict suffit.

Si apres l'offre, il faut consigner le prix.

Il est au choix du demandeur.

Quel reglement y a-il en la matiere.

Vn, à escrire, produire, bailler contredits & saluations.

Vn heritage vendu à la charge du decret, de quel tour court l'an du retraict.

Du iour de l'ensaisinement du contract.

Vn acquereur ayant vendu à vn autre, si le parent du premier vendeur peut retraire.

Ouy, s'il vient dans l'an du premier contract.

Quels sont les frais & loyaux cousts.

Ceux du premier contract.

Le droict de retraict lignager se peut-il ceder.

Non.

Si l'acquereur est absent, ou n'aye point de domicile,
où faire signifier retraict.

Au lieu de son dernier domicile , ou à son de
trompe ; & s'il retourne, le faut readjourner à sa
personne.

Dans quel temps se perit l'instance ?
Faute de pourfuiure par an & iour.

Combien dure l'action du retraict ?
An & iour, du iour de la faifine ou infeodation.

Si le contract n'est point enfaifiné ou infeodé ?
Elle dure trente ans.

Dans quel temps se doiuent payer les frais &
loyaux coufts ?

Dans les vingt-quatre heures de la liquidation.

Si faute de les payer dans les vingt-quatre heures, le
retrayant fera debouté de fon retraict.

Ouy, apres interpellation & commandement
de payer.

Si le deffendeur en retraict retiendra les fruicts
de l'heritage ?

C'eft fon choix de prendre l'intereft de fon argent, ou les fruicts, iufques au iour des offres.

Quand vn heritage eft retraict pendant vne communau-
té, icelle diffoluë, où va l'heritage ?

Il demeure aux heritiers des propres, rendant le
prix aux heritiers des acquefts.

Si le pere retire au nom du fils, & qu'il baille les deniers,
à qui appartient l'heritage ?

Au fils & à fon heritier, fauf à faire rapporter
les deniers defbourfez.

Si vn change eft fujet à retraict ?
Non, finon qu'il y ait foulte.

S'il y a foulte excedant la moitié du prix de l'heritage
baillé en efchange , que peut-on retraire ?

Il y a retraict à proportion de la foulte.

Si l'achepteur est tenu amender l'heritage par luy ac-
quis dans l'an.

Il n'est tenu l'empirer ny l'amender.

Si le retrayant est tenu du dommage aduenu à la chofe
pendant l'inftance du retraict ?

Non, iufqu'à ce qu'il y foit receu.

Si vn vfufruit tombe en retraict ?

Non, parce qu'il retourne apres le deceds de
l'vfufruictier.

En vn retraict continuel, à qui appartiennent les
fruits pendant les racines ?

Au retrayant, & faut qu'il rembourfe les labours & femences.

Si loges, est aux places publiques acquifes au Roy,
fujetes à retraict ? Ouy.

Si l'heritage vendu par licitation, est fujet à
retraict ?

Ouy, à proportion.

Si le temps du retraict peut-estre prorogé. Non.

Si retraict couentionnel & feodal font fujets à la ri-
gueur de la Couftume ?

Non.

De reddition de compte. CHAP. XI.
Quelles perfonnes font fujetes à rendre
compte.

TOutes perfonnes qui gerent le bien d'autrui,
comme tuteurs, commiffaires, fequeftres,
heritiers par benefice d'inuentaire, curateur aux
biens vaccans & abandonnez.

Quelles procedures pour faire rendre compte à vn tuteur?

Apres la condemnation, on conclud contre luy, à ce qu'il soit condamné par corps à le presenter. S'il ne le presente, sera condamné par corps, & par saisie de ses biens.

Faute de le pouuoir apprehender?

Demander executoire, & pour cét effect bailler requeste, iustifier des pieces, comme la condamnation de rendre compte perquisition, & l'inuentaire.

Comment dresser le compte?

Premierement faire mention de la recepte par chapitres, selon la diuersité des receptes.

S'il y a des meubles, & partie d'iceux retenus, comment faire la recepte?

Faire recepte entiere de la somme à laquelle se monte le procez verbal de vente, & vn article des meubles retenus, sauf à reprendre, duquel article l'on fait vn chapitre de reprise.

Comment presenter le compte?

Le presenter, & affermer qu'il contient verité, tant en recepte que despense.

Faut-il assigner la partie pour le voir presenter & affermer?

Non.

Deuant que le presenter, le faut-il faire signifier?

Non, l'oyant en prend communication, & des pieces, par les mains de Monsieur le Commissaire.

Le compte presenté & affermé, si l'on ne met les pieces par deuant le Commissaire, quelles poursuites?

L'oyant doit presenter Requeste, à ce qu'il y soit contraint par corps, & par execution de ses meubles.

Si l'oyant ne compare ?

Prendre trois ordonnances, & vn defaut, par vertu dequoy on ordonne qu'il fera procedé, tant en prefence qu'abfence.

Si la defpenfe eft tellement debatuë, que le rendant foit rendu reliquataire, l'oyant peut-il obtenir exe-cutoire du reliqua ?

Ouy, s'il n'eft empefché.

Comment l'empefcher ?

Faut diligemment prefenter Requefte, remon-ftrer que par malice on a debatu la defpenfe, afin de rendre le rendant reliquataire, offrir de mettre l'inftance en eftat de iuger dans certain temps, & iufques à ce, furfeoir toute contrainte qu'on pour-ra obtenir pour ledit reliqua.

Si l'oyant pretend qu'il y ayt obmiffion de recepte, que faire ?

Dés l'entrée du compte le fouftenir defectueux, & fournir debat pour l'obmiffion de recepte.

Cela fait, & le debat formé, que faire ?

Le Commiffaire appointe les parties, fçauoir l'oyant à bailler obmiffions, & le rendant à bailler fes refponces, & à mettre.

Faut-il forclore de fournir d'obmiffions ?

Faut forclore de fatisfaire au reglement.

Le compte debatu & fouftenu ;

Le Commiffaire baille le reglement ordinaire.

S'il y a obmiffion aux defpens, de qui fe rend l'obmiffion.

Aux defpens de celuy qui a obmis.

Si l'on demande la reuifion, aux defpens de qui fe fait-elle ?

Celuy qui la demande doit faire les frais, fauf à recouurer.

En quel cas peut-on demander reuifion?

Quand on pretend obmiſſion de recepte, ou ex-
ceſſiue deſpenſe.

Qui la peut demander?

Il n'y a que le mineur.

Si vn mineur commet crime, ſes biens acquis & con-
fiſquez, & ſon tuteur ayant rendu compte au
Procureur du Roy, ſi vn tiers confiſquateur
la peut demander?

Ouy, à ſes deſpens.

Si la tranſaction faite entre vn tuteur & ſon pupil
fait majeur, peut ſubſiſter?

Non, faut rendre compte.

Comment peut-on contraindre vn tuteur d'vn mineur
de rendre compte d'vne tutelle dont le deffunct
eſtoit chargé?

Le faut faire condamner à rendre compte : faute
de le faire, demander executoire contre luy ſur les
biens de ſon pupil.

Faute de le preſenter;

Demander qu'il y ſoit contraint par corps, meſmes à repreſenter l'inuentaire & vente des meubles; & faire ſaiſir en vertu de l'executoire.

Si l'on eſt appellant de la ſentence, portant condem-
nation de rendre compte?

Faut dire, nonobſtant l'appel.

Comment contraindre vn Commiſſaire eſtably,
à rendre compte?

L'aſſigner pour rendre compte pardeuant le Iuge
de ſon domicile, ſi c'eſt obligation, dont le ſeel ne
ſoit priuilegié. Si c'eſt en vertu de Sentence, pardeuant le Iuge qui l'a donnée.

De Benefice d'inuentaire.
Chap XII.

Qu'eſt-ce que Benefice d'inuentaire?

C'Eſt vne grace qui ſe concede par le Prince, à celuy qui veut apprehender la ſucceſſiõ d'vn deffunct, & ne veut eſtre tenu des debtes, que iuſqu'à la concurrence du bien d'iceluy deffunct.

Telle grace eſt-elle concedee à tous?

Non, car quand il s'agiſt de la ſucceſſion d'vn qui a manié deniers Royaux, faut prendre qualité d'heritier ſimple, ou bien y renoncer.

Pourquoy eſt-il obtenu?

Pour la crainte que la ſucceſſion ſoit onereuſe.

Dans quel temps doit-elle eſtre obtenue?

Dans l'an apres le deceds des deffunts.

Cette grace obtenuë, qu'eſt-il beſoin de faire?

En demander l'enterrinement, la communiquer aux Gens du Roy, & faire adjourner les creanciers à ſon de trompe, bailler caution, faire faire inuentaire par Officiers Royaux, & le Procureur du Roy appellé.

L'heritier ſimple exclud-il par benefice d'inuentaire?

Non, en ligne directe : auſſi le mineur n'exclud-il l'heritier par benefice d'inuentaire, qui eſt en plus proche degré que luy.

Quelles ſont les clauſes du benefice d'inuentaire?

Il eſt octroyé conditionnellement, que l'heritier ne ſe ſoit immiſcé és biens comme heritier ſimple, & que d'iceux il n'ait pris aucune choſe, qu'il ſoit dans l'an du deceds, & qu'il ne ſoit queſtion de la ſucceſſion d'vn qui ait manié deniers Royaux, comme Receueurs, ou Treſoriers,

Ouy, mais si l'heritier presomptif d'vn deffunt prend
& apprehende quelque chose de la succession
estant luy-mesme creancier, fait-il
acte d'heritier.

Ouy, s'il ne le fait de l'authorité de la Iustice.

En succession, representation a-t'elle lieu?

Ouy, en ligne directe infiniment, mais en la
collateralle seulement, lors que les nepueux viennent à la succession de leur oncle & tante auec
leurs autres oncles & tantes, freres & sœurs du
decedé, sçauoir en la Coustume de Paris, & autres, il pourroit estre autrement.

D'obligation.
CHAP. XIII.
Par quels moyens elle naist?

PAr quatre manieres. La premiere, par contract. La deuxiesme, par quasi contract. La
troisiesme par malefice. La quatriesme, par quasi
malefice.

Il y a de cinq sortes d'actions qui sont en vsage,
la personnelle, la petitoire, la possessoire, la
mixte, & la criminelle.

De possession. CHAP. XIV.

IL y a deux sortes de possession. Sçauoir, l'vne
appellée naturelle & corporelle, & l'autre ciuile: Et la seule possession doit suffire quand elle
est naturelle, de complette possession, sans y ad-
iouster la ciuile, au moins pour en faire vne nouuelle espece, d'autant que c'est plustost vne particuliere & incidetielle qualité, & s'il y a de la mes-
lange ciuile, comme de droict ou d'opinion, cela

n'eſt que la ſolemnité & circonſtance : c'eſt pourquoy la ſeule poſſeſſion naturelle n'eſt receuable,
ſans eſtre authoriſée de Iuſtice & de la loy, & de
celuy duquel le nouueau poſſeſſeur a droict, parce que la ſeule propre authorité ne vaut, & ne
ſuffit pour ſoy ſaiſir & acquerir poſſeſſion. Et conſequemment, il s'enſuit que la naturelle poſſeſſion
ne peut ſubſiſter ſans la ciuile.

La poſſeſſion naturelle eſt, quand naturellement
nous entrons au fonds, habitons dans la maiſon
paiſiblement, ou autre pour nous, ou que nous
inſiſtons à poſſeder actuellement, & faire actes
de naturelle & corporelle poſſeſſion, côme de labourer, ſemer, moiſſonner, ſans dire à quel tiltre,
à quelle cauſe.

La ciuile eſt, celle qui conſiſte plus en volonté
& en opinion qu'en actuel exploict: & c'eſt quand
nous auons corporellement iouy, & ne pouuons
touſiours inſiſter & eſtre attachez au fonds, nous
nous en departons, non pour en laiſſer la iouyſſance, mais pour vacquer à autre affaire, & retenons
toutesfois la volonté, l'intention & ferme opinion
de iouyr, que la loy nomme *animo poſſidere* : tellement qu'encores qu'vn autre ſe iette dedans, &
prenne la poſſeſſion corporelle, toutesfois nous
ne laiſſerons d'en iouyr, mais ce ſera d'opinion
ſeulement.

De Complainte en matiere prophane.
C H A P.　X V.

Qu'eſt-ce qu'action poſſeſſoire ?

C'Eſt la complainte en cas de ſaiſine & nouuelleté, & la reintegrande.

Qu'est-ce que complainte en cas de saisine , & nou-
uelleté?

C'est vn interdict ou action qui appartient àce-
luy qui puis an & iour en ça, a esté troublé en la
possession & iouyssance d'aucun heritage.

Comme se forme-elle ?

Elle se forme ou intente par deux voyes, sçauoir
par exploict libellé. L'autre, par opposition, le
deffendeur est opposant , & baptisez possession
contraire.

Anciennement on l'intentoit par lettres Royaux
en vertu desquelles on faisoit appeller la partie à
comparoir sur le lieu : & cela s'appelloit ramener
la complainte sur les lieux, ou à effect.

Quelles conclusions en complainte ?

Dire estre possesseur de long temps d'vn heritage, auquel il a esté troublé puis an & iour en ça.
Conclud à ce qu'il soit maintenu & gardé en sa
possession & saisine, restitution des fruicts, dommages & interests, & en cas de debat la creance.
L'on peut aussi demander le sequestre.

Dans quel temps faut il intenter cette action?

Dans l'an & iour du trouble , autrement non
receuable.   *Pardeuant quels Iuges.*

Pardeuant tous Iuges de la demeure des parties
ou de l'heritage : mais y a preuention de Iuges
Royaux. Et pour les priuilegiez , Messieurs des
Requestes du Palais en connoissent.

Combien de chefs en la complainte?

Trois , sçauoir sequestre, recreance, & maintenuë.

Pourquoy les appelle-on chefs en la complainte ?

Parce que ce sont trois sortes de conclusions.

Qui peut demander le sequeſtre.

L'vne & l'autre des parties, mais il conu ient celuy qui eſt depoſſedé.

En quel eſtat de la cauſe doit-il demander ?

Auparauant conteſtation, mais ſe pourſuit en tout eſtat de cauſe, ayant eſté demandé.

Qu'eſt-ce que recreance ?

C'eſt vne prouiſion qui s'adjuge à celuy qui a pus apparante poſſeſſion.

Quand eſt-ce que l'on demande la recreance ?

Par exploict de la complainte, ou par replique, ou autres actes de la cauſe, comme ayant eſté ob- mis. *En quel eſtat ?* En tout eſtat. *Qui la peut demander ?*

L'vne & l'autre des parties, parce qu'ils ſe pre- tendent tous deux poſſeſſeurs.

Comment ſe pourſuit-elle ?

Conjointement auec l'inſtance de complainte, & ne ſe peut diuiſer. *Ordonnance 39. art. 57.*

Pourquoy ?

Parce que l'Ordonnance le deffend.

Quelles choſes ſont requiſes pour intenter complainte ?

Trois choſes, ſçauoir qu'il y ait ioüiſſance par an & iour, *non vi, non clam, non precario. Non vi,* qu'elle ſoit paſible & ſans force : *non clam,* que ce n'ait point eſté en cachette, mais publique- ment, & au veu & ſceu d'vn chacun : *non preca- rio,* non par precaire ou ſouffrance, mais comme vray Seigneur.

Quelles choſes priuilegiées en action de complainte,

Deux choſes, ſçauoir le reſtabliſſement des fruits au ſequeſtre, qui eſt le fourniſſement de la complainte, & la recreance.

Que doit faire le recredantiaire.

Bailler caution, si c'est par Sentence : si c'est par
Arrest, n'en est besoin.

Comment s'intente vne complainte pour meuble.

L'on ne la peut intenter, & n'a lieu qu'en heritage, si ce n'est pour vne succession vniuerselle, sup-
posé qu'il n'y ait que meuble, ou pour meubles
de grand prix en particulier. Et si l'on prend en
la Iustice d'vn Seigneur chose qui luy appartienne
comme vn droict, *ei competit actio nouitatis.*

Combien de sortes de possessions y a-il.

De deux sortes, sçauoir actuelle, & artificielle.

Actuelle, qui iouyt de faict. Artificielle, celuy
qui a contract, & ne iouyt pas.

Que faut-il prouuer en action de complainte.

Deux choses, ou extremitez. La premiere, le
trouble ou empeschement fait. La deuxiesme, la
possession d'an & iour auant icelle.

S'il faut tiltre pour iustifier la possession.

Non, elle se verifie par tesmoins.

De quelle action est la complainte.

Elle est mixte, reelle & personnelle.

Si la complainte sera receue apres l'an & iour?

Non, & faut agir au petitoire.

Que faut-il prouuer en matiere de complainte.

Que le complaignant soit possesseur, & qu'il
ait iouy par an & iour, & que depuis iceluy an &
iour il ait esté en sa possession.

Comment s'acquiert la possession & proprieté
d'aucun heritage.

Elle s'acquiert par trois moyens, l'vn par occupation, qui est auec tiltre, dix ans entre presens, &

vingt ans entre abſens , & ſans tiltres par trente
ans, qui eſt la poſſeſſion naturelle ciuile : l'autre
par tradition de faict, comme quand le Seigneur
foncier baille la ſaiſine à cauſe de vendition, alienation ou eſchange, & autres tiltres ciuils.

Pourquoy eſt-ce qu'on appelle cette action complainte en
cas de ſaiſine & nouuelleté.

Elle eſt dite ainſi à cauſe du trouble nouueau,
pource que le trouble eſt fait de nouueau : car il
faut dés l'an & iour former la complainte, autrement non receuable , parce qu'on ne feroit plus
poſſeſſeur.

Si on peut former complainte côtre vn exploict ou autre
acte de Iuſtice.

Non, & ſe faut pouruoir par appel, ou oppoſition.

Quelle difference y a-il entre matiere beneficiale,
ou prophane.

Grande: car en matiere prophane n'eſt beſoin
de tiltre, ains ſeulement de poſſeſſion, & iouyſſance d'an & iour, & s'agit du temporel & heritage,

Et en matiere beneficiale faut tiltre, *ſaltem* coloré: & ne ſert de rien la poſſeſſion, bien qu'elle fuſt
de trente ans, ſans tiltre.

Qu'eſt-ce que pleine poſſeſſion.

C'eſt la maintenuë.

D'où procede l'action poſſeſſoire.

De la poſſeſſion.

Qu'eſt-ce que ſaiſine.

C'eſt l'enſaiſinement fait par le Seigneur de la
choſe acquiſe.

Qu'eſt-ce que nouuelleté.

C'eſt le trouble fait de nouueau.

Qu'eſt-ce

Qu'est-ce possession licite.

C'est la saisine.

Possession illicite.

C'est la nouuelleté, comme celle qui trouble la licite.

Quelle difference entre saisine & saisie.

Saisine est l'ensaisinement du contract, qui se prend du Seigneur en forme de possession. La sai-sie se fait, faute du payement d'vne debte.

Qu'est-ce que paisible possession.

C'est iouyr de la chose sans aucun trouble.

Prise de possession.

C'est l'ensaisinement du Seigneur, ou l'appre-hension de la chose.

Quelle difference en action possessoire, & complainte en cas de saisine & nouuelleté.

Ce n'est qu'vn, mais il y a aussi la reintegrande.

Quand, & comment trouble se fait.

Iudiciairement ou extraiudiciairement.

Iudiciairement, par l'opposition que forme le deffendeur à la complainte, quand il baptise pos-session contraire : ou quand en procedant, la par-tie dénie quelque droict, ou se l'attribuë, que l'on prend pour trouble.

Extraiudiciairement, quand de faict le deffen-deur exploicte en la chose. Comme transport de fruict, vsurpation de seruitude, ou dénier la rede-uance que l'on a accoustumé payer.

Qu'est-ce que simple saisie.

Il y en a deux sortes. L'vne personnelle : l'autre mixte.

La personnelle est, quand aucun a iouy & pos-sedé vne rente, & icelle prise & perceuë sur vn

heritage parauant & depuis dix ans , & par plus
grande partie d'iceluy temps ; s'il eſt empeſché en
la poſſeſſion & iouyſſance, il peut intenter l'action
de ſimple ſaiſie perſonnelle contre celuy ou ceux
qui l'ont troublé , & requerir eſtre mis en la poſſeſſion en laquelle il eſtoit auparauant la ceſſation
de payer. *Couſt. de Paris, art.* 98.

La mixte eſt, quand ie ſuis troublé en la poſſeſſion de mon heritage puis an & iour, & s'appelle
complainte. Anciennement cela s'entendoit quãd
l'on auoit obmis l'action poſſeſſoire iuſques à dix
ans, mais il n'y auoit ſequeſtre ny recreance , & à
preſent cela eſt aboly.

Quelles ſont les actions poſſeſſoires?

Sont la reintegrande, en cas de ſaiſine , & nouuelleté.

Quels ſont les fruicts & effects de la maintenuë ?

C'eſt que par icelle le complaignant eſt fait autheur de bonne foy ; en ſorte que ſi apres il ſuccombe au petitoire, il n'eſt tenu à aucune reſtitution de fruicts, ſinon depuis la conteſtation au petitoire, comme ayant eu iuſte ſuiet de ſouſtenir ce
qui luy auoit eſté adiugé auparauant.

Si la Sentence de maintenuë s'execute
nonobſtant l'appel ?

Ouy, par forme de recreance, en baillant caution.

Combien de ſortes de troubles?

Deux. Trouble de droict, quand le demandeur
eſt empeſché en iugement, ou verbalement.

Trouble de faict, quand l'on eſt empeſché reel-
lement.

Peut-on pourſuiure le petitoire auec le poſſeſſoire.

Non, l'on ne le peut pourſuiure que le poſſeſſoire

ne foit vuidé, & que la Sentence foit entierement
executée, tant en principal, que pour les frai ,
dommages & interefts.

Quelle difference entre proprietaire & poffeffeur.

Le proprietaire eft Seigneur de la chofe, & le
poffeffeur ne l'eft pas toufiours.

Si la complainte fe peut former apres le
petitoire intenté.

Non , parce que l'on reconnoift le deffendeur
poffeffeur.

Si on peut en complainte exciper de la proprieté.
Non, parce qu'il ne s'agit que de la poffeffion.

Si vn vfufruictier peut intenter complainte ?
Ouy , parce qu'il eft Seigneur de la poffefsion.

Que faut-il pour iuftifier la poffeffion ?
Tiltre ou tefmoins.

Si en matiere de feruitude l'on peut former
complainte ?

Ouy , mais faut tiltre pour en iuftifier la poffeffion , parce que nulle feruitude fans tiltre.

Si la complainte a lieu, pour, ou contre le Roy.

Non, parce qu'il eft Seigneur de tout , & fes fujets ne ioüiffent que par fouffrance.

Si pour rentes conftituées à prix d'argent l'on eft receua-
ble à former complainte.

Non , parce qu'elles n'affectent toufiours ce-
tain fonds.

Si pour rente fonciere on la peut former.

Ouy , c'eft lieu de fimple faifie perfonnelle.
Couftume de Paris, art. 58.

Si la preuue par tiltres fuffit.

Non, faut aufsi preuue par tefmoings : parce
qu'il faut monftrer la ioüiffance réelle & actuelle.

D ij

Par combien de fortes trouble fe fait.

Par deux manieres, fçauoir par parole & par faict.

Par parole, quand on dénie le droict. Par faict, quand on eft empefché en la ioüiffance.

Si l'an & iour court contre le mineur, ou abfent.

Ouy, & n'en peut eftre releué.

Quel temps pour perimer l'action.

Vn an & iour : pour la prefcription vn an & iour.

L'affignation efcheüe, que fait-on.

La prefentation.

Si le defendeur ne compare.

Leuer le defaut, bailler à iuger.

Le profit.

Debouté de deffenfe,.

Comment s'execute la Sentence.

Faire demande articulée, & la faire clorre.

Que faut-il pofer par la demande.

La poffeffion, & le trouble.

La demande clofe, que faire.

Prendre commiffion *ad partes*, addreffante au Iuge pour faire l'enquefte.

Cela fait.

Prefenter la commiffion au Iuge delegué auec fa demande, prendre fon ordonnance & commiffion pour faire affigner les parties pour conuenir d'adjoint, voir iurer tefmoings, mefme pour affigner les tefmoings.

Si la partie a fufpition contre le Iuge, que fera-elle.

Faut qu'elle le recufe.

S'il eft recufé, que faire.

Le Iuge doit iuger les caufes de recufation admiffibles, ou inadmifsibles.

S'il les iuges inadmiffibles, que faire.

Il faut s'addreſſer au plus ancien Praticien, qui
tient le Siege en ſon lieu pour les iuger.

Si elles ſont declarées admiſſibles, & veritables.

On ſe pouruoira pardeuant le Iuge qui a delegué.

Comment faut-il faire pour les iuger.

Faut que le Iuge qui en doit connoiſtre, donne
delay de trois iours pour les verifier.

Si elles ſont verifiées.

Sera debouté, & condamné en l'amende de
vingt liures és Cours Souueraines, & en dix liures
en Iuſtices inferieures.

S'il y a appel de la ſentence, ſi le Iuge differera.

Non, il paſſera outre, attendu qu il n'eſt queſtion de l'inſtruction du procez.

Si inadmiſſibles & impertinentes, il les declare.

Il ordonne qu'il ſera paſſé outre.

S'il y a appel.

Se faut pouruoir pardeuant le Iuge qui a accouſtumé tenir ſon lieu, qui paſſera outre ſans preiudice de l'appel. *Ordonnance 39. art. 17.*

Si le Iuge commis ſe deporte.

Se pouruoir à celuy qui l'a delegué.

Si lors de la faction de l'enqueſte, la partie allegue op-
poſition ou empeſchement ?

Il dira nonobſtant oppoſition, ou empeſchement.

S'il y a appel, s'il dira nonobſtant l'appel ?

Ouy.

Si à meſme temps il a ſentence de debouté, de defenſes
en execution de l'enqueſte où on trauaille ?

Non, & ſe faut pouruoir pardeuant le Iuge qui
a delegué.

L'enqueſte faite, que faire ?

D iij

La faire rapporter au Greffe, & faire affigner partie en vertu de la Sentence, pour la voir receuoir, & pour iuger.

L'affignation efcheüe?

Faire la prefentation comme deuant, leuer le défaut, bailler à iuger, & ioindre l'enquefte.

Quel profit?

L'enquefte receuë pour iuger, & maintenuë, & gardée, auec reftitution de fruits.

Si le demandeur ne compare?

Leuer le congé, & le bailler à juger.

Quel profit?

Abfous de l'inftance.

Si on peut de nouueau faire appeller eftant dans l'an?

Non, faut appeller de la Sentence.

Si les deux parties comparent?

Defaut & permiffion, à faute de venir deffendre fuiuant la diftance des lieux.

Le profit du defaut?

Debouté de deffenfes.

En execution de la Sentence?

Demande articulée, commiffion comme deuant, & faire enquefte.

L'enquefte faite rapportée, partie affignée, prefentation faite, defaut ou congé leué comme deuant.

S'il y a appel de la fentence de debouté de deffenfes, fi on differera au principal?

Non, faut dire nonobftant l'appel.

Si de la fentence diffinitiue?

Faire ordonner qu'elle fera executée nonobftant l'appel, par forme de recreance, baillant caution.

Si la partie compare en readiournement?

Pourſuiure la reception de l’enqueſte.

Comment?

Preſenter l’appointement de reception en cette forme.

L’enqueſte faite par l’ordonnance de la Cour, par tel Commiſſaire en cette partie, à la requeſte de, &c. contre, &c. eſt receuë, & la reçoit la Cour pour iuger, ſauf à debattre le procez verbal d’icelle, & les parties appointées à produire, bailler contredits & ſaluations, à huictaine en ſuiuant à ouyr droict. Defaut & permiſſion, ſauf le premier iour, faute d’accorder la receptiõ d’enqueſte.

Quel profit?

L’enqueſte receuë pour iuger, &c.

Si la reception eſt empeſchée?

A l’Audience faire appointer en droict, ou à mettre.

Si la partie veut fournir de deffenſes?

Faut ſe faire reſtituer contre la Sentence.

Comment ſe fait-on reſtituer?

Congé à tel, &c. par vertu duquel la Cour ayant égard aux lettres, a receu & reçoit le deffendeur à déduire & propoſer ſes deffenſes, nonobſtant la Sentence, tout ainſi qu’il euſt peu faire auparauant icelle, en refondant les deſpens des defauts & contumaces bien & deuëment obtenus, leſquelles deffences il ſera tenu fournir dans trois iours.

Si ſe faiſant reſtituer, l’enqueſte eſt annullée?

Non, elle demeurera pour preuue.

Si apres la reſtitution le demandeur peut fournir d’exceptions declinatoire & dilatoire?

Non, faut deffendre peremptoirement, parce

D iiij

que c'eſt vne grace du Prince.

S'il ne fournit de deffenſes dans les trois iours ?

Les trois iours paſſez, demander, que faute d'a-
uoir ſatisfait, la Sentence ou appointement à produire.

Si eſtant reſtitué, ou dés le commencement il
baptiſe poſſeſſion contraire ?

Prendre appointement à eſcrire par interdits
faicts contraires, & à toutes fins à huictaine.

L'appointement ſignifié, que faire ?

Faire dreſſer ſon interdit, & le ſignifier, en baillant defaut & permiſſion à faute d'en fournir, ſauf
huictaine, bailler à iuger,

Pourquoy pourſuiure par defaut, & non point
par forcluſion ?

Parce qu'il n'y a point de conteſtation.

Quel profit emporte le defaut ?

Debouté de fournir d'interdit, permis au demandeur verifier le contenu en ſon intendit.

En execution de la ſentence, que faire ?

Signifier, & faire requeſte de commandement
d'accorder la cloſture & forcluſion dés le lendemain, prendre commiſſion, & faire enqueſte.

Si les deffenſes empeſchent la cloſture ?

Requeſte de *committitur*, defaut ſauf pur & ſimple, par vertu duquel, &c.

S'il ſe peut reſtituer contre la ſentence ?

Ouy, car cela equipole à vne forcluſion.

Si les parties fourniſſent reſpectiuement leurs intendits,
que faire ?

Prendre iugement, par lequel les intendits ſeront tenus pour accordez, & neantmoins ſera
permis aux parties de fournir d'addition, ſi bon

leur femble, informeront, &c.

S'il faut forclore de fournir d'addition?

Non, n'en fournit qui ne veut.

S'il en faut bailler copie? Ouy.

Quelle pourfuitte apres?

Faire clorre les intendits par le Greffier, prendre commiffion, & faire enquefte comme deffus.

S'il faut requefte pour les faire clorre?

Non.

L'enquefte eftant receuë, qu'eft-il befoin de faire?

Fournir de reproches contre les tefmoins, & bailler moyens de nullité contre l'enquefte, & pourfuiure partie aduerfe d'en fournir de fa part, requefte de commandement, & forclufion de fournir, de faluations de tefmoins, & faire forclorre partie aduerfe d'en fournir.

Cela eft-il neceffaire?

Ouy, pour paruenir à la publication.

Si on peut fournir de reproches & moyens de nullité apres la publication?

Non.

Comment publier l'enquefte.

Apres les reproches fournies, faut aller à l'Audience, & là faire ordonner. La Cour ordonne que les enqueftes refpectiuement faites par les parties feront communiquées, pour y bailler contredits.

Ce fait, que faire?

Prendre communication des enqueftes, les contredire, offrir les contredits purement & fimplement, commandement & forclufion d'en fournir. L'on peut produire deuant ou apres, ayant produit, faire commandement & forclufion de produire & contredire.

Apres auoir produit, baillé contredits & faluations,
à quoy faut-il que la preuue foit concluante
pour obtenir?

Que la poffeffion & le trouble foient verifiez.

S'il interuient fentence pour la verification des faicts
reprochez, que faut-il faire?

Appeller, & la Sentence fera infirmée par Arreft,
parce que n'eftant queftion que de la poffeffion,
cela fe peut reparer par le petitoire.

Comment s'execute le fequeftre?

Prendre ordonnance du Rapporteur pour faire
affigner les parties pour conuenir de fequeftre, autrement fera pris.

Que doit faire le Commiffaire?

S'il n'eft conuenu, il en doit donner d'office.

Quand le fequeftre eft accordé, que faut-il faire?

Faut le faire affigner pour l'accepter.

Peut-on le contraindre d'accepter?

Ouy, s'il n'a excufe fuffifante.

Si l'execution de la fentence de fequeftre eft empefchée
par vne des parties, ou qu'il y ait oppofition,
que demandera-il?

L'on demandera qu'il foit paffé outre, & le Iuge
l'ordonnera.

Que doit faire le Commiffaire?

Faire proceder au bail.

Si l'execution du bail eft empefchée par l'vne des
parties, que faire?

Faire procez verbal de rebellion, & faire fa requefte, à ce que fuiuant l'ordónance il foit décheu.

Si celuy qui iouyffoit eft tenu de rapporter
les fruicts de l'année?

Ouy, & cela s'appelle fourniffemét de complainte,

A faute de les rapporter, que doit-on demander ?
La décheance du droict.

Pourquoy dit-on en cas de débat la recreance ?
Pour plaider saisi.

S'il y a lieu de veüe. Ouy.

Si de garand.
Ouy en deux cas seulement. Le premier, quand
le Seigneur aduoüe son Fermier. Le deuxiesme,
quand l'on n'a pas iouy par an & iour, l'on peut
faire appeller celuy qui a vendu.

En quel estat de la cause se doit demander
veüe ou garand ?
Auant la contestation.

Si veüe apres garand.
Non, parce que demandant garand l'on est certain.

Si le deffendeur a obmis à demander veüe, & son garand
la requiert, que faire ?
Faut que le deffendeur originaire la requiere au
demandeur originaire à ses despens, & si elle luy
auoit esté faite, n'est tenu que de bailler copie du
procez verbal, sinon que le garand la requist à ses
despens.

Quand est-ce que l'on n'est point tenu
de faire veüe.
Quand l'heritage est tellement designé par tenans & aboutissans que l'on n'en peut douter.

En execution de la sentence de maintenüe,
que faire ?
Faire assigner partie, pour voir liquider les
fruicts, & voir taxer despens, leuer le defaut, bailler à iuger, debouté de deffenses, & faire taxer les
despens *in absentia*, par vertu du defaut.

*S'il y auoit eu Procureur, seroit-il besoing de faire
assigner partie.*

Non, faudroit seulement faire sa demande en
liquidation, & faire taxer ses despens.

De Complainte en matiere beneficiale.
C h a p.　X V I.
Qu'est-ce que matiere beneficiale?

C'Est ce qu'il s'agit de la possession d'vn benefice, & droicts d'iceluy, comme dixmes, &
autres, &c.

Qu'est-ce que complainte?

C'est vne action possessoire.

A qui appartient-elle?

A celuy lequel estant possesseur du benefice est
troublé & empesché en la possession & fruicts d'i-
celuy, puis an & iour.

Tout possesseur la peut-il former?

Non, car il n'a tiltre, & estoit intrus, ne seroit receuable, parce qu'il ne seroit pas vray possesseur.

Comment s'intente l'action possessoire?

Par complainte dans l'an & iour, & autrement
non receuable, si l'on ne monstroit le possesseur
n'auoir tiltre, & estre intrus.

Comment se pourroit doncques apres l'an?

Par le petitoire.

Qui connoist de l'action possessoire?

Les Iuges Royaux ressortissans nuëment en la
Cour.　　　　　　*Du petitoire.*

Le Iuge d'Eglise.

*Quelle difference entre matiere beneficiale
& prophane.*

Difference, en ce qu'en la beneficiale, il s'agit

du benefice & droicts d'iceluy, & faut tiltre pour
prouuer la poſſeſſion. Et en la prophane s'agit
d'heritages & choſes temporelles, & n'eſt beſoin
de tiltre, & ſe prouue par teſmoings.

Par quel moyen ſe fait le trouble.

Par nouuelle priſe de poſſeſſion, au preiudice
de la premiere : ou par oppoſition à vne priſe de
poſſeſſion.

Quand on eſt troublé, que faire.

Faut faire aſſigner la partie, dire que l'on eſt bien,
& canoniquement pourueu en bonne poſſeſſion,
meſmes par les dernieres années, & conclurre à
eſtre maintenu & gardé en la poſſeſſion & iouyſſance du benefice, à reſtitution de fruicts, deſpens,
dommages & intereſts : & en cas de debat à la recreance, l'on peut auſſi conclurre au ſequeſtre, ſi
beſoin eſt.

Si Meſſieurs des Requeſtes connoiſſent
de ces matieres.

Ouy entre priuilegiez.

Si la Cour en peut connoiſtre en premiere inſtance.

Ouy, entre Pairs, & en regale.

Combien de chefs en la complainte.

Trois, ſçauoir ſequeſtre, recreance, & maintenuë.

Queſt-ce que ſequeſtre.

C'eſt vn Commiſſaire conuenu par les parties,
ou nommé d'office par le Iuge, pour regir & gouuerner les choſes pendant le procez.

Queſt-ce que recreance.

C'eſt vne prouiſion du benefice, qui s'adiuge
pendant le debat, à celuy qui a le plus apparent
droict en la choſe.

Pleine maintenuë, ou pleine poſſeſſoire.

C'eſt le iugement deffinitif de la complainte.

Par combien de ſortes ſe peut-on pouruoir
d'vn Benefice ?

Par trois : reſignation, mort, & deuolut.

Comment ſe fait la reſignation ?

Elle ſe fait par vn qui a benefice, qu'il reſigne à vn autre.

A quel aage peut-on obtenir prouiſion d'vn
Benefice.

Si c'eſt ſimple tonſure, à ſept ans.

Si c'eſt vn benefice Cure, à vingtquatre.

Si c'eſt vn benefice comme Chanoine, à quator-ze ans.

De qui ſe prennent les prouiſions.

De l'Ordinaire du ſaint Pere, qui eſt l'Ordinai-re des Ordinaires, & en quelques benefices en re-gale du Roy.

En quel cas de l'Ordinaire.

Quand le benefice eſt patronnage lay, ou Eccle-ſiaſtique.　　　　*Du ſaint Pere.*

En tous, fors ceux où le Roy pouruoit.

A quels eſt-ce que le Roy pouruoit ?

A ceux vaccans en regale.

Si l'on refuſe la prouiſion du ſaint Pere,
comment ſe pouruoir ?

En prendre acte, & preſenter Requeſte à la Cour, demander, qu'il ſoit commis vn Prelat en France pour l'expedier.

S'il eſt refuſant.

Preſenter autre Requeſte, & demander l'adiudi-cation du benefice, & que l'Arreſt ſeruira de pro-uiſion.

Qu'eſt-ce que patronage.

C'eſt vne reſerue qu'a fait le fondateur à luy & aux ſiens, de pouuoir nommer au Benefice, aduenant vacation.

Dans quel temps faut-il nommer.

Le Patron luy doit nommer dans quatre mois, & l'Eccleſiaſtique dans ſix mois.

S'il n'a nommé dans le temps.

Faut s'addreſſer à l'Ordinaire, & prendre prouiſion, ou au Pape.

S'il nomme vne perſonne incapable, s'il en peut nommer vne autre.

Si c'eſt dans ſon temps ouy, il en peut nommer deux ſeulement : que s'ils eſtoient tous deux incapables, il perd ſon droict pour cette fois.

Si patron Eccleſiaſtique en peut nommer pluſieurs.

Non.

Si l'on peut prendre prouiſion de l'Ordinaire, ou du Pape dans le temps du Patron, ſans la nomination.

Non, & ſera celuy qui aura eſté nommé, preferé.

Si de deux nommez par le Patron, l'vn prend prouiſion de l'Ordinaire, & l'autre du Pape, qui ſera preferé?

Le premier pourueu : mais s'ils eſtoient en meſme temps, ce ſera celuy du Pape.

Eſtant pourueu, que faire.

Prendre viſa du Dioceſain, & en vertu d'iceluy & des prouiſions prendre poſſeſſion. *Ordonnance des Eſtats de Blois, art. 12. & 15.*

Dans quel temps prendre poſſeſſion.

Si les prouiſions ſont de l'Ordinaire, ou du Legat, dans ſix mois. Si du ſainct Pere, dans ſix mois.

Si le temps paſſe, on y peut reuenir.

Ouy, s'il n'y a autre pourueu, qui ait eſté plus

diligent, & pris poſſeſſion.

S'il faut prendre poſſeſſion en perſonne.

Elle ſe peut auſſi prendre par Procureur.

S'il en faut acte.

Ouy.

Qu'eſt-ce que poſſeſſion.

C'eſt deſſeruir le Benefice, & iouyr des droicts.

Quelles formes faut-il obſeruer?

Toucher les portes de l'Egliſe, prendre eauë be-
niſte, baiſer l'Autel, monter en chaiſe, & aller au
Preſbiterе.

A quelle heure faut-il faire ces ceremonies.

A l'iſſuë de la Meſſe, ou lors que les paroiſſiens
ſont aſſemblez.

La poſſeſſion priſe, que faire.

Faire inſinuer les prouiſions, & acte de priſe de
poſſeſſion, ſuiuant la regle *de publicandis.*

Où ſe font les inſinuations.

Au Greffe des inſinuations du Dioceſe.

Dans quel temps.

Dans ſix mois du Pape: Deux mois de l'ordinaire,
& du Legat huictaine, au lieu où ſont les Greffes,
& la priſe de poſſeſſion dans le mois.

Combien de ſortes de poſſeſſions.

Deux, l'vne de faict, quand on iouyt.

L'autre de droict, quand on n'a que le tiltre, ſans
iouyſſance.

Qu'eſt-ce que viſa.

C'eſt vn certificat du Dioceſain qui a veu les prouiſions, le pourueu trouué capable, mande au Notaire Apoſtolique de mettre l'impetrant en poſſeſſion.

Si l'on peut former complainte contre vn qui a iouy
trois ans ?

Non, s'il a tiltre feulement coloré, & le faut former dans l'an & iour, autrement non receuable.
Ordonn. 39. *art.* 67.

Si l'on forme complainte, que faire contre luy ?

Prendre lettres de *pacificis poſſeſſoribus*, en vertu
deſquelles il fera maintenu, & ne ſe peut intenter
petitoire contre luy.

Si pendant l'inſtance, le contendant monſtroit qu'il n'a
que tiltre coloré, peut-il obtenir la recreance, ou
demander ſequeſtre ?

Non, le temps fait valider ſon tiltre.

Quelles pieces ſont requiſes pour auoir prouiſion vala-
ble ? Le tiltre neceſſaire, ſi c'eſt par reſignation,
faut faire tiltre de reſignatoire, qui eſt la procuration *ad reſignandum*, tiltre du collateur, qui eſt la
prouiſion de l'Ordinaire, c'eſt à dire l'Eueſque
ou Dioceſain : ou de Cour de Rome, qui eſt la
prouiſion qui s'obtient du S. Pere. Si c'eſt vn benefice qui ſoit en patronage, & vacque par mort,
faut auoir la preſentation & nomination du patron. *Bourdin ſur l'Ordonnance* 39. *art.* 61.

Qu'eſt-ce que tiltre coloré ?

C'eſt celuy qui vient du vray & originaire collateur, duquel l'incapacité n'eſt connuë ; & de poſſeſſion priſe en vertu d'iceluy, il eſt dit coloré.

Quand le benefice eſt à la nomination du Roy, où ſe
faire pouruoir ?

Par l'Eueſque Dioceſain, ou le Pape.

Quand obtenir les prouiſions ?

Dans les neuf mois apres la deliurance des lettres
de nomination, dont ſera fait regiſtre.

E

Si l'on n'auoit pû au moyen de quelque empeſchement ?

Faudra luy faire apparoir de la cauſe, & de diligences vallables, autrement ſera decheu du droict
de nomination.

Faut il faire appeller en Iuſtice pour cette
décheance ?

Non, ſuffit de la nomination d'vn autre qui ſera
preferé.

Que deuiennent les fruicts qui euſſent appartenu
au nommé ?

Ils ſeront appliquez aux reparations des Egliſes,
Monaſteres & Conuents, nourriture des pauures,
ſelon qu'il ſera auiſé par le Chapitre & Conuents,
appellé le Subſtitut, &c. & les nommez, contraints
rendre ce qu'ils auoient receu.

Si vn reſignataire n'a pris poſſeſſion dans ſix mois ſui-
uant la reigle de publicandis, le titulaire reſi-
gnant peut-il reſigner à vn autre ?

Non, la reſignation eſtant vne fois admiſe, il ne
peut plus reuoquer.

Si vn reſignataire eſt refuſé, ſi le reſignant perd
ſon Benefice.

Non, il eſt touſiours poſſeſſeur, iuſqu'à nouuelle priſe de poſſeſſion.

Qui peut empeſcher la vacation d'vn Benefice ?

Quand il eſt remply de droit & de fait.

Si vn pere peut reſigner a ſon fils ?

Non.

Combien de Iuges faut-il pour iuger la recreance
& maintenuë ?

Sept. C'eſt l'Ordonnance de Louys XII. 1498.
art. 85. de François I. 1539. art. 62. & à Ys ſur
Thille 1535. chap. 9. art. 7.

Qu'est-ce qu'vne demande en portion congrue?

C'est lors que le Vicaire perpetuel n'a moyen pour s'entretenir, il s'adresse au Curé primitif, ou au Seigneur qui tient les dixmes infeodées, & luy demande vne portion que l'on appelle congruë.

De quelle valeur doit estre vne portion congrue.

De six-vingts liures tournois.

Quel tiltre faut-il au Curé pour iouyr de ses dixmes.

Son Clocher.

Qu'est-ce que dixme?

C'est vn droict que le Roy prend sur les benefices de son Royaume.

Arrest donné en la quatriesme Chambre des Enquestes, Monsieur Fradel Rapporteur, par lequel a esté iugé, apres auoir pris l'aduis de toutes les Chambres, que l'ordinaire pouuoit pouruoir, & discerner prouisions par déuolu, en cas de simonie ou confidence, sans qu'il soit besoin d'aller à Rome. Du mois de Iuin ou Iuillet, l'an 1617.

Quand l'assignation est escheuë, que faire?

La presentation, si le demandeur ne compare, leuer le congé, bailler à iuger.

Quel profit?

Enuoyé absous de l'instance, auec despens.

Si le deffendeur ne compare!

Leuer le defaut, bailler à iuger.

Quel profit?

Debouté de deffenses.

En execution de la Sentence, que faire?

Faire assigner la partie, si elle ne compare, leuer le defaut, bailler à iuger.

Quel profit?

La pleine maintenuë.

E ij

Si pour faire iuger le defaut, eſt beſoin de verifier
la ſignature?

Ouy, parce que ce n'eſt qu'vn double qu'il faut
reconnoiſtre.

Si le deffendeur compare en execution de la Sen-
tence, que faire ?

Prendre appointement à produire.

Si le deffendeur ſera receu a fournir des exceptions decli-
natoires & dilatoires ?

Non, mais ſe peut faire reſtituer, & fournir de
deffenſes, en refondant les deſpens des defauts &
contumaces.

Si le deffendeur compare dés la premiere aſſignation.

Prendre trois reglemens. Le premier, à communiquer tiltres par defaut, & par vertu d'iceluy.
La Cour ordonne que les parties communique-
ront leurs tiltres & capacitez, dont ils s'entendent
ayder dans huiſtaine : & à faute de ce faire, ſera
ordonné ce que de raiſon.

Comment les communiquer ?

Les faut faire ſignifier par vn acte en baillant.

Faute d'en fournir.

Defaut, ſauf la diſtance des lieux, & permiſſion
de le faire iuger.

Quel profit.

La recreance du benefice contentieux adiugée
pour en ioüyr pendant le procez, en baillant caution, *M. Bourdin ſur le 46. art. de l'Ordon. 39.*

Si les qualitez données à l'vn des contendans peuuent
preiudicier à l'autre.

Non, parce que c'eſt la queſtion du procez.

En execution de la Sentence de recreance, que faire.

Preſenter, & faire receuoir ſa caution

Si l'on peut pourſuiure l'appel de la Sétence de recreance,
auant que l'auoir executée.

Ouy, ſauf au recredentiaire à faire executer.

Si l'appel de la Sentence ſuſpend le principal.

Ouy, parce que ſouuent en plaidant l'appel,
l'appellant obtient le plein poſſeſſoire.

Si la partie a communiqué ſes tiltres ?

Prendre le deuxieſme reglement à eſcrire par memoires.

Second reglement.

Si ne les communique, que faire au poſſeſſoire en execu-
tion de la Sentence.

Faire de ſemblable reglement par defaut. & par
vertu duquel apres que le demandeur a dit, que
par iugement de ladite Cour du... iour de..... il a
obtenu la recreance contre le deffendeur, faute de
communiquer tiltres, la Cour ordonne que les parties eſcriront par memoires, dans huictaines.

Ou bien apres que les parties ont reſpectiuement
communiqué leurs tiltres & capacitez, la Cour,
&c.

Comment fournir ſes memoires.

Les faut faire offrir en baillant defaut ſauf huictaine: & permiſſion à faute d'en fournir.

Quel profit emporte le defaut.

Deſcheu de fournir de memoires, & les parties
appointées à produire, bailler contredits & ſaluations. *Troiſieſme reglement.*

Si les parties fourniſſent reſpectiuement.

Prendre ſemblable reglement.

Si pendant l'inſtruction du procez, l'on peut informer de
la confidence.

Non, la faut alleguer & mettre en faict, & peut

E iij

le Iuge en iugeant l'ordonner.

Qu'eſt-ce que confidence ?

C'eſt preſter ſon nom à vn autre pour tenir vn benefice. C'eſt eſtre Cuſtodinos.

Si on peut faire vn examen à futur ?

Non, parce que c'eſt vn delict, & que la matiere beneficiale ſe iuge ſur les tiltres.

Si l'vn aes parties decede que faire ?

Faut demander main-leuée du benefice.

Comment le faut-il demander ?

L'Aduocat comparoiſt à l'Audiéce, & la demande.

Quelles pieces faut-il auoir ?

Faut auoir l'acte du deceds auec ſes tiltres.

Qu'ordonne la Cour ?

Qu'elles ſeront preſentement miſes pardeuant elle pour y faire droict.

Ce fait, faut bailler les pieces au Greffier de l'Audience, qui deliure l'arreſt de main-leuée.

Quelle difference entre maintenüe & main-leuée ?

La maintenuë s'adiuge ſur les tiltre des parties.

La main-leuée ſur le requiſitoire fait en l'Audiance, apres le deceds de l'vn des contendants.

Celuy qui obtient la maintenüe, de quand peut-il demander la reſtitution des fruicts à celuy qui auoit obtenu la recreance ?

Du iour de la demande qui en eſt faite.

Quand on a perdu au poſſeſſoire, ſi on peut encore venir à quelque action ?

Ouy, l'on peut intenter le petitoire.

Pardeuant quels Iuges ?

Pardeuant l'Official.

La demande qu'eſt-elle ?

Deffenſes de deſſeruir le benefice, reſtitution

de fruicts, defpens & interefts.

Quelles deffenfes peut-on propofer ?

Que la Sentence de maintenuë n'eft pas executée, tant au principal, que dommages & interefts,
& iufqu'à ce demander toute Audience eftre deniée. *Ordonn.* 39. *art.* 49.

Si l'Official paffe outre ?

En faut appeller comme d'abus. *Monfieur Bourdin fur le* 79. *art. de l'ordonn.* 39.

Celuy qui fuccombe, de quand doit-il les fruits ?

Du iour de la conteftation au petitoire.

Si l'on peut refcinder vne permutation pour lezion ?

Non, mais fe pourroit caffer pour fraude, comme s'il y auoit penfion qui n'euft efté declarée.

Que le permutant ne fuft pas vray titulaire,
qu'il ne fuft pacifique.

Par deuant quels Iuges ?

Pardeuant le Iuge de l'Eglife. *Imber en fon Enchiridion, Arreft du* 6. *Septemb.* 1522.

*Si l'on peut oppofer à vn qui tient vne Cure,
qu'il ne foit Preftre ?*

Non, fe faifant promouuoir dans vn an, apres la
paifible poffeffion.

*En quel cas le Iuge d'Eglife peut-il dire, nonobftant
l'appel comme d'abus.*

En matiere de difcipline. *Ordonn.* 39. *art.* 5.

Où reffort l'appel du Iuge d'Eglife ?

Pardeuant le Superieur.

Combien de degrez de iurifdiction y a-t'il en l'Eglife ?

Quatre, à fçauoir l'Euefque, le Metropolitain,
le Primat, & le Pape.

Si le Iuge d'Eglife peut euoquer du Iuge lay.

Non, mais le Iuge lay peut euoquer du Iuge

E iiij

d'Eglife, quand il a connexité.

En cas d'obfcurité de tiltres , que tiltres foient efgaux ,
à qui doit eftre le benefice adiugé ?

Au deffendeur poffeffeur, finon qu'il y euft des
circonftances , comme defaut de capacité , pourquoy le Iuge ordoneroit que l'on informeroit.

De Recreance.　　Chap. XVII.
Qu'eft-ce que Recreance ?

C'Eft vne prouifion de la chofe contentieufe,
foit en matiere beneficiale , ou profane, qui
s'adiuge à celuy qui a la plus apparante poffeffion,
pour en iouïr pendant le procez.

Quand la peut-on demander.

Comme elle fe pourfuit, voyez la complainte au
chapitre precedent.

Quel profit de la demande , puis qu'elle ne fe pourfuit
qu'auec la complainte : car par le iugement de la
complainte , la maintenuë eft adiugée ; partant n'eft
plus befoin de recreance ?

Parce que quelquesfois on ordonne que les parties articuleront plus amplement leurs faits , & cependant l'on adiuge la recreáce à celuy qu'on void
auoir le plus apparent droit en la poffeffion.

S'il y a appelle de la fentence de Recreance.

Faut dire nonobftant l'appel.

Tous Iuges le peuuent-ils dire ?

Non, il n'y a que les Iuges reffortiffans immediatement en la Cour, & faut que le *dictum* foit figné de fept Confeillers auec le Iuge.

Que doit faire le recredentiaire auant qu'executer
fa fentence ?

Bailler caution. Si c'eft par Arreft, n'en eft befoin,

Si ayant appel, l'on peut faire taxer les deſpens?
Non, faut vuider l'appel. *Comment bailler caution?*

La faut prendre au Greffe, & prendre vn acte en
cette forme.

Aiourd'huy eſt comparu au Greffe de la Cour
de ceans, tel aſſiſté de.......... ſon Procureur, ſuiuant
la ſentence & iugement de ladite Cour du iour de......
donné entre tel & tel, s'eſt conſtitué plege & caution
pour le N. enuers ledit N. pour la ſomme de........
laquelle caution a eſté certifiée eſtre ſoluable par tel:
leſquelles caution & certificateur ont fait les ſoubmiſ-
ſions, en tel cas requiſes & accouſtumées, & ont eſleu
leur domicile au logis dudit tel Procureur, dont il a re-
quis acte.

Cét acte leué, que faire?

Le faire ſignifier au Procureur des parties ad-
uerſes, auec vne declaration des moyens & facultez des caution & certificateur, le pourſuiure d'en
accorder la reception.

Quelles pourſuittes?

Requeſte de *committitur*, defaut ſauf & pur &
ſimple. Sentence du Commiſſaire: quelquesfois ſur
l'empeſchement, appointement à mettre à l'Audience, ou par Monſieur le Commiſſaire.

Si en toutes recreances faut bailler caution?

Non: car ſi c'eſt par Arreſt n'en conuient bailler.
Si c'eſt pour vne Cure non plus, d'autant que le reuenu eſt affecté au Vicaire pour le ſeruice.

Quel empeſchement peut-on alleguer?

Que la caution n'eſt pas reſſeante ou ſuffiſante.

La caution receuë, que fait-on?

Si c'eſt vne maiſon, faire commandement de
ſortir, & vuider dans trois iours, ſuiuant l'ordon,

nance : & pour le refus, faire requeſte verbale, à ce que les meubles ſoient mis ſur le carreau.

Eſtant ordonné, que faire?

S'il y a empeſchemens, faire procez verbal : & s'il y a rebellion, faire decretter & informer, &c.

Si cependant le deffendeur pourſuit au principal?

Faire requeſte, à ce que toutes audiences & défenſes luy ſoient deniées ; meſme pour eſtre contraint par ſaiſie de ſes biens & empriſonnement de ſa perſonne, à faire executer à ſes propres couſts & deſpens les iugemens, & condamné en l'amende de 60. liures pariſis. Outre condamné à faire & ſouffrir mettre le iugement executoire, nonobſtant l'appel, à execution, & que toutes audiences & deffenſes ſoient deniées iuqu'à ce. *Ordonn.* 39. *art.* 59. 96. *Ordonn. a' Amboiſe* 1522. *art.* 3.

Si c'eſt vne meſtairie aux champs?

Apres la ſignification de la Sentence, faire commandement au meſtayer de ſortir, & deffenſes de s'immiſcer en la cueillette des fruicts qu'on entend recueillir. *S'ils ſont preſts à recueillir?*

Ce que deſſus executé, recueillir & leuer.

S'il y a empeſchement ou rebellion?

Faire procez verbal, ou informer.

Que fera le Fermier pour eſtre payé de ſes labeurs & ſemence?

S'oppoſera pour cela à l'execution de la Sentence.

Si le Sergent ne le veut receuoir?

Obtiendra commiſſion pour faire appeller les parties pour s'y faire receuoir.

Si pendant l'obtention de la Commiſſion, l'impetrant vouloit faire coupper, cueillir les fruicts;

Que faire pour l'empeſcher?

Prefenter Requefte au Iuge des lieux, demander permiffion de faifir & arrefter pour feureté, &
affignation pour fe voir receuoir à oppofition.

L'affignation efcheüe, que faire ?

Fournir les caufes d'oppofitions verbalement à
l'Audience, ou par efcrit. *Que doiuent-elles contenir,*
Qu'il eftoit Fermier, qu'il a labouré, & fait faire
les vignes, conclure à ce que fes frais labours &
femences luy foient payez & rembourfez fur les
fruicts, au dire de gens à ce connoiffans, dont les
parties conuiendront. *En ayant conuenu, que faire ?*

Les conuenus fe tranfporteront fur les lieux, feront leur eftimation , dont le Iuge commis fera
fon procez verbal, lequel rapporté, le Fermier demandera condemnation fuiuant iceluy.

Si c'eft vne maifon forte ?

Faire l'adreffe de la Sentence au Iuge des lieux,
qui fe tranfportera pour mettre en poffeffion.

Si la porte eft fermee, ou on ne la veut ouurir ?

Faut requerir que l'ouuerture foit faite par Ser-
ruriers, ce qu'on ordonne.

S'il y a empefchement, ou rebellion ?

Faire procez verbal, arrefter, figner rapporter,
& fur ce, Requefte au Roy, & Noffeigneurs de
fon Confeil.

Si c'eft par Arreft à la Cour de Parlement,
à quelle fin ?

Afin que commiffion foit decernée , adreffante
au Gouuerneur de la Prouince, Preuoft des Maref-
chaux, pour tenir main forte à l'execution de la
Sentence , s'affembler auec gens & armes, pour
contraindre ceux qui font dedans de fortir, fe faifir
de leurs perfonnes, & faire en forte que la main-

forte demeure à la Iustice, & pour cét effet, mener
le canon, & appliquer le petard, si besoin est.

Si le credentiaire ne peut bailler caution, que fera-il.

Faut qu'il requiere le sequestre du benefice, iusques à ce qu'il puisse bailler caution, pour apres
icelle baillée, prendre les fruicts par les mains des
Commissaires, qui luy rendront compte à ses despens.

Si vn tiers peut empescher l'execution de la Sentence de Recreance.

Ouy, vn opposant venant auant qu'elle soit executée.   *Que fera le credentiaire.*

Le fera assigner, pour voir dire que nonobstant
son opposition, la Sentence sera executée, & la
caution baillée.

Si l'on peut poursuiure son appel de la sentence de recreance, auant que l'auoir executée.

Ouy, sauf au recredentiaire à la faire executer.

Si l'appel de la sentence de recreance peut empescher la poursuite du plain possessoire.

Ouy, parce que l'appellant ne peut obtenir plain
possessoire en Parlement.

Monsieur Loüet dit, que l'instruction ne peut
estre empeschée, mais bien le iugement.

Des Regales.   CHAP. XVIII.
Quest-ce que Regales.

C'Est vn droict Royal qui appartient au Roy,
à cause de sa Couronne, de prendre les fruicts
des Euefchez & Archeuefchez de son Royaume,
le siege vacant, & de conferer les benefices, non
ayans charge d'ames, qui sont escheus depuis la

mort de l'Euefque ou Archeuefque, iufques à la reception de foy & hommage fait par le nouueau Euefque ou Archeuefque au Roy: ou qui au temps de la Regale, & durant icelle, fe trouuent vaccans de droict & de faict, ou de faict & de droict feulement. Enfemble les offices vacans pendant le temps de vacation, foit par donation de l'Euefque ou Archeuefque.

Qui faict l'ouuerture de la Regale?

La vacation de l'Euefque ou Archeuefché, par mort, promotion au Cardinalat, ou autrement.

Que fait la clofture?

La reception de foy & hommage, & ferment de fidelité, enregiftré en la Chambre des Comptes.

Qu'eft ce que foy & hommage?

C'eft vne reconnoiffance & deuoir que porte l'Euefque ou Archeuefque au Roy, à caufe du temporel de fon benefice.

Qu'eft-ce que ferment de fidelité?

C'eft que l'Euefque ou Archeuefque promet de maintenir les fubjects du Roy, eftans de fon Euefché ou Archeuefché, en fon obeyffance.

Comment les y maintenir?

Par exhortation.

Comment vacquent les benefices en Regale?

De droict & de faict, ou de faict ou de droict feulement.

Qu'eft-ce que vacquer de droict?

C'eft quand le poffeffeur n'a point de tiltre, quoy que ce foit, valable.

Vacquer de faict?

C'eft quand il n'a tiltre valable, & toutesfois la poffeffion n'a efté prife ny apprehendée: quoy que ce foit en perſonne, & ſans fiction.

Parce qu'en matiere de Regale, pour empeſcher la vacation, faut que le benefice ſoit remply ſans aucune fiction; c'eſt à dire, qu'il ne ſuffit qu'il y aye vn titulaire legitime, ains que le titulaire ſoit en poſſeſſion vraye, legitime & ſolemnelle, & qu'il jouyſſe actuellement, ou effectuellement. En matiere beneficiale, en la rencontre de deux titulaires pourueus, ou par l'Ordinaire, ou en Cour de Rome, celuy qui a pris poſſeſſion par vn Procureur, a acquis vn droict valable.

Car encores que telles poſſeſſions *ſit facta poſſeſſio* neantmoins par ce que fiction de droict a lieu, elle a autant d'effect que ſi elle eſtoit vraye, propre & actuelle. En matiere de regale, non; & faut pour empeſcher la vacation du benefice, que la poſſeſſion ſoit priſe en perſonne. Car c'eſt vne maxime iugée par les Arreſts, que *ficta poſſeſſio* n'empeſche que la regale n'aye lieu, & que le benefice ne ſoit dit vacquer de fait.

De ſorte, qu'au temps de l'ouuerture de la Regale, tous les benefices où la poſſeſſion eſt ſeulement priſe par Procureur, & non en perſonne, ſont vacans de fait, & faut de nouueau ſe faire pouruoir en regale. Mais les actes de prinſe de poſſeſſion perſonnelle font que le benefice n'eſt vacant en regale.

Que faut-il aux Egliſes Cathedrales pour poſſeſ-
ſion valable?

Faut ſe preſenter au Chapitre, & en auoir acte du Notaire ou du Greffier : & ſur ſon refus, prendre poſſeſſion en perſonne, qui ſont actes de faict

pour remplir & empefcher la vacance en regale.
Iugé ainfi pour vne prebende de Meaux : & depuis
pour vne prebende en l'Eglife d'Angers, au profit
de Maiftre Ambroife Forueille, deffendeur en Regale, par Arreft du 27. Mars 1621.

Qui peut empefcher la Regale ?

Celuy qui eft bien & deuëment pourueu, fans
fiction.

Qui ioüit du benefice ou office vacans en Regale ?

Le Roy, mais les fruits deftinez pour l'entretenement de la fainte Chappelle de Paris, & des Officiers d'icelle.

Qui connoift des Regales.

La Cour feule en la grand' Chambre. *Monf. le
Maiftre traité des Regales c. 13. Ordonnance de Loüis
XII. à Blois, en Mars 1498. art. 2 & 12. Si le Roy
a droict de Regale en tous les Euefchez, Abbayes, &
Archeuefchez de fon Royaume ?*

Non, & toutesfois en celuy où il n'a ce droict,
il n'a droict de garde, qui s'appelle d'aduourie, ou
main bournie.

Qui reçoit les fruits des benefices, ou offices vacans en Regales ?

Les Receueurs du Domaine ayans fait faifir le
temporel, doiuent receuoir les deniers, & les apporter és mains du Receueur general de Paris, qui
les diftribuë.

Quand on eft pourueu en Regale, & qu'on trouue vn qui ioüit, que faire ?

Prendre commiffion de la Cour, faire appeller
celuy qui ioüit, pour voir declarer le benefice vacant en Regale, & en ce faifant, y eftre maintenu
& gardé, en cas de débat l'eftat.

C'eſt vne prouiſion comme recreance, en matiere beneficiale.

Si le deffendeur ne compare, que faire ?

Leuer le defaut, faire readjourner, leuer vn ſecond defaut, bailler à iuger ; & pour le profit, le
benefice declaré vacant en Regale, & en ce faiſant
la Cour l'adiuge au regaliſte,

Quand les parties ſont comparées ?

Pourſuiure à l'Audience.

Qui fait la demande en Regale ?

C'eſt l'Aduocat du demandeur, qui dit qu'il eſt
pourueu en Regale de tel benefice, lequel il demande eſtre declaré tel, & en ce faiſant, qu'il luy
ſoit adiugé.

Qu'ordonne la Cour ?

Le deffendeur viendra deffendre ſuiuant la diſtance des lieux.

Qui plaide le premier ?

L'Aduocat du deffendeur, qui deffend à la demande, puis le demandeur replique.

Si le deffendeur ne compare en l'Audience ?

Prendre defaut, bailler à iuger, qui emportera
l'adiudication du benefice.

Si le demandeur ne compare ?

Prendra le defend. congé, baillera à iuger, le profit, abſous de la demande en Regale, auec deſpens.

*Si le deffendeur requiert nouueau delay, s'il luy
fera donné ?*

Non, ſinon de l'Office de la Cour.

*Si le deffendeur deffend & perd ſa cauſe, comment
prononce la Cour ?*

La Cour declare le benefice vacquant en Regale,
& l'adiuge au demandeur.

Quand

Quand il y a de la difficulté, pourquoy elle ne iuge sur
le champ, que dit-elle ?

Elle appointe au Conseil & adiuge cependant
l'Estat au regaliste, quelquefois à escrire par memoires & aduertissemens accordez sur l'Estat.

Que faire en execution de cet Arrest.

Offrir les memoires, en baillant commandement
& forclusion d'en fournir, & produire.

Quand la Cour voyant les productions ne peut vuider la
cause par ses tiltres ?

Elle appointe les parties à informer, & adiuge
l'estat au regaliste.

En quel estat de la cause peut-on demander
sequestre ?

Il n'y en a point en cette matiere.

Le Regaliste pourueu d'vne Prebende, refusé du Cha-
pitre, que doit-il faire ?

Presenter Requeste à la Cour à ce qu'il soit receu
par le Chapitre, & à ce faire le Chapitre contraint
par saisie de son temporel.

Combien de voyes pour intenter l'action de Regale ?

Deux, possessoirement dans l'an & iour : Petitoi-
rement dans trente ans.

Comment s'entend possession dans l'an ?

C'est à dire, dans l'an de l'ouuerture de la Regale, ou que le droict a esté acquis du Roy, ou bien
quand le regaliste est pourueu par mort, & est-il
troublé.

Quelle difference entre le possessoire & le petitoire, puis
que l'on demande tousiours le Benefice, & non
simplement la possession.

Different, en ce qu'en l'vn vous pouuez obtenir l'estat pendant le procez, & au petitoire non,

F

Si celuy auquel est adiugé l'estat, doit bailler
caution.

Non, si la Cour ne l'ordonne.

Comment vacquent les benefices pendant la Regale?

Par mort, quand il n'y a point de possesseur naturel.　　　　*Qu'est-ce que possesseur naturel?*

C'est celuy qui en est bien & deuëment pourueu.

Si vn Euesque est fait Cardinal, s'il y a ouuerture de
Regale?

Ouy, parce que les deux sont incompatibles : &
encores qu'il y ait dispense, il y a ouuerture pour
le moment d'entre le don & la dispense.

Quand il y a contention entre deux pour raison d'vn
Benefice, & que l'Euesque decede,
s'il y a ouuerture?

Ouy, parce que nul d'eux ne se peut dire paisible
possesseur.

Si le decret de pacificis possessoribus *a lieu*
de Regale.

Non, anciennement, parce que contre le regaliste
le decret n'auoir point de lieu, & le droit acquis
au Roy duroit trente ans, & le Roy ne donnoit
point de priuilege contre luy. Mais auiourd'huy
le decret a lieu par l'Edict fait en faueur du Cler-
gé l'an 1606. verifié en Parlemēt, art. 27. par lequel
les titulaires qui auront esté pourueus canoniquement, & iouy paisiblement trois ans entiers & con-
secutifs, ne pourront estre puis apres inquietez
sous pretexte des prouisions en Regale, que le
Roy declare en ce cas estre de nul effet & valeur.

Si le Regaliste peut ceder son droict a vn pourueu par
l'ordinaire.

Non, parce qu'il faut que la regale ait lieu.

Ouy, car il n'eſt pas queſtion du droict du Roy, ains de celuy qui eſt le mieux pourueu.

Combien y a-il de ſortes de Regales ?

Deux : la ſpirituelle, l'autre temporelle. Spirit, tuelle, pour la collation des beneficeſ. Temporelle, pour le reuenu temporel.

Des Preſtres   CHAP. XIX.

Le moyen de ſe pouruoir contre vn Preſtre pour la ſom-
me en laquelle il a eſté condamne ?

FAut faire executer ſes meubles, non concernans ſa dignité, comme robe, linge, & liures. *Et s'il n'a aucuns meubles, ou qu'il les ait deſtournez ?*

Le faut faire cenſurer & ſuſpendre *à diuinis.* Cecy à peine ſe pratique-il.

Comment s'y faut-il pouruoir ?

Faut preſenter Requeſte au Iuge qui l'aura condamné, qu'il ſoit permis le faire excommunier, ce qui eſt permis. Lors on fait citer le Preſtre pardeuant l'Official, lequel ordonne que dans tel téps il payera, autrement il ſera excommunié. Le terme paſſé, faut encore le faire citer, pour à faute de payement ſe voir rengrauer : l'on luy donne encore vn delay, autrement qu'il ſera rengraué. Le terme paſſé l'on le fait pour la troiſieſme fois citer, pour ſe voir rengrauer, à faute de payement de ce qui eſt ordonné. Et ſi leſdits iugemens ne ſont donnez en la preſence du Preſtre, les faut faire ſignifier : & pour plus grande note d'infamie, faut, s'il endure la cenſure, preſenter Requeſte, par laquelle on demande permiſſion de faire afficher l'excommunication par les coins des ruës, ce que le iuge permet.

Si pendant l'excommunication, il eft verifié le Preftre
auoir celebré Meffe, quelle peine encourt-il.

Ses Benefices font vacans, s'il ne fe fait abfoudre auant Pafques, & dans l'an.

Ledit Preftre fe peut-il faire abfoudre, & comment ?

Ouy à cautele. Pour y paruenir, faut qu'il in-
teriette appel de la Sentence d'excommunication,
& de ce qui eft enfuiuy.

Des Deuoluts. CHAP. XX.

Surquoy s'obtient vn Deuolut ?

SVr incapacité, confidence, incompatibilité, fimonie, & defectuofité de tiltres.

Qu'eft-ce que Deuolut ?

C'eft vne prouifion qui s'obtient du faint Siege
pour vn des cas cy deffus, ou plufieurs.

Que doit faire le deuolutaire deuant que d'eftre ouy ?

S'il y a procez, demander à interuenir, que les
appointemens feront communs ; & auparauant que
le faire offrir, bailler caution, & eflire domicile,
ou configner trois cens liures.

S'il y a procez, que faire ?

Prendre poffeffion.

S'il y a oppofition ?

Faire appeller pour fe voir maintenir, & faire
deffenfes de le troubler.

Se les graduez & indultaires deuolutaires font tenus
bailler caution.

Non, parce qu'ils ont vn priuilege particulier.

De quelle valeur doit eftre la caution ?

Du reuenu de trois années.

A faute de bailler par le deuolutaire caution,
que faire ?

Demander qu'il ſoit decheu de ſon droict, ce qui
ſera ordonné.

Que faut-il que le deuolutaire faſſe pour interuenir au
procez ?

Outre la caution qu'il doit bailler, & eſlire domicile, il doit declarer le lieu de ſa natiuité.

S'il faut faire cette declaration en perſonne ?

Ouy : mais on la peut faire auſſi par Procureur
fondé de procutation.

Quand eſt-ce qu'il la faut faire ?
Quand on la demande.

Dans quel temps faut-il bailler caution ?
En tout eſtat de la cauſe.

Si elle eſt demandée, eſt-il tenu la bailler ?
Ouy, autrement ſera décheu.

Dans quel temps eſt tenu le deuolutaire conteſter
la cauſe ?

Dans trois mois du iour de la priſe de poſſeſſion,
& la mettre en eſtat dans deux ans.

Si le deuolutaire ſe peut rendre complaignant contre
ceux qui conteſtent vn benefice ?

Non, parce qu'il n'eſt poſſeſſeur d'an & iour, il
n'eſt pas capable de complainte, ny de demander le
ſequeſtre.

Quand peut-il demander le ſequeſtre ?
Il ne le peut demander.

Quels moyens y a-il de ſe pouruoir contre les Arreſts
de maintenüe & recreance.

Il n'y en a point, parce que ce ne ſont qu'Arreſts prouiſoires, qui ſe peuuent reparer par le
petitoire.

Si l'on n'a que simple signature, si on y adioustera foy?
Non, si elle n'est verifiée.

Quand se fait la verification ?
En tout estat de cause.

Que faire pour faire verifier ?
Requeste de *committitur*, pour faire appeller partie, pour nommer & conuenir de Banquiers.

Les faut-il faire assigner pour prester le serment?
Non, parce qu'ils sont conuenus par entr'eux.

Si le procez verbal du Banquier est receu pour iuger ?
Non, faut seulement le produire au procez.

Qu'est-ce qu'intrus ?
C'est iouyr sans tiltre.

*En cas d'obscurité de tiltres, ou que les parties soient
égaux, à qui sera le benefice adjugé ?*
Au deffendeur possesseur, sinon qu'il y eust des circonstances, comme defaut de capacité, pourquoy le Iuge ordonne que l'on informera. *Arrest
du 2. May 1548.*

Si la iurisdictiō spirituelle peut éuoquer sur la tēporelle.
Non.

Si le Iuge lay peut éuoquer du Iuge d'Eglise ?
Ouy, quand il y a connexité.

Qu'est-ce que subrogation ?
C'est se faire mettre au lieu d'vn autre pour poursuire son droit resigné.

Si le deuolutaire y est receuable ?
Non, parce qu'il y vient de son plein droict.

Comment se faut-il pouruoir.
Faut obtenir lettres addressantes au Iuge, où le procez est pendant.

Quand les lettres sont obtenuës, que faire.
Faut presenter Requeste, sur laquelle l'on met,

en plaidant, puis auoir requeſte de *committitur.* Si c'eſt aux Requeſtes du Palais, viennent les parties en la Chambre.

Dans quel temps faut-il obtenir les lettres
de ſubrogation.

Dans l'an, autrement non receuable.

Si celuy qui veut eſtre ſubrogé ne vient que dans le tẽps
de ſon reſignant, & que le contendant ait obtenu
main-leuée par Arreſt, ſera-il receu?

Ouy, & empeſchera l'effect de main-leuée.

Si vn litigant reſignant ſon droit eſt tenu faire
comparoir ſon reſignataire.

Ouy, autrement ſera procedé contre luy, & le iugement ſera executoire contre le reſignataire.

Si deux demandent à eſtre ſubrogez, qui
le ſera des deux.

Celuy qui a le plus valable & apparent tiltre & le premier pourueu.

Quand on a fourny de deffenſes contre les lettres,
que faut-il faire.

Prendre appointement en droict, ou à mettre pour faire droict ſur la ſubrogation, ou paſſer cét appointement. Appointé eſt, que la Cour ayant égard aux lettres & icelles entherinant, a ſubrogé & ſubroge, &c. viendront proceder ſuiuant les derniers erremens.

Si le ſubrogé eſt tenu des arrerages de ſon
predeceſſeur.

Ouy, & s'il ſuccombe doit auſſi les deſpens de ſon predeceſſeur.

Quels moyens y a-il pour empeſcher qu'vn reſignataire
ne ſoit ſubrogé.

Quand vn reſignant a perdu la recreance iuſques à ce qu'il ait satisfait à la Sentence.

Qu'est-ce que demande en portion congrüe?

Lors que le Vicaire perpetuel n'a moyen pour s'entretenir, il s'addresse au Curé, & luy demande vne portion congrüe.

Quels tiltres au Curé pour auoir ses dixmes?
Son Clocher.

Quel effet a la subrogation au lien du decedé.

Elle empesche la main-leuée, qui pourroit estre requise par celuy qui est demeuré.

Celuy qui succombe au petitoire, que perd-il?

La possession du benefice, & sera condamné aux despens, dommages & interests.

S'il se commet force ou violence publique en benefice, que faire?

Demander que celuy qui la commet soit debou-té du droict qu'il pretend au benefice par Reque-ste, pour auoir permission d'en informer, & de faire ioindre l'information au procez : ce qui sera ordonné.

De qui s'obtient prouision de deuolut?

Par la negligence ou faute de Patron : de l'ordi-naire, ou à son refus de l'Archeuesque, du Pri-mat, ou du Sainct Pere directement, par faute & negligence du Patron. Et pour l'incapacité en incompatibilité des pourueus du Sainct Pere seulement.

Des Subrogations.
C h a p.   X X I.

Qu'est-ce que subrogation?

CEst se faire mettre au lieu d'vn autre, pour pourfuiure son droict resigné.

Comment faut-il estre pourueu pour venir
à subrogation?

Par resignation ou mort.

Comment se pouruoir en Iustice?

Faut obtenir lettres addressantes où le procez est
pendant. *Quand les lettres sont obtenuës, que faire?*

Faut presenter Requeste, sur la quelle on met en
plaidant, puis autre requeste de *committitur.*

Aux Requestes du Palais.

Faut presenter Requeste, sur laquelle on met,
Viennent les parties en la Chambre.

Dans quel temps faut-il obtenir lettres
de subrogation?

Dans l'an, autremeut non receuable.

Sinon que le resignant fust en possession : car en
ce cas feroit exclure cette prescription annale.

Si celuy qui veut estre subrogé ne viet qu'apres le deceds
de son resignataire, & que le contendant ait obtenu
main-leuée par Arrest, s'il sera receu?

Ouy, & empeschera l'effect de la main-leuée.

Si deux demandent à estre subrogez,
qui le sera des deux ?

Le plus capable, & qui a plus apparent tiltre, &
le premier pourueu.

Quels moyens & deffenses y a-il pour empescher
qu'vn resignataire soit subrogé ?

Que le resignant a perdu la creance qui n'est exec-
cutée, & demander que toute audience soit deniée
iusques à ce.

Quand on a fourny de deffenses contre les lettres,
que faire ?

Prendre appointement en droict, ou à mettre,
pour faire droict sur la subrogation.

Quand la subrogation est consentie, comment pour
faire l'appointement de subrogation.

Appointé est que la Cour ayant égard aux lettres, & icelles entherinant, a subrogé & subroge,
& ordonne que les parties procederont suiuant les
derniers erremens.

Si le subrogé est tenu des arrerages de son
predecesseur.

Ouy, s'il succombe, si les lettres sont pures &
simples : mais si estant pourueu à cause de mort, y
a cette protestation de n'estre tenu des fruicts que
de son temps seulemét, faut suiure cette limitation.

Quel effet à la subrogation au lieu d'vn decedé.

Elle empesche la main-leuée. qui pourroit estre
requise par celuy qui est demeuré.

Des signatures, & verifications d'icelles.
CHAP. XXII.
Qu'est-ce que simple signature.

C'Est vn breuet accordé par le S. Pere, c'est vn
double des prouisions.

Si en vertu d'vne signature on peut prendre possession.
Ouy.

Si en l'instance on y adiouste foy.
Non, si elle n'est verifiée.

Quand se fait la verification.
En tout estat de cause, l'ors qu'on en a affaire,

Que faire pour la faire verifier.
Requeste de *committitur*, ordonnance pour faire
appeller partie pour conuenir de Banquiers, sinon
qu'il en sera nommé d'office.

Les Banquiers conuenus, que faire.
Prendre ordonnance, les faire assigner pour

prefter le ferment.

S'il faut appeller la partie pour le voir prefter ?
Ouy.

Si le procez verbal doit-eftre receu pour iuger ?
Non, les faut feulement produire au procez.

Des Eaües & Forefts.
Chap XXIII.

Qu'eft-ceque la Iurifdiction des Eaües & Forefts?

C'Eft vne Iurifdiction pour ce qui concerne le
fonds & proprieté des Eaües & Forefts.

Combien de degrez de iurifdiction ?

Trois : Grand Maiftre, Maiftre particulier, &
Gruyer Verdier, & Maiftre Sergent.

De quoy connoift le Grand Maiftre ?

De ce qui concerne directement le fonds & proprieté. *S'il y a appel de luy ?*

Ouy, à la Cour de Parlement.

Dequoy connoift le Maiftre particulier ?

Des maluerfations commifes és Eaües & Forefts.

Dequoy connoiffent le Guyer Verdier & Garde
Maiftre ?

Connoiffent iufqu'à foixante fols.

Iufqu'à quoy iuge en dernier reffort le Grand
Maiftre ?

Ne iuge pas en dernier reffort, mais par prouifion iufques à dix liures de rente, ou reuenu
annuel.

Toutesfois il iuge en dernier reffort, quand
l'vn des Prefidens de la Cour, & deux fois autant de Confeillrs de la Cour, affiftent au iugement de la reformation des Forefts à la Table de
Marbre.

*Quand il iuge auec les Iuges, combien faut-il qu'ils
    soient.*   Sept.

Quand il vacque à la reformation.

Trois.

    Où se releuent les appellations du Verdier.

Pardeuant le grand Maistre.

    Iusques à quoy iuge le Maistre particulier.

Iusques à dix liures.

    Qu'est-ce que Gruërie.

C'est la iurisdiction que le Roy a pour la connoif-
sance des delicts & amendes, & confiscations ad-
uenuës, tant en ses bois, qu'en ceux de ses sujets.

    Qu'est-ce que Gruerie.

    C'est le tiers denier du prix de la vente du re-
uenu du bois.

    Qu'est-ce que tiers.

C'est la mesme chose.

    Qu'est-ce que danger.

C'est le dixiesme denier, ou deux sols pour liure.

    Qu'est-ce que Sergent Collecteur.

    C'est vn Office qui est creé pour recueillir les de-
niers prouenans des amendes, des abus & maluer-
sations, dont le tiers luy en appartient, les deux
tiers francs & quittes au Roy.

    Qu'est-ce que pieds corniers.

    Ce sont gros chesnes qui font la separation des
bois vendus.

    Qu'est-ce que lay.

    C'est ce que laisse le mesureur au long des taillis,
pour discerner les coupes.

    Qu'est-ce que baillineaux.

    C'est certaine quantité de petits chesnes qu'il
faut laisser.

Combien en faut-il laisser en vn arpent.

Huict.

Qu'est-ce qu'estalons ?

Ce font gros chefnes qui en font venus en croif-
fance.

Qu'est-ce qu'vn arbre encroüé ?

C'eft vn arbre tombé fur vn autre.

Qu'est-ce qu'vn bois en eftant.

C'eft vn bois debout.

Qu'est-ce que panage.

C'eft le franc vfage de la glandée & paiffon de
pourceaux.

Qu'est-ce que bois mort.

C'eft vn bois qui n'a plus de vie vegetatiue.

Qu'est-ce que bois mort en eftant.

C'eft vn bois mort qui eft encores droit, ou debout.

Qu'est-ce que mort bois en eftant ?

Ce font fauffayes, aulnayes, boullayes, genie-
ures & trembles.

Qu'est-ce que bois chablis ?

Ce font bois abbatus par l'impetuofité des
vents.

Combien de fois l'année le grand Maiftre doit-il
vifiter ?

Deux fois l'année.

Qu'est-ce que Sergent de Forefts ?

C'eft celuy qui a la charge de rapporter les abus,
& maluerfations commifes és Forefts.

De ce qu'ils prennent dans les Forefts, ce qui leur en
appartient ?

Les harnois des beftes.

Des Rescisions de contracts, ou restitutions en matiere.
Chap. XXIV.
Qu'est-ce que Rescision ?

C'Est la cessation & aneantissement de quelque
acte ou contract.

Qu'est-ce que restitution en entier ?

C'est estre remis en tel estat que l'on estoit auparauant quelque contract.

Combien de sortes de rescisions, ou restitutions en entier.

Deux, rescindant & rescisoire.

Rescindant, est la rescision & restitution.

Rescisoire, c'est l'execution du rescindant, c'est
à dire la restitution de la chose & fruicts.

Par quels moyens peut-on paruenir à rescision, &
restitution.

Par lettres Royaux addressantes au Iuge de la
demeure du deffendeur, s'il est Royal ; ou au premier Huissier ou Sergent Royal, pour faire commandemét au Iuge, s'il est Subalterne & non Royal.

Que doiuent contenir les lettres ?

Les clauses pour lesquelles on pretend paruenir
à la cassation ou rescision.

Par quelles clauses y peut-on paruenir ?

Dol, fraude, circonuention, crainte, violence,
minorité, priuation de bon sens, deception d'outre-moitié de iuste prix.

Dans quel temps les doit-on obtenir ?

Dans dix ans du iour de la passation du contract, & que le dol, fraude, circonuention ont esté
descouuerts, & que la cause de la force & violence
a cessé, & apres l'aage de vingt-cinq ans accom-
plis pour les mineurs.

Vn mineur emancipé, dans quel temps doit-il
se pournoir.

Iusques à trente-cinq ans, parce qu'il n'a la disposition de ses meubles qu'apres vingt cinq ans.
Et ainsi de ceux qui sont reputez maieurs par offices qu'ils ont, s'il n'y a Coustume au contraire.

Si quelqu'vn a caché, celé, latité quelque instrument au
mineur, de quel iour on commencera le temps de
restitution.

Monsieur Bourdin sur l'Ordonnance de l'an mil
cinq cens trente-neuf, dit qu'il commence du iour
que la fraude sera descouuerte. Mais Carondas sur
le troisiesme liure du Code Henry, troisiéme tiltre
des Rescis. dit qu'il a esté iugé par Arrest entre
les Comtes de Chaules & de Sagone, qu'apres 35.
ans il ne peut estre releué.

En quel cas vn mineur peut-il obtenir lettres
de rescision.

En tout cas, & suffit de sa minorité, en rendant ce
qui est tourné à son profit. *En quel cas vn mineur.*

De dol, fraude, circonuention, crainte, violence,
priuation de bon sens, & deception d'outre moitié
de iuste prix.

En quel cas peut-on demander le rescindant
seulement.

Pour le mineur, & en cas de force & priuation
de bô sens, en rendant ce qui a tourné à son profit.

En quel cas le supplement.

De dol, fraude, circonuention, & deception
d'outre moitié de iuste prix.

Si l'on peut demander a l'acquereur la restitution
des fruicts.

Ouy, Imbert en son Enchiridion sur les mots,
rescindant & rescisoire.

Si celuy qui eſt ainſi reſtitué eſt tenu de l'intereſt
des deniers.

Ouy, s'il paroiſt qu'ils ſoient tournez à ſon profit : la pluſpart du temps en tel cas la Cour les
compenſe auec les fruicts , c'eſt à l'arbitrage des
Iuges le plus ſouuent.

Si pour meubles on peut obtenir lettres
de reſciſion.

Non, ſi ce n'eſt pour vn meuble precieux, ou ſucceſſion vniuerſelle, qui ne conſiſteroit qu'en meuble.

Si on peut faire reſcinder vn bail à ferme?

Non, s'il eſt fait par vn majeur, ou par le tuteur
pour ſon mineur. Mais ſi c'eſt bail de biens d'E-
gliſe, on le peut faire reſcinder, s'il eſt pour plus de
neuf ans, ou ſi c'eſt vn bail par aduance & anticipation.

Si on peut eſtre releué d'vne donation qu'on
aura faite ?

Ouy, pour cauſe d'ingratitude. Comme pour
auoir attenté à la perſonne, ou à l'honneur du donnant, par le donataire.

Si vn priſonnier ayant fait contract s'en peut
faire releuer !

Non, s'il eſt fait pour cauſe legitime.

Si l'on peut vendre du bled en verd ?

Non, il eſt deffendu par l'ordonnance.

En quel cas peut-on faire reſcinder vne
tranſaction ?

De minorité, dol perſonnel, & force : la deception d'outre moitié de iuſte prix n'y a point de
lieu, ny ce que les Latins diſent en droict, *dolus*
reipſa.

Si l'on

Si l'on ſe peut releuer apres dix ans ?

Non.

Comment ſe pouruoir pour eſtre releué d'vn conſentement
preſté en iugement.

Faut appeller du iugement, & mettre clauſe dans
le relief pour eſtre releué du conſentement.

Si vn herſtier peut demander la reſciſion des contraƈts
faits par ſon predeceſſeur ?

Ouy . eſtant dans le temps de reſtitution.

Qu'eſt-ce que diſtraiƈt ?

C'eſt vn contraƈt par lequel on ſe deſiſte de quelque aƈte ou contraƈt que l'on a fait auparauant.

Si l'on a tranſigé d'vn procez iuge, ſans faire mention
du iugement, ſi l'on peut eſtre releué.

Ouy, s'il y a vn dol perſonnel de l'vn des parties
qui ſçauoit le iugement, autrement non.

Si l'on peut eſtre releué d'vne tranſaƈtion faite ſur vn
procez preſt a iuger ?

Non, encore que le iugement ſoit rendu incontinent apres la tranſaƈtion, au profit de celuy qui ſe
feroit obligé ; s'il n'y auoit minorité, dol perſonnel, ou fraude, ou force.

Si on peut faire reſcinder vn contraƈt d'eſchange ?

Ouy, ſi les eſchanges ne ſont de pareille valeur, ou
qu'il n'y aye ſupplemens de ſurplus, & que l'on ſoit
dans le temps de reſtitution.

Arreſt donné au rapport de Monſieur Durand en la
Chambre de l'Ediƈt, entre Maiſtre Iſaac Soul Procu-
reur à Chinon, & Iean & Charles Morreau Fermiers,
en l'année 1612 ou 1613. Deſnoiers Procureur dudit
Soul. Quelles pourſuites en lettres Royaux.

Si c'eſt auant le procez intenté, faut faire appeller partie.

G

Aux Requeftes, faut Requefte, fur laquelle on met en plaidant, &c.

Défaut, fauf la diftance des lieux, & la permiffion de le faire iuger.

Le profit du defaut.

Debouté de deffenfes, &c.

Quelles deffenfes peut-on alleguer contre les lettres Royaux.

Que les lettres font fubreptices & obreptices, obtenuës foubs faux donné à entendre, & que l'on n'eft plus dans le temps de reftitution.

Quel reglement.

En droiƈt, ou à informer.

En la Cour, quelles pourfuites.

Requefte de *committitur*, &c. Reglement en droiƈt.

Pourquoy eft-ce que l'on n'appointe à informer en la Cour.

La Cour s'eft referué cela de fon authorité, fi en iugeant elle trouue que bon foit.

Dans quel temps fe faut-il pouruoir pour eftre reftitué de quelque contraƈt

Dans dix iours, du iour de la paffation, s'il n'y auoit minorité.

Contre vne Sentence, dans quel temps?

En tout temps par appel, & faut expofer qu'elle eft venuë de nouuel à la connoiffance de l'appellant, lequel en ce cas doit obtenir lettres de relief, & dans dix ans de requefte ciuile.

Combien y a-il de formes de reftitutions, contre les contraƈts.

Deux, fçauoir l'vne refcindante, & l'autre refcifoire.

Quelle difference mettez-vous entre les deux ?

En la rescindante on demande la cassation du contract, & en ce faisant, les parties estre remises en tel estat qu'elles estoient auparauant icelles, & en la rescissoire on demande le supplement de la chose venduë à trop vil prix.

Pour combien de causes peut-on faire casser les contracts.

Pour quatre principales, sçauoir pour la minorité, pour force, pour priuation de bon sens, & deception d'outre moitié de iuste prix, ce qui peut estre appellé rescissoire, pource que si la personne n'est mineure, l'on demande le supplément : pour ie mineur est action rescindante, pource qu'on demande la rescision pure & simple, en rendant les deniers tournez à son profit.

Des clauses necessaires és lettres Royaux.
CHAP. XXV.
Combien de clauses au relief d'appel, & quelles.

QVatre : adiourner en cas d'appel le Iuge, intimer la partie. Commandement au Greffier d'enuoyer le procez, & deffenses d'attenter. Il y en a d'autres infinies, mais elles ne sont pas tousjours necessaires.

Es lettres d'anticipation, combien de clauses.

Vne, pour abreger le temps de releuer.

Es lettres de desertion, combien.

Deux, adiourner en desertion, & mandement au Iuge, que s'il luy appert de la desertion, en ce cas il permette la Sentence à execution.

Es lettres de desistement d'appel, combien ?

Deux : Desister de son appel apres la huictaine.

Mandement au Sergent de le signifier à partie.

Es lettres pour articuler faicts nouueaux,
combien ?

Deux : Les faicts articulez, & respondre aux despens de l'impetrant.

Trois : adiourner l'heritier, s'il est en aage, sinon le tuteur ou curateur, ou luy en faire pouruoir.

Es lettres de subrogation en matiere benefi...,
combien ?

Deux : Mandement de subroger, & s'aider des procedures.

Es lettres de subrogation en matiere prophane, combien?

Trois, Mandement de subroger, s'aider des pieces, & releuer du litige.

Es lettres pour voir interposer vn decret, combien ?

Deux : Adiourner le saisi pour bailler moyens de nullité, & voir interposer decret & les opposans, pour bailler leurs causes d'opposition.

Es lettres de requestes ciuiles, combien ?

Deux : Remettre les parties en tel estat qu'elles estoient, & adiuger les conclusions au fonds. L'on se doit pouruoir dans six mois apres l'Arrest ou Sentence en dernier ressort, autrement non receuable.

Es lettres de debitis, combien ?

Quatre, pour estre payé d'vne debte claire & liquide, ou reconnuë, est deuë.

En execution : En cas d'opposition iour, Apres vn an valable.

Es lettres de benefice d'inuentaire, combien?

Quatre : Le Benefice, Bailler caution. Faire inuentaire. Si aucun se veut porter heritier simple, y sera receu.

Es lettres de benefices d'aage, combien ?

Quatre : le Benefice. Capable de gouuerner son bien. Adiourner les parens. Et ne pouuoir alie-ner l'immeuble, sans le consentement de son cura-teur.

Es lettres de terrier, combien ?

Quatre , Permission de contraindre les deten-teurs Bailler par declaration. Faire arpenter les terres parties presentées ou appellées, aux despens de l'exposant. Mettre en sa main l'heritage, nonob-stant oppositions ou appellations quelconques, quant aux choses tenuës noblement.

Es lettres de remission. combien ?

Quatre La remission de l'acte. Silence au Pro-cureur General. Estre remis en sa bonne fame & renommée le droict d'autruy reserué.

Es lettres de pardon. combien ?

Quatre : Le pardon. Satisfaction. Silence au Procureur General. Remis en sa bonne fame & re-nommée.

Es lettres d'examen à futur, combien?

Deux : Examiner les tesmoins.
Et pourueu que la cause ne soit contestée.

Es lettres de committimus, combien?

Cinq : L'execution des debtes reconnuës.
Adiourner opposans iu ques à dix liures.

Renuoy de la cause : Deffenses au Sergent de prendre connoissance.

Apres vn an non valables.

Es lettres de rescision de contract pour mineur, combien ?

Deux ; La rescision, offrant rendre ce qui est

. ourné à fon profit. Si mieux n'aime le precompter
fur les fruicts

    Es lettres de compulfoires, combien ?

Trois : Commandement de reprefenter les pieces. Adiourner la partie. Pour le refus de Notaire
affignation.

    Es lettres de compenfation, combien ?

Vne : compenfer les fommes claires & liquides
l'vne à l'autre.

    Es lettres de commiffion de complainte, combien ?

Trois : Adiourner la partie fur le lieu En cas d'oppofition fequeftre verbal. Et adiourner les oppofans pardeuant le Iuge, pour voir maintenant l'impetrant en fes poffeffions.

    Es lettres de pacificis poffefforibus, combien ?

Deux: S'il appert du tiltre. Ou qu'il foit plus que
le triennal poffeffeur.

    Es lettres de conforte main, combien ?

Trois : S'il appert main mife appofer la main du
Roy pour la conforter. Eftablir Commiffaires
pour en rendre compte : la main du Roy tenant
quant au chofes tenuës noblement, nonobftant
oppofitiós ou appellatiós quelconques, fans preiudice d'icelles. Et adiourner les oppofans pardeuant les Iuges qui en doiuent connoiftre.

    Es lettres de partages, combien ?

Faut qu'il eft lezion du tiers ou du quart.

    Les formules de plufieurs lettres Royaux, feront
mifes cy-apres à la fin du prefent liure.

Des Adjournemens. CHAP. XXVI.

Pourquoy est-ce que tous adjournemens doiuent
estre libellez ?

A Fin que l'adiourné puisse deffendre dés la premiere assignation.

Tous letigiens sont-ils tenus estre domicile ?
Ouy, s'ils en sont requis.

Des Procureurs. CHAP. XXVII.

Qu'est-ce que Procureur ?

C'Est celuy qui gere & administre le negoce d'autruy, par le mandement de celuy qui l'a constitué.

Combien de sortes de Procureurs ?

De deux sortes, representans les parties, sçauoir *ad lites*, qui est celuy constitué pour plaider. L'autre special pour faire offres, affermer, reconnoistre, former inscription en faux, & faire autres actes dépendans directement de la partie.

N'y a-il que de ces deux sortes de Procureurs ?

Il y a encore le Pocureur du Roy ou Fiscal, qui est Procureur du Roy, ou de Seigneurie, & Procureur d'Habitans, ou d'vn Conuent, ou Communauté, qui s'appelle Procureur Syndic.

Quel est l'Office d'vn Procureur ?

Si *ad lites*, faire toute acte & procedure ordinaire qui va à l'instruction de la cause. Si special, pour executer le côtenu de sa procuration. Si vn Procureur du Roy ou Fiscal, il doit conseruer les droits du public, soit en matiere ciuile, comme de pupilles, insensez & furieux, & autres n'ayans capacité de gouuerner leur bien. Ou en matiere criminelle.

G iiij

pour faire punir les mefchans, & leur faire leur procez.

Si vn Procureur Syndic differe ce qui luy a efté ordonné par l'Affemblée, ou d'vn corps d'habitans, College ou commmunauté, fait en nom collectif ou en Chapitre.

Quelles perfonnes peuuent eftre Procureurs.

Toutes perfonnes ayant ving-cinq ans. Faut auoir demeuré dix ans chez les Procureurs en la Cour, & auoir fait trois ans la principale charge.

Quelles pe fonnes peuuent conftituer Procureur ?

Toutes perfonnes, le tuteur, curateur, fils de famille authorifé du pere, & emancipé.

Quel eft le priuilege d'vn Procureur en vne caufe ?

C'eft qu'il eft maiftre d'icelle pour en difpofer, & n'y peut Aduocat, confeil, ny autre, fans fon confentement.

Quelle experience doit auoir vn Procureur ?

Doit eftre bien experimenté en la pratique, & obferuance des procedures qui fe font au Siege où il eft receu, en la Çouftume du pays, & en l'Ordonnance.

Quelle procuration faut-il à vn Procureur.

Pour prefenter, plaider & inftruire vn procez, il ne faut qu'vne fimple procuration *ad lites*. Mais pour faire quelque autre acte dépendant de la partie, faut procuration fpeciale pour cét effet.

Vn Procureur d'habitans doit auoir procuration pour le moins de dix, pour faire vn peuple; & qu'elle porte, faifans & reprefentans la plus grande & faine partie : car s'ils n'eftoient que neuf, ils feroient particuliers.

Si vn Procureur peut substituer vne autre en son lieu.

Ouy, en vertu de sa procuration generale : mais vn Procureur special ne le peut, si la Procuration n'en faisoit expresse mention.

Si vn Procureur peut estre contraint occuper en vne cause où il s'est presenté.

Ouy, iusques au iugement du procez, ou taxe de despens, s'il n'est reuoqué,

Si vn Procureur ad lites peut appeller de tous iugemens.

Ouy, mais ne doit releuer l'appel, & n'y peut renoncer, ains doit seulement aduertir sa partie.

Si la partie tombe en defaut, le Procureur en est il tenu.

Ouy, si c'est par sa faute & negligence.

Si l'assignation faite au domicile d'vn Procureur est vallable.

Non, si ce n'est en touchant l'instruction de la cause où il est constitué.

Si vn Procureur peut exceder les termes de sa procuration.

Non, mais peut bien faire quelque chose pour le bien de sa partie, encore qu'il n'y fust pas tenu.

Si vn Procureur peut seruir de tesmoin contre sa partie.

Non, en la cause où il est constitué.

Si vn Procureur peut estre desaduoüé.

Ouy, quand il faut notoirement en pratique, ou qu'il excede le pouuoir de sa procuration, & en ce cas sera tenu des despens, dommages & interests de la partie.

Si vn Procureur peut intenter vne instance, ou procez.

Non, s'il n'a consultation ou aduis d'vn ancien Aduocat.

Si la procedure faite auec vn faux Procureur
est bonne ?

Non, elle est nulle quant à sa partie. Car de disposition de droict l'exception de faux Procureurs
aneantit procedure : mais pour ce qui concerne
eius praiudicium, elle est valable.

Cette exception se peut obiecter en toute saison.

Si le Procureur du Roy peut agir sans promoteur ou de-
nonciateur.　　　　　　　Non.

　Si le Procureur Fiscal, ou de Seigneurie le peut ?

Non, pas mesme pour vne simple iniure, ou
excez.

　Si vn Prelat, ou autre Ecclesiastique penuent estre
constituez Procureurs ?

Ouy.

Si vn Procureur du Roy peut faire quelques pourfuites
ou dilation, ou ioinction pour crimes, delits,
ou excez ?

Non, s'il n'y a information ou commission de
Iuge, ou que le Roy y aye interest.

Si vn Procureur du Roy a intenté procez pour raison
d'aucuns procez ou iurisdiction, si le possesseur
sera dessaisi ?

Non.

Si pour suinant vn particulier pour mesme sujet, le par-
ticulier sera tenu payer pendant le procez ?

Non.

　S'il peut prendre la cause pour vn Officier du Roy,
ou Sergent ?

Non, s'il ne se met en cause.

　Si le Procureur peut consentir à vn accord d'vn
procez criminel ?

Non, s'il n'est communiqué au Procureur du

Roy & foit de fon confentement, & leur eft defendu, fur peine de quarante fols parifis d'amende.

Si les Procureurs du Roy peuuent affifter au iugement des procez ?

Non, foient ciuils ou criminels, & ne peuuent tenir Offices que du Roy, & n'auront Clercs qui foient Procureurs ou Soliciteurs.

Feront faire regiftre des prifonniers afin de connoiftre ce que les parties auront fait, & fi elles ont appointé, afin de voir l'accord, pour y garder le droict du Roy & celuy de Iuftice.

S'il peut intenter procez fans aduis ?

Non, il doit prendre l'aduis de l'Aduocat du Roy.

S'il peut eftre pris à partie ?

Non quand il y a partie ciuile, quelque animofité qu'il y ayt.

Fera regiftre des procez prefts à iuger, où le Roy a intereft.

S'ils peuuent prendre quelque chofe pour leur taxe ?

Non, où ils font parties.

Si les Iuges, Aduocats, Procureurs du Roy, Procureurs Aduocats, Solliciteurs des Parties, peuuent accepter tranfport des droits litigieux ?

Non, fçauoir les Iuges, Aduocats & Procureurs du Roy és Sieges où ils font Officiers. Et les Aduocats, Procureurs & Solliciteurs des parties és caufes & procez dont ils auront charge, à peine de punition exemplaire.

Des Reuocations.
Chap XXVIII.

Peut-on reuoquer vn Procureur ?

OVy, tous Procureurs fe peuuent reuoquer, & faut que par la reuocation y ait conftitution de nouueau Procureur, autrement eft-elle nulle.

Apans ;a cuoc;t;on de procuration, qu'en faire?

La faut faire fignifier aux parties aduerfes, ou à leur Procureur : autrement nulle, & ne laiſſeroit le Procureur reuoqué d'eftre contraint d'occuper.

Des Prefentations.
Chap. XXIX.

NOn præfentatus, non audiatur, maxime generale.

Qu'eft-ce prefentation.

C'eft vne cedule que met au Greffe vn Procureur pour fa partie.

Combiende fortes de prefentations?

D.ux : à fçauoir prefentation, & comparution,

Quelle difference des deux ?

Comparution fe faiĉt par la partie en matiere criminelle, quand l'appel eft d'adiournement perſonnel. La prefentation, en toute matiere ciuile par Procureur.

Que doit contenir la comparution perfonnelle.

Faut comparoir pour eftre à droiĉt : faire eſĉtion de domicile, & conftitution de Procureur.

Que doit conteni la cedule de la prefentation?

La demande & qualité des parties, & la nature de la demande.

Faut-il faire prefentation en matiere criminelle , ou s'il fuffit de la comparution ?

Faut auffi faire prefentation, fçauoir quand l'appel eft de prife de corps , ou d'adjournement perfonnel. Mais fi l'appel eft de quelque iugement portant peine afflictiue, ne faut prefentation, par-ce qu'il n'y a point d'affignation , & doit le prifonnier eftre amené auec le procez, vingt-quatre heures apres l'appel.

S'il fuffit a vn appellant de decret de prife de corps de comparoir.

Non , faut qu'il fe rende en eftat, & rempliffe le decret.

Pourquoy met-on en la Cour fur les cedules , extraordinaire.

C'eft qu'anciennement les affignations eftoient données à iours ordinaires , ou extraordinaires.

Si à iour ordinaire, falloit attendre le temps du roolle de la Prouince pour fe prefenter.

Si à iour extraordinaire, tous les Samedis comme l'on fait maintenant.

C'eft pourquoy aucuns mettent encores aujourd'huy és reliefs d'appel , & comparoir à certain iour ordinaire ou extraordinaire.

Que doit contenir vne cedule contre vn appellant d'adiournement perfonnel ?

Faut mettre à la fin , tenu de comparoir en perfonne. *D'vn decret de prife de corps.*
Tenu fe rendre en eftat.

Eft à noter qu'à la Cour les prefentations finiffent le 14. Aouft, & toutes les prefentations qui efchéent depuis ce iour, vont au lendemain Sainct Martin.

A quels iours ſe font les preſentations
en la Cour ?

Le Samedy, ou s'il eſt feſte, ou que l'on n'aille
au Palais, le Vendredy, & quand il y a prononciation d'Arreſts ſolemnels.

Comme par exemple : A Paſques, le cahier ſe
fait le Mardy, qui eſt le dernier iour que l'on entre
en la ſepmaine ſaincte, & iour de la prononciation des Arreſts. A la Pentecoſte, le 14. Aouſt, &
à Noël.

Faut-il faire preſentation le Samedy, ou autre deſdits
iours immediatement, apres le iour auquel
eſchet l'aſſignation?

Non en la Cour de Parlement faut qu'il y ait
trois iours francs d'interualle.

Où ſe preſentent les aſſignations eſcheües auant le 14.
Aouſt, qui n'auoient pas trois iours francs pour ſe
pouuoir preſenter, & les autres non preſentées eſ-
cheües auparauant ?

Elles ſe mettent en vn cahier fait exprés, datté du
ſeptiéme de Septembre, qu'on nomme cahier des
non preſentées.

Comment ſe font les preſentations aux Requeſtes du
Palais ?

Elles ſe font les Samedis, ou autres iours comme
deuant : mais il ne faut point d'interualle de trois
iours.

Quand finiſſent les preſentations aux Requeſtes du
Palais?

Elle ne finiſſent que le lendemain de Saincte
Croix en Septembre, & recommencent au lendemain S. Denis iuſques à la S. Simon S. Iude, que
tout le Palais ceſſe, iuſqu'au lendemain S. Martin.

Faut noter qu'à la Cour ſe fait chacun deſdits iours deux cahiers, ſçauoir l'vn des defauts, & l'autre des congez,

Aux defauts ſe preſentent tous demandeurs, appellans anticipans & anticipez, & dont les defauts ne doiuent emporter profit.

Aux congez on ſe preſente pour les intimez deffendeurs & tout ce qui emporte profit.

Où ſe faut-il preſenter pour vn renuoy du Conſeil?

Se faut preſenter aux congez pour les deux parties, parce que c'eſt en execution d'Arreſt : & le defaut emporte profit, ſçauoir la retention.

Des Defauts
CHAP. XXX.
Qu'eſt ce que defaut, ou congé?

C'Eſt vn acte deliuré ſur le regiſtre des preſentations contre le defaillant.

Combien y a il de defauts?

Il y en a de trois ſortes. L'vn, faute de preſenter. L'autre, faute de deffendre. L'autre, faute de plaider.

Comment ſe prennent-ils.

Celuy faute de ſe preſenter ſe prend au Greffe, & faut auparauant mettre la cedule ſur la regiſtre, qu'on appelle liure rouge, & qu'elle y aye démeuré trois iours. Celuy faute de deffendre ſe prend aux Ordonnances de la Cour, apres que les deux parties ſe ſont preſentées. Celuy faute de plaider à l'Audience.

Quel temps faut-il pour leuer vn defaut, faute de ſe preſenter?

Huictaine apres la communication du cahier.

Mais pour les congez & defauts emportans profit, fauf delay, fuiuant la diftance des lieux.

Quel profit emportent les defauts faute de le prefenter.

Ils n'emportent qu'en readiournement, mais les
autres congez & defauts emportent profit & gain
de caufe.

      Les defauts à faute de deffendre, quoy.

Comme il plaift à la Cour, quelquefois elle ordonne que la partie viendra deffendre, quelquefois elle le deboutte de deffenfes.

      Le defauts & congez faute de plaider?

Emportent gain de caufe.

      Se tienent ils aux Requeftes du Palais en la
         mefme forme?

Non, n'y a point de liure rouge. Faut feulement leuer vn extraict de la prefentation & le bailler à iuger.

      Quel profit.

Le premier defaut emporte toufiours deboutté de
deffenfes. Le deuxiefme, l'adjudication des fiens
& conclufions. Le congé enuoyé abfous de l'inftance ou de l'affignation.

      Quels defauts font appellez a la Cour emportans profits
         quel'on prefente au cahier des congez.

Defaut fecond en execution d'Arreft contre le
condamné, & contre tous oppofans.

Des Renuois.

CHAP. XXXI.

Qu'eft-ce que R...?

C'Eft tirer vne caufe d'vn Iuge à vn autre.

      Q... ...

Les priuilegiez, commençaux, & Officiers du
Roy,

Roy, & de la Cour, Officiers des Elections &
Grenier à Sel, pardeuant Meſſieurs des Requeſtes
du Palais, ou de l'Hoſtel.

Les Eſcoliers deuant le Conſeruateur des priuileges Royaux de l'Vniuerſité.

Les Clercs pardeuant le Iuge de l'Egliſe.

Comment ſe peut-il demander?

Auant conteſtation, ſinon par les Clercs en tout
eſtat de cauſe.

Comment & en vertu dequoy?

Le priuilegié en vertu des lettres Royaux qu'on
nomme *commititimus*, non ſuranné, le Sergent fait
commandement au Iuge de renuoyer, & en ſon refus les renuoye luy meſme.

Les Eſcoliers en vertu des lettres de garde gardienne font le ſemblable. Et les communautez des
Religieux ou Religieuſes qui ont droict de lettres
de garde gardienne. Les Clercs par vn ſimple requiſitoire.

*Si tous priuilegiez peuuent faire renuoyer aux
Requeſtes de l'Hoſtel?*

Non, n'y a que les commençaux ordinaires de
la Maiſon du Roy.

Peut-on faire renuoyer toutes cauſes?

Non ſeulement les cauſes perſonnelles, poſſeſſoires, & mixtes.

*Si vn oppoſant afin de diſtraire, peut faire
renuoyer les criées?*

Non, fera ſeulement renuoyer l'inſtance de ſon
oppoſition.

*Si l'inſtance de criées peut eſtre reuoquée en
conſequence?*

Non, n'y a rien de connexe : parce qu'eſtant la

H

diſtraction iugée, n'y a plus rien pendant.

Si on peut renuoyer vne cauſe en execution
de Sentence.

Non, & faut touſiours renuoyer auant conteſtation.

Si on peut renuoyer les cauſes reelles & petitoires?

Non, Meſſieurs des Requeſtes n'en connoiſſent
qu'és cas cy deſſus, qui ſont és cauſes poſſeſſoires,
perſonnelles & mixtes.

Les Eſcoliers n'ont priuilege que pour ce qui
leur eſt donné pour les eſtudes.

Si vn priuilegie peut pour des debtes, actions ou pre-
tentions cedées, faire renuoyer la cauſe où il a ſim-
plement en qualité de ceſſionnaire?

Non, ſi le tranſport n'eſt pas fait pour demeurer
quitte de pareille ſomme.

Si l'on faut renuoyer vne cauſe aux Requeſtes a long iour
comme pour l'abbreger?

Prendre lettres d'anticipation ſi les parties ſont
demeurantes à Paris : cela ſe fait par ſimple Requeſte, ſur laquelle vn Greffier met, fait partie appellée.

Des Renuois, combien de ſortes?

Il y a deux ſortes de renuois, l'vn quand la partie eſt tirée hors de ſon reſſort à celuy d'vn autre,
& lors on n'vſe point de ce mot de renuoy, mais
demande eſtre remis & delaiſſé en ſon reſſort.

L'autre eſt, quand la partie adiournée eſt du
reſſort de celuy pardeuant lequel il a eſté appellé,
mais ce n'eſt ſon Iuge ordinaire, & partant il demande y eſtre renuoyé, s'aduoüant ſubiect & iuſticiable de ſon Seigneur, & voila la difference:

peut le deffendeur demander eſtre renuoyé pardeuant ſon Iuge naturel & domiciliaire. Et fait pourſuiure en action perſonnelle le debiteur pardeuant
le Iuge de ſon domicile.

Bien eſt vray, que ſi le Seigneur n'a vendiqué
ſon hoſte & iuſticiable, qui eſt pourſuiuy pardeuant le Iuge Royal en la Prouince & iuriſdiction
duquel il eſt demeurant, ledit Iuge connoiſtra de
la cauſe ſans que le deffendeur puiſſe demander
ſon renuoy, & le renuoy doit eſtre requis par le
Seigneur ou ſon Procureur auant conteſtation.
Eſtant vne maxime indubitable, qu'au pays couſtumier, le ſuiet ſans le Seigneur ne peut decliner
& demander ſon renuoy : mais en pays de droict
eſcrit il le peut faire ſeul. Si deux Seigneurs hauts
Iuſticiers demandoient reſpectiuement le renuoy
de la cauſe, s'ils ſont tous deux du reſſort du Iuge
Royal, il peut par main ſouueraine connoiſtre du
principal de la cauſe, iuſques à ce que le diſcord
des deux Seigneurs ſoit vuidé : mais il eſt bien certain que le Iuge Royal pendant la queſtion du renuoy requis par le haut Iuſticier, ne peut connoiſtre de la cauſe, autrement il peruertiroit l'ordre.
Conuient notter que le Iuge inferieur, ou bien eſ-
gal, ne renuoye pas pardeuant le Iuge ſuperieur,
mais ordonne que les parties ſe pouruoiront pardeuant tel Iuge, ou bien à la Cour, à certain iour
qu'il leur aſſigne, ſoit de huictaine, quinzaine ou
vn mois.

Des Priuilegiez.

Chap. XXXII.

De combien de sortes de priuilegiez ?

DE trois, sçauoir Clers, Escoliers, & Officiers.

Quel est le priuilege d'vn Clerc ?

C'est qu'il ne peut estre conuenu pardeuant autre Iuge que d'eglise en matiere de temporalité, & aussi les laïcs ne peuuent estre conuenus pardeuant autres, que seculiers en matiere de temporalité.

Le priuilege des Escoliers, qu'est-il ?

C'est qu'ils ont leurs causes commises pardeuant les Conseruateurs des priuileges des Vniuersitez où ils estudient.

Quel est le priuilege des Officiers du Roy ?

C'est que s'ils sont adiournez ailleurs que pardeuant Nosseigneurs des Requestes du Palais en causes personnelles, possessoires & mixtes, ils peuuent demander leur renuoy.

Tous les Officiers du Roy indifferemment ont-ils là leurs causes commises ?

Ouy, horsmis les Maistres des Requestes ordinaires de l'Hostel du Roy, & Archers de sa garde, lesquels ont les causes commises aux Requestes de l'Hostel du Roy, & les Officiers *ad honores* ne doiuent aussi iouyr de ce priuilege, ains faut qu'ils soient prenans gages, soient couchez en l'estat & seruant actuellement.

Tous Officiers de la Cour ont-ils ce pouuoir ?

Ouy, horsmis ceux qui n'ont esté dix ans Procureurs.

S'il se fait quelque chose au prejudice du renuoy,
qu'est-il besoin de faire ?

Faut au Chaftelet, ou pardeuant autre Iuge, pardeuant lequel on eft conuenu, protefter de nullité
des procedures, & de faire le tout reuoquer comme attentat. Ce fait, prefenter Requefte aux fuf-
dites Requeftes, demander que ce qui a efté fait
au prejudice dudit renuoy foit caffé, comme attentat, & il fera ordonné.

Quel appointement faut-il prendre aufdites Requeftes
pour le premier ?

Faut prendre appointement de retention : ce fait
deffendre.

Des Exceptions.

Chap. XXXIII.

C'Eft la deffenfe contre la demande du demandeur.

Combien de fortes ?

De trois fortes, fçauoir declinatoires, dilatoires, & peremptoires.

Quelle eft la declinatoire ?

Elle eft de deux efpeces. La premiere declinatoire du lieu, comme fi ce n'eft le domicile du
deffendeur en action perfonnelle : ou de la chofe
contentieufe en action reelle, fi elle n'eft de la Iurifdiction du Iuge, pardeuant lequel on eft conuenu. La raifon, *quia actor forum rei fequi debet,*
foit que l'action foit reelle ou perfonnelle. La
deuxiefme declinatoire de iurifdiction pour raifon de perfonnes, comme fi vn Clerc eft appellé

pardeuant vn Iuge lay en cas non priuilegié, ou vn lay pardeuant vn Iuge d'Eglife.

Pourquoy fe propofe l'exception declinatoire ?

Par trois raifons. La premiere declinatoire de lieu , à caufe que le deffendeur, ou l'heritage, en font la iurifdiction.

La deuxiefme declinatoire de iurifdiction, à raifon des perfonnes, parce que la iurifdiction laye n'a pouuoir fur perfonne Ecclefiaftique és caufes fpirituelles, &c.

Perfonnelle & Ecclefiaftique fur les lays és caufes temporelles : ou quand celuy qui fe dit priuilegié ne l'eft pas.

La troifiefme , quand on a le Iuge fufpect en le recufant.

En quel eftat de la caufe les faut il propofer.

Dés le commencement, auant que dire aucune chofe , autrement non receuable pour la premiere efpece declinatoire du lieu, & pour la troifiefme de la recufation. Et pour les autres en tout eftat de la caufe : parce que iamais le lay ne peut confentir au Iuge d'Eglife , ny le Clerc au Iuge lay en cas non priuilegié

Qu'eft ce qu'exception dilatoire ?

C'eft vne fin de non receuoir propofée contre la demande, ou qualité de la partie, qui ne va pas à l'exclufion de l'action : ou quand on requiert des delais en la caufe, comme veuë, garand, &c.

Combien de fortes d'exceptions dilatoires, & fins de non receuoir ?

Il y en a plufieurs fortes , fçauoir quand le demandeur n'eft partie capable d'eftre en iugement ; comme quand on dit que la femme mariée ne peut eftre fans l'authorité de fon mary, ny le Religieux fans l'authorité de fon fuperieur, ny le pupille fans l'authorité de fon curateur ou tuteur, ny le fils de famille fans l'authorité de fon pere : fi ce n'eſt pour raifon de fon pecule, c'eſt à dire de ce qu'il a acquis fans l'aide de fon pere : & en matiere d'iniures, excez, & depoſt neceſſaire, ny le furieux, infenfé & interdiêt fans fon tuteur ou curateur.

Item, quand l'adiournement n'eſt libellé, ou que le Sergent n'a pouuoir de le faire.

Item, quand on requiert veuë, garand, delay à deliberer, ou autre femblable.

Sçauoir fi vn heritier affigné pour voir declarer execu-toire vn Arreſt., Sentence, ou Obligation, ayant demandé communication des pieces, apres qu'on y a fatisfait peut exciper qu'il n'eſt heritier, ou demander delay à deliberer.

Non, parce qu'il peut renoncer à la fucceſſion, mais il n'aura point de delay.

Si vn Religieux ou Prieur eſt refufé par fon Prieur ou Abbé de l'autorifer, comment fe pouruoira-il.

Faut s'il y a procez pendant pardeuant quelque Iuge s'y pouruoir, & demander eſtre autorifé par Iuſtice au refus de l'Abbé ou Prieur.

S'il demande eſtre congedié, & eſtoit refufé, comment fe pouruoir ?

Appeller comme d'abus, & releuer en Parlement fon appel.

Des Recusations.
CHAP. XXXIV.
Qu'est-ce que recusations.

C'Est vn moyen que l'on allegue pour faire qu'vn Iuge se deporte de la connoissance d'vn differend.

Comment faut-il alleguer la recusation?

Verbalement ou par escrit.

Si c'est contre vn President ou Conseiller de la Cour.

Les faut proposer par escrit trois iours auant l'Audience, soit roolle ou placet, ou que les instances ou procez soient mis sur le bureau.

Et pour ce faire, presenter Requeste que l'on baille à vn Conseiller de la Chambre pour rapporter.

Si l'on peut recuser vn Maistre des Requestes que l'on verra à l'Audience.

Non, luy faut faire tenir sa Requeste.

Quand vn Conseiller est recusé, comme iugera-il les causes de recusation?

Il ne les iugera pas, ains la Cour, & sera seulement ouy sur la verité d'icelles, & ainsi des Conseillers & des autres Iuges.

Le Iuge estant recusé, que faire?

Le Iuge doit ordonner qu'il baillera ses causes de recusation.

Et ce fait, les declarera pertinentes & admissibles, ou impertinentes & admissibles.

S'il les declare admissibles, & non veritables?

Faut s'addresser à celuy qui doit tenir le siege en son lieu pour en iuger.

Comment proceder ?

Faut que le recusateur nomme dans trois iours les tesmoins, par lesquels il entend verifier, & à faute de ce faire, sa partie aduerse fera par le Iuge recusé ordonner qu'il sera passé outre, & condamner le recusateur en 60. liures parisis d'amende vers le Roy, pareille somme vers la partie és Cours Souueraines. & moitié és inferieures.

S'il nomme tesmoins ?

Faut que celuy qui en doit connoistre donne delay de trois iours pour les verifier ; & cependant sera procedé deuant luy au principal, sauf à faire reparation au Iuge recusé, s'il le requiert.

Si elles ne sont verifiées dedans le delay ?

Sera debouté, condamné à l'amende, si ce n'est qu'il fasse voir vne veritable diligence ou vn legitime empeschement, auquel cas le Iuge peut, *ex arbitro*, proteger le delay.

Quelle est l'amende ?

De soixante liures parisis vers le Roy, autant vers la partie és Cours Souueraines, la moitié moins és Iustices inferieures.

Pourront neantmoins les Iuges descharger de l'amende, si elles ne sont bien verifiées, n'estant calomnieuses.

L'ordonnance de l'an 1539. dit seulement vingt liures vers le Roy, moitié à la partie és Cours Souueraines pour chacun faict de recusation, & dix liures aussi, moitié vers la partie és Cours inferieures. art. 14.

S'il y a appel, si le Iuge differe ?

Non, le recusé passera outre, attendu qu'il n'est question que d'instruction.

Si elles sont admissibles, ou veritables?

Le Iuge recusé s'en deportera, ou bien feront tel.
les declarées par celuy qui tiét le siege en son lieu.

Si elles ne font inadmissibles & impertinentes?

Le Iuge recusé les declarera telles, & ordonnera
qu'il passera outre.

S'il y a appel.

Sera passé outre, non pas par le Iuge recusé mais
par celuy qui a accoustumé de tenir le siege en son
lieu, soit Lieutenant Particulier, Conseiller, ou
ancien Aduocat, à ce que la poursuitte & procedure ne soit aucunement retardée, ny delayée.

L'amende du fol appel par acquiescement hors
de iugement, est de quarante liures parisis, moitié
au Roy, moitié à la partie, en iugement le double,
& s'il plaide & succombe, en l'amende ordinaire
enuers le Roy, & moitié enuers la partie.

Si c'est vn Commissaire, commis à faire vne enqueste,
comment le faut-il recuser?

Si c'est vn Conseiller en la Cour le faut recuser
auant son partement, autrement non receuable,
& passera outre iusques à perfection de sa commission.

Quoy pour recuser vn Parlement?

Faut presenter Requeste au Conseil Priué, qu
renuoyera aux Maistres des Requestes estans à la
suitte, pour en faire rapport, & les iuger au Conseil.

Si les causes de recusation contre vn Iuge sont
legitimes & veritables?

Les ayant declarées telles, il cedera le lieu à celuy qui doit tenir le siege en son lieu, sans remettre
la cause au lendemain.

Si apres les Recusations la partie demeure d'accord que
le Iuge en reconnoisse, s'il pourra estre encore
recusé.

Non, il a esté ainsi iugé par Arrest du 23. Nouembre 1563.

Du delay de la veuë.
Chap. XXXV.
Qu'est ce que veuë.

C'Est vne demonstration des choses contentieuses.

Combien de sortes ?

Deux sçauoir l'vne par figure, l'autre au doigt
& à l'œil.

En quelle matiere se peut-elle requerir.

En matiere reelle pessessoire : Mais celle par figure s'ordonne par le Iuge en iugeant le procez.

Iusqu'a quand peut-on requerir veue.

Iusques à contestation, auant neantmoins le delay de garand.

Qui est capable de la demander ?

Le deffendeur.

Si le deffendeur appellé en sommation la peut
demander ?

Ouy, mais faut qu'il se contente de celle faite au
defendeur originaire, dont l'on luy baillera coppie.

Si l'on ne l'a faite au deffendeur originaire ?

Faudra qu'il la fasse luy mesme à son garand.

En quel cas le peut-on refuser ?

Quand le deffendeur est demeurant en la maison,
sur laquelle on pretend le droict.

Quelles poursuites pour faire veuë ?

Ayant iugement, par lequel soit ordonné que

veuë fera faite , faudra prendre commiſſion addreſſante au premier Huiſſier ou Sergent.

En vertu de la commiſſion , que faire ?

Faire aſſigner la partie à comparoir à certain
lieu, iour & heure, pour ſe tranſporter ſur l'heritage.

L'aſſignation peut-elle eſtre du iour au lendemain ?
Non , faut diſtance de trois iours pour le moins.

Au iour de l'aſſignation , ſi la partie qui fait veuë
ne compare ?

Partie comperante prendra par vn Notaire & teſmoins acte de ſa comparution.

Pourquoy , & à quelle fin ?
Afin de ſes deſpens , & frais de ſon voyage.

Où les peut-il demander?
Pardeuant le Iuge où le procez eſt pendant.

S'il eſt negligent de le faire ?

Le temps ordonné paſſé , ou quoy que ce ſoit,
quelque temps apres , ſelon la diſtance des lieux,
s'il n'y en a de prefix par le iugement, faut faire ordonner que dans certain temps il ſera tenu de faire
veuë.

Le temps paſſé, congé & permiſſion , à faute de
faire veuë.

Si les deux parties comparent à l'aſſignation ?

Faut ſe tranſporter ſur les lieux , & le Sergent
fera veuë au doigt & à l'œil, & dira la partie qui
fait veuë, que c'eſt la choſe contentieuſe entre les
parties : dont enſemble des dire & remonſtrances
d'icelles parties, le Sergent dreſſera procez verbal.

La veuë faite & rapportée, que faire ?
Faut bailler coppie du procez verbal d'icelle.

Comment fait-on pour la faire receuoir ?

Elle ne fe reçoit point.

Que faire donc ?

Continuer la pourfuite au principal, & prendre defaut, à faute de deffendre.

Des vifitations, defcentes & figures.

C H A P. X X X V I.

Qu'eft-ce que vifitation ?

C'Eft faire vifiter les lieux & heritages par au-
ctorité de Iuftice.

En matiere d'excez, vifiter vn corps mort, ou
bleffé.

Qu'eft-ce que defcente ?

C'eft auffi vne vifitation qui fe fait par authorité
de Iuftice, pour eftre certifié de la fituation par le
Rapporteur du procez, ou autre commis.

Qu'eft-ce que figure ?

C'eft vn portraict & figure des lieux, qui fe fait
par authorité de Iuftice.

Combien de fortes de vifitations ?

De deux fortes, fçauoir d'heritages, & de perfonnes.

De defcentes, combien ?

D'vne forte feulement.

De figures, combien ?

De deux fortes, l'vne platte peinture, l'autre en
boffe, ou de relief.

Qu'eft-ce que figure platte ?

C'eft vne figure qui fe fait par peinture, des
lieux & heritages dont il s'agit.

Figure en boffe ou relief, qu'eft-ce ?

C'eft vne figure & répresentation qui fe fait par

Statuaires & Charpentiers d'vne maison, chasteau ou autre bastiment, dont on fait le modele de bois ou autre matiere.

En quelles matieres & causes doiuent-elles se faire?

Quand il est ordonné par Iustice és matieres reelles & possessoires.

Comment se fait la visitation & descente.

Quand il y a iugement interlocutoire, que descente sera faite sur les lieux, faut commettre vn de Messieurs, ou vn Iuge pour s'y transporter. Et pour cét effet, faut que les deux parties consignent l'vn pour l'autre, & prendre executoire pour moitié par celuy qui aura consigné, pour s'en faire rembourser.

La consignation faite, que faire.

L'on se transporte sur les lieux.

S'il faut conuenir d'experts.

Ouy, faut faire appeller la partie pour en conuenir, ensemble voir faire descente.

S'il faut vn Adjoint.

Ouy, & se prend d'office.

Le Iuge estant sur les lieux, que fait-il.

Apres la nomination d'Experts, il visite les lieux, & dresse son procez verbal.

S'il faut receuoir son procez verbal pour iuger.

Ouy, parce que c'est vn acte probatif & decisif.

Comment dresser l'appointement de reception.

Le procez verbal de descente, visitation, ou figure accordée, & faite de l'ordonnance de la Cour, par tel Commissaire en cette partie est receu, & reçoit la Cour pour iuger, ioint les pretendus moyés de nullité, & les parties appointées à ouyr droict comme deuant.

Quand la signature est ordonnée, que fait-on.

Faut conuenir d'Experts, à sçauoir en figure platte, de Peintre. En bosse, de Sculpteurs, ou Charpentiers, ou l'vn des nommez d'office.

Que font-ils?

Ils voyent, figurent, & presentent la chose dont se fait le procez verbal par le Commissaire.

S'il faut le faire receuoir pour iuger.

Ouy, par mesme raison.

Quand il sera receu, que fait-on.

Prendre reglement à produire, & ouyr droict comme deuant.

Si on la peut demander en tout estat de cause.

Ouy.

Quels moyens pour l'empescher.

N'y en a point.

Des Sequestres & Commissaires.
CHAP. XXXVII.

Qu'est-ce que Sequestre.

C'Est vn Commissaire conuenu par les parties, ou nommé d'office par authorité de Iustice, pour regir la chose contentieuse pendant le procez.

En quelle matiere a lieu.

En matiere possessoire, prophane & beneficiale.

Qui la peut demander.

Celuy qui est possedé.

En quel estat de la cause.

Auparauant la contestation, mais se pourfuit en tout estat ayant esté demandé.

S'il n'a lieu qu'en matiere possessoire.

Il a lieu aussi en meuble : quand ie trouue quel-

ques meubles qui m'appartiennent, ie les puis faire
sequestrer pendant le debat : ou bien vne fille pendant la question de rapt, ou de mariage, ou quelques autres personnes selon les occurrences.

Quand s'ordonne le sequestre.

Quand l'on ne peut trouuer la verité de la possession, tant du demandeur que du deffendeur, & qu'il
est requis.

Quelles poursuittes pour y paruenir.

Requeste verbale, s'il n'est demandé par exploit : venir à l'Audience, ou defaut & permission.

Si la partie l'empesche.

Faut appointer à mettre.

Le sequestre ordonné, que faire.

Prendre ordonnance du Rapporteur, ou Commissaire commis : faire appeller partie pour conuenir de sequestre, autrement qu'il en sera nommé
d'office.

Que doit faire le Commissaire?

S'il n'en est conuenu, il en nomme d'office.

Si les deux sont hors Paris, voire hors la Prouince, comment faire cette conuention?

Prendre commission addressante au premier des
Conseillers de la Cour trouué sur les lieux, Iuges
des lieux ou leurs Lieutenans, pour proceder à l'e-
xecution de la Sentence.

Quand le sequestre en a accordé, ou nommé, que faire?

Prendre ordonnance du Iuge ou Commissaire, le
faire assigner pour accepter & faire le serment, & la
partie pour le voir faire.

Si la partie n'a domicile sur les lieux, comment la faire assigner.

Faut donner iugement, par vertu duquel les
exploits

ploits faits au domicile des Procureurs des parties
vaudront, comme si faits estoient aux propres personnes d'icelles parties, iusques à ce qu'ils ayent
esleu autre domicile en cette ville suiuant l'ordonnance, & y faire assigner la partie, tant pour conuenir, que pour voir prester le serment au sequestre.

Si la partie ne compare à l'assignation ?

Demander defaut, & que pour le profit le Commissaire en nomme d'office.

*S'il compare & appelle du iugement, qu'ordonne le
sequestre, si le Iuge passera outre ?*

Non, faut se pouruoir vers celuy qui a delegué,
qui dira nonobstant l'appel, faire signifier le iugement au Procureur, & continuer l'assignation
comme deuant.

S'il appelle de la nomination d'office ?
Sera dit par le delegué, nonobstant l'appel.

Si le sequestre ne compare ?

Demander defaut, par vertu duquel readiourné:
autre defaut, par vertu duquel il demeurera sequestre aux lieux contentieux, pour iouyr, regir &
gouuerner, à la charge d'en rendre bon compte &
reliqua, &c.

Que faire en vertu de ce iugement ?

Le faire signifier au sequestre, & que le Sergent
offre le mener sur les lieux, & les luy bailler par
declaration, tenans & aboutissans.

S'il appelle ?

Sera par le Iuge delegué dit, que nonobstant son
appel il exercera & fera son deuoir, sans preiudice
d'iceluy.

Sera donc le sequestre contraint d'achepter la charge ?
Ouy, s'il n'a excuses suffisantes.

I

Si le sequestre compare, & refuse d'accepter,
que faire ?

Demander qu'il soit tenu faire le serment, ou
dire ses moyens d'excuse & descharge.

Quels moyens peut-il alleguer ?

Qu'il est sexagenaire, chargé de trois tutelles ou
commissions, qu'il a cinq enfans, & qu'il est suiet,
vassal, ou fermier de l'vne des parties.

Si les excuses ne sont suffisantes, que faire ?

Le Iuge ordonnera qu'il demeurera deschargé,
& que les parties en nommeront d'autres, autrement qu'il en nommera d'office.

Si elles ne sont suffisantes.

Ordonnera qu'il demeurera, & comparoistra,
pour faire le serment de fidelement faire son deuoir.

S'il y a appel.

Ordonnera que les parties se pouruoyront, &
neantmoins qu'il demeurera chargé.

Si le sequestre demande argent, que faire ?

Luy en sera baillé, *arbitrio iudicis.*

Quelle difference entre Sequestre & Commissaire.

Sequestre ordonne par authorité de Iustice, &
on en conuient par les parties, ou est nommé d'office par le Iuge, & fait serment. Et le Commissaire s'establit par le Sergent, & n'est tenu au serment.

Pourquoy le Sequestre le serment, & non
le Commissaire.

Parce que le saisissant est responsable du Commissaire qu'il fait establir, s'il ne regit bien la chose. Et quand est du sequestre, son serment luy sert
de caution.

Quel est le deuoir du Sequestre ou Commissaire.

De faire proceder au bail.

Pardeuant quel Iuge se fera le bail.

N'importe, pardeuant le Iuge où le procez est pendant, ou delegué.

Par quelle voye peut-on contraindre le sequestre pour le reliqua.

Par emprisonnement de sa personne, comme de biens de Iustice.

S'il luy est deu de reste, comment se pouruoira-il pour se faire payer?

Par saisie & execution.

Qui est tenu des fruits du compte.

Le Sequestre ou Commissaire les aduance, & entrent en leur compte.

Qu'est-ce qui peut empescher le Sequestre?

Celuy lequel en matiere beneficiale est triennal possesseur, en vertu des lettres de *pacificis possessoribus*, ou bien quand on n'allegue translation de possession. qu'il ny a point de doute.

Combien de sortes de Sequestres?

Trois : de meubles, d'immeubles, & de personnelles.

Le Sequestre estably, comment vient-on au fournissement de complainte?

Faut faire requeste verbale, demander qu'à faute de fournir complainte, il soit décheu de son pretendu droict de possession.

Des Prouisions.

Chap. XXXVIII.

Qu'est-ce que prouision ?

C'Est l'adiudication d'vne somme de deniers contenuë en vne cedule, obligation, execution de contracts, ou possession d'heritages.

Combien de sortes ?

Deux en deniers, ou possession d'heritages.

En quelles matieres le peut-on requerir ?

En matiere personnelles, ou possessoires.

Iusques à quand la peut-on demander ?

En tout estat de cause, mesme en causes d'appel.

Quelles deffenses pour l'empescher ?

Apporter acquis du payement de la chose.

En quel cas se peut-elle demander ?

En ces cas, sçauoir quand on est fondé en contract, obligation, ou cedule reconnuë : en matiere criminelle, l'excedé peut demander prouision d'aliments & medicaments, qui luy peut estre adiugée, s'il y a charge, entre coheritiers contre vn tenant toute la succession : vn legataire, vn vicaire perpetuel, ou Curé primitif, peut demander pension par prouision, & la recreance en matiere beneficiale.

N'a-elle lieu qu'en ces matieres ?

Si, elle a lieu en matiere beneficiale, & s'appelle recreance, & en regale s'appelle estat.

Quelles poursuites pour demander la prouision?

Aux Requestes du Palais & de l'Hostel, requeste verbale, defaut, sauf le premier iour, & permission

Si elle eft empefchée, quel reglement ?

A mettre.

Si vne infcription de faux la peut empefcher?

Non.

Si vn heritier peut eftre condamné par prouifion?

Non, parce qne ce n'eft de fon faict.

Si vne promeffe deniée & verifiée emporte prouifion?

Non, parce que la verification & connoiffance n'eft pas iugée

CHAP XXXIX.
Qu'eft-ce qu'offre.

C'Eft offrir ce qu'on demande, ou partie.

Combien de fortes

Deux : fçauoir labiale & par efcrit, & offre reelle

Qui font les labiales ?

C'eft quand l'on offre par efcrit payer quelque chofe, ou faire quelque deuoir demandé, & qu'on n'y fatisfait pas réellement.

Les réelles ?

Quand on offre argent à defcouuert.

En quelles matieres peut-on faire offres ?

En toutes matieres.

Iufques à quand font-elles receuables ?

En tout eftat de caufe, fi elles ne font reuoquées.

Iufques à quand les peut-on renoquer ?

Toufiours, fi elles ne font acceptées,

Quelles repliques pour les empefcher ?

Qu'elles font impertinentes, & ne font fuffifantes.

Quelles pourfuites pour les faire receuoir ?

Faire Requefte, à ce que les offres foient decla-rées bonnes & valables; & ce faifant, fuiuant icelles, &c. defaut & permiſſion, ou à l'Audience.

S'il y a conteſtation ou empeſchement, quel reglement
A mettre.

Quand on prononce ſur les offres, ſi le Iuge les
peut exceder?

Non.

Que dit le Iuge ?

Ayant eſgard aux offres, & ſuiuant icelles, a
condamné & condamne, &c.

Si elles ne ſont pertinentes ?

Sans auoir eſgard aux offres, condamné, &c.

De l'Examen à futur.
CHAP. XL.

Qu'eſt-ce qu'Examen à futur ?

C'Eſt vne Requeſte qui ſe fait pour empeſcher
le deperiſſement de la preuue, d'autant que
les teſmoins ſont vieux, ou ſe doiuent abſenter de
longue abſence.

En quelle màtiere ſe fait elle.

En toutes, excepté en matiere criminelle, & beneficiale.

Comment ſe fait-elle?

Elle ſe fait par vertu des lettres, par leſquelles eſt
mandé au Iuge d'ouyr & interroger les teſmoins,
appellé vn Adioint, & au Sergent de faire tous exploicts.

Quand les faut il obtenir?

S'il y a procez intenté, faut que ce ſoit auant conteſtation : mais ſi c'eſt auant le procez, faut l'intenter dans l'an de la confection d'enqueſte, ſinon qu'il
fuſt fait pour ſeruir de deffenſes, auquel cas l'on
s'en peut ſeruir iuſques à trente ans.

Ayant obtenu les lettres, que faire pour l'execution ?

Les faut presenter au Iuge auquel elles sont addreslées, qui baillera son ordonnance pour faire assigner les tesmoings, ayant premierement nommé vn adjoint, & à iceluy fait faire le serment.

Si la partie doit estre assignée pour voir iurer tesmoins,
& conuenir d'action ?

Si l'enqueste se fait auant le procez non intenté, parce que cela est secret : mais si c'est apres le faut faire.

L'examen à futur fait, que faire ?

Faut qu'il demeure entre les mains du Iuge ou du Greffier, iusques à ce qu'en l'instance les parties soient appointées à informer.

Quand les parties sont ainsi appointées à informer,
comment se seruir dudit examen ?

Faut faire repeter les tesmoins.

Que faire pour y paruenir ?

Presenter Requeste, ou la faire à l'Audience : demander que les tesmoins soient repetez, & s'il y en a de morts ou absens, qu'ils soient tenus pour repetez, pour seruir ainsi que de raison, ou en passer appointement entre les Procureurs.

En vertu de ce iugement, que faire ?

Faire commettre vn de Messieurs, si c'est en cette Ville, & prendre son ordonnance, faire assigner la partie pour conuenir d'Adjoint, & voir iurer les tesmoins, & les tesmoins pour estre repetez.

Si l'instance est pendante aux Requestes, & les tes-
moins demeurent ailleurs, à qui se fera l'ad-
dresse des lettres ?

Au Iuge des lieux.

Quelle difference entre examen à futur, & enqueste.

Enqueste se fait apres contestation, & y a procez verbal separé.

L'examen à futur se fait tousiours auparauant, & souuent auant l'instance intentée, & n'y a autre procez verbal que l'enqueste.

Si l'action n'est intentée dans l'an, que faire ?

Obtenir nouuelles lettres, & faire nouuel examen.

Si l'on peut faire ouyr les mesmes tesmoins.

Ouy.

Des Deffenses pertinentes, & Exceptions peremptoires.
CHAP. XLI.

Qu'est ce qu'Exception peremptoire ?

C'Est vne fin de non receuoir, & non valoir, qui va à l'exclusion de l'action, & pour faire repousser vn demandeur de ce qu'il pretend obtenir pour faire condamner son deffendeur.

C'est la deffense qui destruit la demande, & tend à rendre le demandeur non receuable.

De combien de sortes ?

Il y en a de plusieurs sortes, sçauoir quand on allegue transaction, accord, renonciation du droict pretendu, desistement de procez, & autres semblables.

Quand l'on demande en autre temps que celuy qui est contenu.

Quand on poursuit le petitoire auec le possessoire.

Quand on forme complainte apres l'an.

Quand on intente l'action de retraict apres l'an.

Quand l'action d'iniures se poursuit apres l'an.

L'adultere apres cinq ans.

L'action criminelle apres vingt ans.

Si on demande plus de cinq ans d'arrerages de rente constituée.

Si l'on obtient lettres de refcifion apres dix ans.

Requeste ciuile apres fix mois.

Propofition d'erreur apres l'an.

Si l'on prefente quelques lettres apres l'an qu'elles font obtenuës.

Si on adiourne en reprife de procez, ou pour conftituer vn nouueau Procureur, la peremption eftant acquife auant le deceds ou de la partie, ou du Procureur.

Si on obtient lettres pour faire caffer vne tranfa-ction entre majeurs, fans dol perfonnel, ne force: foit pour deception d'outre-moitié de iufte prix, ou autrement,

Si le demandeur ne fpecifie la chofe par luy demandée, ains eft fa demande confufe & incertaine.

Si on demande eftre releué d'vne vente ou alienation de meuble, foit pour deception, minorité, ou autrement, fi ce n'eftoit vn meuble precieux, ou vne fucceffion vniuerfelle, confiftant en meubles feulement : parce que meubles n'ont point de fuitte, & ne font fouche en fucceffion.

Si on forme complainte pour meuble ?

Non, finon que ce foient meubles precieux & de grande valeur.

Si l'on forme complainte contre vn Iuge & perfonne publique , comme contre vn Sergent, Commiffaire & autres, pour quelques exploicts faits par authorité de Iuftice ?

Non, parce que l'on a la voye d'appel, ou d'op-

pofition , & qu'ils ne pretendent rien en la poffeffion.

Marchands, gens de meftier, & autres vendans
en détail, comme Drapiers, Boulengers, Serru-
riers, Chauffetiers, Cordonniers, Selliers, Bou-
chers, & autres gens de meftier, vendans & debi-
tans en détail, s'ils font demander apres fix mois
du iour de la premiere deliurance.
Medecine d'Apoticaire apres vn an.

Seruiteurs demandans leur falaire apres vn an
qu'ils font hors de feruice, ou demandans plus de
trois ans, le tout s'il n'y a accord ou promeffe, fommation, ou interpellation iudiciaire.

Drapiers, Merciers, Orfevres, & autres Marchands Groffiers, Maçons, Charpentiers, Cou-
ureurs, Barbiers, Seruiteurs, Laboureurs, & autres mercenaires faifans leur demande apres vn an,
s'il n'y a promeffe, obligation, arreft de compte
par efcrit, ou interpellation iudiciaire.

Tauerniers, Cabaretiers intentans action pour
vin & autres chofes venduës en détail & affiette en
leur maifon, font non receuables.

Et fi on demande à informer par tefmoins au deffus de cent liures, contre l'art. 54. de l'Ordonnance de Moulins.

En vne action qui fe doit iuger par la fin de non rece-
uoir, fi on peut prendre reglement de contrarieté ?

Non, elle fe doit vider fur le champ, finon où
y auroit de la difficulté, appointé à mettre, pour
faire droict fur ladite fin de non receuoir, ainfi que
de raifon.

Si apres auoir deffendu, l'on peut propofer fins de non
receuoir.

Non, elles doiuent eſtre propoſées premierement & ſubordinément, ſans ſe départir des ſins de
non deuoir, ſur leſquelles faut requerir droit eſtre
prealablement fait, l'on peut deffendre,

Si l'exception perpetuelle peut perir.

Non, car ce qui eſt temporel à agir, eſt perpetuel
à exciper & deffendre.

De Conteſtation.
C H A P. XLII.
Qu'eſt-ce que conteſtation?

C'Eſt le reglement qui noüe la cauſe, apres ſes
deffenſes fournies.

En quelles matieres faut-il conteſter?

En toutes matieres.

Quelle difference entre appointement de conteſtation de
contrarieté.

C'eſt vne meſme choſe.

Toutes conteſtations vont-elles à regler en contrarieté?

Non, l'on peut ſeulement eſtre reglé en droict.

Quelle difference entre appointement en droict &
contrarieté?

L'appointement en droict ſe prend lors que l'on
iuſtifie ſon droict par tiltres. Et l'appointement de
contrarieté, lors qu'il s'agit d'vn faict que l'on ne
peut iuſtifier que par teſmoins.

Qu'eſt-ce qu'on appelle eſcrire par acte accordé?

C'eſt lors qu'en vne matiere ſommaire les parties eſtans ouyes par vn Commiſſaire, s'il y a de la
difficulté, il les regle à mettre, & doit le reglement
côtenir les moyés de l'vne & de l'autre des parties.

Si cét appointement peut eſtre appellé conteſtation?

Ouy, c'eſt la conteſtation de l'incident.

Si l'appointement de conteſtation regle les qualitez?
Ouy.

Quel remede pour s'en faire releuer?

Si le reglement eſt pris par defaut ou à l'Audience, faire requeſte verbale pour le faire rapporter, & reformer les qualitez: mais ſi c'eſt par appointé entre les Procureurs, faut lettres pour s'en faire releuer.

Quelle eſt la conteſtation en complainte prophane?
C'eſt l'appointement à informer.

En la beneficiale?

L'appointement à produire.

En action perſonnelle, ou mixte

L'appointement en droict, ou la Sentence de debouté de deffenſes.

Si vn appointement à mettre eſt conteſtation?
Ouy, parce que ſur iceluy on peut iuger les fonds.

Combien de ſortes de conteſtation?

Deux, ſçauoir l'vne vraye & contradictoire. Et l'autre feinte & ſimulée, comme le debouté de deffenſes.

Des Appointemens.
Chap. XLIII.

Quelle difference y a-il entre appointemens d'amener teſmoins, & appointement d'eſtre deliberé
& à informer?

GRande, parce que quand il y a appointement d'amener teſmoins, il y a peu de frais à verifier, & n'y a autre conteſtation que celle qui eſt contenuë par iceluy.

Et quand il s'agit d'appointement d'eſtre deliberé & à informer, y a pluſieurs faicts qui s'arti-

culent & accorde auparauant. Ce faict, l'on fait
adjourner la partie pour voir iurer les témoins &
conuenir d'adjoint, offrir autant de faicts en baillant les siens, sinon renoncer à faire enqueste, puis
bailler les noms des tesmoins, & prendre appointement à mettre apres le delay de bailler reproches.

Faut noter que quand la demande est fondée sur
contracts, les parties ne doiuent estre appointées
en droict & à informer, mais bien en droict seulement, sauf à interloquer. Quelquefois l'on demande l'appointement d'amener tesmoins & d'informer estre communs : ce qui est ordonné.

Les parties appointées contraires, & reglées à
bailler leurs faicts, si elles ne satisfont à l'appointement donné en la cause, il n'est plus besoin de
donner defaut, qui emporte profit, ains se faut
pouruoir par forclusions contre la partie defaillan-
te, par le moyen desquelles le procez est du tout instruit, & en estat de iuger.

Quand on a mis en auant toutes les preuues, &
qu'on a obmis quelques faicts noueaux, & qui
n'ont esté articulez, on les peut verifier, & non autrement, & pour ce faire, faut obtenir lettres ; ce
qu'on peut aussi faire en cas d'appel.

Et est l'impetrant desdites lettres tenu rendre
tous les dépens que fera le deffendeur, eu prouuant
le contraire.

Des Efcritures.
Chap. XLIV.

De quelles Efcritures doit-on bailler copie en baillant.

Es aduertiſſemens portans faicts reſponſifs, intendits, eſcritures par memoires & con-tredits.

De quelles eſcritures doit-on bailler coppie en baillant?

Des contredits de production nouuelle, repro-ches, moyens de nullité, griefs, cauſes d'appel, moyens de requeſte ciuile.

Si l'on fournit d'eſcritures dans l'an, que faire.

Si ce ſont griefs, proteſter d'y reſpondre aux deſ-pens de l'appellant.

Si apres que i'ay fait clorre mon aduertiſſement, la partie peut encore fournir du ſien?

Ouy.

Comment pourſuiure pour auoir les deſpens des eſcritures.

Requeſte à la Barre.

Des Forcluſions.
Chap. XLV.

Qu'eſt-ce que forcluſion?

'Eſt vne contumace apres conteſtation de la cauſe.

C'eſt vn acte qui cloſt l'inſtruction.

Quel delay pour obtenir forcluſion?

En appointement à mettre, trois iours aux Re-queſtes.

Et en la Cour huictaine en toutes.

Quel effet a la forcluſion.

De mettre le procez en eſtat.

Des Compulſoires.　CHAP. XLVI.

Qu'eſt-ce que Compulſoire ?

C'Eſt vn benefice de Prince, qui donne pouuoir d'extraire & vidimer aux parties toutes
ſortes de pieces & inſtruments dont l'on a affaire,
pour ſeruir d'originaux.

Combien de ſortes ?

Deux, l'vne par lettres Royaux, l'autre par ordonnance du Iuge.

Comment par lettres Royaux.

Faut donner aſſignation à la partie à comparoir
à certain iour, lieu & heure, pour de là ſe tranſporter où il appartiendra; pour de là, ſoit par vertu
du defaut, ſi la partie ne comparoiſt, ou en ſa preſence en cas de comparution, ſe tranſporter pardeuant le Notaire ou Greffier, & luy faire commandement de repreſenter, &c. ſuiuant les lettres.

Si par leſdites lettres on peut faire inſerer qu'il ſoit fait commandement à des particuliers de repreſenter leurs contracts, pour en eſtre fait collation.

Non, & l'appel de telles lettres ſeroit receuable.

Si les Notaires ou autres perſonnes publiques font refus de repreſenter leurs papiers ?

Faut les faire aſſigner pour en dire les cauſes, &
reſpondre ſur les deſpens, dommages & intereſts.

Et s'ils demandent delay, continuer l'aſſignation.

Si l'aſſignation de la partie aduerſe comparoiſt & re-quiert communication des pieces que l'on veut faire collationner ; & pour ce faire, delay de trois iours.

Luy ſera donné delay, ſi on peut appeller, comme de dény de Iuſtice.

Si la partie assignée estant comparuë à l'assignation, de-
clare que les pieces ne sont en bonne forme, & em-
pesche de faire la collation, que faire ?

Il ne peut empescher la collation, ains seulement
faire remonstrances, & en requerir acte : ce fait,
sera passé outre la collation.

Si vne collation faite auec Monsieur le Procureur Gene-
ral, peut seruir contre vne autre personne ?

Non, elle ne sert qu'auec la partie auec laquelle
elle est faite.

Auec qui faire collationner vne piece, dont l'on s'entend
ayder en vne opposition formée a des criées ?

Auec le saisissant, & ainsi seulement.

Et si c'est le saisissant, il faut collationner auec
le saisi seulement.

Si la partie assignée compare à l'assignation, & on re-
fuse à luy communiquer la piece & la collationner
en sa presence, que doit-il faire ?

Demander acte.

Si l'acte est refusé ?

Sommer & protester de nullité ; en defaut du
Sergent, prendre vn Notaire pour faire la sommation auec tesmoins, & faut prendre commission &
faire assigner le Notaire ou Sergent pour dire les
causes de refus, & deffenses à eux de deliurer la
piece, & assignation pour eux voir condamner en
tous despens, dommages & interests : s'il deuient
prendre appointement à informer.

Si la partie aduerse qui fait faire le compulsoire pro-
duit la piece & le procez verbal du com-
pulsoire, que faire ?

Faut s'inscrire en faux.

Des

Des Interrogatoires.

Chap. XLVII.

Qu'est-ce qu'Interrogatoire?

C'Est enquerir quelqu'vn de la verité du faict.

Combien de sortes?

Deux, Ciuil & Criminel.

Comment se faict l'interrogatoire?

En matiere ciuile le faut faire ordonner à l'Audience aux Requestes.

A la Cour par requeste de *committitur*, ce faict bailler coppie des faicts, & prendre ordonnance pour faire assigner pardeuant vn Commissaire.

Que doiuent contenir les faicts sur lesquels on desire estre fait l'interrogatoire?

Ce qui est decisif de la cause.

Combien d'articles doiuent-ils contenir?

Tant qu'on veut.

Si on afferme les faicts & articles estre veritables?

L'ordonnance le veut, mais cela ne s'obserue.

Quel delay faut-il bailler a l'assignation pour l'interrogatoire?

Faut vingt-quatre heures pour le moins.

S'il suffit donner l'assignation parlant au Procureur?

Non, faut que ce soit à personne ou domicille.

Si la partie assignée ne comparoist pardeuant le Commissaire?

Defaut, par vertu duquel readiourné, *alias*, lesdits faicts tenus pour confessez & auerez, & sur le second defaut qu'il en sera referé à la Cour.

Si la partie est demeurante hors la ville, comment proceder?

Prendre commission addressante au Iuge du

K

lieu, & pardeuant luy faire mesme que deuant.

Si la partie peut exciper & dire que ce dont il s'agit excede cent liures, & partant n'est tenu de respondre.

Non, c'est de son faict de dire la verité, & l'ordonnance ne parle que de la preuue par tesmoins, pour éuiter aux abus & subornations de tesmoins.

Quelles autres personnes que sa partie peut-on faire ouyr en matiere ciuile.

Nulles.

Quel effet à l'interrogatoire.

Pour esclaircir la verité.

Si le procez estant sur le Bureau on peut bailler des faits pour faire interroger.

Ouy, auec vne Requeste sur laquelle on a accoustumé de mettre commis sans retardation.

Si la partie dénio les faicts & soient par apres verifiez, qu'encourt-il.

Il sera condamné en dix liures parisis és Cours Souueraines, & cent sols parisis és Iustices inferieures, pour chacun fait calomnieusement dénié, moitié vers le Roy, moitié vers la partie.

Comment interroger en matiere criminelle.

L'interrogatoire se fait apres l'information & decret, sans ordonnance particuliere pour cét effect.

Quelle difference és interrogatoires en matiere criminelle & ciuile.

L'interrogatoire en matiere criminelle se faict sans ordonnance, & sans communiquer au prealable les faicts & articles.

Et en ciuile par ordonnance du Iuge, & faut communiquer les faicts.

Si en matiere beneficiale on est tenu respondre fur faicts ?

Non, parce qu'il faut que le faict se iuge par tiltres.

L'interrogatoire ayant esté faict, sera rapporté, & baillé à partie, laquelle il pourra contredire, ou bien faire declaration, se contenter de la confession y contenuë, & offrir de prendre droict par iceluy. Ce fait, la cause doit estre vuidée par droit si faire se doit, & si elle ne se peut, sans faire preuue de tesmoins, le Iuge donne reglement, par lequel il est dit que les parties articuleront leurs faicts dans quinzaine, de huictaine en huictaine y respondront par premieres & secondes additions dans trois sepmaines, informeront trois iours apres, rapporteront leurs enquestes, & consequemment les procez verbaux d'icelles, pour dans trois iours dire ce qu'il appartiendra contre ledit rapport & reception, *alias* elles seront receuës & rapportées de huictaine en huictaine ensuiuant; bailleront obiects & saluations, produiront, contrediront, & soustiendront, *alias* forclus, & en droict se feront interroger sur faicts & articles pertinents, en les cottant & baillant, & auront compulsoire, domicile és hostels de Procureur.

Nota, qu'on ne peut respondre aux articles que par premieres & secondes additions, & se donnent les reglemens non purement comme dessus, mais plus briefs ou plus longs, selon le merite du faict.

Ce fait, faut faire dresser par Aduocats les faits & articles, puis les offrir à partie aduerse en baillant: & si elle renonce à faire enqueste, luy faudra bailler coppie d'iceux pour y refpondre.

On peut obtenir monition *nomine dempto*, auant conteftation en caufe, afin de reuelation : en ladite monition on pofera tous faits, encores qu'ils excedent cent liures, pourueu qu'il foit queftion de dol, fraude : & faut qu'elle foit couchée en termes generaux, fans nomination d'aucunes perfonnes.

Auffi fi aucun recele aucunes pieces, ou que la preuue foit manque, on pourra requerir monition *nomine dempto*; ce qui peut eftre fait hors la produdion, & le pluftoft eft le meilleur.

Si les parties font de la R.eligion pretenduë reformée. & veulent auoir monition, d'autant qu'ils ne croyent à l'Eglife, & qu'on empefcheroit la publication, faudra requerir l'adionction de Meffieurs les Gens du Roy, qui la feront publier foubs leurs noms & diligences.

Des faicts nouueaux.
Chap. XLVIII.

Qu'eft-ce que faicts nouueaux ?

CE font faits qui n'ont encores efté alleguez ou propofez au procez.

Combien de fortes ?

De plufieurs fortes, felon la matiere.

Quand fe doiuent propofer ?

Apres conteftations en caufe.

Quels moyens pour y paruenir ?

Obtenir lettres Royaux.

Que doiuent-elles contenir ?

Doiuent contenir les faicts, & mandement au Iuge, que s'il luy appert que lefdits faicts foient

noueaux & decisifs du procez , ils reçoiuent l'exposant à le prouuer & verifier , tant par lettres que
tesmoins, à la charge que partie aduerse y pourra
respondre & informer aux despens de l'impetrant.

Comment pourfuiure ?

Par requeste , fur laquelle fi c'est aux Requestes,
on met en plaidant, &c.

Defaut & permiffion fauf huictaine.

A la Cour requeste de *committitur* , appoinctement en droict & iour , encores que la partie n'ait
fourny de deffenses.

Quelles deffences peut-on alleguer ?

Que les faits ne font pas noueaux, qu'ils ont
ja efté alleguez au procez.

Que les lettres font fubreptices & obrepti ces.

Quel profit y a-il pour le defaut , à faute de deffendre
aux Requestes ?

Debouté de deffenses.

Pourquoy ne peut-on appointer à informer fi les faicts
gifent en preuue vocale ?

Parce que ce feroit receuoir le faict, & entheriner les lettres.

Si enune inftance fimplement appointée en droict à ef-
crire & à produire , l'on eft receuable obtenir lettres
pour articuler faicts noueaux.

Ouy, parce qu'il la faut contefter.

Si l'on veut confentir l'entherinement defdites
lettres , que faire ?

Prendre appointement à informer, fi c'eft aux
Requeftes ; Ayant efgard aux lettres, la Cour a receu & reçoit les demädeurs à articuler lefdits faits
y contenus dans huictaine, informer du contenu
en iceux pardeuant, & cependant lequel temps le

defendeur y pourra refpondre & informer au contraire, aux defpens du demandeur.

Comment proceder en execution de iugement
à informer ?

Faire dreffer fes faits, les faire figner, & en bailler copie.

Commandement & forclufion d'y fournir de refponfes.

Commandement d'accorder la clofture, faire clorre, prendre commiffion; & faire faire l'enquefte.

Et fi le delay eft expiré, prendre vn renouuellement de delay.

L'enquefte faite & rapportée, que faire ?

Pourfuiure la reception : appointement à produire, & à ouyr droit comme deuant.

Des reprifes de procez.
CHAP. XLIX.

Qu'eft-ce que reprifes de procez ?

C'Eft vne diftance qui fe fait entre les heritiers d'vn deffunt, pour proceder en vne inftance indecife contre luy, fuiuant les derniers erremens.

Quelles pourfuites, & quand eft-ce qu'on
la peut intenter ?

Apres le deceds l'on prend commiffion pour faire appeller la partie pour reprendre.

Si auant conteftation ?

Non, parce qu'il n'y a point encores d'inftance.

Si apres deffenfes fournies n'y ayant point de
reglement ?

Non, parce que la conteftation n'eft qu'apres le reglement fur deffenfes fournies.

S'il n'y auoit point de deffenses, & que seulement on eust
demandé communication des pieces , veuë , garand,
& autres semblables ?

Non, n'y ayant point de contestation.

Si le demandeur ne compare ?

Congé au deffendeur, qui est de l'assignation
auec despens.

En execution de la Sentence?

Assignation à la partie pour voir taxer despens
s'il ne compare, defaut, & par vertu d'iceluy faire
taxer.

Si le deffendeur ne compare.

Faut obtenir defaut contre luy, le faire readjourner, pour voir adiuger le profit.

Si le deffendeur compare.

Au Parlement, faut presenter vne Requeste de
committitur, & aux Requestes du Palais bailler vn
deffaut à l'ordinaire, sauf quinzaine, ou trois sepmaines, suiuant la distance des lieux. Il faut aussi
en mesme temps bailler des pieces iustificatiues des
derniers erremens.

Et s'il demande delay de quarante iours pour deliberer,
& huictaine de conseil.

Il faut les luy accorder, si l'on n'a point des pieces comme il a recueilly la succession de celuy au
lieu duquel on le pourfuit de reprendre : Et si l'on
en a, il faut le soustenir heritier, & luy accorder
feulement huictaine de conseil à prendre appointement à mettre.

De peremption d'inftance.
Chap. L.

Qu'eft-ce que peremption d'inftance?

C'Eft vn moyen pour faire annuller les procedures, faute de pourfuitte par trois ans.

Si touſiours faute de pourſuittes par trois,
y a peremption?

Non, car lors que pendant les trois ans, ou la partie, ou le Procureur font decedez, la peremption
ne court plus.

Pourquoy?

Parce que pour acquerir vne peremption, faut
qu'il y aye inftance.

Et pour faire qu'vne inftance fubfifte, faut parties
& Procureurs.

N'y a-il qu'en ce cas où la peremption foit empeſchée?

Si, car en la Cour les caufes mifes au roolle, ou
bien eftant en eftat de iuger, ny les procez par efcrit concluds ne periffent plus.

Si la cauſe ayant eſte au roolle eſt appointée au Conſeil,
& s'il interuient vn interlocutoire en l'inſtance ou
procez par eſcrit conclud, y a-il peremption?

Non, par Arreft donné en la 5. Chambre des Enqueftes au rapport de Monfieur Scarron, le 21.
Mars 1546. de l'aduis & confentement de toutes
les Chambres; Iugé que le procez par efcrit concluds & receus pour iuger mis en eftat de iuger,
n'eftoient point fujets à peremption.

Si l'on fait quelque incident, & que par reglement il
foit ioint au procez ou inſtance, & eſt diſ-
continué par trois ans.

L'incident perit, mais non le procez, ou inftance
principale.

Pourquoy.

Parce que c'eft chofe diuerfe feulement iointe, & qui fe peut difioindre.

S'il faut trois ans pour perir les inftances annales, côme complainte de retraiᵉᵗ lignager, & de fubroga- tion en benefice ?

Ouy apres conteftation : car auant elles font an- nales. Iugé par Arreft du 2. Aouft 1584. Monfieur Bauyn Rapporteur Tiraqueau du retraiᵉᵗ ligna- ger. §. *1. in verbo.* dans l'an. *mem.* 84.

Monfieur Loüet fuiuant l'ordonn. eft d'auis que la conteftation perpetuë l'inftance à trois ans.

Si l'inftance eftant en eftat de iuger aux Requeftes du Palais, eft fuiette à peremption.

Ouy, Iugé au rapport de Monfieur Alleaume en la deuxiefme Chambre des Enqueftes , parce que l'on pouuoit appeller d'eux *à denegatione iuris.* Iugé au contraire, & qu'eftant en eftat és mains du Rapporteur, elle ne perit plus. Arreft en la 5. Chambre. du 6. Iuillet 1613. Monfieur Meufnier Rapporteur,

Si l'inftance du retraiᵉᵗ feodal difcontinuée par an & iour auant la conteftation, eft perie.

Non, & faut trois ans, & a le Seigneur le priuile- ge, que dés lors qu'il a appofé fa main pour rete- nir telle main-mife dure trois ans.

Quelles pourfuittes pour faire declarer vne inftance perie?

Commiffion à cette fin, ou bien vne Requefte au Iuge où l'inftance eft pendante , & continuer fes pourfuittes par deffaut, & permiffion aux Reque- ftes, ou par defaut fauf, pur & fimple , & aux or- donnances à la Barre, fi c'eft à la Cour.

Si aux Requeſtes on a fait aſſigner en vertu de commiſ-
ſion, & le deffendeur ne compare, que faire ?

Leuer le defaut, & bailler à iuger.

Quel profit.

Debouté de deffenſes.

Si c'eſt en la Cour.

Readiournement.

Si l'inſtance eſt renuoyée en la Cour ou aux Requeſtes,
perit pour trois ans ?

Non ſi elle n'eſt retenuë, parce qu'il n'y a point
de Iuge. Arreſt donné en la 5. Chambre des Enqueſtes, entre Damoiſelle Muſee Digneuille, de-
mandereſſe en peremption, contre M. Guyon de
Vignon de la Ruë Procureur, & Montſigot pour
la Damoiſelle, de Thelis Procureur, & Doublet
Aduocat de Vignon.

Chap. LI.

Qu'eſt-ce qu'Enqueſte.

C'Eſt vne preuue de faicts mis en auant.
C'eſt vne demonſtration de la verité des faits.
C'eſt vn examen de teſmoins pour informer de la
verité.

Combien de ſortes d'enqueſtes.

Il y en a de pluſieurs ſortes, ſçauoir enqueſte ciuile, examen à futur, enqueſte par turbe, enqueſte
d'office, enqueſte par commune renommée.

Combien de ſortes de preuues.

Deux, ſçauoir literale & vocale, ou teſtimoniale.
La vocale ſe peut encores diuiſer en deux, ſçauoir
ſommaire ou ſemi-pleine, qui eſt celle qui ne parle
que des circonſtances du faict, pourquoy le Iuge
ſt induit à preſomption.

L'autre pleine, par laquelle il eƒt pleinement
inƒtruit de la verité.

Comment ƒe fait l'enqueƒte ?

Ayant les faicts clos, & la commiƒƒion , les faut
mettre és mains du Commiƒƒaire commis, prendre
ƒon ordonnance pour faire appeller partie pour
conuenir d'adioint autrement qu'il en ƒera nommé d'office , voir iurer teƒmoins, & les teƒmoins
pour faire le ƒerment.

Si la partie defaut ?

Faut requerir que par vertu du defaut ƒoit nommé vn adjoint d'office, & que les teƒmoins faƒƒent
le ƒerment.

Si les teƒmoins ne comparent , que faire ?

Demander qu'ils ƒoient multez d'amendes, &
enfin contraints par ƒaiƒie de leurs biens, meƒmes
par corps & empriƒonnement de leurs perƒon-
nes.

Si l'on allegue promptement vn faiƈt de reproche contre vn teƒmoin, & qu'on requiert qu'il iure s'il eƒt vray, ƒi le Iuge le doit faire iurer ?

Non, il n'eƒt commis pour cela , la partie donnera ƒes reproches en temps & lieu.

Si la partie a ƒoupçon contre le Commiƒƒaire, que faire.

Faut qu'il le recuƒe , & baille ƒes cauƒes de recu-
ƒation.

Si lors de la faƈtion de l'enqueƒte les parties alleguent empeƒchement, ou forment oppoƒition, ƒi le Iuge differera ?

Non , & dira nonobƒtant l'oppoƒition ou empeƒ-
chement.

S'il y a appel ?

Il dira nonobƒtant l'appel.

Si au meſme temps il y a appel de la Sentence de debouté
  de deffenſes, en vertu de laquelle on trauaille, ſi le
    Iuge delegué peut dire nonobſtant l'appel ?

Non, & ſe faut pouruoir pardeuant le Iuge qui a
delegué.

Enqueſtes.

Pour faire enqueſte, faut que le Iuge ou Commiſſaire examine ſecrettement & à part les teſmoins, apres leur auoir fait faire ſerment, partie
preſente ou appellée, & receu en preſence d'adjoint, dont les parties ſe doiuent accorder, lequel
doit preſter le ſerment s'il a eſté du conſeil des parties, & de ne releuer le ſecret de l'enqueſte.

Au reſte ſur chacun fait ne faut examiner que
deux ou trois, ou dix teſmoins tout au plus, ſuiuant
l'ordonnance, leſquels doiuent eſtre enquis de leurs
noms, âges, qualitez, demeurances, de la connoiſſance qu'ils ont des parties, & du fait, & auſſi de
la raiſon de leur depoſition, & s'ils ſont parens &
domeſtiques des parties.

Ce fait, le Commiſſaire dreſſera ſon procez verbal, contenant la comparution des parties, la production & reception des teſmoins, & tous les differents interuenus entre les parties ſur icelles, par
qui l'adiournement a eſté fait, & le iour d'iceluy,
lequel procez verbal & enqueſte il ſignera.

Es Sieges Preſidiaux & autres Iuriſdictions, il
ſuffit bailler les obiects & reproches en matiere ciuile, lors que les enqueſtes ſont receuës, & auparauant la publication d'icelles.

On n'eſt pas receu apres la publication d'enqueſte à faire preuue, ſinon en iurant, & affermant
n'auoir eu communication d'icelle, mais ce ſeroit

auec beaucoup de difficulté.

Faut que la partie qui rapporte ſon enqueſte, baille coppie du procez verbal d'icelle à la partie aduerſe, afin de venir dire contre la reception d'icelle, & propoſer ſes moyens de nullité (ſi bon luy ſemble) dans certain delay, qui pour ce faire luy eſt prefix. Et encores l'on a accouſtumé, les enqueſtes eſtant receuës, donner vn autre delay, pour fournir les obiects & reproches, *alias* forclos, & faut que les parties afferment par ſerment leurs faicts, & non les Procureurs.

Le Iuge pardeuant lequel la cauſe eſt pendante, peut proceder au faict de l'enqueſte : toutesfois ſi la cauſe eſtoit de petite importance, & que les témoins fuſſent demeurans en autre reſſort, ſi les parties le requierent, le Iuge doit octroyer commiſſion *ad partes*, & commettre le Iuge des lieux.

Le Procureur peut tirer les teſmoins à part, & leur communiquer, lire, & donner bien à entendre les faicts & articles, & les inſtruire & exciter à dire verité, & leur dreſſer leurs faicts, qu'ils porteront au Iuge, qui les oyra ſur iceux.

Si aucuns teſmoins ont eſté produits, receus & iurez, ils peuuent par apres eſtre ouys hors le delay, & examinez ſans plus appeller partie, ſinon faudroit appeller la partie.

L'on peut recuſer le Iuge & Greffier.

L'enqueſte faite, faut requerir le rapport d'icelle en eſtre fait au Greffe.

Partie aduerſe la peut empeſcher, pour eſtre faite hors le delay, & luy non ouy, ny appellé, proteſter de nullité & reiect d'icelle, requerir communication du procez verbal de l'enqueſte, pour plus à plein deduire & bailler ſes moyens de nullité & de reiect des teſmoins.

L'autre pourra perſiſter audit rapport & requiſition, & bailler neantmoins coppie du procez verbal de ladite enqueſte.

Si le contrediſant a eſté preſent à la production des teſmoins, luy ſuffira des noms d'iceux.

L'enqueſte ainſi faite, rapportée ou debatuë, la partie pourra bailler par eſcrit ſes objects & reproches, qu'il verra receuables & veritables.

Et ne peut auoir communication de l'enqueſte iuſques à ce qu'il ait baillé ſes obiects : car s'il auoit veu le premier l'enqueſte, il ne ſeroit receuable à bailler ſes obiects, ſoit en cauſe d'appel, ou autrement : toutesfois il la peut voir en cachette, & s'il veut encores perſiſter au reiet & nullité d'enqueſte, il faut qu'il inſere en ſes obiets comme il les propoſe, & baille ſans preiudice de ladite nullité & reiect de l'enqueſte, & par proteſtation de luy eſtre au preallable fait droict ſur icelle nullité.

Et peut bailler obiects ſur obiects, qui eſt qu'on peut produire des actes d'infamie contre les teſmoins reprochez.

Ce fait, on baille des ſouſtenemens & ſaluations par leſquelles on maintient les reſmoins eſtre gens de bien, & contredit-on les pieces & les obiects ſuppoſez. Apres leſdits obiects baillez, l'enqueſte eſt miſe en publication, & fait-on forclorre & ordonner que le deffendeur verra l'enqueſte en publication dans tel temps, & le demandeur en tel autre temps enſuiuant, & en droict, ſans autre forcluſion.

Les enqueftes veuës & publiées l'on prend reglement en droict.

Quelle difference y a-il entre enquefte & information?

C'eft que l'information eft criminelle, & l'enquefte ciuile.

Par l'ordonnance il eft loifible à vn chacun faire interroger fon aduerfaire fur faicts & articles, defquels luy fera baillé coppie, mefmes en tout eftat de la caufe, apres toutesfois la demande, & deffenfes baillées, & il doit refpondre categoriquement fur les faicts & pieces du requerant, en baillant & cottant fur iceux faicts, fur peine qu'ils foiét tenus pour confeffez.

Des Turbes. CHAP. LIII.

Qu'eft-ce que Turbes.

C'Eft vne preuue de poffeffion & vne commune vfance.

Comment appointer à faire preuue par turbes?

Elle s'ordonne de l'ordonnance de la Cour feule, en iugeant le procez.

En quel cas la Cour ordonne qu'il fera informé par turbes?

Lors qu'il eft queftion de quelque poinct de Couftume en controuerfe.

Les Prefidiaux iugeans fouuerainement peuuent-ils ordonner de la turbe.

Non, il n'y a que la Cour Souueraine.

La turbe ordonnee, que fait-on.

Lors le Rapporteur du procez fait extraict des faicts dont l'on doit informer, lefquels il met au Greffe, & lors l'on prend commiffion fous le nom de Monfieur le Procureur General, addreffant

au premier des Conſeillers de ladite Cour trouué
ſur les lieux, où le Rapporteur meſme s'y tranſporte.

Cela fait, que faire.

L'on fait prendre les faicts & commiſſion de
Monſieur le Procureur General, repreſenté par vn
Subſtitut.

A la Requeſte de qui ſe fait la turbe.

De Monſieur le Procureur General.

Faut-il vn adjoint.

Ouy.

Comment proceder.

L'ond prend ordonnance pour faire appeller les
parties pour nommer teſmoins.

Quand ils ſont nommez, que faire.

Leur faire preſter le ſerment.

Où ſe font les exploicts.

A perſonne ou domicile.

*Si les parties n'ont point de domicile ſur les lieux,
que faire.*

Faire les exploits au domicile des Procureurs.

*Quand les parties & practiciens ſont comparus,
que faire.*

Monſieur le Commiſſaire fait preſter le ſerment
en la preſence des parties.

Faut que les parties reprochent ſur le champ,
autrement ils n'y ſont receuables : plus baille le
Commiſſaire aux Practiciens leſdits faicts & articles, & lors ils ſe retirent à part, voyent & arre-
ſtent leurs opinions, & en apres l'vn d'entr'eux
pour tous vient deuant le Commiſſaire & ſon adjoint, & luy fait entendre ce qui a eſté arreſté entr'eux.

Comment

Comment s'appellent les tesmoins.

Ils s'appellent tesmoins turbiers.

Si dix turbiers valent deux tesmoins.

Non, ils n'en valent qu'vn.

Combien de turbes pour verifier vn faict.

Deux parce qu'vne turbe n'est comptée que pour vn tesmoin.

Combien de tesmoins pour vne turbe.

Dix pour le moins, parce qu'il y en peut auoir de reprochez, & faut que le nombre de dix demeure entier.

Quand peuuent-ils estre reprochez.

Lors de la nomination, quoy que ce soit auant que le turbier ait arresté leur dire, car apres il ne le peut plus estre.

Dequoy deposent-ils.

De la possession & commune vsance.

Parlent-ils tous ensemble?

Non, mais tous pour vn, les autres presens.

L'enqueste par turbe doit-elle estre appointée pour iuger?

Non, parce qu'elle se fait d'office.

Si les parties en ont communication.

Non.

De Matiere Criminelle.
CHAP. LIV.

Qu'est-ce que crime?

C'Est vn delict qui se commet en diuerses sortes.

Qu'est ce que delict?

C'est vn excez & iniures faites à vn autre.

Combien de sortes?

Deux, reel & personnel. Le personnel, c'est ce

luy qui s'attache à la perſonne, comme meurtre, aſſaſſinat, & excez. Le réel, le larcin.

Quels accuſateurs.

Deux, la partie ciuile, & le Roy.

Par quelles voyes s'inrente.

Par deux, par information & par exploict.

Quelle difference entre complaignant, denonciateur, & partie ciuile.

Le complaignant eſt celuy qui ſe plaint ſeulement, & ne ſe rend partie.

Denonciateur, celuy qui s'inſcrit ſur le regiſtre de Monſieur le Procureur General, ou de ſon Subſtitut.

Partie ciuile, celuy auquel le crime touche, & rend partie.

Qui connoiſt du delict.

Le Iuge du lieu où il a eſté commis.

Si tous Iuges ſont competans.

Ouy, & le Iuge du delict ne peut connoiſtre priuatiuement, ſi ce n'eſt cas priuilegié.

Quels ſont les cas priuilegiez.

Incendie, fauſſe monnoye, crime de leze Maieſté diuine & humaine, ſedition populaire, ports d'armes, vol de nuict, outre les vagabonds & non domiciliez.

Qui en connoiſt.

Ce ſont les Baillifs, Seneſchaux, & les Preuoſts des Mareſchaux par preuention.

De quels crimes connoiſt priuatiuement la Cour.

Des crimes de leze Maieſté humaine, & des excez faicts aux Officiers de la Cour, executans les Arreſts d'icelle, & contre les Conſeillers d'icelle.

Le Iuge Subalterne haut Iusticier de quels crimes connoist-il ?

De tous les cas, sauf les cas Royaux.

Le moyen Iuge ?

De blasphemes, iniures, degasts, & de l'amande n'excedant soixante sols.

Le bas Iusticier ?

D'iniures, dont la reparation n'excede cinq sols.

Qu'estce que crime de peculat ?

C'est celuy qui a emporté les Finances du Roy.

Quels Iuges en connoissent ?

Tous Iuges Royaux.

Qui est homicide ?

C'est celuy qui a tué quelqu'vn.

Qui en connoist ?

Tous Iuges.

Qui est parricide ?

C'est celuy qui a attenté à la personne du Roy, ou de ses parens, ou à la sienne propre.

Qui en connoist ?

Tous Iuges, fors en crime de leze-Maiesté, dont la Cour connoist seule priuatiuement.

Qui est criminel de leze-Maiesté diuine ?

Celuy qui blaspheme contre l'honneur de Dieu & des saincts Sacremens de l'Eglise.

Et humaine ?

Qui attente à la personne du Roy, ou à son Estat & Couronne.

Felonnie ?

C'est vn crime commis par vassal contre son Seigneur, en sa personne, honneur & biens.

L ij

Qui en connoist ?

Le Iuge ordinaire des lieux.

Qui est polygame ?

C'eſt celuy qui a deux femmes viuantes.

Qui en connoist ?

Tous Iuges.

Quelle difference entre Lieutenant Criminel & Lieutenant de robbe courte ?

Celuy de robbe courte pour les captures, & autres cas priuilegiez, comme volerie de nuit, meurtre, aſſaſſinat, &c.

Qu'eſt-ce que cadaure ?

C'eſt vn corps mort.

Quelles perſonnes peuuent intenter aŠion criminelle ?

Toutes perſonnes, fors les femmes non autoriſées, & Religieux, ſans congé de leur Superieur.

Contre quelles perſonnes s'intente l'aŠion criminelle ?

Contre toutes, fors contre les infenſez & enfans au deſſous de l'âge de puberté, qui eſt quatorze ans.

Quelles exceptions ?

Deux, declinatoires, & peremptoires.

Declinatoire.

C'eſt l'incompetance ou recuſation du Iuge.

Peremptoire.

Perſcription, ſçauoir pour iniures verbales vn an, adultere cinq ans : pour tous autres vingt ans.

Qui doit pourſuiure vn procez criminel contre vn qui a tué ?

C'eſt l'heritier des meubles de celuy qui a eſté tué, parce que la reparation eſt meuble.

S'il ne le fait.

C'eſt l'heritier des immeubles.

Comment fait-on le procez à vn muet naturel ?

Faire le procez verbal de l'eſtat de ſa perſonne, à ce qu'il n'y ait fraude, & luy créer vn curateur.

A vn muet velontaire.

Apres trois ſommations de parler, on luy fait ſon procez, & ſon ſilence eſt tenu pour denegation.

A vn corps mort.

Faut que le Iuge ſe tranſporte ſur le lieu, s'infor-me, faſſe procez verbal de l'eſtat anquel le corps eſt trouué, luy applique ſon ſeel au front; le faſſe leuer, mener en la geolle, voir & viſiter par Chirurgiens, s'informer de la cauſe, du lieu, & des perſonnes, & luy faſſe créer vn curateur.

Pourquoy appliquer le ſeel ?

A ce qu'on connoiſſe la Iuſtice qui a preuenu.

A vn tué en flagrant deliſt.

Comme vn corps mort.

Quand vn corps eſt trouué eſtant ſur les bords de deux Iuſtices, & qu'il y a contention par concurrence entre les Officiers des deux Seigneuries pour le leuer, ſça-uoir a qui il ſera adiugé.

Faut leuer, & ſera adiugé aux Officiers de la Iu-ſtice de la terre où ſont les pieds.

Quand il y a vn curateur creé, que faire ?

Le Iuge ordonne qu'il viendra reſpondre.

Que dira-il par ſon interrogatoire.

Il déniera.

Qui peut eſtre ſa partie.

Le Roy, & la partie ciuile.

Que faut-il que celuy qui eſt excedé faſſe.

Sa plainte au Iuge.

Qui peut faire information ?

Le Iuge, Commiſſaire Enqueſteur, Sergent
auec vn Notaire.

*Quelle difference entre information de Iuge, Commiſ-
faire, Sergent ?*

Les teſmoins ne peuuent varier de leur depoſition faite deuant le Iuge ſans punition, & deuant
Sergents le peuuent faire.

*Si pour faire information il eſt beſoin de commiſſion à
vn Sergent ?*

Ouy.

S'il faut vn adioint ?

Non, parce que cela doit eſtre ſecret, ſinon au
Sergent auquel faut vn Notaire.

L'information faite, que fait-on ?

L'ordonnance du Iuge, qu'elle ſera communiquée au Procureur du Roy, ou Fiſcal.

Cela fait ?

Decret.

Combien de ſortes de decrets ?

Trois : Viendra reſpondre. Adiournement perſonnel. Decret de priſe de corps.

Qui eſt le fondement du procez criminel ?

L'information.

Comment le Iuge doit-il ouyr les teſmoins ?

A la charge & deſcharge.

*Si le rapport des Chirurgiens fait partie
de l'information ?*

Ouy, pourueu qu'il ſoit fait de l'ordonnance du
Iuge, & que le Chirurgien ait fait le ſerment.

Où ſe doit faire l'adjournement perſonnel ?

A perſonne ou domicile.

S'il ne se presente.

Leuer le defaut, faire iuger, & conclure qu'il soit pris au corps, sinon adiourné à trois briefs iours, ses biens saisis & annotez.

S'il a comparu.

Il luy faut cotter le iour du mois, & à faute de ce faire, il pourra demander estre renuoyé absous faute de charges.

Si en la Cour on peut faire interroger vn appellant de decret de prise de corps.

Ouy, mais l'appellant ne se peut faire interroger, & faut qu'il concluë ou acquiesce en estat.

L'accusé interrogé, que faut-il faire.

Communiquer l'interrogatoire à Monsieur le Procureur general, auec la Requeste, par lequel on demande eslargissement.

Si par l'interrogatoire l'accusé confesse le delict.

Faut qu'il soit communiqué à la partie, pour y prendre droict, si bon luy semble.

Si la partie ciuile declare qu'il y veut prendre droict qu'est-il ordonné.

Il est ordonné sur la Requeste, que la partie ciuile baillera ses conclusions, & l'accusé ses responses par attenuation.

Si les deffenses par attenuation sont communicables.

Non, & se doiuent signifier.

Si les deffenses par attenuation se doiuent bailler par la bouche de l'accusé.

Non; les faut bailler par escrit

Si l'accusateur veut prendre droict par l'interogatoire, qu'est-il ordonné.

Que les tesmoins soient recolez & confrontez,

Si le recollement & confrontation sont deux actes.
Non, car ils se font en mesme temps.

Si la matiere est de petite consequence, & qu'il n'y ait
lieu de confrontation.

Le Iuge ordonne que les parties comparoistront
en la Chambre.

Si l'accusé prend droict par les charges.

On iugera sur le champ, si la partie ciuile ou le
Procureur du Roy ne demandent permission d'informer.

Si l'accusé propose faicts iustificatifs, & qu'il y ait
lieu de l'y receuoir.

On ordonne qu'il nommera tesmoins, commission au Procureur du Roy pour informer d'office,
& ordonné que l'accusé consignera ; & s'il n'a dequoy la partie ciuile : & fait le Rapporteur extraict
des faicts, pour les deliurer à l'accusé.

S'il y a appel de la Sentence, si elle peut s'executer
nonobstant.

Non, parce qu'il faut amener le prisonnier, &
apporter le procez en la Cour, qui peut iuger diffinitiuement.

L'enqueste faite à qui sera-elle communiquée.
A Messieurs les Gens du Roy.

Comment saisir la Cour de l'appel.
Faut amener le prisonnier, & apporter le procez.

Si on reçoit l'enqueste pour iuger.
Non, parce qu'elle est faite d'office.

Si l'accusé verifie bien ses faicts iustificatifs.
Les parties sont receuës au procez ordinaire,

Comment prononcer en receuant en procez ordinaire.
Receus en procez ordinaire, escriront les parties par interdicts dans huictaine, respondront à la

huictaine, & informeront au mois , produiront, bailleront contredits & saluations.

Le temps porte par la Sentéce du procez ordinaire passé, le procez se peut-il iuger.

Non, & faut que le procez & l'accusé soient en estat.

Si les enquestes sont communicables.

Non, si ce n'est du consentement de Monsieur le Procureur general.

Qu'est-il requis par vn recollement & confrontation?

Faire faire le serment aux tesmoins pour le recollement, & à l'accusé pour la confrontation ; apres on faict sommation à l'accusé de fournir de reproches, puis on fait lecture de la deposition de tesmoin.

Si par la visitation du procez il ne se peut iuger, & soit ordonné que l'accusé sera appliqué à la question, que faire

Faut que la Sentence soit prononcée promptement.

S'il n'y a point d'appel.

Le Iuge la doit promptement faire executer, & iuger promptement diffinitiuement.

Si on peut passer outre, nonobstant l'appel de la sentence de torture.

Non, faut surseoir.

Combien d'indices pour donner lieu à la sentence de torture.

Deux.

Combien de tesmoins sur chacun indice.

Deux.

Si l'accusé confesse à la torture, que doit faire
le Iuge.

Il faut qu'il le laisse vingt-quatre heures en repos, & puis qu'il voye s'il persiste.

S'il y a appel de la sentence de torture, que fait-on
du prisonnier?

On le baille au rabais, on l'amene & apporte
les charges, pour faire distribuer le procez, & iuger.

L'accusé eslargy, que doit faire?

Il peut demander ses dommages & interests, &
en poursuiure la partie ciuile.

Si l'eslargissement est fait auec condition, & ne soit
pur & simple?

Non, il ne le peut.

Quelle est la contestation en matiere criminelle?

Le recollement & confrontation.

Demy-preuue, qu'est ce.

Vn tesmoin.

Combien de tesmoins pour preuue.

Deux concluans.

Quel profit doit auoir l'accusateur, quand
il obtient.

Il n'a que les despens.

Si plusieurs peuuent accuser vn seul.

Ouy.

Si vn procez, auquel y a poursuittes continuées d'an en
an, n'est iugé dans vingt ans, est-il prescript.

Non.

Si vne nullité peut estre couuerte en matiere criminelle.

Non, encore que les parties l'eussent couuerte.

*Formes du procez criminel par
contumace.*

*Si vn adiourné à comparoir en perſonne ne compa-
roiſt, que faire ?*

Leuer le defaut aux preſentations, & le bailler à
iuger.

La demande ?

A ce qu'il ſoit pris au corps, & faute d'éſtre apprehendé, adiourné à trois briefs iours, ſes biens
ſaiſis & annotez, & regis par Commiſſaire.

L'Arreſt.

Semblable à la demande.

En vertu de l'Arreſt, que faire ?

Procez verbal de perquiſition, & faute de pouuoir apprehender, adiourner à trois briefs iours.

Comment ſe fait l'adiournement ?

A ſon de trompe, aux carrefours de la demeure
de l'accuſé.

Quelle diſtance entre les trois briefs iours ?

Trois iours.

A quand ſe doiuent donner aſſignations ?

Selon la diſtance des lieux.

A quels cahiers ſe preſentent-elles ?

A trois cahiers ſuiuant l'vn l'autre.

Comment s'obtiennent les defauts ?

Les deux premiers de huiſtaine en huiſtaine, &
le troiſieſme ſuiuant la diſtance des lieux.

*Si apres l'aſſignation à trois briefs iours l'accuſé com-
paroiſt, que fera-il ?*

Purgera le decret, ſe fera interroger, & preſen-
tera requeſte pour eſtre remis en l'eſtat qu'il eſtoit
auparauant le decret, en refondant les deſpens.

Les defauts à trois briefs iours leuez, que faire ?
Les bailler à iuger.

Que conclurre ?

Que les tefmoins foient recollez, & que le recollement vaudra confrontation : ce qui eft ordonné.

Que faire pour mettre cét Arreſt à execution.

Faut faire addreffe fur les lieux, & faire rapporter les charges.

S'il faut adiourner l'accuſé pour voir faire le
recollement.

Non.

Le recollement fait & rapporté, que faire.

Bailler conclufions ciuiles, produire & faire
bailler le tout à Meffieurs les gens du Roy.

Comment prononce la Cour.

Veu par la Cour les defauts, &c.

Quand il n'y a nulle preuue, queſt-ce
qu'elle ordonne.

Qu'il en fera informé plus amplement, & cependant que les biens demeureront faifis & annotez.

L'information faite, que faire.

La rapporter au Greffe de la Cour, & faire bailler le tout à Meffieurs les Gens du Roy.

Doit-elle eftre communiquée.

Non, ains faut pourfuiure l'inftruction comme
deffus.

Si eſtant receu en procez ordinaire, on a communica-
tion du procez.　　　　　　　　　　Ouy.

Encore qu'il n'y ait eu que decret d'adiournement per-
fonnel, ſçauoir ſi hors du recollement & confronta-
tion, l'accuſé eſt tenu ſe mettre en eſtat ?

Ouy, fuiuant l'ordonnance.

Vn decret decerné par vn Iuge d'Eglise contre vn Pre-
stre qui est hors de son territoire, peut-il estre
executé ?

Ouy, en demandant permission.

Les Aduocats & Procureurs du Roy peuuent-ils assi-
ster au iugement du procez criminel ?

Non le Procureur, mais bien l'Aduocat du Roy.

Quand & comment l'Ecclesiastique demande
son renuoy ?

Quand on le veut interroger.

Si on doit interroger ?

Ouy.

Si vn Iuge subalterne doit interroger ?

Non.

Vn passant peut-il appeller pour des condamnez ?

Ouy.

Plusieurs condamnez recusez, s'il n'y en a qu'vn qui
appelle, si l'on doit differer pour tous ?

Ouy, mais on n'amenera que l'appellant.

Vn accusé est-il receuable à demander examen
à futur ?

Non.

Vn accusé peut-il estre receu à reprocher les tesmoins
par luy nommez pour ses faicts iustificatifs ?

Non.

Le fils est-il receuable à deposer contre son pere ?

Non, il n'y peut estre contraint, ny le pere contre le fils, le frere contre le frere, le mary contre la
femme, fors en crime de leze-Maiesté.

Quel âge doiuent auoir les tesmoins pour deposer ?

Quatorze & dixhuict ans.

Vn seruiteur domestique peut-il recuser son maistre ?

Non, sinon en crime de leze-Maiesté.

Le Iuge d'Eglise peut-il connoiſtre contre vn lay des excez de Preſtre, ſimonies & autres inſolences commiſes en l'Egliſe ?

Ouy.

Vn contumax condamné à mort, ſçauoir s'il ſe peut faire reſtituer ?

Ouy.

Dans quel temps ?

Dans cinq ans.

Si en refondant les deſpens il y ſera receu ?

Ouy, pourueu qu'il ſe rende en eſtat.

S'il ne vient dans cinq ans ?

L'accuſé perd le fonds & les fruicts.

S'il vient dans les cinq ans, & que les teſmoins ſoient decedez, ſi foy doit eſtre adiouſtée à leurs depoſitions ?

Ouy, ſauf les reproches.

Si l'adiourné à trois briefs iours ne comparoiſt dans l'an ?

Il perd les fruicts ſaiſis.

De Matiere de Faux.

CHAP. XLIV.

Qu'eſt-ce que Faux ?

C'Eſt vne piece falſifiée.

Comment ſe fait l'inſcription en faux ?

Elle ſe fait au Greffe en vertu de procuration, & par permiſſion de la Cour.

L'acte & inſcription en faux ſe doit-il ſignifier ?

Ouy.

L'inſcription en faux faite, que faire ?

Faut pourſuiure de faire apporter la piece maintenuë fauſſe, & la mettre au Greffe.

Faute de la mettre.

Faire commandement de mettre au Greffe la piece & apporter la minutte, & prendre son defaut aux ordonnances , suiuant la distance des lieux.

Que conclure?

A ce que sans auoir égard à icelle, il soit procedé au iugement du procez.

Qu'ordonne la Cour.

Elle ordonne ordinairement delay , lequel expiré, apres la forclusion elle iuge.

Apres l'inscription en faux, celuy qui a produit la piece s'en peut-il departir ?

Ouy.

S'il n'en depart, que faire?

Demander les despens de l'instance defaux.

La piece mise au Greffe, que faire.

La faire parapher par le Greffier, *ne varietur.*

Cela fait.

Cotter le iour du mis de la piece, faire commandement de fournir des moyens de faux.

Quel delay.

De trois iours.

Faute d'en fournir ?

Prendre congé aux ordonnances, sauf trois iours faire signifier & le bailler à iuger.

Que conclure?

A ce qu'il soit debouté de l'inscription en faux, condamné en reparation, & aux despens.

Aux Requestes congé sauf trois iours.

Pour fournir des moyens de faux, que faire.

Prendre communication de la piece par les mains du Greffier, & de luy si bon luy semble, en prendre coppie.

Faut-il bailler coppie des moyens de faux?

Non.

Comment se fourniſſent-ils?

Au Greffe.

Quand ils ſont au Greffe, que faire.

Les faire ioindre auec la piece, & les faire diſtri-
buer, & les bailler à Monſieur le Procureur General.

Quel iugement interuient-il.

Les moyens de faux declarez admiſſibles, ou inadmiſſibles, ou ioints au procez.

S'ils ſont declarez admſſibles.

Ordonné qu'il en ſera informé.

Pour executer cet Arreſt.

On fait l'information.

L'information faite.

On la communique à Meſſieurs les Gens du Roy.

*Quand la Cour addreſſe la commiſſion au Iuge,
que faire.*

Faire mettre les moyens de faux en parchemin, &
les enuoyer clos & ſeellé auec la commiſſion & la
piece.

*Faut-il appeller la partie pour voir faire ouuerture des
moyens de faux.*

Non, parce que cela eſt ſecret.

L'information faite & rapportée, que faire.

Commmuniquer à Meſſieurs les Gens du Roy, &
faire decreter.

Pendant cette inſtance que deuient le procez.

On ſurſeoit le iugement.

S'ils ſont declarez inadmiſſibles?

La Cour les declare impertinents & inadmiſſibles : ordonne qu'il ſera procede au iugement du
procez,

procez, fans y auoir efgard, condamne le demandeur en faux, en reparation, & aux defpens.

Peut-on paffer outre nonobftant l'appel, iufqu'à Sen-
tence diffinitiue exclufiuement.

Ouy.

Vn decret decerné par vn Iuge d'Eglife, peut-il eftre
executé hors de fon territoire.

Ouy, en demandant permiffion.

Par l'Ordonnance de Moulins art. 12. les Iuges
Royaux affiftent à l'inftruction, & font tenus aller
au Siege de Iurifdiction Ecclefiaftique.

Encores qu'il n'y ait adiournement perfonnel, l'accusé
eft-il tenu fe rendre en eftat.

Ouy.

Les Gens du Roy doiuent-ils affifter au iugement d'vn
procez criminel.

Non, ils en doiuent feulement auoir communication auant le iugement, pour conferuer les droits
du Roy.

Quand & cõment l'Ecclefiaftique demande fon renuoy?
En tout eftat de caufe.

Faut-il toufiours interroger, nonobftant le renuoy.
Ouy, fans preiudice.

Le Iuge Subalterne peut-il tuger nonobftant.
Non, faut qu'il differe.

Vn paffant peut-il appeller des condamnez.
Ouy.

S'il y a plufieurs condamnez, & n'y a qu'vn feul appel-
lant, fi on doit differer pour tous.
Ouy, mais on ne meine à la Cour que l'appellant.

Vn appellant eft-il receuable à demander vn examen
à futur.

Non.

M

Vn accusé est-il receu à reprocher les tesmoins par luy nommez pour sa iustification.

Non.

Le fils est-il receuable à deposer contre le Pere.

Non, & n'y peut estre contraint, ny le pere contre le fils, ny le mary contre la femme, fors en crime de leze-Maiesté.

Quel âge doiuent auoir les tesmoins.

Quatorze ans,

Vn decret d'adiournement personnel, est-il suffisant pour asseurer l'accusé mal-faicteur.

Non, & la Cour fait quelquefois vn *retentum*, qu'il sera pris au corps, mais pardeuant le Iuge ordinaire il sera assigné, car ils ne peuuent vser de *retentum*.

Si vn Iuge d'Eglise peut connoistre contre vn lay des excez d'vn Prestre, simonie, & autres insolences contre les gens d'Eglise.

Non, le priuilege est pour l'accusé.

S'il ne reuient dans les cinq ans.

L'accusateur prend le fonds & les fruits des heritages saisis, & encore qu'il se presente dans les cinq ans, les fruicts sont acquis au Seigneur de la confiscation iusqu'au iour de la presentation.

S'il vient dans les cinq ans, & que les tesmoins soient decedez, que deuiendra leur deposition.

Foy y sera adioustée, sauf les reproches.

Si vn adiourné à trois briefs iours ne vient dans le temps, que faire.

Faut saisir les fruicts.

Si le condamné par contumace est decedé dans les cinq ans, que faire pour l'empescher.

S'il est condamné par Sentence, faut en appel-

ler & demander à eftre receu à purger fa memoire.

Quelles pourfuites en execution de lettres ?
Faire appeller la partie à venir à la Chambre.

Si c'eft par Arreft ?
Faut obtenir commiffion pour faire appeller les
parties, pour purger la memoire.

De Spoliation,

C H A P. LV.

Qu'eft-ce que fpoliation.

C Eft vne deiection violente & iniurieufe des
fruicts & chofes mobiliaires ou immobilai-
res, ou obligation d'icelle, qui eft violente.

Deuant quels Iuges ?
Deuant tous Iuges, mefmes non Royaux, pourueu
qu'il n'y ait port d'armes.

Quelles conclufions faut-il prendre.
Que le demandeur foit reintegré és fruicts dont
il a efté fpolié, demander que le deffendeur foit códamné de les luy rendre, finon la iufte valeur: auec
defpens, dommages & interefts: & pour l'aduenir,
deffenfes luy foient faites de l'efpolier, rauir, ou
emporter les fruicts.

*La fentence donnée fur reintegrande, eft-elle executoire
nonobftant l'appel.*

Ouy, pour le principal en baillant caution, &
non pour les defpens : & ainfi en eft-il de toutes
prouifions.

*L'efpolié eft-il tenu proceder au petitoire, auant qu'il
foit reintegré ?*

Non, & le doit eftre de faict auparauant.

S'il n'eſt en nature pour eſtre reintegré, que ſera-il demandé.

Que le demandeur en ſera creu par ſerment, joint la commune renommée pour le regard des biens contenus en ſa demande, iuſques à la ſomme qu'il plaira au Iuge arbitrer.

De Reintegrande.

Chap. LVI.

Qu'eſt-ce que Reintegrande.

C'Eſt vn interdict ou action poſſeſſoire pour recouurer la poſſeſſion.

A qui appartient-il.

A celuy qui de faict & de force a eſté ſpolié de ſon heritage.

Par quelle voye la doit-on intenter.

Par deux voyes, Ciuilement, par ſimple exploict: Criminellement, par information.

Dans quel temps la faut-il intenter ?

Dans l'an & iour de la ſpoliation.

Pardeuant quels Iuges?

Pardeuant tous Iuges ordinaires, & par preuention les Iuges Royaux, ſinon pour les cas priuilegiez, comme port d'armes, &c.

Si Meſſieurs des Requeſtes en connoiſſent ?

Ouy, ſi elle eſt intentée ciuilement : car de la voye criminelle ils n'en connoiſſent qu'incidemment.

A quoy conclure?

A eſtre reintegré en la poſſeſſion de telle choſe en laquelle l'on eſtoit auparauant, auec reſtitution de fruicts, deſpens, dommages & intereſts.

Quels reglemens en la cause?

Deux, à escrire & informer, produire, bailler contredits & saluations.

Quelle est la prononciation de la Sentence.

Condamné le deffendeur à reintegrer le demandeur en la possessió de la chose: restituer les fruicts, despens dommages & interests.

S'il y a appel de la Sentence.

Faire dire nonobstant l'appel, ce qui se fera pour le principal, & non pour les despens en baillant caution, pourueu qu'elles soient données par Iuges ressortissans sans moyen en la Cour, au nombre de sept.

Si l'on poursuit viuement la cause d'appel, que faire.

Demander que toute audience soit déniée audit appellant, iusques à ce qu'il aye executé la sentence de reintegrande.

Si le demandeur en reintegrande est tenu de faire preuue de ce qu'il demande.

Non, suffit qu'il preuue la spoliation en general, & sera receu *in supplementum probationis*, des choses dont il auoit esté spolié, joint la commune renommée.

Si apres la reintegrãde iugée, l'õ peut venir au possessoire.

Ouy, estant dans l'an, parce que la reintegrande est vn priuilege qui interrompt mesme la poursuite du possessoire.

Si la réintegrande & le petitoire se peuuent iuger ensemble.

Non, parce qu'ils sont contraires.

Si cependant la reintegrande l'on peut poursuiure le possessoire.

Ouy, mais le demandeur de reintegrande peut

M iij

demander l'audience eftre déniée, iufques à ce
qu'il foit reintegré des chofes dont il a efté fpolié.

Comment executer la Sentence.

En vertu de la Sentence fe faire mettre en poffeffion.

Si la partie l'empefche, & eſt refuſant de reintegrer,
que faire ?

Faire procez-verbal du refus.

Sur le procez verbal, que faire.

Demander qu'il foit permis vfer de force & rupture de ferrure.

Comment peut-on faire liquider les dommages & fruicts
que le reſtitué pretend.

Faut bailler fa demande, s'ils ne font liqui dez par
la Sentence.

Des Exoines.   CHAP. LVII.

Quand il y a decret, & que l'accuſé ne fe peut preſen-
ter, que faire.

L'EXOINE.

Qu'eſtce qu'Exoine.

C'eſt efpece de comparution.

Comment fe fait-elle ?

En l'Audience par homme cnuoyé exprés, qui
affermera auoir veu & laiffé l'accuſé tellement in-
difpofé, qu'il ne peut aller à pied, à cheual, ny en
charrete, fans danger de fa perfonne.

Qu'ordonne la Cour.

Defaut, fauf l'exoine.

Commiffion au Procureur General & à la partie, pour informer du contraire.

Auec qui fe demande l'exoine.

Auec Monfieur le Procureur General & la partie.

Si pendant l'exoine la partie demeure.

Ouy.

Que doit faire l'exoine pour la faire leuer.

Purger le decret.

Comment informer contre l'exoine.

Prendre commiſſion ſoubs le nom de Monſieur le Procureur General, addreſſante au Iuge des lieux, & informer.

Comment ſe fait l'information ?

Le Subſtitut de Monſieur le Procureur General, à la diligence de la partie, prend Medecins & Chirurgiens auec le Greffier, ſe tranſporte au logis de l'accuſé, & font procez verbal de ce qu'ils trouuent.

Si par l'information le cauſe de l'exoine eſt verifiée
fauſſe, que faire ?

Ioindre l'information, & faire iuger le congé.

La femme peut-elle exoiner ſon mary.

Non.

Vn Preſtre peut-il exoiner.

Non.

Vn ſeruiteur peut-il eſtre exoiné pour eſtre au ſeruice
de ſon Seigneur.

Non, s'il n'eſt au ſeruice du Roy,

Des Lettres d'innocence.

Cʜᴀᴘ. LVIII.

Apres qu'elles ſont obtenuës, dans quel temps les
faut-il porter ?

Dᴀɴs trois iours de l'obtention.

Si elles ne ſont preſentes ; que faire ?

En obtenir d'autres, comme l'on fait quelquesfois contre l'Ordonnance de Moulins, art. 9. qui en exclud les impetrans.

A qui se doiuent presenter les lettres ?

Où l'addresse est faite.

A qui se fait l'addresse.

Pour les Nobles à la Cour.

Vn Officier commensal du Roy les peut addresser au grand Preuost pour les receuoir, ou pardeuant les Iuges Royaux, ressortissans nuëment en la Cour.

Que doiuent-elles contenir.

La verité du faict.

Comment les presenter.

Faut les presenter à l'audience nuë teste , à genoux, la partie deuëment appellée.

Que font les Iuges.

Ils l'interrogent par serment si les lettres contiennent verité, & s'ils s'en veulent ayder : ce fait, la Cour ordonne qu'elles seront communiquées aux Gens du Roy, & coppie baillée à la partie ciuile, pour les moyens d'obreption.

Cela fait, que font les Iuges ?

Ils renuoyent le prisonnier és prisons, pour estre plus amplement ouy & interrogé, ayant laissé les lettres és mains de Messieurs les Gens du Roy.

Si celuy qui a obtenu les lettres ne compare à l'assignation qu'il a fait donner, que faire.

On obtient congé d'iceluy, faute de se rendre en estat, bailler à iuger, conclurre à ce qu'il soit deboutté de l'effet & entherinement desdites lettres.

Si partie aduerse comparo.

Defaut, & faire readiourner.

S'il y a charge plus que le contenu aux lettres.

Pourſuiure le iugement du procez criminel.

Quel profit emporte le demandeur en lettres ?

L'impetrant eſt quitte de la peine corporelle &
confiſcation , remis en ſes bonne fame & renommée.

Si vne amende adiugée par ſentence eſt executoire
nonobſtant l'appel.

Ouy, ſinon qu'elle porte note d'infamie, ou procede de cauſe infamante.

Si on doit differer la queſtion , lorsque le patient y eſt
appliqué , & il appelle ?

Non , & faut qu'il appelle auparauant.

Par combien de fois peut vn accuſé eſtre applique à la
queſtion.

Par trois fois au plus.

Si la premiere il confeſſe , & par les deux derniers s'il
deſnie, que faire.

L'on n'a point d'eſgard à la confeſſion, & l'on
ordonne qu'il ſera plus amplement informé.

Les complices peuuent-ils en tout cas faire foy contre
vn accuſé.

Ouy, ſont autant de teſmoins.

Peuuent-ils eſtre reprochez.

Ouy.

Si vn accuſé eſtant receu en procez ordinaire , & le fait
verifier, s'il peut eſtre condamné à mort.

Ouy, le procez ſe peut renuoyer à l'extraordinaire.

Si vn Seigneur iuſticier peut empeſcher l'entherine-
ment d'vne grace , ſous ombre que la confiſca-
tion luy en eſt acquiſe.

Non , il eſt non receuable.

Si vn criminel ayant obtenu lettres de remiſſion , & s'e-
ſtant rendu volontairement priſonnier, peut
eſtre eſlargi ?

Non.

Si vn Clerc decline inriſdiction , & au preiudice de ſes
fins declinatoires obtenir remiſſion , dont il demande
l'entherinement, quel droit luy doit eſtre fait.

Faut iuger la remiſſion.

Des Remiſſions.
C H A P. L I X.
Qu'eſt-ce que remiſſion.

C'Eſt vne lettre de benefice du Prince, accordée à celuy qui par inaduertance a tué quelqu'vn, ou en ſon corps deffendant,

Par qui s'obtient-elle ?

Par les delinquans.

Quelle difference entre remiſſion , pardon , & abolition.

Remiſſion s'obtient par celuy qui a tué. Pardon
par celuy qui a aſſiſté, & abolition en tous crimes.

Lettres d'innocence , qu'eſt-ce ?

Ce ſont lettres données à celuy qui par contrainte & crainte de priſon s'eſt abſenté, ou à l'enfant eſtant au deſſous de l'âge de puberté, qui eſt à
quatorze ans.

Dans quel temps faut-il obtenir toutes ces lettres.

Les remiſſions, pardons, & abolitions en tout
eſtat de cauſe.

Apres qu'elles ſont obtenuës, dans quel temps les faut-
il preſenter.

Dans trois mois de l'obtention.

Si elles ne ſont preſentées , que faire.

En obtenir d'autres, ou en eſtre releué : ce qui

se fait quelquefois contre l'Ordonnance de Moulins cy dessus, qui en exclud les impetrans.

A qui se doiuent presenter les lettres ?
Où l'adresse en est faite.

A qui les faut-il addresser ?
Pour les nobles & Officiers Royaux à la Cour,
sauf à ordonner du renuoy, s'il est requis.

Pour les roturiers, pardeuant les Iuges Royaux,
y ressortissans nuëment.

Vn Officier commensal du Roy les peut add res-
ser au grand Preuost.

Que doiuent-elles contenir ?
La verité du faict.

Comment les presenter ?
Faut les presenter à l'Audience nuë teste, à genoux, la partie deuëment appellée.

Que font les Iuges ?
Ils l'interrogent par serment si les lettres contiennent verité, s'ils s'en veulent ayder.

Cela fait, la Cour ordonne qu'elles seront communiquées aux Gens du Roy, & coppie baillée à
la partie ciuile, pour bailler ses moyens d'obreption.

Cela fait, que font les Iuges ?
Ils renuoyent le prisonnier és prisons, pour estre
plus amplement interrogé, & on laisse les lettres
entre les mains de Messieurs les Gens du Roy.

Si celuy qui a obtenu les lettres ne compare à l'assigna-
tion qu'il a fait donner, que faire ?
On obtient congé contre luy, faute de se rendre
en estat, bailler à iuger, conclure à ce qu'il soit
debouté de l'effet & entherinement desdites lettres.

Si partie aduerse compare?

Defaut & faire readiourner.

S'il y a charge plus que le contenu aux lettres.

Pourfuiure le iugement du procez criminel.

Quel profit emporte le demandeur en lettres.

L'impetrant eft quitte de la peine corporelle & confifcation, remis en fes bonne fame & renom-mée.

Si vne amende adiugée par fentence executoire nonobftant lappel.

Ouy, finon qu'elle porte note d'infamie ou pro-cede de caufe infamante.

Si on doit differer la queftion lors que le patient y eft appliqué, & il appelle?

Non, & faut qu'il appelle auparauant.

Pour combien de fois peut vn accu é eftre appliqué à la queftion.

Par trois fois au plus.

Si par la premiere il confeffe : & par les deux dernieres s'il dénie, que faire.

L'on n'a point d'efgard à la confeffion, & l'on ordonne qu'il fera plus amplement informé.

Les complices peuuent-ils en tout cas faire foy contre.

Ouy, font autant de tefmoins.

Peuuent-ils eftre reprochez.   Ouy.

Si vn accufé eft receu en procez ordinaire, & le faict verifier, s'il peut eftre condamné à la mort?

Ouy, & le procez fe doit ramener à l'extraordi-naire.

Si vn feigneur Iufticier peut empefcher l'entherine-ment d'vne grace, fous ombre que la confifcation luy eft acquife.

Non, il eft non receuable.

*Si vn criminel ayant obtenu lettres de remiſſion, & s'e-
ſtant volontairement rendu priſonnier, peut eſtre
eſlargy.*

Non.

*Si vn Clerc decline Iuriſdiction,& au preiudice de ſes
fins declinatoires obtient commiſſion,dont il demande
l'entherinement, quel droit luy doit eſtre fait.*

Faut inger la remiſſion.

*Comment faire le procez à vn porc qui a denoré
vn enfant.*

Plainte, information, concluſions du Procureur
Fiſcal, ou Royal.

Decret contre le porc, & le maiſtre d'iceluy.

Curateur creé à la beſte, & ſon procez fait & parfait par interrogatoire, recollemens, & confrontation.

Des Appellations.
Chap. LX.

Combien y a-il de ſortes d'appellations.

Deux, verbale & par eſcrit.

Quelles ſont les appellations verbales?

Celles des iugemens donnez à l'Audience, &
generalement des ſentences interuenuës ſur inſtances, eſquelles n'y a eu appointement en droit,
à eſcrire & produire.

Quelles ſont les appellations du procez par eſcrit.

Celles des Sentences données ſur productions
apres appointement en droict.

Où conclud-on en appellation verbale.

A l'Audience.

Et en procez par eſcrit.

Au Greffe.

Quelles conclusions & profit sur vn congé?

Décheu de l'appel, & condamné en l'amende &
és despens.

Sur vn defaut?

Décheu du profit de la Sentence, condamné és
despens, tant de la cause principale, que d'appel.

*Comment se pourroit-on contre les Arrests donnez sur
congé ou defaut iugé.*

Presenter Requeste à la Cour, conclure par ses
fins, & poursuiure à la barre, obtenir requeste ciuile fondée sur pieces non veuës, dol de la partie
& surprise.

Quand il n'y a point de griefs.

La Cour dit, mal & sans grief appellé, l'appellant condamné, en l'amende, & aux despens.

Quand il y a fin de nonreceuoir?

L'appellant non receuable, condamné en l'amende & aux despens.

Quel est l'appel d'vn decret?

Appellation verbale.

*Quand la Cour infirme vn decret, comment
prononce-elle.*

Met l'appellation, & ce dontest appel à neant, &
remet les parties en tel estat qu'elles estoient auparauant l'adiudication.

Toutes appellations, se releuent-elles au Parlement.

Toutes appellations criminelles où y a peine af-
flictue.

Appellations des Presidiaux, Iuges des Pairies,
Conseruateurs des arbitres, des Consuls, d'incom-
petances, appellations comme d'abus.

Quelles appellations sont suspensiues.

Des sentences diffinitiues excedans le pouuoir

des Preſidiaux d'incompetance, ou de Iuge recuſé.

Quelles ſentences ſont executoires nonobſtant l'appel.

Les Sentences de prouiſion, recreance, ſequeſtre, & celles qui ſont au premier & ſecond chef
de l'Edict des Preſidiaux, & les Sentences interlocutoires.

Peut-on inſtruire nonobſtant l'appel d'incompetance ?

Ouy, en matiere criminelle, iuſqu'à Sentence
excluſiuement.

Qu'eſt-ce qu'appellation.

C'eſt vn benefice du Prince, pour ſe pouruoir
contre la Sentence des premiers Iuges.

Si vn iuge contre lequel on a propoſé des recuſations
peut paſſer outre.

Ouy, s'il les declare inadmiſſibles.

Qu'eſt-ce qu'appellations comme d'abus.

C'eſt quand le Iuge d'Egliſe entreprend ſur la
iuriſdiction ſeculiere.

En quel cas les Iuges d'Egliſe peuuent paſſer outre,
nonobſtant l'appel comme d'abus.

Quand s'agit de diſcipline.

S'il eſt neceſſaire qu'vn excommunié obtienne lettres de
cautelles pendant l'appel.

Ouy; afin qu'il ait moyen de deduire ſes cauſes
d'appel.

Où ſe pourſuiuent les appellations comme d'abus.

En la grand' Chambre pour le ciuil, & au criminel à la Tournelle, ſi l'on veut.

Si la fin de non receuoir en concluant eſt couuerte.

Ouy, mais par lettres on en peut eſtre releué, &
ſouuent la Cour ſupplée.

Si l'on peut acquieſcer vn procez conclud.

Ouy, en obtenant lettres.

Appellation d'vne sentence donnée par forclusion, quelle est-elle.

Si c'est sur apointement en droict, c'est procez par escrit: sur l'appointement à mettre, c'est appellation verbale.

Quel est l'appel d'vne taxe de despens.

Faut poursuire de croiser pour le voir, car au dessous de trois croix l'appellation est verbale ; & s'il y a trois croix, ou plus , c'est procez par escrit.

Pour en faire poursuites, que faire.

Faire apporter les pieces, la declaration, & obtenir congé de croiser dans trois iours

Pour faire apporter la declaration, quelles poursuittes.

Comme en procez par escrit.

S'il y a appel de la sentence & executoire de despens, si l'on conclurra, ioint l'appel de l'executoire.

Non , parce que si l'on infirme la sentence, l'executoire n'est plus rien : si on la confirme , l'on peut faire taxer les despens de nouueau.

S'il y a vingt , trente , quarante , ou cinquante articles sous mesme croix , qu'elle appellation est-ce.

C'est appellation verbale.

Quelles appellations se peuuent releuer omisso medio.

En incompetance.

S'il y a peremption en procez par escrit.

Non, quand il est conclud.

Et en appellation verbale.

Non , quand elle est au roolle.

Et en procez par escrit conclud , auquel y a quelque Arrest interlocutoire.

Ouy, il y a peremption, ainsi qu'il a esté iugé par Arrest donné contre Messire Anne de la Bastide, & Dame Heleine de Pompadour sa femme , demandeurs:

mandeurs : contre François Samuël de Vris, defendeur, du 11. Decembre 1610.

Appel ?

Appellation eſt la plainte qu'on fait de quelque tort qui a eſté fait par vn Iuge, Sergent, ou autre perſonne publique, ſoubs forme & ombre de Iuſtice, ou voye iudiciaire.

Es ſieges Preſidiaux pour releuer l'appel , on a quarante iours francs, ſans comprendre le premier & dernier d'iceux.

L'on obtient lettres d'anticipation pour haſter.

On a huiƈtaine pour renoncer à l'appel, autrement apres icelle paſſée, il faut acquieſcer à la Cour.

On a huiƈtaine pour releuer les appellations faites des Iuges reſſortiſſans par appel és Iuriſdictions Preſidiales, en laquelle huiƈtaine eſt compris iour d'appel.

L'apellant doit à ſes deſpens faire apporter le procez, & iuſtifier ſon appel.

L'intimé doit auoir la ſentence en forme, la iuſtifier, & bailler d'icelle coppie.

Si on eſt anticipant, il faut faire apporrer le procez.

Puis l'on prend appointement de confirmer ou infirmer, & s'il y auoit pluſieurs chefs & articles en la Sentence dont eſt appel, feront tenus les appellans de declarer les chefs & articles, pour leſquels ils voudroient ſouſtenir.

En appellation verbale, l'appellant doit iuſtifier ſon appel, & faire apparoir des actes de la clauſe.

Le procez apporté, & ledit appointement de confirmer ou informer pris, l'on fait faire les

N

griefs par vn Aduocat, & l'intimé ſes reſponſes, puis l'on produit le tout pardeuant le Iuge.

Et ſi c'eſt appellation verbale, l'on baille les cauſes d'appel, & reſponſes à icelles, & fait-on mettre la cauſe au roolle, qui eſt appellée à tour, & iugée.

A faute de faire rapporter le procez, l'intimé demande eſtre procedé au iugement d'iceluy ſur la Sentence : ce que le Iuge ordonne.

A faute de releuer dans le temps, l'on demande au Iuge l'execution de ſes Sentences, & qu'il ordonne.

L'amende de fol appel és Preſidiaux eſt de ſoixante ſols en cas d'acquieſcement, & de quinze liures en cas d'inſiſtance.

Des Appellations comme d'abus.
CHAP. LXI.

Qu'eſt-ce qu'abus, ou cas d'abus ?

C'Eſt iuger contre l'intention de l'ordonnance, Arreſts de la Cour, ſaints Decrets, & libertez de l'Egliſe Gallicane, & quand il y a entrepriſe de Iuriſdiction.

En matiere prophane, y a-il abus ?

Ouy, mais il ſe peut qualifier d'incompetance, & eſt le meilleur pour éuiter les amendes.

Si vn appellant comme d'abus peut eſtre eſlargi pendant ſon appel ?

Ouy, les informations ayant eſté communiquées à Monſieur le Procureur General.

Si vn pourueu d'vn benefice ayant commis ſimonie en l'vn d'iceux, perd ſon droitt és autres ?

Ouy, d'autant que c'eſt vn grand crime.

Si vn qui demande la prouifion d'vn benefice eſt tenu
d'exprimer les autres benefices qu'il tient?

Ouy.

Iuſques à quelles ſommes s'executent les ſentences des
Iuges d'Egliſe, nonobſtant l'appel?

Iuſques à vingt liures.

Sur quelle perſonne a-il iuriſdiction?

Sur les Eccleſiaſtiques és matieres pures perſonnelles & ſpirituelles : & contre les laics touchant
les dixmes non infeodées, hereſie, mariages, & autres matieres pures ſpirituelles.

S'il connoiſt du diuorce apres le mariage conſommé?

Non, cela eſt de la iuriſdiction laique, pource
que cela eſt criminel.

De quels delicts connoiſt-il?

Des delicts communs entre Clercs.

Qu'eſt-ce que delict commun?

C'eſt vn crime où le public n'a point d'intereſt.

Où ſe releue l'appel comme d'abus?

En la Cour de Parlement.

Dans quel temps?

Dans trois mois,

Où ſe conclud?

En l'Audience en la grand' Chambre, où à la
Tournelle.

Quel reglement peut-il interuenir?

Appointement au Conſeil.

Quand l'inthimé gagne ſa cauſe, que prononce
la Cour?

L'appellant non receuable, condamné en l'a-
mende, & aux deſpens.

Quelle eſt l'amende?

Ordinaire du fol appel, qui eſt ſoixante liures

N ij

parifis, ou autre à l'arbitrage de la Cour enuers le Roy, & moitié enuers la partie.

Quand l'appellant gagne sa cause?

Mal & abufiuement iugé & ordonné.

En appointement de defiftement, comment faut-il prononcer?

Ayant égard aux lettres, la Cour a receu l'appellant à se defifter; &c. condamné neantmoins en l'amende, tant enuers le Roy, que la partie, & aux defpens.

Quelle eft l'amende ?

Si l'appellant se defifte hors iugement, trente liures enuers le Roy, & quinze liures parifis enuers la partie : & si en iugement, foixantes liures parifis enuers le Roy, & trente liures parifis enuers la partie.

Sur vn congé obtenu à l'Audience, quel profit.

Décheu de l'appel, condamné en l'amende , & aux defpens.

Si vn appellant eft adiourné en defertion obtient vn Congé de defaut en l'Audience, à quoy doit-il conclurre?

A ce qu'il foit renuoyé en la defertion , & pour l'appel mal & abufiuement.

N'y a defertion en appel comme d'abus. Iugé par Arreft du 13. ou 14 Avril apres Pafques 1539. parce que le Roy ou fon Procureur eft la principale partie. *Revuff.* 10. 3. *tract.* des app. art. 4. *gl.* *n.* 18.

Si l'on peut appointer au Confeil vn appel comme d'abus fur roolle, fuiuant le reglement general?

Non, faut mettre la caufe en autre roolle , ou pourfuiure par placets.

Des Renuois au Parlement.
CHAP. LXII.

IL n'y a que le Roy qui renuoye au Parlement le procez qu'il euoque de quelque autre Parlement, ou autre Iurisdiction.

En vne instance ou procez euoqué, qui est le demandeur & deffendeur ?

Celuy qui estoit demandeur au principal demeure tousiours tel en la cause, mais tous deux sont demandeurs en retention.

Ou se presentent-ils ?

Aux congez, parce que tous deux tendent en execution d'Arrest en la retention.

Est-il necessaire d'obtenir Arrest de retention en Parlement.

Ouy, le renuoy venant au Conseil.

Si par Arrest de la Cour on renuoye aux Requestes du Palais les parties pour proceder au principal, s'il est necessaire de retention ?

Non, parce que c'est renüoy fait par superieurs à inferieurs.

Faut seulement suiure les derniers erremens de l'instance.

Des Requestes Ciuiles.
CHAP. LXIII.

Qu'est-ce que Requeste Ciuile ?

C'Est vn moyen de droict pour se pouruoir contre vn Arrest.

Sur quoy s'obtient-elle ?

Sur dol & fraude, & sur les formes deffaillantes en la procedure.

N iij

Comment ſe pouruoir ?

Par lettres.

Dans quel temps les faut-il obtenir ?

Dans ſix mois du iour de la prononciation des
Arreſts, & du iour de la ſignification de ceux donnez par defaut.

Si vn mineur peut eſtre receu à Requeſte Ciuile.

Ouy, ſix mois apres ſa maiorité,

*Si Requeſte Ciuile s'obtient ſur le poinct de droict
ou de faict ?*

Non.

*Si on peut obtenir Requeſte Ciuile, & propoſer
erreur enſemble ?*

Ouy.

*Peut-on obtenir Requeſte Ciuile contre vn Arreſt en
matiere prophane ?*

Ouy.

En matiere poſſeſſoire ?

Non.

*Si vne tierce perſonne peut obtenir Requeſte Ciuile con-
tre vn Arreſt, où il eſt nommé ?*

Ouy ſi on s'en veut ſeruir contre luy.

De combien en l'amende ?

De ſoixante quinze liures pour le Roy, & trente ſept liures dix ſols pour la partie.

*Si le Rapporteur peut aſſiſter au iugement de la
Requeſte Ciuile.*

Ouy.

Des propositions d'erreur.

Chap. LXIV.

Qu'est-ce que proposition d'erreur ?

C'Est vn moyen ordinaire de se pouruoir contre vn Arrest quand il y a erreur en faict.

Qu'est-ce qu'erreur en faict ?

C'est quand on iuge vn poinct qui n'a point esté contesté : quand on iuge plus, ou autre chose que l'on ne demande.

Combien y a-il de moyens de se pouruoir contre les Arrests ?

Deux, Requeste ciuile, & proposition d'erreur.

Dans quel temps faut-il proposer erreur ?

Dans l'an.

Ordonnance de Louys XI. au Plessis au Parc, en Nouembre 1479. Louys XII. 1498. article 8. François premier à Villiers Cottrets, en Aoust 1539. art. 36.

Si l'on peut estre releué du temps ?

Non, par les mesmes Ordonnances.

Quelle difference y a-il entre requeste ciuile & proposi-tion d'erreur, puisque les deux voyes tendent à annuler l'Arrest.

Grande difference : car erreur est vn moyen ordinaire, quand l'on maintient que les Iuges ont erré en faict ; c'est à dire, qu'ils ont pris vn faict pour vn autre, & ont adiugé plus qu'on ne deman-doit, &c.

Et la Requeste ciuile est vn moyen extraordi-naire, quand on soustient les Iuges auoir esté cir-conuenus par dol, fraude, & precipitation de la partie, & qu'il y ait pieces ou moyens nouuelle-ment recouurez.

En la Requefte ciuile y a du faict de la partie, & en la propofition d'erreur de celuy des Iuges.

Pour paruenir à la propofition d'erreur,
que faire ?

Prefenter Requefte à la Cour, à ce qu'il foit dit que les inuentaires & efcritures feront paraphez par le Greffier, *ne varietur*. & remonftrer que l'on fe veut pouruoir par prouifion d'erreur.

Les pieces paraphées, que faire ?

Faire dreffer fes moyens d'erreur, & les mettre en parchemin.

Si l'on retiroit les facs pour les faire parapher ?
C'eft vne fin de non receuoir.

Les erreurs dreffez & mis en parchemin, que faire.

Prefenter Requefte au Roy & à fon Confeil, à ce qu'il luy plaife ordonner que les erreurs feront veus.

Sur cette Requefte, l'on ordonne commiffion, addreffante à Meffieurs les Maiftres des Requeftes de l'Hoftel, afin qu'ils voyent & certifient fi les moyens font receuables.

La caufe eft : Pource eft-il, que nous, ces chofes confiderées, vous mandons & commettons par ces prefentes, que les efcritures & articles qui par le fuppliant vous feront baillées & prefentées fur lefdits erreurs, vous receuiez, voyiez & vifitiez ; & iceux veus & vifitez, s'il vous femble qu'audit iugement y ait erreur receuable, vous receuiez le fuppliant à les propofer, & requerir que ledit Arreft foit corrigé & amendé par nos amez & feaulx les Gens tenans noftre Cour de

Parlement à Paris, aufquels nous mandons & enioignons que lefdits erreurs ils corrigent & emen-
dent en adminiftrant bon & brief droiét : Car ainfi, &c. nonobftant, &c. en confignant toutesfois
par ledit fuppliant pardeuers noftredite Cour de
Parlement, la fomme de douze vingts liures parifis, réellement & de faiét : comme il eft accouftumé faire en tel cas.

Que fait-on de cette commiffion ?

L'on la prefente à Meffieurs les Maiftres des
Requeftes, & met-on au Greffe les efcritures & inuentaires paraphez, que l'on fait diftribuer à vn
des Meffieurs, lequel fait fon rapport de la commiffion & des erreurs, inuentaires & efcritures, à
la Compagnie, laquelle au nombre de huiét ou dix
baille fon aduis fur les erreurs.

Cela fait, que fait-on ?

L'on fait mettre l'aduis en parchemin par le
Greffier, & iceluy auec les erreurs, efcritures &
inuentaires, mettre en vn fac, porter au Greffe du
Priué Confeil; où eftant fur vn placet, Monfieur
le Chancelier les diftribue à vn Maiftre des Requeftes du quartier, qui en fait rapport au Confeil;
lequel s'il trouue les erreurs receuables, donne
Arreft en forme de commiffion addreffante à la
Cour, en cette forme.

Novs à la fupplication du fuppliant, vous
enuoyons lefdits articles des erreurs clos & feellez foubs noftre contre-feel, auec l'aduis de nos
Confeillers les Maiftres des Requeftes de noftre
Hoftel ; & vous mandons, commandons, &
expreffément enjoignons par ces prefentes, que
pour les raifons defdits articles d'iceux erreurs,

lefquels voulons par vous eftre veus, la confignation accouftumée premierement faite , & l'execution de l'Arreft non retardée , les parties prefentes ou appellées pardeuant vous , ou Procureur pour elles , vous procediez diligemment ,
appellez toutesfois auec vous nofdits Confeillers
& Maiftres des Requeftes, & autres, qui pour ce
feront à appeller, renuoyez le procez fur lefdits
erreurs , declaration d'iceux, retraction , & cor-
rection dudit Arreft, fi faire fe doit, par ces mefmes prefentes, mandons & commandons au premier noftre Huiffier ou Sergent fur ce requis , que
lefdites parties il adiourne à certain & competant
iour en noftredite Cour de Parlement, pour voir
faire ladite confignation , & proceder fur lefdits
erreurs , leurs circonftances & defpendances ,
ainfi qu'il appartiendra par raifon, en vous certifiant fuffifamment audit iour dudit adiournement , & faites aux parties bon & brief droict :
Car , &c.

Que faut-il faire en vertu de cette commiffion.

Faut faire appeller les parties pour proceder fur
les erreurs , lefquels faut 'faire apporter clos &
feellez dans vn fac au Greffe de la Cour.

Comment fait-on la prefentation.

L'affignation efcheuë , l'on fe prefente commé
aux autres chofes, le demandeur aux defauts, le
deffendeur aux congez.

Si le demandeur ne compare.

Le deffendeur leuera vn congé, qui emportera
profit.

Si le deffendeur ne compare.

Le demandeur leuera le defaut , qui empor-

tera seulement readiournement en la forme ordinaire.

A cette seconde assignation, ils se presentent tous
deux aux congez, le deffendeur par congé, le demandeur, par defaut, auec profit.

Le deffendeur defaillant, le demandeur leuera defaut emportant profit, qu'il baillera à iuger
auec demande & inuentaire, & ioindra les erreurs qui seront iugez par la Cour par vertu du
defaut.

Si les parties comparent, quelles poursuites.

Le demandeur fera la consignation au Greffe,
dont il prendra acte, qu'il fera signifier à la partie.

Que faut-il faire pour proceder à l'ouuerture
des erreurs.

Faut faire signifier au Procureur de la partie aduerse, qu'à tel iour le demandeur entend poursuiure l'ouuerture des erreurs.

Le iour arriué.

Presenter vn placet, sur lequel on met erreurs à
ouurir pour tel &c. contre tel, &c. lequel placet
le premier Huissier appellera. Lors en la presence
du Procureur des parties aduerses ou par deffaut,
le Procureur du demandeur demande que les erreurs soient ouuerts.

Que doit dire le Procureur du deffendeur ?

Il doit dire qu'il n'empesche sans preiudice de
ses moyens d'obreption, & fins de non receuoir.

Que prononce la Cour.

La Cour ordonne que les erreurs seront ouuerts, & en auront les demandeurs coppie par
les mains du Greffier, pour y bailler deffenses &
moyens d'obreption, an, mois, & de mois en mois

bailleront les parties repliques, dupliques, & au
mois en ſuiuant appointez à ouyr droit, ſauf les
fins de non receuoir.

Faute de ſatisfaire à ce reglement, quelle pourſuite ?
Faut faire forclore.

En quelle chambre ſe iugent les erreurs ?
En la meſme Chambre où l'Arreſt a eſté donné.

Combien faut-il de Iuges.
Il faut que ceux qui ont iugé, encores autant d'autres, & deux dauantage. *Ordonnance de Charles IX.*
des Eſtats d'Orleans, art. 45.

Si les vns de ceux qui ont iugé ſont abſens, malades ou
decedez, que faire?
Faut obtenir commiſſion du Roy, dans laquelle
feront nommez ceux qui feront au lieu des decedez
ou abſens.

Que fait-on pour faire entheriner ces lettres ?
Preſenter Requeſte à la Chambre, ſur laquelle
eſt mis, ſoit monſtré au Procureur General, &
communiqué à la partie. Arreſt, par lequel eſt dit
qu'ils demeureront Iuges.

Dans quel temps faut-il faire iuger ces erreurs?
Dans cinq ans doiuent eſtre mis en eſtat de iuger,
autrement en fera le propoſant debouté, s'il n'y a
pourſuite & diligence. *ordon. de François I. 1539.*
art. 138. Henry II. en Feu. 1549. art. 56.

Quel temps faut-il pour perir l'inſtance:
Trois ans ſans pourſuites.

Quel temps pour preſcrire l'action.
Vn an.

Si le propoſant erreur eſt debouté, que deuient
la conſignation?
Les deux tiers s'adiugent au Roy, & le tiers à la
partie.

S'il y a lieu de proposer contre vn Arrest prouisionnal.

Non, non pas mesme contre vn Arrest possessoire, soit prophane, ou Ecclesiastique. *Ord. de
Louys XII. 148. art. 88. François I. à Ys sur Thille,
1535. ch. 1. art. 96.*

Contre les Arrests interlocutoires ?

Non. *Ord. de Louys XI. au Plessis, en Nou. 1479.*

*De combien faut-il qu'il soit question pour proposer
erreur ?*

Deux mil liures au moins.

*Où je dois iuger vne proposition d'erreur d'vn Arrest
donné en la Cour des Aides.*

En la Cour des Aydes : S'il n'y a assez de Iuges,
le Roy en delegue.

Apres la requeste ciuile, peut-on proposer erreur.

Non, soit contre l'Arrest principal, ne contre
l'Arrest donné sur requeste ciuile. *Ord de Henry
III. aux Estats de Blois, art. 56.* Et outre celuy qui
veut proposer erreur, doit bailler caution de payer
le iugé. *Arrest du 16. Nouemb. 1577.* Si ce n'est que
de grace la Cour le reçoiue.

Arrest mis en la Conference des Ordonnances,
liu. 7. tiltre 11. du 26. Nouembre 1577.

*Si l'execution de l'Arrest sera retardée par la propo-
sition d'erreur.*

Non, Institutions Forenses d'Imbert Genois en
son Commentaire d'icelles, sur le chap. des propositions d'erreur, où il recite plusieurs Arrests.

Toutesfois, si le deffendeur en proposition d'erreur ne donnoit ses deffenses, l'on pourroit empescher l'execution. *Arrest du 14. Decemb. 1544.*

Quand il y a erreur, que prononce la Cour ?

La Cour dit qu'en tel Arrest il y a eu erreur

éuident, & en iceluy émendant & corrigeant, elli
ordonne, &c.

*Si vn qui a propofé erreur fe defifte, que deuient la
confignation.*

Elle eft acquife au Roy & à la partie.

Si on peut propofer erreur en matiere criminelle.

Non.

Si le propofant eft debouté, que prononce la Cour?

Deboute le demandeur, & le condamne en l'a-
mende enuers le Roy & la partie, & aux defpens.

De liquidation de fruicts?
C H A P. LXV.
Qu'eft ce que liquidations de fruicts.

C'Eft faire liquider & éualuer à certaine fomme de deniers plufieurs quantitez de fruicts.

Comment pourfuiure?

Faut bailler fa demande, pourfuiure le defendeur de deffendre, & prendre appointement en
droict.

S'il y a condemnation de certaine quantité, que faire?

Prendre les extraicts des Greffe des lieux de la
valeur des grains, & prendre ordonnance de Monfieur le Commiffaire pour faire appeller les parties
pour les voir liquider. Ce qui eft ordonné, fi les
parties comparent, finon par defaut obtenu contre le deffendeur ne comparant ; lequel defaut on
baille à iuger.

Des Dommages & Interests.
Chap. LXVI.

Qu'est-ce que dommages & interests ?

C'Est vne recompense de la chose soufferte.

Combien de sortes y en a-il.

De deux sortes. L'vne procede de la chose, comme d'vne euiction, emprisonnement tortionnaire, &c. L'autre de la procedure, comme de la longueur des procedures, & diuersité d'instances.

Quelles poursuites pour les faire liquider ?

Bailler sa demande par escrit, requeste de *committitur*, les defauts à la barre, à faute de fournir de ses diminutions & deffenses.

Le Procureur qui a occupé en l'instance, peut-il estre contraint occuper sur la liquidation ?

Ouy, comme en toute execution d'Arrest.

Quelles deffenses ?

Demander communication des pieces, s'il y en a.

Si l'on en fournit, que faire ?

Prendre appointement à escrire, produire, bailler contredits & saluations.

Si on fait des offres qui soient acceptées, & neantmoins on est refusant de passer l'appointement, que faire ?

Le demandeur, si c'est en matiere legere, apres auoir fait signifier l'appointement, baillera son defaut à Iuger.

En matiere de consequence, faut prendre appointement en droict.

Si c'est aux Requestes, venir à l'Audience.

Sçauoir si la Cour prononce sur chacun article separement ?

Non, elle les liquide tous à vne somme.

Si apres auoir fait taxer les defpens & les voyages or-
dinaires, l'on peut coucher en dommages & inte-
refts le fejour & le falaire de la partie.

Ouy.

Si en vn procez où il y a plufieurs inftances, dont n'y a
condamnation de defpens, l'on les peut coucher en
dommages & interests.

Ouy.

Des Defpens. CHAP. LXVII.

Qu'eft-ce que Defpens ?

CE font les frais des procedures faites. Pour les faire taxer faut faire fa declaration, & la faire diftribuer, & bailler à vn des Meffieurs.

Combien les peut-on garder fans eftre contraint-
Trois iours, fuiuant l'Ordonnance.

Ne peut-on taxer, fi partie aduerfe n'a Procureur ?
Si par defaut *in abfentia.* Et il conuient leuer le defaut au Greffe, & les faire taxer *in abfentia,* & mettre en l'executoire, en vertu dudit defaut.

Que faire pour decider l'appel de ces articles ?
S'il n'y a que trois crois, mettre au roolle, com-me appellation verbale : s'il y a plus d'articles que foubs trois croix, on peut pourfuiure de conclurre, comme en procez par efcrit.

Si en procedant à la taxe de defpens il y a appel,
fera-il differé ?
Non, fera paffé outre à la taxe des autres ar-ticles.

Peut-on contraindre vn Procureur d'affifter à la taxe
des defpens, quand il y a auparauant com-
paru & occupé ?
Ouy, par emprifonnement de fa perfonne.

Peut-on

Peut-on appeller des executoires de despens.

Ouy, des Iustices inferieures, & Requestes du Palais.

Comment se pouruoir contre les executoires des despens taxez en la Cour.

Se pouruoir par requeste ciuile.

Vn Procureur peut-il demander executoire des despens concernans son salaire.

Non, toutesfois il en peut demander distraction.

Quels executoires des Requestes sont executoires nonobstant l'appel.

Ceux n'excedans quarante liures parisis.

Eschet-il voyage pour faire taxer despens.

N'y a qu'vn voyage pour faire taxer ou iuger, & faut qu'ils soient affermez.

Eschet-il voyage pour contredire vne production neuuelle.

Non.

Pour produire sur appellation verbale.

Non, parce qu'il se taxe pour plaider.

Et incidant ioint au procez.

N'en eschet.

Combien de voyage en vne instance.

Trois, sçauoir à la presentation, au iugement, & au plaidoyé.

Combien de cheuaux à vn Cheualier de l'Ordre.

Quatre.

A vn Escuyer.

Deux.

A vn de moindre qualité employant le voyage d'vn plus grand, comment faut-il taxer.

A raison de la qualité de celuy qui auoit le droict du procez.

O

Combien par iournée.

Quarante ſols pariſis pour cheual.

Combien de lieuës par iour.

Dix.

Combien taxer à vn homme de pied.

Vingt-quatre ſols pariſis.

Combien de ſeiour taxe-on à chaque voyage.

A la preſentation, deux iours.

A la production, trois iours.

Au iugement ou plaidoyé, trois ou quatre iours.

Combien taxe-on la conſultation en vne
deſertion.

Quarante-huict ſols pariſis.

Sur vne appellation verbale.

Soixante & douze ſols pariſis.

En procez par eſcrit.

Quatre liures ſeize ſols pariſis.

Ou ſe taxent les demies preſentations.

En appellations verbales.

En la Cour des Aydes.

On n'en taxe point.

Pourquoy taxer demie preſentation ?

C'eſt au lieu des preſentations qu'il falloit renouueller tous les ans au lendemain de ſainct
Martin.

Si vn appellé pour reprendre eſt tenu de deſpens,
tant auparauant la repriſe, que
depuis.

Ouy.

Si vn ſubrogé doit les deſpens, tant auparauant la
ſubrogation, que depuis.

Si la ſubrogation eſt pure & ſimple, il les doit :
ſi elle eſt conditionnée, non.

Si on a obmis à comprendre quelque article, ou quelques
frais en vne declaration de despens, que faire
pour les autres.

Bailler sa requeste, remonstrer l'obmission, & demander qu'il soit permis les bailler par declaration, & les faire taxer.

Combien de voyages en procez par escrit, &
appellation verbale?

Deux, sçauoir à la presentation, & au iugement,
ou plaidoyé.

Des Criées & Bail iudiciaire.
CHAP. LXVIII.

Qu'est-ce que Criées?

C'Est vne forme introduite pour la vente d'immeuble, qui se fait par authorité de Iustice.

En vertu dequoy fait-on criées?

En vertu d'obligation, ou condemnation.

Si pour choses non liquidées on peut faire criées?

Non, ains seulement saisir & executer.

Dequoy peut-on faire criées?

De toutes choses immobiliaires, y compris vn
nauire, moulin à eauë & à vent.

Quelle voye doit-on tenir aux criées?

Faire commandement prealablement, iteratif
commandement, & saisir.

Si au commandement l'eslection de domicille est
necessaire?

Non.

Que faut-il faire pour faire saisie reelle?

Des choses en roture, faut que le Sergent se transporte sur les lieux mentionnez en la saisie, & mettre les situations, tenans & aboutissans.

Et aux choses nobles , comment.

Suffit saisir le fief & principal manoir, ses appartenances & despendances.

Pour faire valablement exploict de saisie, que faut-il
que le Sergent fasse.

Qu'il eslise domicile, & establisse des Commissaires.

Où se doit faire eslection de domicile.

Au lieu où les heritages sont saisis, si c'est au Bailliage, où se fait la certification; pour le bail , il se
fait au lieu où se fait l'adiudication.

Pour la validité de l'establissement de Commissaire,
que faut-il que le Sergent fasse.

Faut qu'il parle au Commissaire, luy faire signifier son exploict, & aux tesmoins. Et où il ne pourroit signer appeller vn Notaire ou Greffier.

Si le Commissaire est refusant d'accepter la commission.

Le Sergent le doit assigner pour venir accepter
la charge.

Et si les criées se font en vertu d'vne obligation.

Faut en ce cas assigner le Commissaire pardeuant
le Iuge, où l'adiudication se doit faire.

Si toutes personnes peuuent estre contraintes à accepter
la commission.

No.

Quelles personnes s'en peuuent exempter,

Mineurs sexagenaires, ayant cinq enfans , chargez de trois tutelles, de trois commissions, sujets
ou vassaux des Seigneurs saisis.

Que faut-il que le Commissaire fasse.

Faire proceder au bail.

Pour faire bail valable-

Faut faire proclamer aux Prosnes des Parroisses,

mettre affiche aux portes des Eglifes, & aux lieux publics. Ce fait, faire appeller le faififfant & le fai-fi.

Si les Sergents Royaux peuuent exploicter les fceaux des Seigneurs Iufticiers.

Non.

S'il y a Fermier à la terre faifie, que faire.

Il fe doit oppofer pour voir declarer fon bail con-uentionnel iudiciaire.

Qu'eft tenu faire l'adiudicataire.

Fournir autant du bail au Commiffaire, bailler caution & payer les frais.

Qu'eft-ce qui parfait le bail.

L'adiudication.

Si l'adiudicataire peut eftre contraint par corps au payement de la fomme.

Ouy, il eft depofitaire des biens de Iuftice:

Pour combien de temps fait-on vn bail.

Pour vn an, ou tant que la commiffion dure, mais fe peut renouueller apres trois ans.

Si les lieux font fituez en diuerfes Parroiffes, que faut-il faire pour la validité du bail?

Faut que le Sergent mette les affiches en toutes les Parroiffes.

Si le faifi fe porte pour appellant apres la premiere criée faite, fi le Sergent doit differer.

Non, faut qu'il paffe outre fuiuant l'ordonnance.

S'il y a appel de la fentence, en vertu de laquelle l'on fait criées, fi l'on doit furfeoir?

Non, pourueu que la premiere criée foit faite.

Les criées faites & parfaites, que faut-il faire?

Les faire certifier.

Que faut-il faire pour les certifier?

Mettre la faifie & procez verbal de criées és mains du certificateur qui en fait rapport.

Quelle difference entre congé de crier & congé d'adiuger?

Congé de crier eft vn acte qui fe fait au Chaftelet apres la faifie faite en vertu d'obligation, lequel on a congé de crier.

Que prononce le Iuge fur le congé de criées.

A declaré le commandement, faifie & eftabliffement de Commiffaires bons & valables ; ordonne que fur iceux il fera procedé aux criées aux quatre quatorzaines.

Faut-il congé de crier en toutes criées.

Non, il le faut feulement en celles qui fe font en vertu d'obligation & de chofe faifie en la banlieuë, mais n'en faut en celles qui fe font en vertu de Sentence ou Arreft.

Pardeuant quels Iuges fe doiuent-elles certifier.

Pardeuant les Iuges des lieux des heritages.

Peut-on certifier aux Iuftices Subalternes.

Ouy, y ayant haute Iuftice, & que les criées fe pourfuiuent pardeuant eux.

Si les Iuges reffortiffans au Chaftelet peuuent certifier?

Non.

Où fe doit faire la certification.

En iugement l'Audience tenant.

Si toutes les formes font bonnes, & la debte ne vaut rien fi les criées font bonnes.

Non, elles font nulles.

Comment prononce le Iuge fur la certification.

Il declare apres auoir ouy nombre fuffifant de Praticiens, les criées bien & deuëment faites fuiuant les vs, ftile & couftume des lieux, & en donne acte.

Combien faut-il de practiciens ?

Dix en Iuftice Royale, & en Iuftice Subalterne fept.

Que faut-il apres la certification ?

Faut regiftrer les lettres.

Cela fait ?

Faire appeller le faifi pour voir interpofer le decret, fournir des moyens de nullité, & les oppofans pour fournir d'oppofitions.

Qu'eft-ce que main-mife ?

C'eft la faifie.

Qui fait les fondemens des criées ?

C'eft la debte.

Comment fe font les criées d'vn office venal ?

Si c'eft vn office qui ne foit comptable en la Parroiffe du Siege dont il dépend, & fe fait le principal exercice dudit office.

S'il eft Royal & comptable ?

En la Chambre des Comptes.

Les criées fe doiuent faire deuant la principale porte de l'Eglife fainct Barthelemy, Parroiffe de la Chambre des Comptes, & les affiches & pannonceaux mis, tant contre la principale porte de ladite Eglife, que contre la maifon où eft demeurant le debteur, au cas qu'il foit demeurant eu la Ville & Faux-bourgs de Paris.

Si le debteur eft demeurant hors de la Ville &
Faux-bourgs ?

Faut outre la folemnité fufdite, faire les criées & quatre quatorzaines en la Parroiffe du domicile du debiteur faifi, & mettre affiche tant contre

la principale porte de l'Eglise parochiale, que contre la maison du debiteur.

Sur qui se font les criées ?

Sur les debiteurs.

Quand se doiuent mettre les pannonceaux ?

Apres la saisie faite, auant la premiere criée.

L'assignation donnée au saisi pour voir interposer le de-
cret, sçauoir si elle est valable faite à domicile.

Non, suiuant la Coustume faut que ce soit à personne, s'il peut, sinon à son domicile, & au Pros-
ne de l'Eglise Parochiale du lieu où l'heritage est
assis, auec affiche contre la principale porte de
ladite Eglise.

S'il y a appel de la sentence de certification, si l'on peut
pourfuiure nonobstant l'appel ?

Non.

Si le saisi ne compare, que faut-il faire ?

Bailler coppie du procez verbal de criées, & presenter requeste de *committitur.*

S'il ne fournit des moyens de nullité, que faire ?

Bailler le defaut à iuger, par vertu duquel le saisi est debouté de fournir de moyens de nullité, les
criées declarées bien & deuëment faites & certi-
fiées, & ordonné qu'il sera procedé à la vente &
adiudication au quarantiesme iour.

Quand il y a contestation ?

Faut appointement à produire.

Que prononce la Cour ?

Sans auoir esgard aux moyens de nullité du saisi,
ordonner qu'il sera procedé à l'adiudication par
decret au quarantiesme iour.

Combien de sortes d'oppositions.

Trois, afin de distraire, annuller & conseruer.

Qui peut former opposition afin d'annuller ?

Le saisi & vn Curé qui se plaint que les criées n'ont esté faites en sa Parroisse, où il pretend que les heritages sont situez.

Quand vn saisi obtient en son opposition afin d'annuller, que prononce la Cour ?

Elle declare les saisies & criées nulles, condamne le saisissant és despens, dommages & interests.

Les criées declarées nulles, sçauoir si les oppositions sont au neant ?

Ouy.

Si le domicile faut par la mort du Procureur ?

Non, quand le domicile est esleu par les opposans.

Opposition afin de distraire, quand se forme.

Auparauant le congé d'adiuger.

Si l'imposition afin de distraire empesche le bail.

Ouy.

Dans quel temps l'opposant afin de distraire, est-il tenu fournir ses causes d'opposition ?

Dans la huictaine de la poursuitte contre luy faite.

Si le debiteur est trouué saisi de son heritage, neantmoins en ait disposé à vn autre, si on peut saisir ?

Ouy.

Si le substitué & fideicommis se doit opposer ?

Ouy, à ce que l'heritage soit adiugé à la charge.

Si le mineur se doit opposer ?

Ouy, ou son tuteur pour luy.

Si l'on est receu à verifier par tesmoins vne opposition, afin de distraire ?

Ouy, dans quarante iours.

Et faute de verifier, que prononce le Iuge.

Le deboute de son opposition, le condamne en l'amende, tant enuers le Roy, qu'enuers la partie, & és arrerages des choses deuës à la descharge du saisi. Et si apres il apportoit preuue verbale de son opposition, il se peut opposer pour estre mis en ordre pour le prix qu'il pretend sur son opposition, afin de distraire valoir.

Si l'opposant afin de distraire ne s'oppose qu'apres le congé d'adjuger.

Il sera seulement mis en ordre pour le prix de la chose.

S'il faut faire enregistrer le congé d'adiuger.

Ouy.

Apres le congé d'adjuger, que faire.

Faire la premiere enchere, la publier à l'Audience de la Chambre, l'afficher à la Barre, aux deux grandes portes du Palais, faire publier & afficher sur les lieux.

Que doit-elle contenir ?

Les choses saisies, comme elles sont contenuës par le procez verbal.

Comment fait on vne enchere.

Au Greffe, par vertu de procuration, ou la partie presente

Ce qui est necessaire ?

A la charge des droits & deuoirs seigneuriaux, frais & mises, & eslire domicile.

S'il est necessaire que le Procureur connoisse celuy pour lequel il encherit ?

Ouy.

S'il est insoluable, si le Procureur est responsable ?

Ouy, du moins faut qu'il ait reputation d'estre

foluable, auquel cas le Procureur fera defchargé.

Si on peut paſſer appointement au Greffe entre les par-
ties & Procureurs, portans congé d'adiuger?

Non, faut prendre appointement, que la Cour
verra le procez verbal.

Pourquoy ſe mettent encheres à la porte d'Egliſe.

Pour la validité, à ce que cela foit notoire à vn
chacun.

Si les criées faites ſur le mary, des heritages de ſa fem-
me, ſans la nommer, ſont valables.

Non.

Auant que faire criées ſur vn mineur, que faut-il faire.

Faut faire difcuſſion des meubles.

Que faire pour faire la difcution.

Faut faire rendre compte au tuteur, & faire vendre les meubles.

Où ſe forment les oppoſitions, & comment.

Entre les mains du Sergent, & au Greffe.

Si eſtans entre les mains du Sergent, eſt neceſſaire les
regiſtrer au Greffe?

Non.

Si c'eſt vn moyen de nullité de n'auoir fait publier la
derniere enchere.

Non, fuffit de la premiere.

Où ſe font les adiudications pardeuant Meſſieurs
des Requeſtes du Palais?

Au Parquet à dix heures, pardeuant vn des Meffieurs.

Et en la Cour.

En l'Audience en la grand' Chambre, & au
Greffe.

Quels ſont les frais des criées.

Ordinaire & extraordinaire.

Si le curateur crée aux biens d'vn abfent decedé,
que faire ?

En faire créer vn autre.

Si l'abfent decede auant l'inftance.

Faire appeller les heritiers pour reprendre, & faute d'heritier créer vn curateur aux biens vacans.

Si le bail iudiciaire eft neceffaire à peine de nullité.

Non.

Quand eft la conteftation aux criées,

C'eft le congé d'adiuger.

Si en criées y a prefcription.

Ouy, par trente ans.

S'il y a peremption.

Non, parce que ce n'eft vne action, ains vne execution qui dure trente ans. Les vns font d'opinion qu'il y a peremption, s'il n'y a bail ou certification, & fe perit la faifie par trois ans.

Si l'on eft tenu faire appeller le curateur pour
voir encherir.

Suffit de faire fignifier l'enchere à fon Procureur.

Les criées faites & parfaites, vn oppofant creancier
les peut-il renuoyer.

Non, mais bien le faififfant ou faifi, auparauant le congé d'adiuger.

Si pour droict de feruitude on fe doit oppofer.

Ouy, afin d'adiuger à la charge.

Quand fe doiuent former oppofitions?

Auant le congé d'adiuger.

N'y ayant tiltre, fi on eft receu à en faire preuue.

Non, faut tiltre pour acquerir feruitude.

Si on peut faire criées en vertu d'vne Sentence des
Iuges Confuls?

Ouy.

Pardeuant quel Iuge.

Pardeuant le Iuge ordinaire Royal.

Où s'adiugent les heritages.

Idem; pardeuant le Iuge Royal.

Si on peut proceder à l'Audience, à la charge du procez petitoire.

Non.

Comment se content les quarante iours.

Du iour de la derniere affiche de l'enchere.

Les quarante iours expirez apres la premiere enchere, que faire.

Faire l'adiudication, sauf quinzaine.

Où se fait l'adiudication sauf quinzaine.

Au Greffe, & la faut faire publier en iugement.

Estant publiee, que faire.

La faire signifier au Procureur du saisi, afficher à la Barre, & aux deux portes du Palais.

S'il la faut publier sur les lieux.

Non.

La quinzaine escheuë, que faire.

Se trouuer au Greffe, & demander l'adiudication au Parlement, & aux Requestes du Palais à l'Audience.

De quand se prend la quinzaine.

Du iour de la publication en iugement.

S'il est feste.

Se remet au premier iour ordinaire que l'on plaide en la grand' Chambre.

S'il faut publier cette remise.

Non.

La quinzaine escheuë, si l'adiudication se peut remettre.

Ouy, d'office.

S'il faut faire publier la remise.

Non,

L'adiudication faite, que faire.

Mettre les pieces au Greffe.

Si le saisissant ne le fait.

Bailler sa Requeste, & demander que le Procureur soit contraint par corps.

Dans quel temps.

On le peut demander à l'instant.

A qui le Greffier doit-il rendre les pieces ?

Au Procureur du poursuiuant criées.

Dans quel temps se fait la consignation.

Dans huictaine.

Si l'adiudicataire ne consigne, que faire.

Bailler sa Requeste, à ce qu'il soit contraint par corps.

Qui peut bailler cette Requeste.

Le poursuiuant & opposant.

Si c'est vn Prince ou autre, contre lesquels on ne decerne point de contrainte, que faire.

Demander que la chose soit reuenduë à sa folle enchere.

Iusques à quand se reçoiuent les oppositions afin de conseruer.

Iusques à ce que le decret soit leué, & faut qu'il soit vingt-quatre heures entre les mains du scelleur, pendant lesquelles se peut former opposition.

Si le creancier ne s'est opposé dedans les vingt-quatre heures, que fera-il pour estre payé.

Il fera proceder par saisie sur les deniers reuenans bons és mains du Receueur des Consignations.

Que feront les creanciers oppofans pour eftre payeȝ.

Ils pourfuiuront l'ordre.

Comment pourfuiure l'ordre.

Prefenter Requefte de *committitur*, & reglement à efcrire & produire, bailler contredits & faluations.

Si le faififfant eft tenu s'oppofer pour debte.

Ouy, fur peine de la perdre.

S'il eft befoin forclore, de fournir refponfes aux caufes d'oppofition.

Non, & faut que le reglement contienne à produire, pendant lequel temps on pourra fournir des refponfes aux caufes d'oppofition.

L'ordre fait, que faire pour en eftre payé.

Faut auoir l'Arreft d'ordre, & le bailler au Receueur des Confignations.

Eftant venu en ordre pour vne fomme & interefts, que faire.

Faire liquider les interefts pardeuant le Rapporteur de l'ordre, s'ils ne font liquidez.

Pour auoir execution des criées, que faire?

Les faire taxer, leuer l'executoire, portant que le Receueur fera contraint.

Les derniers mis en ordre, que doiuent faire les premiers eftans negligens.

Pourfuiure les premiers de faire faire leur liquidation.

Comment.

Par ordonnance du Commiffaire, ou par Requefte prefentée à la Cour.

Qui eft preferable pour les frais des criées, ou pour les arrerages des droicts Seigneuriaux.

Les Seigneurs pour les arrerages des droits Seigneuriaux,

Si vne adiudication se doit faire à prix d'argent,
　　　　ou redeuance.

A prix d'argent.

　Si on peut faire criées en vertu d'vne sentence de
　　　　prouision.

Ouy, cela se resout en dommages & interests.

Si les encheres sont pendant la remise apres l'adiudica-
　　　　tion, sauf quinzaine.

Ouy, iusques à l'adiudication simple.

Si l'Huissier signifiant vne enchere, doit receuoir vne
　　　　sur-enchere faite par vn Procureur.

Ouy, pourueu que le Procureur la signe, & faut
qu'il la fasse regiftrer au Greffe.

　　　　S'il y a folle enchere.

Non, & faut reuendre sur l'encherisseur à ses perils & fortunes.

　Si l'on peut saisir sur le gardien noble, ou bourgeois.

　Non, & faut faire créer vn tuteur, d'autant que
ses gardiens n'ont que l'administration des fruicts.

　　　　Saisie sur saisie vaut-elle?

　Non, & faut conuertir la derniere en opposition,
& en faire acte au Greffe.

Dans quel temps se doiuent releuer les appellations in-
　　teriettées des actes faits aux criees pardeuant
　　　　le Preuost de Paris.

A l'ordinaire trois mois.

　Si le Commissaire est preferé pour le reliqua de son
　　　compte sur les deniers de l'ordre.

　Ouy, parce que ce sont tacites hypothe-
ques.

　　Vn Laboureur doit-il s'opposer pour ses
　　　　labeurs au bail.

Ouy.

　　　　　　　　　　Plusieurs

Plusieurs opposans ayans hypotheque du mesme iour,
comment seront-ils payez ?

Par contribution au sol la liure.

Commét les chirographaires opposans seront-ils payez.

Apres les autres par contribution au sol la liure entr'eux.

Se faut-il opposer pour frais extraordinaires.

Non.

De quelle nature est l'action des criées.

Mixte

Diuerses Questions de Pratique.
CHAP. LXIX.

Qu'est-ce que Iustice ?

C'Est rendre à vn chacun ce qui luy appartiét.

A qui appartient la Iustice.

Au Roy.

N'y a-il que le Roy qui la puisse administrer.

Les Princes, Seigneurs, Comtes & Barons la
peuuent administrer, qui la tiennent immediatement du Roy.

Combien, & quels degrez de Iurisdiction y a-il?

Trois, haute, moyenne & basse.

Dequoy peut connoistre qui a haute Iustice.

De toutes actions ciuiles & criminelles.

Dequoy connaist le moyen Iusticier.

D'actions de tutelles & autres, iusques à soixante sols.

Dequoy connoist le bas Iusticier.

De la Police, dont l'amende n'excede sept sols
six deniers.

Qu'est-ce que d'estre Procureur.

C'est procurer le bien de la partie, & soustenir

P

son fait en iustice comme le sien propre.

De combien y a-il de sorte de Procureurs.

De trois, à sçauoir, *ad lites*, *ad rem familiarem* &
pour espouser pour l'absence du Roy, que l'on
appelle Procureur General.

N'est-il pas besoin en plaidant auoir autres
procurations que ad lites.

Non, s'il n'est question de faire offres, reprise
du procez, main leuée, de faire affirmation, adueus, inscription en faux, desadueus, reconnoissance de cedules ou autres choses qui dependent
directement de la partie, auquel cas faut auoir
procuration speciale.

Vn Procureur ayant procuration, ne peut-il
estre desaduoüé ?

Non, s'il ne faut en faict de pratique, oubient
s'il n'excede le pouuoir de sa procuration, auquel
cas il peut estre desaduoüé.

Vn Procureur peut-il estre reuoqué.

Ouy, quand il plaist à la partie

Le Procureur estant reuoqué, ne peut-il estre contraint
expedier en la cause.

Non, pourueu que la reuocation contienne constitution d'autre Procureur, & qu'il ne soit question de taxer les despens adiugez par sentence
donnée auec luy.

Est-il besoin de signifier la reuocation.

Ouy, tant au Procureur reuoqué, qu'au Procureur de partie aduerse reuoquant.

Qu'est-ce que Procureur ad lites.

Ce sont ceux qui se presentent, & occupent, &
poursuiuent en la Cour, pour les parties desquelles ils ont charge ou mandement.

Les Procureurs peuuent-ils occuper en vertu de leur
ancienne procuration.

Ouy: ſans qu'il ſoit beſoin de nouuelle procuration.

Sont-ils tenus faire regiſtre des aßignations
qu'ils reçoiuent ?

Ouy, & en iceux mettre la qualité & demeure
des parties, pour & contre, comme ils ont les exploicts, pieces, & memoires, qui les a chargez de
la cauſe, le nom du meſſager, & ſa demeure.

Peuuent-ils vſer de retenue des pieces pour leur ſalaire,
Non.

Peuuent-ils receuoir les deſpens pour leurs parties.
Non ſans leurs charges.

Quelles charges y a-il au logis d'vn Procureur.
Trois, qui ſont la Chancellerie, les Requeſtes
du Palais, & la Cour.

Laquelle eſt meilleure.
Celle de la Cour.

Qu'eſt-ce que Praſtique.
C'eſt reduire & mettre en effect ce que l'on a appris & ſceu par commune obſeruation.

Qu'eſt-ce qu'adiournement.
C'eſt appeller vn quidam a certain iour, pardeuant vn Iuge.

De combien y a-il de ſortes d'adiournement.
De deux, ſçauoir l'vn public, & l'autre priué.

A qui ſe fait le priué.
Il ſe fait à perſonne, ou à domicile.

Et le public.
A ſon de trompe, comme ſont les adiourne-
mens à trois briefs iours, au proſne de l'Egliſe.
Cóme adiournemét qui ſe fait pour voir adiuger

P ij

par decret, quand on ne peut parler à personne.

Qu'est-ce qu'actions.

C'est vne voye licite de proceder pardeuant vn Iuge, pour faire telles demandes que de raison.

De combien y a-il de sortes d'actions.

De trois sortes, sçauoir personnelles, réelles, & mixtes, sous lesquelles sont comprises toutes les autres.

En combien de sortes peuuent-elles estre poursuiuies ?

En deux: sçauoir ciuillement & criminellement,

Quelle differēce y a-il entre cause, instance & procez.

Instance est, dire le cōmencement iusques à contestation : apres la contestation, dire cause iusques à sentence : apres la sentence est vn procez.

Qu'est-ce que procez ?

C'est vn debat & litige suruenu entre deux ou plusieurs.

Toutes appellations les nommez-vous procez.

Non: car s'il y a appel d'vne sentence donnée à l'audience, ie l'appelleray cause, d'autant qu'il n'y à autre contestation que celle qui a esté vuidée: & où il y aura appel d'vne sentence donnée sur pieces veuës & espices payées, ie l'appelleray procez d'appel, ou par escrit.

Combien de sacs pour faire procez complet.

Deux: celuy du demandeur, & celuy du defédeur.

Estant adiourné sans lieu & heure, où doit-on cōparoir.

Au lieu & heure accoustumée de la Iurisdiction où l'exploict est fait.

De quelles causes cognoissent Messieurs de la Cour en premiere instance priuatiuement à toutes autres iurisdictions.

Des causes du domaine, de regale, des Pairs de

France, des Duchez , Comtez, du ferment des
Baillifs, & des caufes où Monſieur le procureur
General eſt partie principale.

De quelles caufes connoiffent Meffieurs des Re-
queftes du Palais.

Des caufes perſonnelles, poffeffoires, & mixtes,
eſquelles les Officiers de la Couronne, & autres
priuilegiez, font les principales parties, ou inter-
uenantes.

Quelles font les caufes de committimus
baillées aufdits Officiers?

D'adiourner les redeuables en la fomme de dix
liures, & au deffus: que les chofes foient entieres
& non conteſtées : perſonnelles ou poffeffoires:
connoiffance de caufe defenduë au Sergent, au
refus des Iuges le Sergent peut renuoyer le *com-*
mittimus non valable apres l'an.

Qu'eft-ce que deliƈt commun.

C'eſt l'inobedience d'vn Preſtre, la tranfgreffió
de fon vœu & de la regle de fon Ordre, pour lequel deliƈt le Iuge d'Eglife luy fait fon procez.

Quelle differèce entre deliƈt cõmun, & cas priuilegiè.

Le deliƈt commun eſt celuy cy-deſſus. Le cas priuilegié eſt celuy duquel le Iuge lay doit cognoiſtre contre vn preſtre, cóme de port d'armes, &c.

Quand le Iuge lay a tout inſtruit le procez d'vn Pre-
ſtre, le Iuge d'Eglife le doit-il pas encore inſtruire
feparement.

Non, le Iuge lay, & le iuge d'Eglife l'inſtruiſent
enfemblement.

Quand ils ont enfemblement inſtruit , que lles
fentences rendent- il s.

Ils rendent deux diuerfes fentences, ſçauoir le

Iuge d'Egliſe pour le delict commun ; & le Iuge
lay pour le cas priuilegié.

Le Iuge d'Egliſe adiuge-il deſpens, dommages,
& intereſts.

Non, il ne Iuge que la degradation, ou des ieuſ-
nes, ou autres ſemblables peines.

Que peut iuger le Iuge d'Egliſe.

Nonobſtant l'appel, en matiere de diſcipline Eccleſiaſtique.

Qui connoiſt du ſpirituel des benefices.

Le Iuge d'Egliſe,

Combien de degrez de Iuriſdiction, a le Iuge d'Egliſe.

Quatre, qui ſont, l'Official, le Metropolitain,
le Primat, & le Pape.

Peut-on en toutes choſes appeller en ces
quatre Iuriſdictions.

Non, quand il y a trois ſentences conformes,
l'on n'eſt pas receuable appellant au quatrieſme
degré.

S'il y a ſentence de l'Official qui adiuge les concluſiõs,
& que les deux autres ſoient contraires, que faire.

Faut aller en ce cas au quatrieſme degré de Iuriſdiction.

Faut-il plaider à Rome.

Non, ſera delegué des Iuges par le Pape à Paris,
pour iuger.

Qui ſont ceux qui peuuent eſtre deleguez.

Des Conſeillers de la Cour qui ſont d'Egliſe,
les Eueſques & Archeueſques.

S'il ſe rencontre deux ſentences d'vne façon, & deux
de l'autre, où faut-il plaider, n'y ayant
que quatre degrez.

Faut deleguer d'autres Iuges par le Pape.

Si l'on rencontre vn homme d' Eglise en habit de laique
auec armes, quel Iuge luy fera son procez.

Le Iuge lay, parce qu'il renonce & déroge par
ce moyen à son priuilege clerical.

Vn Prestre estant appellé deuant vn Iuge Royal, &
ayant suby sans demander son renuoy, le Iuge le
doit-il pas renuoyer au Iuge d' Eglise.

Ouy, encores qu'il ne le demande, parce qu'il
ne peut renoncer à son priuilege, si ce n'est en cas
susdit.

Doit-il en toutes choses estre renuoyé.

Non, en crime de leze Maiesté humaine ne le doit
estre.

Qui connoist des crimes en premiere instance.

La Cour de Parlement.

La Cour faisant le procez à vn Prestre à cause d'vn
crime, y appelle-on les Conseillers d' Eglise.

Ouy, quelques-vns pour l'instruction, mais n'o-
pinent en iceluy quand il y va de la mort, ou de
peine afflictiue, où il y a effusion de sang.

Peut-on en vertu de Sentence ou Arrest faire execu-
ter les meubles d'vn Prestre, comme ceux
d'vne autre personne?

Ouy, reserué les choses qui seruent à l'Autel.

Peut-on saisir sa robe?

Non.

Quelle difference d'entre instance & procez par écrit?

Au procez par escrit l'on conclud, ioint les griefs
sur vn appel: En l'instance l'on appointe en droit,
& elle se pourfuit à la barre.

Quels appointemens sont suiets à passer au Parquet,
auant que les passer au Greffe.

Ce sont ceux suiets à amande.

P iiij

Quel eſt la conteſtation d'vn procez criminel?

Le reçollement & confrontation.

En matiere ciuile, quelle?

L'appointement ſur la demande, & defenſes.

Comment s'obtient vn appointemēt en droiēt à la Cour?

Pardeuant vn des Meſſieurs à la barre.

Si le Procureur de partie aduerſe ne le veut paſſer,
que faire?

Luy faire trois enionctions, puis les faire ſigner
par le Commiſſaire.

Quand on eſt contraire, que faire?

Faut prendre appointement à informer aux Requeſtes : & quant au Parlement, il faut prendre
vn appointement à la barre deuant vn Cōmiſſaire.

Ne ſe prend appointement à informer à la barre, ſeulement à produire en droit, ſauf à appointer
par la Cour, en voyant l'inſtance à informer.

Par qui ſe prend l'appoinrement à informer,

Par le demandeur.

Quand on a conclud en vn procez par eſcrit, eſt-il
beſoin de forcluſion.

Signifier apres la huictaine franche vne Requeſte de plus pouuoir ſatisfaire audit appointement de concluſion, de plus pouuoir fournir
griefs moyens de nullitez, ny faire production
nouuelle.

Peut-on faire iuger vn procez par eſcrit, ſi toſt que la
forcluſion eſt acquiſe?

Non, faut attendre trois mois ſuiuant les Reglemens de la Cour, pour le iuger par forcluſion.

Si apres l'an le procez ſe peut iuger, n'ayant l'appel-
lant fourni de ſes griefs ſans forcluſion.

Ouy.

Quelle difference d'entre appointement en droiɛt, & à
ouyr droiɛt.

L'appointement en droiɛt eſt le reglement ſur
les demandes & defenſes : & à iouyr droiɛt, c'eſt
pour le iugement ſeulement, comme en quelque
procez euoqué qui eſt tout en eſtat.

Faut il touſiours deux ſacs pour faire vn procez.

Non, n'y en a qu'vn quand il eſt iugé par forcluſion.

Quand on a fait vne execution de meubles, & y a op-
poſition, quel reglement ſe prend ſur icelles?

A produire, apres qu'il a eſté fourny de cauſes
d'oppoſition.

Si l'on n'appointe point en droiɛt.

Non.

Peut-on alleguer raiſons de droiɛt és intendits, écri-
tures, aduertiſſemens & reſponſes és matieres re-
glées en preuue, & à faire enqueſte.

Non.

Si vn Sergent delinque en executant vn mandement de
Iuſtice, qui doit connoiſtre du deliɛt?

C'eſt le Iuge duquel eſt emané le mandement.

Qu'eſt-ce que lettres, de pacificis poſſeſſoribus,
& par qui s'obtiennent-elles?

Sont lettres qui s'obtiennent par vn triennal
poſſeſſeur d'vn benefice qui eſt troublé en iceluy.

Quel effet ont-elles ?

Pour maintenir le poſſeſſeur en poſſeſſion, &
empeſcher le ſequeſtre & la recreance.

Quelle eſt l'aɛtion réelle.

C'eſt quand celuy qui agit ne fonde ſon aɛtion
ſur traiɛt, mais quand il agit comme Seigneur de
la choſe, ou ayant droiɛt en icelle.

Comment conclure.

A ce que le defendeur soit condamné à se desister & departir de la possession & iouyssance de tel heritage, & en laisser la possession vuide & vacuë auec restitution de fruicts, & dure aussi cette action trente ans.

Quelle est la mixte.

C'est ce qui est coniointement personnel & réel, comme sont les actions diuisées, sçauoir est de partage, heredité ou succession, visitation, reparation d'heritages, ou d'aucune chose particuliere, pour asseoir bornes & limites, & est tout ce qui concerne la personne & la chose.

Exemple.

Si i'ay droit de prendre sur vn heritage quelque rente, ie demanderay le payement & continuation contre le detenteur, & y conclurray, à ce que personnellement à cause de la detention, il soit tenu des arrerages escheus, & hypothecairement des arrerages à eschoir.

Est-il besoin en toute instance faire veuë.

Non, si ce n'est en matieres réelles & mixtes, & non és personnelles.

Combien y a il de sorte de guarends.

De deux, sçauoir formel & simple.

Le formel est le faux vendeur & stellionnataire, qui vend sans la charge d'aucun hypotheque vn heritier, pour lequel hypotheque le nouuel acquereur est poursuiuy, & pour le sommer, est donné delay pour ce faire. Estant sommé, peut prendre le fait & cause, & est l'acquereur mis hors de cause, à la charge de l'ordonnance.

Et le simple est, quand plusieurs sont obligez *in*

solidum, au payement d'vne somme, ou tiennent terres affectées: quand on s'addresse à vn seul qui peut sommer sans retardement, & les sommez sont receus à assister & enseigner moyens, & non prendre le faict & cause.

L'ordonnance du Roy François premier de l'an 1539. veut que les sentences données contre les garends formels, soient executoires pour le principal contre les garends, & pour les despens non, parce qu'ils sont personnels.

Qu'est-ce qu'action negatoire.

C'est quand le defendeur nie qu'vn autre ait droit de seruitude de son heritage.

Qu'est-ce qu'action confessoire.

C'est quand le demandeur pretend droict de seruitude sur l'heritage du defendeur, & sont telles actions pures, reelles.

Combien y a-il de sortes de retraicts.

De trois, sçauoir lignager, conuentionnel, & feodal.

Combien de tesmoins en vne requestes par turbes?

Dix seulement pour vne turbe.

Qu'est-ce que lettres de conforte main & où s'obtiennent-elles.

En Chancellerie, & seruent pour conforter & corroborer la saisie mise par les Seigneurs sur aucuns lieux mouuans de leur fief, à faute de payement de leurs droicts & deuoirs.

Si vn debteur s'oppose, que faut-il faire.

Luy faire bailler iour sur l'opposition.

S'il s'oppose & appelle, que faut-il faire.

Faut le faire anticiper sur l'appel, ou attendre qu'il le releue.

Quand c'eſt en vertu d'obligation, qu'eſt-ce que le Iuge
peut ordonner pendant l'oppoſition.

La prouiſion, en baillant caution en ſe conſti-
tuant achepteur des biens de Iuſtice.

Eſt-on receuable à diſputer la validité.

Non, quand par la ſentence, obligation, ou arreſt deuëment ſignifié il y a terme certain.

Vn debitis *eſt-il vallable apres l'an & iour.*

Non, mais ſeruira neantmoins pour le regard
des commandemens & executions faits en vertu
d'iceux dedans ledit an & iour. La difference eſt
que ceux qui obtiennent en chancellerie ſont en
termes generaux, & les autres ne peuuent ſeruir
que contre vn particulier.

Peut-on en vertu du mandement de debitis *, faire*
executer pour vne cedule recogneuë.

Non, parce que l'execution ne ſe fait paſtant en
vertu du *debitis,* qu'en vertu de la condemnation,
que les Notaires mettent par les obligations.

Obligation perduë peut-elle eſtre leuce
pour la ſeconde fois.

Ouy, auec permiſſion du Iuge, & faiſant appeller la partie : & ſi l'on n'auoit obſerué cette forme, ne pourroit le creancier faire executer en vertu de cette ſeconde expedition.

Vn crediteur ayant fait appeller le debiteur pour le
payement d'vne ſomme contenuë en obligation, pour-
roit-il faire executer ladite obligation.

Non, il ne le pourroit faire au preiudice de la
litiſpendance : & ſi c'eſt le debteur qui ait intenté
procez pour eſtre liberé, en ce cas peut eſtre l'o-
bligation executée, nonobſtant qu'il allegue la
litiſpendance.

Pour faire adiourner à son de trompe,
que faut-il faire.

Faut presenter requeste au Iuge.

En quel cas met-on intention aux exploicts
& adiournements.

Pour voir taxer despens, ou en autre chef d'execution de sentence, pour voir proceder sur vne
complainte, pour garnir par prouision le contenu
d'vne obligation.

Qu'est-ce qu'on appelle cause prochaine.

C'est l'obligation qui est mere de l'action personnelle.

La cause auec moyen ou mediate.

C'est vn contract.

Qu'est-ce que l'action qui est dite directe personnelle.

Quand la personne est principalement obligée.

Dans quel temps faut-il obtenir lettres de subrogation.

Dans l'an, autrement non receuable.

Où se conclud d'appel comme d'abus.

En l'Audience à la grand' chambre.

Quels tiltres au Curé pour inger de ses dixmes.

Son clocher.

En quel temps se prescrit la faculté de rachapt.

La faculté de rachepter heritages ou rentes, se
prescript par l'espace de trente ans, fors les rentes
apres les cés ou sur cés, excepté en la ville & faux
bours de Paris, que telles rentes ne se prescriuent
point par quelque laps de temps que ce soit.

Autres diuerses matieres de practique.
Des Iuges Presidiaux, & de leur pouuoir.

LEs Iuges Presidiaux iugent iusques à deux
cens cinquante liures par iugement dernier,

ou dix liures de rente, & reuenu annuel. C'eſt ce qu'en dit le premier chef de l'ediêt des ſieges preſidiaux.

Et par prouiſion iuſques à cinq cens liures nonobſtant l'appel, en baillant caution, ou vingt-liures de rente, on reuenu annuel, & lors ils prononcent par iugement Preſidial, & c'eſt ce qu'en dit le ſecond chef de l'Edict.

Ne peuuent iuger par iugement dernier de Preſidial vn retraiêt lignager, encore que la premiere vente n'excede la ſomme de l'Edict.

Ne peuuent iuger par iugement dernier vne fin de non proceder.

Ils ne peuuent auſſi declarer ne interpreter les Ordonnances & Couſtumes.

Ils ne peuuent iuger en dernier reſſort en matiere d'execution d'arreſt, encores qu'il s'agiſſe de moins que ladite ſomme, dont par l'ordonnance ils ſont Iuges en dernier reſſort.

De tutelles & curatelles.

Les tuteurs, curateurs, & autres adminiſtrateurs, doiuent eſtre pourſuiuis en reddition de compte aux lieux auſquels ils ont adminiſtré, ores qu'ils ayent du depuis demeuré ailleurs.

Il y a de trois ſortes & eſpeces de tutelle à ſçauoir la legitime, la datiue, & la teſtamentaire.

La tutelle teſtamentaire eſt celle qui eſt diferée par le teſtament du pere.

La legitime par la loy des douze tables.

Et la datiue eſt decernée par le magiſtrat : toutes fois il ſe faut principalemét gouuerner ſeló la Couſt. des lieux, & eſt vray que par cómune obſeruance en ce Royaume elles ſont toutes datiues

Il eſt certain que le tuteur ou curateur teſtamentaire n'eſt tenu de bailler caution, ny le datif.

Mais pour le regard des autres, ils y ſont tenus
& abſtraints, meſmes les datifs & teſtamentaires,
quand il y en a deux ou pluſieurs, & que l'vn d'i-
ceux veut bailler caution pour l'indemnité du pupille, auquel cas doit exclure ſon compagnon s'il
ne veut de ſa part bailler caution, qui eſt vne diſtinction qu'il faut garder pour le fait des tutelles,
autrement ne ſont tenus les tuteurs datifs & teſtamentaires bailler caution.

Vn tuteur eſleu & decerné par Iuſtice doit ad-
miniſtrer la tutelle, & doit eſtre chargé d'icelle
nonobſtant l'appel, & n'eſt receuable que premier
la ſentence ne ſoit executée, faut requerir qu'à
faute d'accepter & faire le ſerment, la tutelle cour-
ra à ſes riſques, perils & fortunes.

Il y a trois ſortes de curateurs, à ſçauoir, curateurs au moyen de la renonciatiõ faite à la ſuccef-
ſion, qu'on appelle curateurs aux biens vacans, ou
d'heredité iacente. Vn autre par le moyen de l'abſence. Et l'autre par le moyen du deguerpiſſemẽt.
Quelquefois on ordonne des curateurs aux mineurs quand ils plaident, & non des tuteurs.

Des heritiers & legataires.

Quelquefois quand il y a pluſieurs heritiers
qui demeurent en diuerſes Iuriſdictions, on obtient lettres Royaux addreſſantes au Iuge Royal,
en la iuriſdiction duquel la plus grande partie des
heritiers ſont demeurans, & la plus grande partie
des biens de la ſucceſſion ſont ſituez, pour contraindre les heritiers du defunct à ſubir ſa iuriſdiction, reſpondre & proceder pardeuant luy ſur

la demande des legataires ou creanciers, afin d'é-
uiter multiplicité de procez, & diuersité de iugemens.

Le legataire doit pourſuiure l'heritier pour la
deliurance de ſon legs pardeuant les Iuges du domicile de l'heritier, & non ailleurs.

De meſme la veſue pour ſon doüaire, & conuentions matrimoniales.

En France le legataire ne peut agir, ny réellement ny hypothequairement qu'au prealable il
n'ait eu deliurance de ſon legs, ſi le teſtateur n'a-
uoit ordonné que le legataire de ſon autorité pré-
droit ſon legs : ce que ledit teſtateur peut faire.

Du doüaire.

Doüaire couſtumier en pluſieurs Couſtumes,
c'eſt le propre heritage des enfans venus de mariage, en telle maniere que les pere & mere deſdits enfans dés l'inſtant de leur mariage ne le peuuent vendre, engager ny hypothequer au preiudice de leurs enfans.

Femme mariée eſt doüée de doüaire Couſtumier, combien que par exprés au traité de ſon
mariage ne luy euſt eſté donné ny octroyé aucun
doüaire.

Des biens aduentifs & paraphernaux.

Biens aduentifs & paraphernaux, ſont ceux qui
ſont donnez à la femme, qu'elle apporte en la
maiſon du mary quand elle ſe marie, outre & par-
deſſus ſon dot, & ſont appellez naturels, qui ſont
ceux que le mary doit rendre aduenant la mort de
ſa femme.

Il y a difference entre biens aduentifs & paraphernaux: car biens aduentifs ſont les ſucceſſions,

&

& tout ce qui efchet & aduient à la femme pendant & durant fon mariage. Et les paraphernaux font ceux qui appartiennent, outre ce qui luy eft conftitué par contract de mariage.

Mais lors qu'elle eft mariée, s'il ne luy fait conftitution particuliere pour fes biens au temps de fes fiançailles, ils font reputez dotaux, & confequemment non alienables.

Auffi, fi la fille eft mariée auec tous fes biens prefens & aduenir, les fucceffions qui efcherront conftant fon mariage, ne font reputez biens aduentifs, mais dotaux, & ne fe peuuent vendre.

Des donations ?

Faut faire infinuer au Greffe toutes donations fur peine de nullité, & n'ont aucun effet que du iour qu'elles auront efté acceptées par les donataires & Notaires.

Et faut noter & prendre garde, que par l'Ordonnance il eft dit, que toutes donations autres que teftamentaires, feront infinuées dans quatre mois apres la paffation & datte d'icelles, au Siege Royal du reffort où les chofes données font affifes, ores qu'il y en ait de diuers refforts.

En France, l'on tient pour maxime, que donner & retenir, ne vaut finon en faueur de mariage; auquel cas on peut donner & retenir, & non en tout autre cas.

Des arbitres.

Il y a difference entre arbitre & amiable compofiteur, que le droict appelle arbitrateur.

Car l'arbitre eft celuy qui eft efleu des parties comme Iuge, pour decider la caufe ou procez.

Et l'arbitrateur qu'appellons amiable compo-

Q

siteurs est celuy qui est esleu des parties pour appointer, accorder & iuger de leurs differends par amiable composition, sans garder la forme de plaidoirie & l'ordre de droict.

On peut appeller des arbitres pardeuant le Iuge ordinaire : mais si la sentence est confirmée, ne sera receuë partie à en appeller, sinon en payant prealablement la peine opposée en l'arbitrage, sauf à la recouurer, s'il est dit, en fin de cause.

Ne peut vn Iuge ordinaire accepter l'arbitrage de la cause pendante pardeuant luy : car ce seroit au preiudice du Roy & du Seigneur duquel il est Officier.

Vn arbitrage ou compromis fait par vn pupille ou fils de famille, ne vaut sans l'autorité de son curateur ou pere.

Religieux aussi ne peuuent estre arbitres sans dispense de leur Prelat s'ils ne sont en dignité, mais bien peuuent estre amiables compositeurs.

Vn mineur de quatorze ans, & vne femme ne le peuuent estre.

On peut compromettre de toutes causes & procez, fors de cas criminels, de mariages, & toutes causes spirituelles qui se doiuent terminer pardeuant les Iuges, fors des interests qui procederont desdites causes & procez, dont ils pourront croire des arbitres.

De l'execution des Requestes, lettres Royaux, Sentences, Arrests & Commissions ?

Toutes Requestes, Commissions, lettres Royaux, protections, *committimus*, doiuent estre mises à execution dans l'an & iour de l'impetration d'icelles.

Comme auffi toutes Sentences & Arrefts de la Cour:& l'an paflé on ne peut plus les faire mettre à execution, fans nouuelle permiffion du Iuge qui a donné lefdites Sentences ou Arrefts, ou par lettres Royaux, fera mandé au premier Sergent d'executer lefdites Sentences ou Arrefts, nonobftant qu'elles foient fur-années, & en cas d'oppofition, refus, ou delay, adiourner, &c.

Mais fi on attend dix ans auant qu'executer ladite Sentence ou Arreft, on ne le peut plus faire par prouifion ne par lettres Royaux, & ne feruira que de tiltres & preuue de la chofe contenuë en icelle, & faudra demander la chofe par nouuelle action.

De l'execution des obligations & faifies.

Vne obligation paflée fous féel Royal eft executoire fur les biens, meubles, & immeubles de l'obligé.

Et le femblable fe garde pour les obligations paflées fous feel autentique, & non Royal, pourueu qu'au iour de l'obligation paflée par les parties obligées, elles fuffent demeurantes au lieu où l'obligation eft paflée

On ne peut executer vne fentence ny obligation hors les fins de iurifdiction fans commiffion.

L'on n'eft receuable à proceder par voye d'arreft, faifie execution & emprifonnement, en vertu d'vne obligation ou fentence, fi la fomme ou chofe pour laquelle on veut faire l'exploict n'eft certaine & liquide en deniers ou en efpeces.

Et fi elle n'eft certaine & foit fubiecte a appreciation, on ne la peut executer, mais bien adiourner afin d'apprecier.

Et faut noter que l'execution ne se fait point sur celuy qui est obligé sous son séel, que prealablement il n'ait reconneu son séel, & ne peut estre procedé à aucune execution sur luy auparauant ladite reconnoissance.

Le plus diligent en saisie est preferé, si ce n'est que les parties viennent à contribution.

Des rentes constituées & tenuës foncieres.

Pour rentes constituées à prix d'argent, on n'en peut demander que cinq années d'arrerages.

Pour cens, rentes foncieres, on peut demander vingt-neuf années d'arrerages desdits cens & rentes. *Des venditions.*

Il y a deux sortes de venditions, l'vne est celle qui se fait celebrer sans écrit.

La seconde qui est faite par escrit.

Pour la premiere elle a lieu iusques à cent liures tournois, dont on peut faire preuue par témoins.

Mais pour l'autre elle est en vsage, & doit-on faire contract de tout ce qui excede cent liures, autrement on n'y est pas receu par preuue de tesmoins, suiuant l'ordonnance de Moulins art. 54.

Des lots & ventes.

Toutes personnes acquestant heritages doiuent lots & ventes, pourueu que ce ne soit échangé: car lors il n'est deu aucuns lots ne ventes, sinon quand l'eschange n'est pas fait but à but, & sans aucune soulte, ains au contraire y a retour de quelque somme d'argent, lors ils sont deubs au prorata de l'argent de soulte.

Les lots & ventes ne sont deus pour venditions de fruicts, & ne se peuuent faire lesdites venditions que pour neuf ans.

Les ventes ne sont deuës à cause des partages faits entre personnes ausquelles vne chose appartient en commun, ny de partage entre coheritiers encores qu'il y ait du retour d'vn costé, ny en licitation & échange.

Du desadueu des Procureurs & recherche des sacs.

Vn Procureur apres son deceds ne peut estre desaduoüé.

Apres cinq ans passez, les Aduocats & Procureurs ne peuuent estre recherchez des pieces ou sacs qu'on leur peut auoir baillé, suiuant l'Arrest de la Cour du 14. Mars 1603.

Des absents.

Vn absent par dix ans est reputé mort pour l'effet du partage de ses biens, & pour l'effet du compte de son tuteur.

Absent de France par quarante ans, & marié hors de France, est capable de succession en France.

Absent n'est point reputé mort, qu'apres cent ans: toutefois ses heritiers peuuét demander apres dix ans passez la iouyssance de ses biens, au moyens de son absence: ce qui leur est accordé, à caution, de les rendre en cas de retour.

D'vsufruit.

Vsufruit est vn droit de iouyr & posseder les choses d'autruy, substance toutesfois demeurant saine & entiere.

Vsufruit de quelque chose peut estre constitué de diuerses sortes & manieres, comme par testament, par conuention & stipulation, quand le proprietaire vend l'vsufruit, & retient la proprieté: toutesfois par la retention de l'vsufruit le donateur transferre au donataire la proprieté

Q iij

& poſſeſſion ciuile de la choſe donnée, ce qui eſt veritable, & faut lors ſuppoſer qu'en ce cas il y a deux ſortes de poſſeſſion.

De l'exception de nullité.

L'exception de nullité peut empeſcher la choſe ſugée, pourueu que la nullité ſoit prompte & maniﬁeſte, & qu'il en apparoiſſe ſur le champ, ſinon elle ne pourroit empeſcher l'execution de la choſe iugée.

De corriger ſa demande?

Deuant la conteſtation en cauſe, le demandeur peut changer & corriger ſa demande : mais apres cauſe conteſtée, cela ne ſe peut faire de diſpoſition de droict, ſans nouuelle interpellation, ou lettres pour articuler.

Des Iuges d'Egliſe?

Les Iuges d'Egliſe ne peuuent cognoiſtre contre les laics que de quatre cauſes, à ſçauoir deux criminelles, qui ſont de ſimonie, & hereſie, & de deux ciuiles qui ſont de dixmes, & de mariages.

Deux executeurs teſtamentaires?

Les executeurs teſtamentaires doiuent faire faire inuentaire, auparauant que de s'entre mettre de l'execution du teſtament.

De la ceſſion des biens?

En France la ceſſion de biens n'eſt receuë pour deniers Royaux.

La ceſſion de biens ne peut & ne doit eſtre faite pardeuant vn Iuge ſubalterne & inferieur, ains doit eſtre faite pardeuant le Iuge Royal.

La ceſſion de biens vne fois faite doit valider auec les autres creanciers auec leſquels elle auroit eſté faite, veu que c'eſt vn acte qui ne ſe reïte-

re iamais, & ne se doit faire en chacune Iurisdiction de creanciers.

Celuy qui a fait cession, ne peut authoriser sa
femme en iugement ny dehors.

Des meres mineures de vingt-cinq ans.

Vne mere n'ayant l'âge de vingt-cinq ans ne
peut estre tutrice de ses enfans, veu mesmes qu'il
luy est besoin de curateur aux causes.

Des gardiens des biens executez.

Vn gardien des biens est deschargé apres deux
mois passez par la Coustume de Paris, à faute de
les faire vendre par les creãciers dans ledit temps,
apres les oppositions formées & vuidées.

Diuerses matieres?

Le mary sçachant que sa femme a commis adultere, & s'est reconciliée auec elle, ne la peut plus
accuser, parce qu'il l'a tolerée.

Greffiers, Procureurs & Soliciteurs, trois ans
apres la vuidange des-procez, ne sont receuables
à en faire demande.

On ne peut former inscription en faux apres
vingt ans expirez.

On ne peut former accusation pour crime
commis apres vingt ans.

On ne peut accuser de peculat apres cinq ans,
comme aussi d'adultere, & y faut venir dans ledit
temps.

Deniers dotaux demandez apres dix ans non
receuables, la presomption estant, qu'ils ont esté
payez par le long temps.

On prescript le droict d'apprehender vne succession par trente ans.

Q iiij

En France la volonté n'eſtant enſuiuie de l'effet n'eſt punie, lors en crime de leze Maieſté; attendu qu'on ſe peut à l'heure repentir, & reuenir à ſoy.

Si l'on achepte vn cheual, & il ſe trouue qu'il ſoit pouſſif ou combattu, faut le faire voir & viſiter par Courratiers & Mareſchaux, & faut entendre qu'apres les neuf iours paſſez, on n'y eſt plus receuable, & y faut venir dans ledit temps.

Les Courratiers & Mareſchaux ayans viſité ledit cheual, ſi par apres il ſe trouue qu'il ſoit pouſſif ou courbatu, en ſont reſponſables en leurs propres & priuez noms.

On ne peut valablement faire condamner apres les quatre mois paſſez, vne perſonne obligée par bonne obligation, & à laquelle on fait commandement de payer, & pour le refus, adiourner à cette fin. D'autant que l'Ordonnance dit : Tous condamnez ſeront contrains par corps, & non pas tous obligez, & faut préalablement vne condamnation.

Si le defendeur requiert que les parties d'Apotiquaire dont on luy fait demande, ſoient reduites au pariſis, il eſt ainſi iugé, c'eſt à dire, ſi elles montent à cent liures, il n'y aura que quatre-vingts liures de condamnation : mais pour le luminaire, l'on ne le reduit ainſi.

Il n'eſt permis à vn chacun faire tranſport des ſommes à eux deuës à vn eſcolier, ains ſeulemét le pere au fils, de frere au frere, de l'oncle au neueu, en faueur des eſtudes ſuiuant les Ordonnances.

Combien que les cedules ne ſoient du faict, ne

du feing & écriture du defendeur , neantmoins il
eſt tenu reconnoiſtre ou nier , comme vn heritier
le feing du defunct, la femme le feing de fon feu
mary, les Religieux & fucceſſeurs Abbé, celuy de
fon predeceſſeur,le Maiſtre le feing de ſõ facteur.

Qui ſont exempts d'eſtre eſtablis Commiſſaires?

Vn Laboureur ne peut eſtre eſtably Commiſ-
faire és biens du Seigneur dont il eſt ſuiet.

Comme auſſi vn mineur encore qu'il ſoit marié.

Celuy qui eſt ſexagenaire.

Qui a cinq enfans viuans aux champs , & trois
dans les villes.

Celuy qui a trois tutelles ou commiſſions : tous
les deſſuſdits ne doiuent eſtre eſtablis Commiſ-
faires ; & s'ils le font, doiuent eſtre dechargez.

De donation faite à vn fils de famille?

Si on veut faire quelques donations à quelque
fils ou filles de famille , & neantmoins mettre la
fomme qu'on defire bailler és mains des pere &
mere , faire fe peut.

Mais il faut que les pere & mere emancipent
leur enfant, & le mettent hors de leur puiſſance,
pour traiter de toutes affaires , meſme accepter
toutes donations qui luy pourroïent eſtre faites
comme perſonne libre, & de ladite emancipation
requerir acte , & faire ordonner qu'il fera emancipé : à la charge que leſdits pere & mere demeureront curateurs de leurdit enfant à l'effet de ladite emancipation, & leur faire faire les ſubmiſſiõs,
& en requerir acte , qui leur fera octroyé.

Des donations?

Il eſt defendu de dõner aux fils de l'heritier pre-
fomptif en ligne directe, d'autant qu'on repute en

ce cas le pere & le fils vne mesme personne.

Mais en ligne collateralle, cela n'a pas de lieu suiuant la Coustume de Paris, le pere pouuant e-stre heritier, & le fils legataire.

Vn mary qui n'a point denfans, ne pouuant par la Coustume donner à sa femme, peut donner aux enfans de ladite femme.

Il y a de cét article formel & exprés par la Coustume de Paris article 284. qui a fait que par plusieurs Arrests il a esté, qu'en la Coustume de Paris le conioint n'ayant point d'enfans, peut donner aux enfans de l'autre conioint.

Mais aux autres Coustumes, où il n'y a point d'articles semblables, le doute est demeuré, s'y trouuant diuersité d'opinions.

Autres diuerses matieres.

De deux obligez, l'on ne peut contraindre vn seul pour le tout, s'il n'a renoncé au benefice de diuision, sinon que ce soit entre marchands en compagnie. Quand le creancier prolonge le terme de payer à son debteur, pour cela la caution n'est deschargée. Iugé par Arrest de nostre-Dame de my-Aoust mil cinq cens vingt-sept.

Le creancier ne peut estre subrogé au droit successif escheu à son debiteur, ou à la legitime à luy appartenant en la succession de ses pere & mere, ores qu'il ait renoncé en la succession.

Tous defendeurs sont tenus comparoir à l'assignation à eux donnée, & à faute de comparoir par le demandeur, ils sont ennoyez absous de l'assignation auec despens, & non pas de la chose ou droict à eux demandé.

Vn pere ou mere intentans procez comme tu-

teur ou tutrice naturelle de leurs enfans, ne sont
tenus d'informer, ny de leuer l'acte de tutelle,
mais vn autre tuteur ou curateur est tenu le faire.

Detenteur d'heritage qui a jouy par an & iour,
ne peut plus estre inquieté pour le possessoire,
mais bien pour le petitoire.

Vne femme peut en se remariant auantager son
second mary autant qu'vn de ses enfans.

Memoire particulier des principaux articles des Or-
donnances obseruées au Conseil Priué du Roy,
concernant les euocations & interdictions?

Chap. LXX.

LEs Procureurs ne pourront presenter Requeste pour éuoquer, s'ils n'ont procuration
speciale. François I. de Mars 1545.

2. Les causes criminelles ne seront euoquées,
mais des Iuges commis sur les lieux pour iuger au
nombre de dix, comme par Arrest, & sans appel.
Idem en May 1529. art. 9.

3. En matiere criminelle ne sera receu aucun à
presenter sa Requeste d'éuocation, qu'il ne soit
actuellement prisonnier és prisons de l'vn ou l'autre des lieux, dont le procez criminel sera euoqué ou renuoyé. Charles IX. à Moulins 1566.
art. 70.

4. Apres contestation en cause on est receuable
à euoquer, si on ne iure les causes des suspicions
estre de nouueau venuës à la connoissance. François I. en May 1529. art. 7.

5. S'il semble le procez deuoir estre euoqué, sera
répondu sur la requeste, que le suppliãt fera appa-

roit du contenu en fa Requefte, & la commiffion
fera addreffée aux Baillifs & Senefchaux, & Iuges
Royaux, ou leurs Lieutenans. Et fera ordonné
que les parties aduerfes des fupplians auront vn
double de la requefte, & que pardeuant le Commiffaire deputé à enquerir fur icelle ils puiffent
faire apparoir du contraire, fi bon leur femble, &
fera le requerant premier fon inquifition. *Idem*
article prémier *ibid*.

6. Les lettres d'éuocations & interdiâions feront par l'Huiffier ou Sergent commis à les mettre à execution, prefentées à l'vn des Prefidens
de la Cour, laquelle fera interdite, afin qu'elle
tienne les interdiâions pour faites, & ne prenne
plus aucune connoiffance des matieres qui leur
font interdites, laquelle Cour en fera tenir copie
par le Greffier, fi bon luy femble. Et ce faiâ, le
mefme iour feront lefdites lettres renduës audit
Huiffier, ou Sergent, ou executeur, pour les executer & fignifier aux parties, & faire ainfi que de
raifon, fans que la Cour puiffe ordonner aucune
chofe en quelque maniere que ce foit : ce qui eft
inhibé & deffendu aufdites Cours Souueraines,
à peine de defpens, dommages & interefts des
parties, en Septembre 1555.

7. Deffenfes aux Parlemens d'empefcher les commiffions pour enquerir des faiâs, & aux Iuges de
refufer lefdites commiffions, & ne fera examiné
aucun parent, domeftique, ne du confeil du produifant: & fur ce fera pris le ferment des tefmoins
& parties. François I. 1529 art. 2.

8. Es euocations fondées fur confanguinité, affinité, ou amitié, & qu'aucuns des Prefidens font

leur propre fait des procez, sera declaré le degré
& moyen d'amitié, seront cottez les faits par articles, sur lequel les Iuges entendent que les éuoquans informent, peuuent les parties bailler reproches si bon leur semble, contre les tesmoins
examinez esdites informations & enquestes. *Idem*
1545. art. 2.

9. Le Commissaire interrogera les tesmoins reprochez, & inserera les responses & depositions :
& s'ils sont admissibles & non confessez par lesdits tesmoins, les parties seront receuës à les verifier presentement & sans delay par les lettres &
productions, & non autrement. *Idem.* art *ibid.*

10. Si les causes de recusations ne sont prouuées,
ou que le contraire le soit, sera l'éuoquant condamné en l'amende enuers le Roy, & la partie, &
aux despens. *Idem.* 1526. art. 9.

11. Si les éuoquans proposent recusatiós friuoles,
en seront sur le champ debouttez, & condamnez
en trente liures parisis d'amende enuers le Roy :
& où ils ne prouueroient les recusations, seront
condamnez en l'amende de soixante liures parisis,
& aux despens, dommages & interests enuers la
partie : & pour faire les preuues, ne sera baillé
qu'vn delay, si ce n'est pour tres-grande & vrgente cause qui sera exprimée. *Item.* 1545. art. 5.

12. Ne seront les causes éuoquées, & s'il demeure
vingt Iuges au Parlement de Paris, Roüen, Thou-
louze & Bordeaux, & douze aux autres Parlemens. *Item* 1529. art. 7.

13. Ceux qui recuseront les Parlemens & Cours
Souueraines, ou la pluf-part des Iuges d'icelles ne
seront receus, a presenté Requeste afin d'éuoca-

tion, ſinon en rapportant declaration des Iuges, qu'ils ne ſont en nombre ſuffiſant pour connoiſtre de la cauſe, & iuger le procez. Charles IX. en Ianuier 1572. art. 14.

14. Les procez meus & à mouuoir de ceux qui ſont du corps du Parlement de Paris, qui auront audit Parlement iuſqu'au nombre de huit, & des autres parties n'eſtans dudit corps au nombre de dix, proches parens & alliez, comme pere, beau-pere, enfans, gendre, frere, beau frere, nepueux, couſins germains, ou remué de germain, ſeront renuoyez au plus prochain Parlement, ſi l'autre partie le requiert. Le ſemblable ſera gardé és Cours des Parlemens de Tholoze, Bourdeaux, & Roüen, quãd aucun du corps d'icelles y aura cinq parens ou alliez aux degrez ſuſdits, ou quand aucun n'eſtant dudit corps y en aura ſix. Côme auſſi pour les Parlemens de Dijon, Aix, Grenoble, & Bretagne, eſquels auront ceux deſdites côpagnies trois parents ou alliez audit degré ou bien autres n'eſtans d'icelle compagnie y en auront iuſqu'au nombre de 4. Henry III. à Blois 1579. art. 4. & 117. 15. En cas d'éuocation ſera fait le renuoy au plus prochain Parlement. François I. 1529. art. 4.

Les procez pendans és Chambres, eſquelles les parties auront trois parents ou alliez iuſqu'au quatriéme degré, ſeront renuoyez en vne autre Chambre, à la ſimple requiſition de la partie aduerſe. Henry III. à Blois, 1579. art. 121.

16. Les procez auſquels vn Preſident ou Conſeiller, leur pere, enfans, gédre, frere, oncle, neueux, ou couſins germains ſeront parties, ne ſeront iugez en la Chambre où le Preſident ou Conſeiller

fera ; ains feront renuoyez en vne autre Chambre
à la fimple requifition les parties aduerfes. *Idem.*
ibid.

17. Pour ofter tout foupçon des ports & faueurs,
eft ordonné qu'à la fimple requifition de la partie, le Procez où l'vn de nos Officiers Prefidiaux
fera partie, fera renuoyé au plus prochain Siege
Prefidial, pour y eftre iugé & terminé. Charles
I X. à Orleans 160.art. 52. & Henry III. 1579.
art. 121. aux Eftats de Blois.

Des iours des Roolles ordinaires du Parlement.

C H A P. LXXI.

LE Parlement commence le 12. Nouembre lendemain de S. Martin, & fe continuent les affignations pour plaider des roolles ordinaires de
chafcun Bailliage & Senefchauffée du reffort dudit Parlement.

Le douziefme Nouembre.

Les Bailliages de Vermandois, Tournay, Tour-
nefis, Laon, Reims, Peronne, Montdidier, Roye,
Noyon, Guife, S. Quentin, Coucy, Chauny, &
le Comté de Soiffons.

Le feptiefme Decembre.

Les Bailliages d'Amiens, l'Ifle, Doüay, Or-
chies, Douchy, Hedin, Abbeuille, Gerbroy, Vi-
mont, & les Senefchauffées de Ponthieu, Boulo-
gne, & la Preuofté de Calais.

Le fixiefme Iannier.

Les Bailliages de Senlis, Valois, Gifors, Mante, Pontoife, Montfort l'Amory, Houdan, Dreux,
Compiegne, Beauuais.

Le premier Feurier.

La Preuosté & Vicomté de Paris, les Requeftes du Palais & de l'Hoftel, & les Iuftices qui font dans l'enclos du Palais, les executions d'Arrefts, les Requeftes ciuiles, Montmorency, & le Bail‑liage de faint Denys en France.

Le premier Mars.

Les Bailliages, d'Auxerre, Meaux, Sens, Me‑lun, Moret, Troyes, Prouins, Sezane, Colom‑miers en Brie, & le Comté de Champagne.

Le premier Auril.

Les Senefchauffées du Poictou, Anjou, le Mai‑ne, le Comté de la Marche, Laual, Loudun, Am‑boife, Niort, & Bailliage de Touraine.

Le deuxiefme May.

Les Bailliages de Mafcon, Chaalons, Autum, Beauiolois, Foreft, montbrifon, le Parlement de Dombes, & la Senefchauffée de Lion.

Le premier Iuin.

Les Bailliages de Chartres, Orleans, Blois, Bourges, fainct Pierre le Monctier, Neuers, Ni‑uernois, Mortagne, le Perche, Auuergne, & les Montagnes.

Le premier Iuillet.

Les Senefchauffées d'Angoulefme, la Rochelle & Cognac, & la Comté d'Aulnis, & les caufes des Pairs de France.

Es roolles extraordinaires des Ieudis du matin durant le Parlement, ou des Mardis & Vendredis de releuée depuis le premier Decembre iufqu'au dernier de May, fe mettent toutes caufes d'appel indifferemment de quelque Bailliage ou Senef‑chauffée que ce foit.

For‑

Formules des lettres Royaux de Iustice plus frequen-
tes & ordinaires.

Chap. LXXII.

PREMIER.

Relief d'appel combien, & quelles clauses doit
contenir, Quatre.

Adiourner en cas d'appel le Iuge.

Intimer la partie.

Commandement au Greffier , quand c'eſt vn
procez par eſcrit.

Et defenſes d'attenter.

Il y en a d'autres, mais elles ne ſont pas touſiours neceſſaires ny ordinaires.

LOVIS par la grace de Dieu Roy de France
& de Nauarre, Au premier noſtre Huiſſier
ou Sergét ſur ce requis, Salut. De la partie de noſtre amé tel .nous te mandons intimer & aſſigner
à certain & competát iour en noſtre Cour de Parlement de Paris tel.... pour proceder ſur l'appel
par le ſuppliant interietté par ces preſentes, de la
ſentence renduë par tel Iuge, le tel iour au profit
dudit tel. ...& luy feras enſemble audit tel, tres-
expreſſes inhibitions & defenſes de paſſer outre à
l'execution de ladite ſentenceà peine de nullité,
& de cinq cens liures d'amende, & de tous dépés,
dommages & intereſts. Et outre feras commandement au Greffier dudit tel, d'apporter ou enuoyer
incontinent & ſans delay au Greffe de noſtredite
Cour de Parlemét à Paris, le procez ſur lequel eſt
interuenu. ladite ſentence, & en cas d'oppoſition

R

refus ou delay, iour en noſtredite Cour, pour en
dire les cauſes : Car tel eſt noſtre plaiſir. Donné à
Paris le ...., iour de ...... l'an de grace mil ſix cens
vingt & vn, & de noſtre regne, &c.

Relief de l'illico.

A laquelle mandons receuoir ledit expoſant
appellant à deſduire ſes griefs & cauſes d'appel,
nonobſtant qu'il n'aye appellé le *illico*, & lors de
la prononciation de ladite ſentence, ains quelque
temps apres s'eſtre ſur ce conſeillé, que ne voulõs
luy nuire ny preiudicier en aucune maniere; mais
entant que beſoin eſt ou ſeroit, l'en auons releué
& releuons de grace ſpeciale par ces preſentes.

Pour valider le relief d'appel , encores que l'on ſoit
hors le temps de releuer.

Et audit expoſant, qui eſt ſur la fin du temps de
releuer ſondit appel, nous auons permis & permettons de grace ſpeciale par ces preſentes, que
ceſd. preſentes il puiſſe faire mettre à executiõ dedans 3. ſemaines apres le téps de releuer paſſé, &c.

Vn mineur eſt touſiours releué de n'auoir appellé *illico* du grief à luy fait en minorité, ſelon la
Couſtume generale de France.

DEVXIESME.

Anticipation.

Vne clauſe.

Pour abreger le temps de releuer.

LOVIS, &c Au premier noſtre Huiſſier ou
Sergent ſur ce requis, Salut: A la ſupplicatiõ
de noſtre amé tel.. nous te mandõs aſſigner & anticiper à certain & cõpetant iour en noſtre Cour
de Parlement à Paris, tel.. pour proceder ſur l'ap-

pel par luy interietté de la sentence donnée par tel Iuge, le tel iour, ainsi que de raison, & de tels exploicts certifie deuëmét nostre dite Cour, à laquelle nous mandons faire aux parties bonne & briefue instice. Car tel est nostre plaisir. Donné.

TROISIESME.
Desertion d'appel.
Deux clauses?

Adiournement en desertion d'appel.

Et mandemét au Iuge s'il luy appert de la desertion, en ce cas il mette sa sentence à execution.

LOVIS, &c. Au premier nostre Huissier ou Sergent sur ce requis, Salut. A la supplicatiõ de nostre amé tel,... nous te mandons assigner à certain & competant iour en nostre Cour de Parlement à Paris tel. ... pour voir declarer l'appel par luy interietté de la sentence côtre luy donnée par tel Iuge, le tel iour, nul, friuol, & desert, & proceder en outre comme de raison. Et outre assigner aussi ledit tel, pardeuant nostre dit tel, pour voir ordonner qu'il sera passé, outre à l'execution de ladite sentence, nonostant ledit appel desert. Car tel est nostre plaisir. Donné.

QVATRIESME.
Desistement d'appel.
Deux clauses?

Desister de son appel apres la huictaine.

Mandement au Sergent de le signifier à partie.

LOVIS, &c. Au premier nostre Huissier ou Sergent sur ce requis, Salut. De la partie de tel,.....nous a esté exposé qu'à tel iour il auroit

appellé de l'executió de certaine sentence donnée
par le tel Iuge, le tel iour obtenuë par tel, signi-
fiée à l'expofant le tel iour, combien qu'il aye bô-
ne caufe d'appel : ce neantmoins pour l'intereſt
qu'il a à l'aduancemét de la matiere, il s'en depar-
tiroit volontiers, s'il nous plaifoit mettre ladite
appellation au neant fans amende, nous requerant
fur ce nos lettres de prouifion. Pour ce eſt-il, que
nous defirans fubuenir à nos fuiets felon l'exigence des cas, auons de noſtre grace fpeciale, mis &
mettôs au neant ladite appellation par ces prefentes, fans amendes, & fans que ledit expofant foit
plus tenu de la pourfuiure ne releuer en aucune
maniere. Te mandons & commandons, & cômettons par fefdites prefentes, que ledit defiftement
tu fignifies audit tel, & autres qu'il appartiendra,
afin qu'ils n'en pretendent caufe d'ignorance :
Car tel eſt noſtre plaifir. Nonobſtant lettre à ce
contraires. Donné.

CINQVIESME.
Committimus.
Cinq claufes.

L'execution des debtes recognües.

Adiourner les oppofans iufques à dix liures.
Renuoy de la caufe.

Defenfes à Sergent de prendre cognoiffance.
Apres vn an non valables.

LOVIS, &c. Au premier noſtre Huiſſier ou
Sergent fur ce requis, Salut. A la fupplication de noſtre amé tel .... Secretaire de noſtre
Chambre, eſtant à caufe de ce en noſtre protection
& fauue-garde, nous te mandons par ces prefen-

tes, que toutes les debtes à luy deuës tu luy faſſe
payer, en contraignant les debiteurs par toutes
voyes deuës & raiſonnables, ainſi qu'ils y ſont
obligez: & en cas d'oppoſition, adiourne les oppoſans, refuſans ou dilayans, iour certain & competant, pour les choſes excedans dix liures, pardeuant nos amez & feaux Conſeillers les gens tenans les Requeſtes de noſtre Palais à Paris: & celles qui ſont au deſſous de ladite ſomme de dix liures pardeuant les Iuges qui en doiuent cognoiſtre. Te mandons en outre faire commandement
de par nous à tous Iuges, pardeuant leſquels ledit
ſupplianta, ou aura aucunes cauſes perſonnelles
ou poſſeſſoires, deſquelles il voudra prendre la ga-
râtie, ou de ſoy ioindre à icelles, pourueu qu'elles
ſoient entieres & non conteſtées, de les renuoyer
incontinent & ſans delay pardeuant noſdits amez
& feaux Conſeillers les gés tenans les Requeſtes
de noſtre Palais à Paris, auſquels enioignons faire
aux parties bonne & briefue Iuſtice, & en leur refus ou delay, faire toy-meſme ledit renuoy : te de-
fendons en outre cognoiſſance de cauſe : ces preſentes apres vn an non valables Car tel eſt noſtre
plaiſir. Donné.

SIXIESME.
Compulſoire.
Trois clauſes.

Commandement de repreſenter les pieces.
Adiourner la partie.
Pour le refus du Notaire, aſſignation.

L Ovis, &c. Au premier noſtre Huiſſier, &c.
Salut. De la partie de tel....,. nous a eſté ex-

pofé, que pour monftrer & faire apparoir du bon
droi& qu'il a en certaine caufe d'appel pendante
en noftre Cour de Parlement, entre luy appellant
d'vne part, & noftre amé tel......luy eft befoin
auoir & recouurer plufieurs tiltres, contra&s, adueus, denombremens, fentences, & autres papiers
qui font entre les mains de plufieurs perfonnes,
qui font difficulté de les reprefenter, s'ils n'y font
contrain&s, requerant luy eftre pourueu. Pource eft-il que nous te mandons & commettons
par ces prefentes, qu'à la Requefte dudit expofant, tu faffes commandement à tous Notaires,
Greffiers & autres perfonnes publiques, de r'exhiber & reprefenter tous & vns chacuns les tiltres, contra&s, adueus, denombremens, fentences, & autres papiers qui te feront par ledit expofant nommez, pour en eftre par toy fait extrai&,
vidimus, collations, parties prefentes, ou à ce
faire deuëment appellez, pour ce fait, eftre deliurez audit expofant pour s'en feruir audit procez,
& par tout ailleurs & en cas d'oppofition, refus
ou delay, iour en noftre dite Cour de Parlement
à Paris, pour en dire les caufes. Car tel eft noftre
plaifir. Donné.

SEPTIESME.
Reprifes de procez.
Trois claufes.

Adiourner l'heritier, s'il eft en aage.
Sinon le tureur ou curateur.
Ou luy en faire pouruoir.

LOvis, &c. Au premier noftre Huiffier,
&c. Salut. De la partie de tel........ nous
te mandons affigner à certain & competant iour

en nostredite Cour de Parlement à Paris, les heritiers de feu tel.. . pour reprendre le procez où l'expofant eft demandeur , fuiuant la commiffion de tel iour, à l'encontre de tel, auquel procez ledit defunt tel eftoit interuenu , & receu partie pour proceder en iceluy, fuiuant les derniers erremens ainfi que de raifon. Car tel eft noftre plaifir.

HVICTIESME.

Debitis.
Quatre claufes.

Pour eftre payé d'vne debte claire & liquide , ou reconnuë eftre deuë.

Execution.

En cas d'oppofition iour.

. Apres vn an non valable.

LOVIS,&c. Nous te mandons & commettons par ces prefentes, que toutes les debtes bonnes & loyales , connuës ou prouuées fuffifamment par lettres, témoins, inftrumens, confeffion de partie, ou autres loyaux enfeignemęs qui t'apparoiftrōt eftre deuës à tel....tu les luy faffes payer incontinent & fans delay, ou à fon certain commandement, en contraignant les debiteurs & chacun d'eux par la prife , vente & exploictation de leurs meubles & heritages. Arreft & emprifonnement de leurs perfonnes, fi meftier eft, & y font obligez , & en cas d'oppofition, refus ou delay, noftre main fuffifamment garnie premier & auant toutes autres sōmes cōtenuës, lettres d'obligatoires faites & paffées fous fceaux Royaux, adiourne

les opposans , refusans ou delayans à certain &
competant iour , ou pardeuant les Iuges, ou leurs
Lieutenans, ausquels la connoissance en appartiendra, pour dire leurs causes d'opposition , refus
ou delay, respondre & proceder, & aller auant en
outre selon raison. Et certifiant sur ce deuëment
audit iour lesdits Iuges ou leursdits Lieutenans,
de tout ce que fait auras, ausquels nous mandons
faire aux parties ouyës bonne & briefue Iustiçe :
Car tel est nostre plaisir. Donné.

NEVFIESME.
Subrogation en matiere beneficiale.
Deux clauses.

Mandement de subroger.
Et s'aider des procedures.

LOVIS, & c. A nos amez, &c. Salut. De la partie
de tel. nous a esté exposé qu'il y a procez pardeuant vous, pour raison du possessoire du Prieuré de tel lieu aux droicts de tel. Et d'autant que ledit exposant a esté pourueu dudit Prieuré par la
resignation dudit tel, il desire se faire subroger en
son lieu & droicts, humblement requerant sur ce
nos lettres. Pource est-il, que nous vous mandons,
& parce que le procez est pendant & indecis pardeuant vous , commettons, que s'il vous appert
dudit procez, & que l'exposant soit pourueu dudit Prieuré par la resignation de tel, partie audit
procez, & des choses dessusdites, ou de tant que
suffire doiue, vous en ce cas subrogiez ledit exposant au lieu & droicts dudit tel , & faites aux parties ouyës bonne & briefue Iustice : Car tel est
nostre plaisir. Donné.

DIXIESME.

Commiſſion pour faire appeller les pourueus au lieu d'vn defunct.

LOVIS, &c. Salut. De la partie de noſtre amé tel ...Official de tel.. Archeueſché de tel...Promoteur en ladite Officialité, nous a eſté expoſé qu'il y a procez pendant & indecis en noſtre Cour de Parlement de Paris, entre ledit appellant d'vne part, & tel Archipreſtre de tel lieu, & tel autre pour raiſon des droicts à eux pretendus, à cauſe de leurs charges & offices, ce qui ne ſe peut iuger à cauſe du deceds dudit tel...... ... au moyen dequoy il eſt beſoin audit expoſant faire aſſigner en noſtredite Cour Maiſtre tel, pourueu dudit Archipreſtre au lieu dudit tel, pour prendre, ſi bon luy ſemble communication dudit procez, & voir dire que l'Arreſt qui interuiendra en icelle Cour contre ledit Archipreſtre ſera executé contre luy en ladite qualité, & reſpondre à telles autres fins & concluſions, que les expoſans voudront contre luy prendre, humblement requerant ſur ce nos lettres. Pource eſt-il, que nous te mandons & commandons par ces preſentes, à la requeſte dudit expoſant, aſſigner à certain & competant iour en noſtredite Cour, ledit tel, pour reſpondre & proceder ſur ce que deſſus, & reſpondre en outre ainſi que de raiſon, & des exploicts certifie deuëment noſtredite Cour de Parlement. Car tel eſt noſtre plaiſir, &c.

VNZIESME.
Compensation.
Vne clause.

Compenser ses sommes claires & liquides l'vne
à l'autre.

LOVIS, &c. A nos amez, &c. Salut. De la partie de tel.... nous a esté exposé qu'il a obtenu
executoire de despens de ladite Cour taxer presens les Procureurs des parties, le iour & an, contre tel, montant à la somme de......en vertu duquel a esté fait commandement audit tel, de payer
ce qu'il a refusé de payer. Et d'autant que ledit tel
a obtenu aussi executoire de dépens taxez presens
les Procureurs des parties, pour dépens de telle
chose contre ledit exposant, le tel iour...... montant à la somme de...... desireroit l'exposant; que
ladite somme de.. ...fust compensée auec pareille
somme sur ladite somme de tel.... deuë audit exposant par ledit tel, humblement sur ce requerant
nos lettres. Pourquoi nous ces causes considerées,
desirans subuenir à nos subjets selon l'exigence
des cas, vous mandons & commettons par ces
presentes, que les parties comparantes pardeuant
vous ou Procureurs pour elles, & lesquelles nous
voulons y estre appellées par le premier nostre
Huissier sur ce requis, qu'à ce faire commettons,
s'il vous appert de ce que dit est, & que les sommes desquelles ledit exposant demande compen-
sation soient liquides, vous en ce cas compensiez
ladite somme deuë par ledit exposant audit tel, par
executoire du tel iour & an, laquelle de grace speciale nous auons compensée par ces presentes,

auec l'executoire du tel iour & an obtenu par l'expofant, & faites aux parties bonne & briefue Iuftice: Car tel eſt noſtre plaiſir. Donné.

DOVZIESME.
Commiſſion de complainte.
Trois clauſes.

Adiourner la partie ſur le lieu.

En cas d'oppoſition ſequeſtre verbal.

Et adiourner les oppoſans pardeuant le Iuge,
pour voir maintenir l'impetrāt en ſes poſſeſſions.

LO v·s, &c. Au premier Huiſſier de noſtre
Cour de Parlement, ou autre Sergent ſur ce
requis, Salut. De la partie de noſtre amé tel .....
nous a eſté expoſé, qu'a certains iuſtes tiltres &
moyens luy compete & appartient, tant à cauſe de
ſes predeceſſeurs, qu'autrement deuëment, vn arpent de.... appellé .. à celuy declarer plus à plain
en temps & lieu, de laquelle piece, fruicts & profits d'icelle ledit expoſát, tant par luy que ſes predeceſſeurs & autres, dõt il a cauſe à touſiours par
cy-deuant jouyr par tel & ſi long-téps, qu'il n'eſt
memoire du contraire, pleinement & paiſible-
mét, au veu & au ſçeu de tous ceux qui l'ont voulu voir & ſçauoir, & eſt en bõne poſſeſſion & ſaiſine d'icelle terre labourer, cultiuer, enſemencer,
prendre & enleuer les fruicts, faire tous actes de
vray ſieur proprietaire & poſſeſſeur, & deſquels
droits, poſſeſſions & ſaiſines ledit expoſát, tát par
luy que ſes predeceſſeurs, a jouy & vſé pleinemét
& paiſiblement, & meſme par les trois denieres
années prochaines precedantes la derniere cueillette de l'année paſſée : ce nonobſtant vn nommé

tel , qui n'a aucun droict en ladite pièce..... fe
feroit cette prefente année efforcé de troubler &
empefcher ledit expofant en fefdits droicts, poffeffion & faifine, à tort & fans caufe, induemêt &
de nouuelle depuis an & iour en ça , à fon tres-
grand grief. Pource eft-il, que nous te mandons
& commettons par ces prefentes, qu'appellé pardeuant toy ledittel, & autres qu'il appartiendra,
à comparoir en & fur ladite piece de terre côten-
tieufe, tu maintienne & garde de par nous ledit
expofant en fefdits droicts, poffeffions & faifines,
& d'icelles & chacunes d'elles le faits fouffrir,
iouïr & vfer pleinement & paifiblemêt, fans pour
raifô de ce luy en faire mettre, ne fouffrir luy eftre
fait, mis, ou donné, aucun deftourbier ou empefchement au côtraire:& en contraignant à ce faire
& fouffrir, & à ceffer d'orefnauant lefdits troubles & empefchemés, ledit tel & tous autres qu'il
appartiendra, & qui pour ce ferôt à contraindre,
par toutes voyes deuës & raifonnables : & en cas
d'oppofition, contredit, ou debat de la chofe contentieufe prealablemêt mife en noftre main comme fouueraine, & fous icelle regic & gouuernée,
les troubles & empefchemens leuez & oftez , reftabliffement fait réellement & de fait , des chofes prifes & leuées és mains des Cômiffaires à ce
commis, adiourne les oppofans, contredifans , ou
faifans ledit debat, à certain & compctant iour
pardcuantles gens tenans, &c. C'eft à fçauoir,
les oppofans pour dire leurs caufes d'oppofition,
& lefdits perturbateurs, foit qu'ils s'oppofent ou
non pour voir plus amplement maintenir & garder ledit expofant en fefdits droicts , poffeffions

& faifines; & en outre proceder comme de raifon.
Et certifiant par toy fuffifamment nos amez & feaux, &c. de ce que fait auras fur ce, aufquels mandons faire aux parties ouyes bon & brief droict.
Car tel eft noftre plaifir, nonobftant quelconques lettres à ce contraires.

TREIZIESME.

Articuler faicts nouueaux.

Deux claufes.

Les faicts articulez.

Et refpondre aux defpens de l'impetrant.

L Ovis, &c. A nos amez & feaux Confeillers
les Gens tenans noftre Cour de Parlement à
Paris, Salut. De la partie de tel...... nous a efté
expofé, qu'il auroit efté mis en procez pardeuant
tel Iuge, à la Requefte d'vn tel, pour raifon de tel
cas, auquel procez les parties ont efcrit & articulé
leurs faicts, enquefte, & produit depuis : Sentence interuenuë au profit dudit tel, par laquelle,
&c. De laquelle Sentence ledit expofant a appellé
& releué en noftre dite Cour, en laquelle le procez par efcrit eft receu pour iuger. En faifant voir,
lequel procez par fon confeil, ledit expofant a
trouué que par erreur ou autrement il a obmis articuler, & mettre en faict (*il faut inferer les faicts
nouueaux*) & doute, que fi de prefent il vouloit articuler & prouuer de nouueau lefdits faicts, tant
par lettres que par tefmoins, il craint que faffiez
difficulté de l'y receuoir, fans auoir fur ce nos lettres à ce côuenables, humblement requerant icelles. Pour ce eft-il que nous vous mâdons, & parce
que led. procez eft receu pour iuger en noftre dite
Cour, & y eft pendant & indecis, expreffément

enioignons que lesdites parties comparantes, ou
Procureur pour elles, s'il vous appert de ce que
dit est, mesmes du procez & estat d'iceluy tel que
dessus: que les faicts dessusdits, que ledit opposant veut proposer de nouueau, n'ayant esté articulez audit procez, & soient partimens decisifs
dudit procez & des autres choses dessusdites, ou
ledit exposant; & lequel voulós par vous estre receu par cesdites presentes à articuler de nouueau
les faicts dessusdits, & autres qui en dependent:
iceux prouuer & verifier, tant par lettres que tesmoins, & s'en aider audit procez, & y auoir par
vous égard, tout ainsi que s'il les eust articulez
& prouuez audit procez principal, pourueu que
partie aduerse pourra articuler & prouuer au
contraire, le tout aux despens dudit exposant; &
aux parties ouyes faites bonne & briefue Iustice :
Car tel est nostre plaisir. Donné.

Les lettres obtenuës, l'impetrant en demandera l'entherinement, & à ceste fin presentera Requeste à la Cour.

QVATORZIESME.
Requestes ciuile.
Deux clauses.

Remettre les parties en tel estat qu'elles estoiét,
& adiuger les conclusions au fonds.

L'on se doit pouruoir dans six mois apres l'Arrest ou Sentence, autrement non receuable.

LOVIS, &c. A nos amez & feaux Conseillers
les gens tenans nostre Cour de Parlement à
Paris, Salut & dilection. Receu auons l'humble
supplication de tel...... contenant qu'en telle an-

née vn nommé tel... *(faut narrer le procez & la sur-prise, dol & fraude de la partie aduerse)* côtre lequel Arrest ainsi donné par dol, fraude & surprise de partie aduerse en la forme dessusdite, ledit suppliant ayant eu son entiere & meure deliberation de conseil, auroit esté aduisé de se pouruoir par nos lettres en forme de Requeste ciuile, humblement requerant icelles: A ces causes, desirans subuenir à nos subiects selon l'exigence des cas, vous mandons, & pource que vous auez donné ledit Arrest, enioignons par ces presentes, que les parties comparantes pardeuant vous, ou Procureur pour elles, s'il vous appert de ce que dit est, mesme...*faut reprendre succinctement les surprises, dol, fraude, & autres voyes que partie aduerse a faites pour obtenir ledit Arrest*, & des autres choses dessusdites, ou de tant que suffire doiue : vous en ce cas, sans auoir esgard aud. Arrest de tel iour, remettiez lesdites parties en tel estat qu'elles estoient lors & auparauant ; & en ce faisant, attendu qu'il appert de tels tiltres, & de tel cas faire droict audit suppliant sur ces conclusions, auec condamnation de despens, dommages & interests, amende & reparation enuers nous, & ledit suppliant : Car tel est nostre plaisir, &c. nonobstant ledit Arrest, que ne voulons nuire ne preiudicier audit exposant, pour les clauses & considerations dessusdites. Donné.

Commission sur ladite Requeste ciuile.

LOVIS, &c. A nos amez & feaux Côseillers les gens tenans nostre Cour de Parlemét à Paris,

Salut: Nous vous enuoyons la Requeste ciuile cy
attachée sous le contre-seel de nostre Chancellerie par tel.....obtenuë contre l'Arrest du tel iour,
donné au profit desdits tels : Si vous mandons
pouruoir audit exposant de tel remede que verrez, & iugerez estre raisonnable.   Mandons au
premier nostre Huissier ou Sergent sur ce requis,
faire tous exploicts à ce necessaires.   Car, &c.
Donné.

Requeste pour presenter lesdites lettres de
Requeste ciuile à la Cour.

SVpplie humblement tel, disant qu'il a obtenu
Requeste ciuile, en date du tel iour du present
mois, à l'encontre de tel. Arrest de ladite Cour du
tel iour obtenu par tel à ladite Cour addressante:
Ce consideré, Nosseigneurs, il vous plaise icelle
entheriner selon sa forme & teneur, & vous ferez
bien.

QVINZIESME,
Conforte main.
Trois clauses.

S'il appert de la main-mise, apposer la main
du Roy pour la conforter.

Establir Commissaire pour entendre compte,
la main du Roy tenant, quant aux choses tenuës
noblement, nonobstant oppositions ou appellations quelconques, & sans preiudice d'icelles.

Et adiourner les opposans pardeuant les Iuges
qui en doiuent connoistre.

LOVIS, &c. Au premier Huissier de nostre
Cour de Parlement, ou autre Sergent sur ce
requis, Salut. De la partie de nostre amé tel.....
nous

nous a esté exposé, qu'à cause de sa seigneurie il a
plusieurs detenteurs tenanciers, hommes feodaux
& subiets, aucuns desquels tiennent à foy & hômage dudit exposant, & les autres à cens & autres
droicts & deuoirs non payez & reconnus, pour
lesquels ledit exposant a intention de mettre &
apposer sa main sur lesdites choses ainsi tenuës de
luy; mais doute que lesd. detenteurs voulussent
icelle enfraindre, si en icelle confortant, la nostre
n'y estoit apposée, si comme il dit humblement requerant sur ce nos lettres de prouision. Pourquoi
nous ces choses considerées, te mandons que s'il
t'appert de ladite main mise dudit exposant esd.
heritages, & és choses ainsi tenuës de luy, en icelle confortant tu y mettes & apposes la nostre, &
par dessous nostredite main tiens & fais tenir, regir & gouuerner iceux heritages, & choses par
bons & suffisans Commissaires, qu'à ce faire cô-
mettras, non suspects ne fauorables à l'vne ne à
l'autre des parties, à la charge d'en rendre bon
compte & reliqua, quand & à qui il appartiendra:
& en cas d'opposition, refus ou delay nostre main
tenant, quant aux choses tenuës noblement, nonobstant oppositions ou appellations quelconques,
& sans preiudice d'icelles, pour lesquels ne voulons estre differé, adiourne les opposans refusans
ou delayans à certain & competant iour pardeuant leurs Iuges ou leurs Lieutenans, ausquels
nous mandons faire aux parties bonne & briefue
Iustice. Car tel est nostre plaisir. Donné.

S

SEIZIESME.

Commission pour faire taxer & liquider dommages
& interests.

LOvis, &c. Au premier noſtre Huiſſier ou Sergent ſur ce requis, Salut. De la partie detel...
nous a eſté expoſé qu'il a obtenu Arreſt du tel
iour, par lequel tel eſt condamné en tous ſes deſpens, dommages & intereſts, leſquels il deſireroit
faire liquider, & à ces cauſes obtenir ſur ce nos
lettres de prouiſion, humblement requerant icelles. Pource eſt il, que nous te mandons & commettons par ces preſentes, qu'à la requeſte dudit
expoſant tu adiournes à certain & competant iour
en noſtredite Cour de Parlement....pour voir taxer & liquider les dommages & intereſts, eſquels
il a eſté condamné par Arreſt de ladite Cour de
Parlement de tel iour, en certifiant par toy ſuffiſamment noſtredite Cour de ce que fait auras, à
laquelle nous mandons faire aux parties bonne &
briefue Iuſtice, Car tel eſt noſtre plaiſir. Donné,

DIX-SEPTIESME.

Remeſſion-
Quatre clauſes.

La remiſſion de l'acte.
Silence au Procureur General.
Eſtre remis en ſa bonne fame & renommée.
Le droict d'autruy reſerué.

LOvis, &c. A tous preſens & à venir, Salut.
Sçauoir faiſons, que nous auons receu l'humble ſupplication de tel....demeurant en tel lieu,

chargé de femme & d'enfans, contenât que le iour
de tel...eſtant le ſuppliant en... auec tel... aduint
que ſur les deux à trois heures du ſoir, vn nommé
tel... (*faut mettre ce fait comme il s'eſt paſſé: & ce ſui-*
uant les informations) fut contraint pour le démoŭ-
uoir, dégaigner ſon eſpée, de laquelle il luy donna
du plat ſur l'épaule, n'ayant aucune intention de
l'offenſer, luy diſant qu'il euſt à ſe retirer, & alors
ledit tel ſe ſeroit mis en effort d'offenſer led. ſuppliant, & le ſaiſir au trauers du corps, s'efforçant
de le ietter en terre pour luy oſter ſon eſpée, en ſe
defaiſant ledit ſuppliant dudit tel, & tenant à ſa
main droite ſon eſpée, & deuant luy, ainſi que ledit tel vouloit ſe ietter ſur led. ſuppliant, ſeroit aduenu par cas fortuit, & à l'occaſion de l'obſcurité
de la nuit, qu'il ſe ſeroit enferré de l'eſpée, & grã-
dement bleſſé au deſſous de la mammelle gauche;
tellement que par faute de bon appareil, & pour
n'auoir eſté bien ſecouru, ou autrement, ſeroit le
lendemain tel iour...decedé au grand regret, perte & dommage dudit ſuppliant, pour raiſon dequoy les heritiers du defunct auroient fait informer pardeuers tel Iuge, & procedé extraordinairement contre luy, lequel craignant rigueur de
Iuſtice, ſe ſeroit abſenté du pays où il n'oſeroit
retourner, ſi nos graces & miſericorde ne luy e-
ſtoient ſur ce imparties, en nous requerant humblement icelles, attendu ce que dit eſt, & les ag-
greſſions & efforts faits par led. defunt audit ſuppliant, & qu'en tous autres cas il s'eſt touſiours
honneſtement comporté & gouuerné ſans iamais
auoir eſté atteint ne conuaincu d'aucun cas, blaſme ou reproche, nous veillõs impartir ſur ce noſd.

grace & misericorde. Pourquoy nous ce côsideré, voulans misericorde estre preferé à rigueur de Iustice : Auons audit suppliant quitté, remis & pardonné; & de grace speciale, pleine puissance & authorité Royale par ces presentes quittons remettons & pardonnons le fait & cas dessusdit, auec toutes peines, amendes, & offenses corporelles, criminelles, & ciuiles, enquoy & pour raison dudit cas il pourroit estre encouru enuers Nous, & Iustice; & r'appellons & mettons au neant tous apeaux, bã, bannissement, defauts, sentences & iugemens, si aucuns s'en estoient ensuiuis, & le remettons & restituons en ses bonne fame & renõmée au pays, & en ses biens, non confisquez, satisfaction faite à partie ciuile tant seulement, si faite n'est, & sur ce imposons silence perpetuel à nostre Procureur, present & à venir, & à tous autres. Si donnons en mandement par cesdites presentes à tel Iuge, pource que ledit cas est aduenu en son ressort & iurisdiction, & à tous nos autres Iusticiers ou leurs Lieutenans, & à chacun d'iceux, si comme à luy appartiendra, que de nos presentes grace, quittance, remission & pardon, & tout le contenu cy-dessus, ils fassent & souffrent ledit suppliant joüir & vser pleinement & paisiblement, sãs pour raison dudit cas luy faire ne souffrir estre fait ores ne pour l'aduenir, en corps, ny en biens, aucun destourbier, ny empeschement au contraire : lequel, si fait luy estoit, mettes ou fasse mettre tantost & sans delay à pleine deliurance : Car tel est nostre plaisir. Et afin que ce soit chose ferme & stable à tousiours, nous auons fait mettre nostre scel à ces presentes, sauf en autres choses nostre

droict & l'autruy en toutes. Donné au mois de ..
l'an de grace 1623.

Relief de sur-annation d'vne remission.

LOVIS, &c. A noftre tel Iuge de tel lieu, ou
ſon Lieutenant, Salut. Receu auons l'humble
ſupplication de tel; contenant qu'il auroit obtenu
de nous lettres de remiſſion en l'année au mois de
tel, cy-attachées ſous le côtre-ſcel de noſtre Châ-
cellerie, pour occaſion du meurtre par luy commis
& perpetré en la perſonne de tel , comme à plein
eſt declaré & porté par leſdites lettres de remiſſion, leſquelles il ne vous auroit encores preſen-
técs, ne requis l'entherinement d'icelles, au moyé
de l'occupation d'iceluy au faict de nos guerres,
leſquelles toutesfois il deſireroit humblemét preſenter & requerir l'entherinement d'icelles, requerant ſur ce nos lettres de prouiſion. Pour ce
eſt-il, que voulans lad. grace & remiſſion ſortir
ſon effect, vous mandons receuoir ledit ſuppliant
à requerir l'entherinement deſdites lettres de remiſſion, en le faiſant jouyr & vſer dudit pardon &
remiſſion, enſemble du contenu eſdites lettres,
tout ainſi & par la forme & maniere qu'euſſiez
fait ou peu faire, s'il les vous euſt preſentées dedás
le temps de leur impetration, dont nous l'auons
releué & releuons par ces preſentes : à la charge
neantmoins qu'à la depoſition des témoins decedez foy fera adiouſtée comme s'ils auoient eſté recollez & confrontez, & qu'il ſera tenu demander
l'entherinement des preſentes dedans trois mois:
Cär tel eſt noſtre plaiſir, Donné.

S iij

Commission pour faire entheriner vne remission.

LOVIS, &c. Au premier Huissier. &c. Receu auons l'humble supplication de tel.... contenant que pour raison, & à cause de la mort de tel, il a obtenu nos lettres de remission, lesquelles il a intention de preséter à nostre Bailly de tel lieu, & d'icelles requerir l'entherinement, & faire appeller les enfans & heritiers dudit deffunt : Mais il doute ne le pouuoir faire, sans auoir sur ce nos lettres de prouision, humblement requerant icelles. Pour ce est-il, que nous te mandons & commettons par ces presentes, qu'à la requeste dudit suppliant, tu adjournes à certain & competant iour à comparoir pardeuant nostre dit Bailly de... les enfans & heritiers dudit defunct, si aucuns y a, sinon les plus proches parens & amis d'iceluy, pour voir entheriner lesdites lettres de remission, ou icelles impugner & debattre si bon leur semble, & proceder en outre comme de raison, en certifiant nostre dit Bailly, auquel nous mandons & commettons, si mestier est, &c. & que, &c. Car tel, &c. Donné.

DIX-HVITIESME.

Commission pour constituer vn nouueau Procureur.

LOVIS, &c. Au premier nostre Huissier ou Sergent sur ce requis, salut. A la supplication de nostre amé & feal tel.....nous te mandons assigner à certain & competant iour en nostre Cour de Parlement à Paris, tel pour constituer nouueau

Procureur au lieu de feu tel, ..decedé pendant la
pourſuite & inſtruction de l'inſtance ou procez
d'entre les parties De ce faire te donnons pouuoir: Car tel eſt noſtre plaiſir. Donné.

DIX-NEVFIESME.
Pardon.
Quatre clauſes.

Le pardon.
Satisfaction.
Silence.
Remis en ſa bonne fame & renommée.

LOvis, &c. A tous ceux qui ces preſentes lettres verront, Salut. Receu auons l'hūble ſupplication de tel....pauure Marchand, chargé de
femme & enfans, demeurát en tel lieu, diſant que
le tel iour...*faut mettre tout le fait cōme il s'eſt paſſé:*
lequel ſuppliāt à l'occaſiō dudit cas, craignant rigueur de Iuſtice, ſe ſeroit abſété du pays auquel il
n'oſeroit retourner, pource que les Officiers du
lieu s'efforcent de proceder contre luy, tant par
appeaux de ban, qu'adiournemens à trois briefs
iours ; ce qui pourroit eſtre au grand preiudice &
deſ-honneur dudit ſuppliant,& de ſes biens & facultez, ſi de noſtre grace ne luy eſt ſur ce pourueu de nos lettres à ce conuenables, humblement
requerant icelles, & attendu ce que dit eſt, meſme
que ledit tel...n'eſt enormement bleſſé, & qu'il y
a grande eſperance de guariſon, & le cas tel qu'il
ſe peut reparer. Qu'en tous autres cas le ſuppliant
s'eſt touſiours bien & honneſtement gouuerné,
ſans iamais auoir eſté atteint d'aucun cas digne de
proche, nous ayons à luy octroyer ſur ce noſd.

graces & pardon. Pourquoy nous, ces choses cõ-
siderées, auons aud. suppliant quitté & pardonné,
quittons & pardonnons de grace speciale par ces
presentes le fait & cas dessusdit, auec toutes peines, amendes & offenses corporelles, criminelles
& ciuiles, en quoy il pourroit estre encouru enuers nous, & Iustice, & r'appellons & mettons au
neant tous appeaux de ban, defauts & iugemens,
si aucuns s'en estoient ensuiuis, & l'auons remis
& remettons, restitué & restituons à ses fame &
renommée au pays, & en ses biens non confisquez,
satisfaction faite à partie ciuile tant seulement, si
faite n'a esté, & sur ce imposons silence perpetuel
à nostre Procureur present & à venir, & à tous,
&c. Si donnons en mandement par ces presentes
à tous nos Officiers ou leurs Lieutenans, & à chacun d'eux qu'il appartiendra, que de nos presentes grace & pardon ils fassent, & laissent led. Suppliant iouyr & vser pleinement, sans luy faire ou
souffrir estre fait aucun destourbier ou empeschement en corps ne en biens, ores ne pour l'aduenir,
lequel si fait luy estoit, le mettent ou fassent mettre sans delay à pleine deliurance. En tesmoin dequoy, &c. Donné.

VINGTIESME.
Rescision pour vn contract de mineur.
Deux clauses.

La rescision offrant rendre ce qui est tourné à
son profit.

Si mieux n'aime le precompter sur les fruits.

LOVIS, &c A nostre Bailly de tel lieu ou son
Lieutenant, Salut. De la partie de tel… nous a
esté exposé que luy estant mineur d'ans, & en b

âge, n'ayant connoiſſance de la valeur des biens à
luy delaiſſez par le treſpas de ſes feus pere & mere, auroit le tel iour & an, ſans autorité de tuteur
ou curateur, & ſans decret de Iuſtice quitté & renoncé à tous droits paternels & maternels à luy é-
cheus, & ce moyennant petite ſomme de deniers,
pour & au profit de ſes autres freres : en quoi faiſant, il auroit tres-enormement circonuenu, fraudé & deceu à ſon grand preiudice & dommage,
s'il n'auoit ſur ce nos lettres de prouiſion, humblement requerant icelles. Pource eſt il, que nous
vous mandons, & comme eſtant le plus prochain
Iuge des parties, & où ſont les biens dont eſt queſtion ſituez & aſſis en voſtre Bailliage, reſſort &
iuriſdiction, commettons par ces preſentes, que
les parties comparantes pardeuant vous, & leſquelles nous voulons y eſtre appellées par le premier de nos Huiſſiers ou Sergens ſur ce requis,
auquel mandons ce faire, que s'il vous appert dudit contract, quittance & renonciation ainſi faite
& paſſée par ledit expoſant ſans autorité de tuteur
& curateur, & ſans decret de Iuſtice, & que lors
led. expoſant fuſt mineur de 25. ans, & en bas âge,
& ſoit encores de preſent, quoy que ce ſoit dedans
le temps de reſtitution : qu'en ce faiſant il aye eſté
tres-enormement fraudé, deceu & trompé par ledit contract de quittance de plus d'outre moitié
de iuſte prix, vous ayez à remettre ledit expoſant
en tous & vn chacuns ſes droicts paternels & maternels, qu'il auoit auparauant ledit contract &
quittance ; lequel en ce cas vous caſſiez, reſcin-
diez & annulliez, auec reſtitution de fruicts ;
comme de faict nous l'auons par ces preſentes caſ-

sé & annullé, caſſons & annullons, lequel ne luy
voulons nuire ne preiudicier, ains entant que beſoin eſt ou ſeroit, l'auons releué & releuons de
grace ſpeciale par ces preſentes. Car tel eſt noſtre
plaiſir. Donné.

Commiſſion de ſurannation de reſciſion, auec addreſſe
faite à autre Iuge.

LOVIS, &c. Au premier noſtre Huiſſier, &c.
Salut. De la partie de tel.... nous a eſté expoſé que dés le tel iour nous luy auons octroyé nos
lettres de reſciſion des contracts y métionnez, cy-
attachez ſous le contre-ſeel de noſtre Chancellerie, dont elle n'a pourſuiuy l'entherinement parce
que tel y dénommé, luy auoit promis de ne s'aider
deſdits contracts; nonobſtát leſquelles elle eſt toû-
iours demeurée en poſſeſſion de ſes biens, domaines & heritages pretendus alienez par iceux iuſques à preſent qu'elle eſt pourſuiuie par ledit tel,
pardeuant le Iuge de tel lieu.... en execution deſdits contracts, & d'autres qui s'en ſont enſuiuis,
pour raiſon deſd. domaines, où elle deſire s'aider
deſdites lettres de reſciſion, nonobſtant qu'elles
ſoient ſurannées, & que l'addreſſe en ſoit faite à
noſtre tel Iuge ou ſon Lieutenant, requerant à ces
fins nos lettres de prouiſió. Pource eſt il, que nous
te mandons & commettons par ces preſentes, faire exprés commandement de par nous audit Iuge de tel lieu...... pardeuant lequel ledit procez
eſt pendant & indecis, & dans le reſſort duquel
leſdits domaines ſont aſſis & ſituez, que les parties comparantes ou deuëment appellées, s'il luy
appert des faicts alleguez par leſdites lettres de
reſciſion, ou de tant que ſuffire doiue, il ait à pro-

ceder à l'enterinement defdites lettres de refcifion felon leur forme & teneur, & faire droiôt à
ladite expofante fur fes fins & conclufions, fans
s'arrefter aufdits contraôts, & iceux refcinder &
annuller, & tout ce qui s'en eft enfuiuy, & lefquels en tant que befoin feroit, nous caffons &
annullons d'abondant par ces prefentes, pour les
caufes contenuës en nofdites lettres de refcifion,
jaçoit qu'elles foient fur-années, & que l'addreffe en foit faite à autre Iuge que ledit tel...ce que
nous ne voulons nuire ne preiudicier à ladite expofante, ains l'en auons releuée & releuons par
ces prefentes: Car tel eft noftre plaifir, nonobftant
toutes lettres à ces prefentes contraires. Donné.

VINGT-VNIESME.

Commiffion de furannation d'Arreft.

LOVIS, &c. Salut. A la fupplication de noftre
amé tel...nous te mandons que tel Arreft &
commiffion de noftre Cour de tel iour.....par luy
obtenu à l'encontre de tel, cy attaché fous le contrefcel de noftre Chancellerie, tu mette à deuë &
entiere execution felon leur forme & teneur, nonobftant qu'elles foient furannées de plus d'an &
iour, que ne voulons nuire ne preiudicier audit
expofant. De ce faire te donnons pouuoir : Car
tel eft noftre plaifir.

VINGT-DEVXIESME.

Lettres de benefice d'inuentaire.

Quatre claufes.

Le benefice.

Bailler caution.

Faire inuentaire.

Si aucun se veut porter heritier simple, il sera receu.

LOvis, &c. A nostre Bailly de tel lieu, ou son Lieutenant, Preuost & Iuge ordinaire dudit lieu, & à tous nos autres Iusticiers & Officiers, ainsi qu'il appartiendra, Salut. De la partie de nostre amé tel...... nous a esté exposé, qu'il est habile d'estre heritier de feu tel son pere, la succession duquel il craint luy estre plus onereuse que profitable: pourquoy il desireroit l'accepter sous benefice d'inuentaire, requerant à cette fin nos lettres à ce conuenables. Pource est-il, que nous desirans subuenir à nos subiects selon l'exigence des cas, luy auons permis & permettons par ces presentes, se dire & nommer heritier sous benefice d'inuentaire dudit deffunct tel son pere, & à cette fin prendre & apprehender sa succession en ladite qualité, sans qu'il soit tenu payer aucunes debtes de ladite succession, sinon iusqu'à la concurrence du contenu dudit inuentaire, dont il baillera caution, & à la charge d'accomplir le testament dudit tel; & que si aucuns se veulent porter heritiers simples audit deffunct, ils y seront receus. Si vous mandons que receuiez ladite caution, vous laissiez, souffriez & fassiez jouyr l'exposant desdits biens & succession, sans permettre luy estre fait ou donné aucun empeschement. Car tel est nostre plaisir. Donné.

VINGT-TROISIEME.
Lettres de benefice d'aage.
Quatre clauses.

Le benefice.

Capable de gouuerner son bien.

Adiourner ses parens.

Et ne pouuoir aliener l'immeuble sans le consentement de son curateur.

LOvis, &c. A nostre Bailly de tel lieu, ou son
Lieutenant, Salut. De la partie de telle, fille
de tels ses pere & mere âgée de vingt-vn an ou
enuiron, nous a esté exposé, qu'à present qu'elle a
ledit aage, elle desireroit auoir le gouuernement
& maniement de son bien pour en iouyr, s'estant
depuis ledit deceds bien comportée & gouuernée sans aucun mauuais mesnage; nous suppliant
luy vouloir sur ce pouruoir de nos lettres à ce requises & necessaires. Pource est-il, que nous ce
consideré, desirans subuenir à l'exposante selon
l'exigence des cas, vous mandons que la plus grâ-
de & saine partie des parents d'icelle exposante,
tant paternels que maternels appellez pardeuant
vous, iceux ouys, autát que suffire doiue, s'il vous
appert que ladite exposante ait atteint l'aage de
vingt-vn an ou enuiron, qu'elle soit suffisante &
capable de gouuerner ses biens, vous en ce cas
souffriez & permettiez qu'icelle exposáte iouysse
desdits biens de sesdits pere & mere, & de tous
ceux qui luy appartiennent, tout ainsi que si elle
auoit atteint l'aage de maiorité: à la charge qu'elle ne pourra vendre ny aliener sesdits biés, qu'elle n'aye atteint ledit aage de maiorité, dont nous

l'auons dispensée pour ce que dessus : Car tel est
nostre plaisir.

VINGT-QVATRIESME.
Terrier.
Quatre clauses.

Permission de contraindre les detenteurs.
Bailler par declaration.

Faire arpenter les terres, parties presentes ou
appellées, aux despens de l'exposant.

Mettre en sa main l'heritage, nonobstant oppositions ou appellations quelconques, quant aux
choses tenuës noblement

LOVIS, &c. Au Bailly de... ou son Lieutenant. &c. Salut. Nostre amé & feal tel......
nous a fait remonstrer, qu'à cause desdites terres
& seigneuries, il a toute Iustice & Iurisdiction,
haute, moyenne & basse, & plusieurs domaines,
fiefs, arrier-fiefs, cens, dixmes, terrages, coustumes, coruées, rentes, & autres droicts & deuoirs,
à prendre & perceuoir sur plusieurs maisons, vignes, manoirs, mazures, bois, buissons, prez, terres
labourables, & non labourables, & autres heritages qui sont detenus & possedez par plusieurs particuliers, tant Ecclesiastiques, Nobles, qu'autres,
lesquels sont refusás les luy payer & recognoistre,
nous suppliant & requerant luy vouloir sur ce
pouruoir. A ces causes nous vous mâdons, & à celuy de vous qui pour le bien & soulagement des
sujets & redeuables des droicts, & qui plus faci-
lement, & auec moins de peine & frais pourra
vacquer & proceder à l'execution des presentes,
commettons & enioignons par cesdites presentes,

qu'à la requeſte dud. expoſant vous faites faire exprés commandement de par nous ſur certaines
grandes peines à nous applicables par cry public,
ſon de trompe, & par affiches que vous ferez mettre és portaux des villes, bourgs & villages, & és
portes des Egliſes Parochiales deſd. Seigneuries,
à tous vaſſaux & emphyteutes, tenáciers, cenſiers,
& redeuables enuers l'expoſant deſd. droits & deuoirs, que dans certain temps qui leur ſera par
vous prefix, ils ayent à venir faire & preſter audit
ſuppliant les foy & hommage qu'ils ſont tenus faire, pour raiſon des fiefs qu'ils tiennét mouuans de
luy à cauſe deſd. terres & ſeigneuries, bailler adueus & denombremens par le menu, tenans & a-
boutiſſans nouueaux referez aux anciens par declaration ſignée d'eux, & de l'vn d'eux, de nos Notaires & Tabelliós ou de Cour laye, que pour ce faire, commettrez payer à iceluy ſuppliant les droits
& deuoirs à luy deubs pour raiſon deſdits fiefs : &
auſd. emphyteutes tenanciers redeuables, iceux
venir reconnoiſtre & bailler la declaration par le
menu, des fins, bords, limites, tenans & aboutiſſás,
& le nom au vrai de toutes & chacunes les maiſós,
baſtimens, terres, bois, buiſſons, étangs, riuieres,
ports, paſſages, vignes & autres poſſeſſions, & choſes generalement quelconques, qu'ils tiennent &
poſſedent en & au dedans deſd. terres & ſeigneuries, & à cauſe d'icelles pardeuant leſd. Notaires
& Tabellions, & quels droits & deuoirs ils ſont
tenus en faire & payer par chacun an ou à chacune mutation, quels arrerages en ſont deubs ſans
aucune choſe en taire ny receler, ſur peine de for-
faiture : auſſi de monſtrer & exhiber leurs lettres,

tiltres & enseignemens, adueus &-denõbremens
tant noueaux qu'anciens, les actes de la receptiõ
de leur foy & hommage les quittances & déchar-
ges de ceux ausquels ils auroient payé lesd.(droicts
& deuoirs-seigneuriaux, & le tout faire inscrire
en vn papier terrier que vous ferez bailler & deliurer audit suppliant deuëment signé & expedié
par lesd. Notaires pour luy seruir en temps & lieu
ce que de raison. Et pour la verification & esclair-
cissement de sesd. droicts & executions des presentes, mandons à nostredit premier Huissier ou
Sergent sur ce requis, faire exprés commandemét
de par nous à tous Notaires , Tabellions, Greffiers & autres, qui ont aucuns contracts de ventes,
transports, eschanges, donations & papiers terriers des choses susdites, qu'ils ayent à les monstrer & exhiber pardeuant vous, en bailler coppie
collationnée aux originaux dans le temps & delay
qui leur sera par vous prefix. Et où ils ne satisfe-
ront dedans iceluy temps, & n'apporteront lesd.
declarations & denombremens, saisissiez & faites
saisir lesdites terres , fiefs , Iustices & heritages ,
cens, rentes & possessions quelconques, & procediez contre eux par les voyes de droict selon la
Coust.du pays & nos Ordonnances , ensemble
contre lesdits Notaires, Tabellions & autres qui
feront refusans d'exhiber & bailler la coppie desdits contracts & papiers terriers, par peines & a-
mendes telles que verrez estre à faire, que voulõs
estre leuées sur eux sans deport. Et outre faites
informer des entreprises & vsurpations sur lesdites terres , Iustices & Iurisdictions que ferez bor-
ner & limiter auec les ioignans & circonuoi-
sins

fins , les Seigneurs d'icelles deuëment appellez
pour ce faire, voir les anciennes bornes & limites , faire procez verbal & defcription d'icelles,
s'affeoir, & en mettre & oppofer nouuelles où befoin fera, le tout à la conferuation defdites Iuftices & Iurifdictiós, & éuiter aux entreprifes qu'ils
fe pourroient faire les vns fur les autres : faites
auffi arpenter & mefurer par l'arpenteur iuré , ou
gens à ce connoiffans , les terres, prez, bois, buif-
fons , & autres heritages, tant du domaine defdites Seigneuries, que des Subiets & vaffaux d'icelles, eux à ce faire auffi appellez, pour voir raffeoir
les anciennes bornes, & y en mettre de nouuelles
fi befoin eft, pour le bordage & arpentage fait e-
ftre mis & incorporé au domaine defdites terres
& Seigneuries ; ce qui fera trouué par lefdits ar-
penteurs à eftre outre la mefure portée par leurf-
dites declarations, adueus & denombremens, tiltres & enfeignemens. Faites faifir & mettre en noftre main les lieux & heritages qui vous apper-
ront auoir efté autrefois redeuables aufdites Seigneuries, & chargez enuers icelles de cens, rentes,
& autres droicts & deuoirs, dont les Receueurs
& Fermiers defdites Seigneuries fouloient faire
recepte, iufques à ce qu'ils ayent fait apparoir des
caufes fuffifantes, repugnantes & contraires: apres
leur declaration ainfi faite & en la forme que dit
eft, feront paffez & baillez pardeüant lefdits Notaires & Tabellions , qu'à ce faire aurez deputez
& commis : voulons d'icelles, comme dit eft, eftre
fait par lefdits Notaires & Tabellions, vn ou plufieurs liures & papiers terriers qui feront fignez
de luy & du Greffier de voftredit Bailliage, pour

T

seruir & valoir audit suppliant , tant en la perce-
ption desd. droits, qu'en toutes les autres Cours,
Iurifdictions & autres lieux de suffifante preuue,
tiltres & enseignemens ; faifant iceluy suppliant
payer de tous & chacuns ses droits qui sont deus,
& se trouueront auoir esté recelez par les voyes &
contraintes pour ce accoustumées, & en tel cas requifes, & en cas d'oppofition, refus ou delay, nostredite main suffifamment garnie, quant aux chofes tenuës noblement, procederez nonobstant les
oppofitions ou appellations quelconques, & fans
preiudice d'icelles , pour lefquelles ne voulons
estre differé, & faites au furplus aux parties ouyës
bonne & briefue Iustice: Car tel est nostre plaifir,
nonobstant lettres à ce contraires. Mandons &
commettons à tous nos Iusticiers & Subiets, qu'à
vous, & à chacun de vous, en ce faifant foit obey.

Renouuellement de papier terrier.

LOvis, &c. A nostre Bailly de tel lieu ou son
Lieutenant general & particulier en chacuns
de leurs Sieges, Salut. Nostre amé & feal tel......
nous a fait expofer qu'à caufe des terres & fei-
gneuries de tel lieu, & autres terres à luy appartenans, il a toute iustice & iurifdictió, haute, moyé-
ne & baffe, & plufieurs fiefs & arrier-fiefs, maisós
& manoirs tenus refpectiuement de luy à foy &
hommages, cens, rentes, & autres deuoirs feigneuriaux par plufieurs perfonnes, tant Nobles qu'autres, lefquels fe peuuent perdre par le moyen des
anciens, tenans & aboutiffans defd. heritages, deceds de ceux qui les tiennent, guerres ciuiles, &

autres mutatiõs, s'il n'eſt pourueu audit expoſant
de nos lettres en forme de terrier, pour renouueller iceux droicts, tenans & aboutiſſans , humblement requerant icelles. Pour ce eſt il, que nous
ce conſideré, deſirans ſubuenir audit expoſant ſelon l'exigence des cas, vous mandons & commettons par ces preſentes, qu'à la requeſte dudit expoſant vous faſſiez faire commandement de par
nous à tous detenteurs & proprietaires deſdits heritages ſuiets auſdits cens, rentes, tailles, coruées,
bannages, terrages, dixmes, champars, & autres
droicts & deuoirs ſeigneuriaux que pardeuãt l'vn
de nos Notaires, Tabellions, ou l'vn de leurs Subſtituts, ils ayent à recognoiſtre incontinét & ſans
delay, & bailler par declaration leſdits heritages
& droicts, exhiber leurs lettres & tiltres, pour en
eſtre fait regiſtre & papier terrier en la forme &
maniere accouſtumée. Et en cas de reſus ou delay
faites aſſigner les oppoſans , refuſans ou dilayans
à certain & competant iour pardeuant les Iuges
qui en doiuent reconnoiſtre. Mandons à noſtre
premier Huiſſier ou Sergent ſur ce requis , faire
tous exploits à ce requis & neceſſaires , & faites
au ſurplus aux parties ouyes bon & brief droict:
Car tel eſt noſtre plaiſir. Donné.

Commißion pour faire paracheuer l'execution d'vn
terrier ſuranné.

LOVIS, &c. A noſtre Bailly de tel lieu, ou ſon
Lieutenant, Salut. Receu auons l'hũble ſupplication de noſtre bien amé tel.....contenant que
dés tel iour il auroit obtenu de nous en noſtre
Chãcellerie à Paris, cõmiſſion en forme de terrier

à vous addreſſantes, laquelle auroit eſté encommencée à executer dedans l'an & iour de l'impetration d'icelle : mais pour aucuns affaires & empeſchemens ſuruenus audit expoſant & à ſon conſeil. ladite execution a eſté diſcontinuée depuis le
mois de tel...... tellement que le papier terrier
encommencé à faire en vertu de noſdites lettres,
n'a eſté paracheué, & de preſent il le feroit volontiers continuer & paracheuer, mais il doute que
l'on fiſt difficulté de ce faire au moyen de ladite
diſcontinuation, & que noſdites lettres de terrier
ſont ſurannées, s'ils n'auoiét ſur ce nos lettres de
prouiſion, humblement requerant icelles. Pourquoy nous ce conſideré, voulons & vous mandons, pource que leſdites lettres en forme de
terrier obtenuës par ledit expoſant, ſont à vous
addreſſantes, & qu'auez, ou les aucuns de vous, ia
commencé de proceder ou faire proceder à l'execution d'icelles, commettons par ces preſentes,
& à chacun de vous, ſi comme à luy appartiendra,
que s'il vous appert ſommairement, & de plain,
& ſans figure de plaid ne procez d'icelles noſdites
lettres, & de l'execution encommencée en vertu
d'icelles d'ans l'an de l'impetration d'icelles, qui
fut audit mois de..: . & n'ayant ladite execution
& papier terrier eſté paracheué, ains diſcontinué
depuis ledit mois de.......& au moyen de pluſieurs affaires & empeſchemens à luy & à ſon conſeil ſuruenus, vous en ce cas faites proceder au
paracheuement d'icelle execution & papier terrier d'iceluy ſuppliant, ainſi qu'il appartiédra par
raiſon. & tout ainſi qu'on euſt peu faire dedans
l'an de l'impetration de noſdites lettres de terrier,

en contraignant ou faifant contraindre à ce faire
& fouffrir tous ceux qu'il appartiendra par toutes
voyes deuës & raifonnables : Car tel eft noftre
plaifir, nonobftant que nofdites lettres de terrier
foient fur-années, & que l'execution en ait efté
difcontinuée depuis ledit mois...que ne voulons
audit fuppliant nuire ne preiudicier en aucune
maniere. Donné.

VINGT-CINQVIESME.

Pareatis,

L OVIS, &c. Nous te mandons & commettons par ces prefentes , qu'à la requefte de
tel......... tu mette à deuë & entiere execution
l'Arreft du........... iour de......... mil fix cens
vingt-deux, cy attachée fous le contrefcel de noftre Chancellerie, à l'encontre de tel, de point en
point felon fa forme & teneur , faifant tous exploicts neceffaires pour l'execution dudit Arreft
cy-attaché, comme dit eft, fans demander placet,
vifa, ne pareatis. De ce faire te donnons pouuoir,
puiffance, authorité, commiffion & mandement
fpecial; Mandons & commettons à tous nos Iufticiers, Officiers & Sujets, qu'à toy en ce faifant foit obey, nonobftant Clameur de Haro,
Chartre Normande, & lettres à ce contraires.
Donné, &c.

Faut mettre au bas defdites Lettres. Par le Roy en
fon Confeil.

T iij

VINGT-SIXIESME.
Acquiescement.

LOvis,&c. A nos amez & feaux Conseillers les Gens tenans nostre Cour de Parlement à Paris, Salut. A la supplication de tel...& Maistre tel Procureur, nous vous mandons receuoir les supplians à acquiescer sans amende à l'appel par eux interietté de la Sentence contre eux renduë par nostre Bailly de tel lieu, le tel iour, au profit de tel ... .subrogé au lieu & droicts de tel, pouruen que le procez ne soit par vous veu ny iugé : & au surplus faire aux parties ouyes bonne & briefue Iustice. Car tel est nostre plaisir. Donné.

VINGT-SEPTIESME.
Lettres de pacificis possessoribus.
Deux clauses.

S'il appert du tiltre.
Ou qu'il soit plus que triennal possesseur.

LOvis, &c. A nos amez & feaux Conseillers les Commissaires par nous deputez pour la reformation des Hospitaux & Maladeries de nostre Royaume de France, Salut. De la partie de nostre amé Maistre tel.....Chappellain de telle Chappelle, nous a esté exposé qu'il a esté bien & deuément pourueu de ladite Chappelle, & a pris possession & jouy paisiblemét d'icelle dix ans sont & plus, neátmoins led. Maistre tel.l'auroit troublé & empesché en ladite iouyssance, en ayant obtenu prouision, par le moyen desquelles il est interuenu au procez pendant pardeuant vous en-

tre l'expofant demandeur d'vne part, & tel.......
auquel iceluy tel ayant esté receu à partie, a produit fa pretenduë prouifion, au moyen dequoy
ledit expofant qui eft côme dit eft, plus que triennal poffeffeur, à cette fin a esté confeillé d'obtenir
nos lettres *de pacificis poffefforibus*, humblement
requerant icelles. Pource eft il que nous, ce confi-
deré, defirans fubuenir audit expofant felon l'exigence des cas, vous mandons, & parce que les parties foient en procez pardeuant vous, cômettons,
que s'il vous appert que l'expofant foit plus que
triennal poffeffeur de ladite Chappelle, & des autres chofes deffufdites, ou de tant que fuffire doiue, vous en ce cas maintenicz & gardiez ledit expofant en la poffeffion & iouyffance d'icelle Chappelle, & faites au furplus aux parties ouyës bonne
& briefue Iuftice: Car tel, &c. Donné.

VINGT-HVICTIESME.

Lettres de refpit, auec connoiffance de caufe.

LOVIS, &c. A noftre Bailly de tel lieu, ou fon
Lieutenant, Salut. De la partie de tel.......
demeurant en tel lieu, chargé de femme & enfans,
nous a esté expofé que depuis certain temps en ça,
mefme depuis tel temps il luy feroit arriué plufieurs infortunes: *faut mettre tout le fait au long, &*
quelles pertes il a fouffertes: au moyen dequoy ne
pouuant fatisfaire ne payer fes creanciers, il auroit
efté à infinies fois contraint par faifies & executions des Sergens, les voyages & exploits defquels
reuiennent à de grands deniers, pour lefquels il fe

seroit obligé, & auroit souffert plusieurs iugemés
& condamnations. De maniere que ne pouuant
payer ny vendre quelques-vns de ses immeubles,
afin de se subuenir, estant son credit perdu, l'on
les auroit mis en criées & subhastation, la discus-
sion desquels, la vente & distribution des deniers
comme estans grands & insupportables, absorbét
tout le fonds au payement desdits frais & despens,
estans ses creanciers & opposans ausdites criées
en grand nombre, lesquels outre leurs sommes
ont fait d'autres grands frais, mises & despens côtre l'exposant, lequel, comme tenu redeuable,
tombera en mendicité, ne leur pouuant satisfaire.
A cesdites causes, & qu'il a bon vouloir & intention de payer tous & vn chacun sesd. creanciers,
luy baillant moyen de ce faire, il requeroit volontiers quelque terme & delay pour payer : mais il
doute n'estre à ce receuable, sans auoir nos lettres de respit, humblement requerant icelles.
Pourquoy nous, ce consideré, voulans subuenir à
nos Subiets selon l'exigence de cas, & pource que
vous estes Iuges ordinaires des parties, vous mandons & commettons par ces presentes, que les
creanciers dudit exposant appelliez pardeuant
vous, & lesquels voulons y estre appellez par le
premier nostre huissier ou Sergent, qu'à ce faire
commettons, s'il vous appert sommairement de
ce que dit est, des perils, pertes & fortunes dudit
exposant, qu'il ait esté ruiné pendant les derniers
mouuemens, payé rançon, que par le moyen d'i-
celle il ne puisse payer à present sesdits creanciers
sans faire l'entiere perte & distraction desd. biens,
& de sa totale ruine, que lesdits creanciers soient

puiſſans, & ayent moyen d'attendre, & des autres choſes deſſuſdites, ou de tant que ſuffire doiue: vous en ce cas, en reconnoiſſant prealablement leſdites debtes deuës par ledit expoſant, nous voulons luy eſtre par vous pourueu de tel delay & terme qui luy ſera par vous donné, & que verrez eſtre à faire en vos loyautez & conſciences, pour payer & ſatisfaire à ſeſdits creanciers; pendant lequel temps ne ſouffriez, luy ſes cautions & coobligez, eſtre contrains ou moleſtez en corps ny en biens au preiudice des preſentes, ains ferez auſdits creanciers, & à tous Huiſſiers ou Sergens, comme par ces meſmes preſentes nous leur faiſons tres-expreſſes inhibitions & defenſes, d'aucune choſe attenter contre iceluy expoſant, ſeſdits pleiges & cautions à peine de nullité, caſſation de procedures, deſpens, dommages & intereſts, & à tous Geolliers, Concierges & Gardes des priſons, de les receuoir en icelles ſur les meſmes peines. Car tel eſt noſtre plaiſir, nonobſtant quelconques cedules, promeſſes, obligations & ſentences à ce contraires. Donné à Paris le..... iour de...... l'an de grace mil ſix cens vingt-ſix.

Par le Roy en ſon Conſeil

Commiſſions ſur ledit reſpit pour faire appeller leſdits creanciers.

LOVIS, &c. Au premier noſtre Huiſſier ou Sergent ſur ce requis, Salut. De la partie de noſtre amé tel, nous a eſté expoſé, qu'ayant ob-

tenu certaines lettres en forme de respit, en datte
de tel iour dernier, addreſſantes à noſtredit tel Iuge, ſur leſquelles noſtredit tel Iuge auroit ordonné, que ledit tel auroit commiſſion pour faire appeller en icelles ſes creanciers aux fins d'atter-
moyement. A ces cauſes, deſirans ſubuenir à nos
ſubiets ſelon l'exigence des cas, nous enſuiuans
ladite Ordonnance de noſtredit tel Iuge, & à la
Requeſte dudit tel expoſant, te mandons & commandons par ceſd. preſentes, que tous les creanciers dudit expoſant dont ſeras requis, tu adiournes à certain & competant iour pardeuant nous,
pour voir entheriner audit expoſant les lettres de
reſpit ſelon leur forme & teneur, & outre proceder ainſi que de raiſon. De ce faire te donnons
pouuoir. Mandons & commandons à tous nos Officiers, Iuſticiers & Subiets, qu'à toy en ce faiſant
ſoit obey, ſans pour ce demander placet, viſa, ne
pareatis. Donné, &c.

VINGT-NEVFIESME.

Commiſſion en condamnation de frais & deſpens.

LOvis, &c. Salut. A la ſupplication de noſtre
amé tel.…nous te mandons aſſigner à certain
& competant iour en noſtre Cour de Parlement à
Paris tel, pour s'y voir condamner aux deſpens,
frais & miſes contre luy faits par l'expoſant, en
execution de l'executoire de deſpens de noſtredite
Cour de tel iour & an, & proceder comme de
raiſon : Car tel eſt noſtre plaiſir. Donné.

TRENTIESME.

Commiſſion ſur vn Arreſt par Extraict.

LOVIS &c. Salut. A la ſupplication de noſtre amé tel, nous te mandons mettre à execution l'Arreſt de noſtre Cour de Parlement de Paris de tel iour, cy-attaché ſous le contre-ſcel de noſtre Chancellerie, obtenu par le ſuppliant à l'encontre de tel , nohobſtant qu'il ne ſoit que par extraict. De ce faire te donnons pouuoir. Car tel eſt noſtre plaiſir. Donné.

TRENTE-VNIESME.
Examen a futur.
Extraict.

Examiner les teſmoins.

Pourueu que la cauſe ne ſoit conteſtée.

LOVIS, &c. A nos amez & feaux Conſeillers les Gens tenans noſtre Cour de Parlement à Paris, Salut. De la partie de tel.....nous a eſté expoſé, qu'il y a procez pendant & indecis par deuāt vous, entre ledit expoſant d'vne part, & tel........ pour raiſon de partie des biens de la ſucceſſion de feu Maiſtre tel, leguez tant à l'expoſant qu'audit tel : & d'autant qu'iceluy tel s'eſt rendu indigne des biens à luy leguez par iceluy deffunct, pour les propos par luy tenus contre ſon honneur & bonne reputation lors de ſon decez & depuis; que par ce moyen ledit expoſant pretend le faire priuer dudit legs, & declarer non receuable és demādes qu'il luy a faites, & que les témoins qui en peuuent depoſer ſont vieux, anciens & valetudi-

maires, l'expofant defire les faire ouyr & interroger par forme d'examen à futur fur lefdits faits,
humblement requerant fur ce nos lettres. Pource eft-il que nous vous mandons, & commettons
par ces prefentes, lefdits tels à ce faire deuëment
appellez, vous procediez au fait de l'enquefte
& examen à futur, que lefdits expofans veulent
& entendent faire à l'encontre d'iceluy tel, fur les
faits fufdits, & autres defquels il aura communication, pour ladite enquefte d'examen à futur,
faite feruir audit expofant au procez, ainfi que de
raifon. Mandons au premier noftre Huiffier, ou
Sergent fur ce requis, faire tous exploits à ce requis & neceffaires. Car tel eft noftre plaifir. Donné à Paris, &c.

TRENTE-DEVXIESME.

Commiffion pour taxer falaires &
vacations.

LOVIS, &c. A la fupplication de noftre amé
tel.......nous te mandons affigner à certain &
competant iour en noftre Cour de.....à Paris tel,
pour foy voir condamner payer & rembourfer au
fuppliant tous & chacuns les frais, falaires & vacations par luy faits, pour & au nom dudit tel, au
procez pendant en ladite Cour, depuis terminé
par accord entre tel, appellant d'vne fentence de
tel Iuge, le tel iour d'vne part & ledit intimé d'autre part, & proceder en outre comme de raifon.
Car tel eft noftre plaifir.

TRENTE-TROISIESME.

Lettre d'assiette du grand Seau.

LOVIS, &c. A nos amez & feaux Conseillers, les Treforiers Generaux de France eftablis en la Generalité de Bourges, Salut. Les Manans & Habitans de la ville de tel...... nous ont fait remonftrer qu'ils font demeurez redeuables en-uers maiftre tel de la fomme de tant, pour le reli-qua du compte à eux rendu par ledit Maiftre tel, de ce qu'il a manié pour lefdits Habitans, & au-tres fommes de deniers pour autres chofes, pour lefquelles fommes le Procureur Syndic des Ha-bitans a efté par fentence de tel iour condamné obtenir lettres, à quoy lefdits Habitans ont pre-fté confentement de leuer fur eux lefdites fom-mes fuiuant ladite fentence : ce qu'ils ne peuuent faire fans auoir fur ce nos lettres de prouifion, humblement requerant icelles. A ces caufes. De l'aduis de noftre Confeil, qui a veu ladite fenten-ce fur ledit compte, & baille au rabais par le con-fentement fait fur iceux par lefdits habitans, nous vous mandons & commettons par ces prefen-tes, que par les Efleus en l'efleſtion de tel lieu, vous ayez à faire affeoir & impofer en la prefen-te année fur tous lefdits Habitans contribua-bles à nos tailles, le fort portant le foible, & le plus iuftement & efgalement que faire fe pourra, lefdites fommes de......... Et pour les frais de l'execution & impetration des prefentes, outre les frais qu'il conuiendra faire en execution

d'icelles pour lefdits deniers & fraiz ainfi leuez
& cueillis par les Collecteurs de la Taille, & mis
és mains du Procureur Syndic de laditte Ville,
eftre par luy employez en l'acquit defdits habitans enuers led. Maiftre tel, & non ailleurs ; nonobftant oppofitions ou appellations quelconques,
pour lefquelles ne voulons eftre differé, pourueu
que nos deniers n'en foient aucunement retardez.
En outre mandons au premier noftre Huiffier ou
Sergent fur ce requis, faire tous exploicts requis
en execution des prefentes: Car tel eft noftre plaifir. Donné.

Lettre d'affiete du petit fceau, qui s'expedie iufqu'à
la fomme de cent nonante liures, & par Arreft
iufqu'à trois cent liures.

LOVIS, &c. A nos amez & feaux Confeillers
les Prefidens, Treforiers de France, & Generaux de nos Finances eftablis à Bourges: Nous
vous mandons & enioignons par ces prefentes,
que par les Efleus de Bourges en la prefente année, vous ayez à faire impofer, cueillir & leuer
fur tous & chacuns les Manans & Habitans de la
Parroiffe de tel lieu, la fomme de tant, à quoy ils
ont efté condamnez enuers tel , par executoire
decerné par nofdits Efleus de Bourges , en datte
du tel iour...... & iugement du tel iour dernier,
efquels defpens ils ont efté condamnez par Sentence defdits Efleus de Bourges , qui ont efté taxez & arreftez à ladite fomme de....& encore la
fomme de tant & tant, pour le falaire de tel Sergent, qui auroit fait commandement aufdits Ha-

bitans, en vertu dudit executoire de payer ladite
ſomme, que pour le voyage & obtention du iugement par leſdits tels faicts en la ville de Bourges,
comme appert par les pieces cy-attachées ſous le
contre-ſeel de noſtre Chãcellerie: toutes leſquelles ſommes montent enſemble à la ſomme de tant,
enſemble la ſomme de......... pour l'obtention des
preſentes , outre les frais qu'il conuiendra faire
pour l'execution des preſentes, nous voulons eſtre
ſur tous & chacuns les Manans & Habitans de la
Parroiſſe de tel lieu, impoſez le plus iuſtement &
eſgalement que faire ſe pourra, par les Aſſeeurs &
Collecteurs de nos Tailles en ladite Parroiſſe, &
icelle ſomme cueillie & leuée, nous voulons eſtre
miſe és mains du Procureur Syndic de lad. Parroiſſe, pour eſtre deliurée en celle deſdits tels en
l'acquit deſdits Habitans, & non d'autres. Voulons leſdits Habitans eſtre contrains au payement
chacun de leur cotte par toutes voyes deuës & raiſonnables , comme pour nos propres deniers :
pourueu toutesfois que nos deniers n'en ſoient
diminuez ny retardez, & qu'il n'y aye appel dudit
executoire. De ce faire vous donnons pouuoir &
mandement ſpecial, & au premier noſtre Huiſſier
faire tous exploits requis & neceſſaires : Car tel
eſt noſtre plaiſir. Donné à Paris le premier Nouembre, l'an de grace mil ſix cens vingt-trois, &
de noſtre regne le treizieſme.

TRENTE-QVATRIESME.

Commission pour mettre à execution les executoires de
despens.

LOvis, &c. Salut. A la supplication de nostre
amé tel.....nous te mandons les deux executoires de despens de nostre Cour de Parlement à
Paris de tels iours, cy attachez sous le contre-seel
de nostre Chancellerie, obtenus par le suppliant
à l'encontre de tel, tu mettes à deuë & entiere
execution selon leur forme & teneur, nonobstant
la surannation de plus d'an & iour, que ne voulons luy nuire ne preiudicier. Car tel est nostre
plaisir. Donné.

TRENTE-CINQVIESME.

Lettres d'homologation.

LOvis, &c. A nos amez & feaux Conseillers
les Gens tenans nostre Cour de Parlement à
Paris, Salut. De la partie de tel...... nous a esté
exposé, que pour mettre fin au differend qui estoit
meu & à mouuoir pardeuant vous entre les parties, pour raison de telles choses, les parties ont
passé contract en forme de transaction de tel iour,
lequel ils desireroient faire homologuer en nostredite Cour, humblement requerant sur ce nos
lettres. Pource est il, que nous desirans subuenir à
nos Subiects selon l'exigence des cas, vous mandons & commettons par ces presentes, que s'il
vous

vous appert dudit contract & tranfaction faite entre lefdites parties ledit iour, homologuez iceluy
contract, & condamnez les parties refpectiuement iceluy entretenir felon fa forme & teneur,
& faites aux parties bonne & briefue Iuftice: Car
tel eft noftre plaifir. Donné.

For me pour dreffer l'appoinctement
d'homologation.

ENtre tel d'vne part, & ledit tel d'autre part,
apres que les parties ont refpectiuement requis l'homologation du contract de tranfaction
paffé entre lefdites parties le tel iour pardeuant
tel Notaire Royal de tel lieu. Appointé eft, ouy
fur ce le Procureur General du Roy, que la Cour
a homologué ledit contract de tranfaction fait &
paffé entre lefdites parties ledit iour pardeuant tel
Notaire, a condamné & condamne icelles parties
entretenir refpectiuement iceluy felon fa forme
& teneur.

TRENTE-SIXIESME.

Lettres de relief d'appel.

LOvis, &c Salut. De la partie de tel...nous
a efté expofé, que de certaine Sentence contre luy donnée par le tel Iuge, le tel iour, & de
tout ce qui s'en eft enfuiuy au profit de tel, l'expofant en a appellé & appelle par ces prefentes
à nous & à noftre Cour de Parlement, où ledit

V

appel reffortit, lequel appel il defireroit volontiers releuer : ce qu'il ne peut, fans auoir fur ce nos lettres, humblement requerant icelles. Pource eft-il, que nous te mandons & commettons par ces prefentes, qu'à la requefte dudit expofant, tu adiournes en cas d'appel à certain & competant iour en noftre Cour de Parlement à Paris led. tel Iuge pour fouftenir lad. Sentence, le voir corriger, reparer & amender fi befoin eft, & audit iour intimer en noftredite Cour de Parlement led. tel, qu'il foit & compare aud. iour en noftred. Cour, s'il cuide que bon foit, & que la caufe & matiere d'appel luy touche ou appartienne en aucune maniere. En leur faifant & à chacun d'eux tres-expreffes inhibitions & defenfes d'aucunes chofes attenter ou innouer au preiudice dudit appel : & outre fait commandement au Greffier dudit tel, fes Clercs ou Commis, d'apporter ou enuoyer incontinent & fans delay au Greffe de noftred. Cour de Parlement à Paris, le procez, pieces & procedures, fur lefquelles eft interuenu ladite Sentence : & en cas d'oppofition, refus ou delay, iour en noftredite Cour pour en dire les caufes : Car tel eft noftre plaifir.

Nota, qu'il ne faut point la claufe de commandement au Greffier és appellations verbales, ains feulement és procez par efcrit.

F I N.

ARREST DE LA COVR DE PARLEMENT,
Portant Reglement pour les Iuges, Officiers,
Practiciens, & Ministres de Iustice
des Sieges Presidiaux.

ENtre Maistre Louis Foucault, Conseiller du Roy, President au siege presidial de Bourges, Pierre Bidaut, Guillaume Foucault, Henry du Moulin, Gabriël Picault, Iacques Fontaine, Iean Bienuenu, Vincent Esterlin, Gabriël Manceron, Claude le Begue, François Gassot, Philippes Labbé, Pierre Gibief, Philippes le Begue, Iean Faune, Gilles du Pont, & Nicolas Mace, Iuges Magistrats au Bailliage Conseruatoire & Siege Presidial dudit Bourges, demandeurs en Reglement, suiuant la Commission de la Cour, du septiesme Septembre mil six cens douze, & demande par eux fournie d'vne part. Et Maistre Pierre Biet, Conseiller du Roy, & Lieutenant General audit Siege, Maistre Claude Bridard, Lieutenant particulier, tant comme faisant & exerçant à present la charge de Lieutenant Criminel, par le deceds de deffunct Maistre Claude Fradet, qu'à cause de son Office & estat de Lieutenant particulier; La Communauté des Aduocats dudit Siege, & encore la Communauté des Precureurs audit Siege, d'autre. VEV par la Cour ladite Commission & demande en Reglement, deffenses & declarations des Aduocats & Procureurs, suiuant leurs procurations des vingt-deuxiesme & vingt-sixiesme Avril mil six cens treize. Ap-

V ij

poinctement en droict; Arrest de denonciation du trentiesme Aoust mil six cens quatorze, & Sentences y mentionnées, des troisiesme, Fevrier mil six cens vnze, vingt-sept & vingt-huit Nouébre mil six cens douze: Autre Arrest du vingt-quatriesme Ianuier mil six cens quinze. Requeste du dix-huictiesme Iuillet dernier, presentée par lesdits Bidault, Esterlin, Manceron, Labbé, Gibieuf & le Begue, par laquelle ils auroient declaré n'auoir aucune dononciation à faire côtre led. Bier Lieutenant General, & requis droict leur estre fait sur ledit Reglement : Autre Requeste presentée par Maistre Iean Seruant, Substitut du Substitut du Procureur General audit Bourges du vingt-vniéme Iuillet dernier, à ce qu'il fust maintenu en sa charge. Et ce faisant qu'en la confection des Enquestes, Examen à futur, & autres actes, où il sera besoin d'adjoint, il fust pris pour adjoint, cômuniquées au Procureur General: Requestes du cinquiesme du present mois, par lesquelles lesdites parties auroient declaré qu'elles employoiét pour toutes escritures & productions, les Articles bail. lez, pour paruenir audit Reglement ; Et lesdits Aduocats & Procureurs qu'ils n'entendoient estre parties, & s'en rapportoient à ladite Cour, signifiées & mises au sac, Conclusions du Procureur General du Roy. Et tout consideré. Dit a esté, que la Cour faisant droict sur les Reglemens respectiuement demandez, declarations & consentemens desdits Aduocats & Procureurs, interuention dudit Seruant.

I. A ORDONNE' & ordonne, que d'oresnauant les President, Lieutenant General, Particulier,

& Conseillers, Iuges Magistrats an Bailliage &
Siege Presidial de Bourges, s'assembleront par
chacun iour du Palais en la Chambre du Conseil à huit heures du matin, depuis la Toussaints
iusques à Pasques, & depuis Pasques à sept
heures.

2. Et és iours d'Audiance, monteront ensemblement au Siege iusques au nombre de 2. sept au
moins à neuf heures du matin, depuis ledit temps
de Toussaincts iusqu'à Pasques, & depuis à huict
heures, 3 toutes affaires cessantes, pour tenir l'Audience deux heures durant.

3. Les Aduocats & Substitut du Procureur General auront d'oresnauant leur Parquet, pour
s'asseoir aux Audiances proche le Bureau des
Greffiers.

4. Les Advocats & Procureurs dudit siege se
trouueront au Palais vne heure auparauant 4.
l'ouuerture des Audiences, pour s'entre-commu-
niquer les pieces 5. des parties, prendre entr'eux
les appointemens 6 ordinaires, & communiquer
au Substitut du Procureur General les causes où
le Roy aura interest.

5. L'Audience ouuerte, les Aduocats entreront
en leurs barreaux, les Procureurs au dessous, selon
l'ordre de leur reception sans vaquer ny plaider.

7. Que par la voix des Aduocats, 8 qu'ils ne
pourront interrompre, & ne se tiendront debout, 9 qu'à l'appel de leurs causes, & lorsqu'il y
aura plus d'vn Iuge au Siege, parleront les Aduocats & Procureurs en plurier. 10.

11. Seront lesdits Aduocats & Procureurs res-
pectueux en paroles, porteront honneur 12 aux

1.François
1.2.S.Iean
d'Angely,
le 11. Fe-
vrier 1519
art.1. pour
les Sieges
du Bailliage
ge de Tu-
raine 2.
Henry II.
1552.art.2
& en Mars
de la mes-
me année
art. 33.
3. Louis
XII. 1498
art.1. 1567
à Blois art.
205 Fran-
çois I.1535
ch. 4. art.
15. & 1539
art. 1 ⊕ 4.
Fraçois I.
1515. ch.4.
art. 13. &
1510. art.
20.5.idem
1530. en
l'Ord. du
Grand Cö-
seil, art.30
6. idem
1519. à S.
Iean d'An-
gely,art.
13.7.idem
1531.ch.5.
art. 19.
8. idem,
1519. à S.
Iean d'An-
gely le 2.
Fevrier
art. 2.9.
idem 1519
en l'Or-
don. du

Grand-
Conſeil
art.40.ſur
la fin Ar-
reſt du
Parlemét
du 14.Fev.
1588. 10.
Arreſt du
Parlemét
du 8. Fev.
1615.11.
Arreſt du
Côſeil du
Roy, pour
lepreſidial
deBreſſe
du 24.
May 1513.
art. 75.11.
lib.art. 71
13. Frãçois
I. 1555.
ch. 4. art.
17. 14.
Charles
VII. 1453
art. 17.
François
I. 1539.en
l'Ordon.
du Grand
Côſeil art.
14. 15.
Franc. I.
1528. art.
13. & 1535.
chap. 14.
art. 9. &
1539. art.
7. 17.
Louis XII.
1498. art.
69. Franc.
1519. art.
26. ch. 18.
art. 3. Hé-
ry III. à
Paris le 8.
Aouſt
1579. Ar-
reſt des

Iuges garderont le ſilence à l'audiance; & ne pourront à l'inſtant des iugemens interietter appel à la face des Iuges; ains iront au Greffe former ledit appel.

7. Comme auſſi ayans des cauſes de recuſation à propoſer, feront tenus aller au logis des Iuges pour les faire entendre, 12. ou preſenter requeſte par eſcrit, contenant les cauſes de recuſation.

8. Seront tenus les Aduocats s'abſentans du Palais rendre 13. les ſacs & pieces des parties aux Procureurs, pour en charger d'autres, tant que les cauſes puiſſent eſtre remiſes pour leur abſence.

9. Et à faute de ſe trouuer par les Procureurs ou Subſtituts à l'appel 14. de leurs cauſes, ſeront condamnez aux dommages & intereſts des parties, Et auront tous les Procureurs des Subſtituts, 15. dont le nom ſera eſcrit au 16. regiſtre du Greffe du Bailliage & des preſentations.

10. En chacune iuriſdiction, ſera par les Iuges & Officiers choiſi dans le Palais ou proche d'iceluy, vn lieu public 17. pour retirer par les Greffiers leurs regiſtres & papiers: Et ne ſera loiſible apres leur deceds, ou bail à ferme expiré, de tranſporter dudit lieu 18. les procez, regiſtres, informations & expeditions; ains y demeureront perpetuellement pour y auoir recours: Et ſi dans ledit Palais n'y auoit lieu conuenable pour retirer par leſdits Greffiers leurs regiſtres & papiers, ſera procedé à la conſtruction des Chambres & Eſtudes.

11. Et à ladite Cour enioint auſdits Greffiers & leurs Commis, d'auoir & tenir ordinairement &

chacun iour leurs bancs & bureaux 19 dans led.
Palais : Et en iceux leurs regiftres, facs, liaffes &
papiers, 20 pour y receuoir & deliurer toutes expeditions, & de s'y trouuer vne heure pour le
moins auant l'Audience.

12. Quand les Greffiers tant du Prefidial que
Bailliage changeront par mort 21 ou autrement,
fera fait inuentaire par le Lieutenant General,
des regiftres, papiers & facs. ciuils & criminels,
à la diligence du Subftitut du Procureur General, & coppie dudit inuentaire baillée à celuy qui
aura laiffé lefdits Greffes ou heritiers du decedé.

13. Et feront lefdits facs, regiftres & papiers mis
pardeuers les Greffiers nouueaux, 22 pour en
bailler les expeditions, demeurant la minute dudit inuentaire au Greffe, pour eftre les profits par-
tis par moitié entre l'ancien Greffier ou fes heritiers, & le 23. nouueau.

14 Seront tenus les Greffiers tant du Bailliage
que Prefidial, fe prefenter & nommer au Lieutenant General, & en fon abfence au Particulier,
premier ou plus ancien Confeiller, leurs Clercs
ou Commis, aux premieres entrées de Touffaints
& Pafques, pour eftre receus par ledit Lieutenant General, s'il les trouue capables, 24 & pré-
dre par luy ferment à l'Audience (s'eftans auparauant prefentez à la Chambre du Confeil) fans
que lefdits Greffiers fe puiffent feruir d'aucuns
Clercs ou Commis qu'ils n'ayent efté receus par
ledit Lieutenant General, & prefentez comme
dit eft.

Efcriront lefdits Greffiers les noms 25 defdits

officiers qui auront affifté au iugement des procez
par efcrit, & és audiences, en leur regiftre dudit
iour, & l'vn d'eux auec fon principal commis, fera tenu fe trouuer auec robbe & bonnet au commencement de chacune audience, pour efcrire
fous les Iuges qui prefideront, tous iugemens qui
feront rendus lors & à l'inftant de la prononciation, 29. fans que les Procureurs, leurs Clercs,
ny autres, puiffent enregiftrer aucunes caufes, ny
dicter les iugemens aufdits Greffiers & Clercs, à
peine de faux.

16. Et feront les Cahiers & Regiftres des Greffiers, reliez & cottez 27. par nombre, & paraphez au premier & dernier fueillet par celuy qui
prefidera, & feront tenus les Procureurs dans 24.
heures apres les iugemens rendus, bailler au Greffier leurs dires & plaidoyez de leurs Aduocats.
Et à defaut de ce, fera tenu ledit Greffier deliurer
lefdits iugemens fur le plumetis, aux parties re-
querantes.

17. Seront tenus les Greffiers és caufes & procez qui feront des deux cas de l'Edict des Prefidiaux, tant de premiere inftance que d'appel, in-
tituler 28. les iugemens & fentences du nom des
gens tenans le Siege Prefidial, Et à l'efgard des
caufes & procez de 29. l'ordinaire, & hors lefdits
deux cas de l'Edict (du nom de Bailly de Berry)
& fera mis à fin le nom de celuy qui aura prononcé.

18. Lefquels Greffiers feront tenus de deliurer
toutes expeditions en bon papier 30. & parchemin, felon que le cas le requerra de lettre li-
fible, bien collationnée, remplir les pages du

25. Henry II. 1551. en Ianuier art. 3. & en Mars art. 4. fur la fin. Arreft pour le Siege de Moulins du 28. Aouft 1563. 26. Arrefts pour le Siege d'Angers du 11. Iuillet 1582. art. 19. 27. Henry II. 1553. art. 4.

28. Henry II. en Iuillet à Fol-lembray 1552. art. 9. & 1557. en Decembre art. 1. 29. Arreft pour ledit fiege d'Angers 1582. 30. Charles

nombre de lignes 31, & les lignes de syllabes, 32.
selon qu'il est requis par les Ordonnances, sans
surcharger 33. les expeditions de faits & langa-
ges superflus 34. & inutils.

19. Deux des Sergens se trouueront auec leurs
baguettes au Palais par chácune semaine en tour
és iours d'Audience 35. & de Conseil, tant du
matin que de releuée vne heure auant le Siege,
pour faire faire ouuerture des portes, & icelles
tenir fermées, pendant l'Audience ; & par l'vn
d'eux se tenir à l'entrée des barreaux, & par l'autre , à la porte de la salle, pour receuoir les mandemens qui leur seront faits. Et seront tenus assister & conduire les Presidens, Lieutenant General ou autres qui presideront en leur absence, al-
lans & retournans du Palais.

20. Se trouuera pereillement audit Palais l'vn
des quatre Huissiers Audienciers 36. de la Iurisdiction du Presidial par chacune semaine en tour,
auec robe & bonnet, és iours esquels se plaide-
deront les causes des deux cas de l'Edict, pour les
appeller à tour de Roolle.

21. Sera tenu celuy qui aura la garde du barreau
faire garder le silence, 37. & ne laisser 38. entrer
au Parquet de l'Audience, que les Greffiers, Procureurs, & les parties, dont on appellera les causes & personnes notables.

22. Toutes causes qui se doiuent iuger presi-
dialement en premiere instance, tant au premier,
qu'au second chef de l'Edict, seront expediées en
pleine Audience aux iours de Ieudy : Et seront
les assignations desdites causes données aux heures 39. ordinaires du siege & non ailleurs, à peine

I X. 1561.
Estats
d'Orleás
ar. 80. 31.
ibid. 32. i-
bidem. 33.
Franc. I.
1519. à S.
Ieã d'An-
gely le 11.
Feu.art.25.
34. Idem.
1531. chap.
3. art. 8. &
18. & 1545.
art.21.
35. Franc.
I. 1559. à
S. Iean
d'Angely,
le 11. Feu.
art.38.
36 Henry
II. 1557.
en Iuil. à
Compie-
gne. Et
1577. à
Villiers
Cotterests.
Henry III.
1580. 37.
Franc. I.
1519. à S.
S. Iean
d'Angely,
art.17. 38.
Charles
VIII.
1403.
art. 43.
Louis XII.
en Nouē-
bre à Blois
art. 165,
Franc. I.
1535. chap.
6, art. 6.

9.Franc.I.
1519.à S.
Ieā d'An-
gely ar.10.
Arreſt des
grādsiours
de Lion,
art.1. 40.
idem,ibid.
Arreſt
pour les
Officiers
de la Pre-
uoſté de
Bourges
1613.

de nullité, pardeuant le Bailly de Berry ou ſon Lieutenant, & gens tenans le ſiegé Preſidial ; & les cauſes d'appel des Sieges inferieurs eſd. deux cas de l Edict, ſeront plaidées le Mardy aux heures accouſtumées.

23. Et à l'eſgard des cauſes qui ſeront de l'ordinaire & hors leſdits deux cas de l'Edict, tant de premiere inſtance que d'appel, les aſſignations en ſeront auſſi données au Siege de l'Audience aux iours de Vendredy pardeuant ledit Bailly de Berry ou ſon Lieutenant à peine de nullité, & d'amende contre les Procureurs & autres qui en feront pourſuittes ailleurs.

24. Et les preparatifs, interrogatoires, & toutes inſtructions & executions ordonnées eſtre faites eſdites Audiences, ou par appointemens volontaires, tant de l'ordinaire que du Siege Preſidial, pour procez affaires non diſtribuez, ſeront faites par ledit Lieutenant 41 General en ſon abſence le Particulier, premier ou plus ancien Conſeiller qui aura tenu l'Audience.

41. Arreſt
pour le ſie-
ge d'An-
gers du 11.
Juil. 1582.
Arreſt
pour le ſie-
ge de
Tours du
19. De-
céb.1595.
42. Arreſt
des grands
iours de
Lion 1596.
Arreſt dó-
né les Chā-
bres aſſé-
blées le 2.
Feu. 1598.

25. Les certifications des criées, publicatiōs d'Edicts, Patentes, Arreſts, Emancipations, Ceſſions de biens, inſinuations de donations & teſtamens, baux à ferme, vente de fruicts, remiſes, adiudications par decret, licitations & ventes de biens de mineurs non ſaiſis, ſe feront en pleine 42 Audience deſdits iours de Ieudy & Vendredy, & ſur la fin d'icelles pardeuant ledit Lieutenant General, & en ſon abſence le Particulier, premier ou plus ancien Conſeiller & par ordre, y demeurans les autres Conſeillers, ou aucuns d'eux ſi bon leur ſemble.

26. Et deffenses à tous Iuges d'exercer aucun acte de Iurisdiction en leurs maisons, , 43. ny ailleurs hors le Palais, sinon pour eslection de Tutelle, Curatelle , aduis de parens, eslections de conuentions matrimoniales, inuentaires, partages, en. questes, examen, informations . interrogatoires, recollemens & confrontations de témoins (s'il n'y a prisonniers : Auquel cas l'instruction se fera en la Geolle, ou en la Chambre du Conseil) conpulsoires, redditions de comptes, rapports de visitations, appreciations, extraits & collations, comparaison de seings & escritures, receptions de cautions , taxes de despens , liquidations de dommages & interests.

43. Arrest desdits grands iours de Lion 1596.

27. Et à l'égard des causes sommaires de dix liures 44. & au dessous, seront expediées par le Lieutenant General ; en son absence, le Particulier, premier ou plus ancien Conseiller, à l'issuë des 45. Audiences & autres iours, mesme en temps de vacations dans le Palais.

44. Ordō-nance de Blois art, 153. 45. Arrest par ledit Siege de Tours, 1591.

28. Et les assignations desdites causes données ausdits iours , pardeuant ledit Lieutenant General, & autres par ordre en son absence, à la charge de l'appel au Presidial : Et seront les iugemens desdites causes arrestez à l'instant de la prononciation par le Greffier ou son Commis, dans vn regiftre 46. particulier.

46. Franc. l. 1519. à S. l can d'Angely art. 23. & 24. 47. Franc. l. 1529. art. 29. & 30. 48. Idem 1538. art. 15.

29. Sera tenu le Greffier ou Commis des presentations, se trouuer de bonne 47. heure au Palais, tant au matin que de releuée, pour receuoir les cedulles des causes signées , 48. des Procureurs, sur lesquelles cedulles qui seront enregistrées, se cotteront les Procureurs , & le lieu de la de-

49. Henry
III. 1578.
en l'Edict
des Gref-
fiers des
presenta-
tions, &
1579.
Estats de
Blois art.
175.
50. Fran-
çois I.
1535.ch. 8.
art 22.325
& 1539.
art. 12.
I V. en
Mrrs 1595.
51. Fran-
çois I. à S.
Iean d'An-
gely 1519.
art. 5. &
1529. art.
16. Arrest
des grands
iours de
Lion 1596.
art. 3.
52 Charles
VII. 1413.
art. 67.
Charles
VIII.1439.
art. 36.
53. Fran-
çois I. 1528
art. 6. &
1530. art.
20.
54. Char-
les IX.
1563. art.
5.

meurance 49. de leurs parties, afin que les delais soient reglez selon la distance des lieux.

30. Et se leueront les defauts & congez sur la presentation : 50 Neantmoins ne pourra celuy qui sera le premier presenté leuer aucun defaut ou congé, sinon dans le lendemain de la presentation ; Et apres midy contre les Habitans de la Ville, Faux-bourgs & Septaine de Bourges, Et apres trois iours francs, contre les autres plus esloignez.

31. Et és causes d'appel, venãs des sieges Royaux & d'Aubigny, ressortissans au Presidial seront les defauts & congez donnez. sauf quinzaine.

32. Et enjoint aux Procureurs, apres les presentations faites au Greffe, prendre entr'eux tous appointemens ordinaires, 51 pour l'instruction des causes & procez, sans pour ce venir en iugement, ny empescher l'Audience, s'accorder les delais 52 ordinaires, selon la qualité des matieres & instances 53 des lieux, qui ne pourront estre que de huictaine pour les parties de la ville, Faux-bourgs & Septaine de Bourges, ou esloignées de cinq à six lieuës, & de quinzaine pour les plus esloignez.

33. Se donneront les Procureurs, apres la presentation 54 des causes en premiere instance, copie signée d'eux, des pieces sur lesquelles ils fondent leurs demandes & defenses, mettront le receu de leur main qu'ils signeront.

34. Et fourniront de defenses, repliques & dupliques, s'il y eschet, de huitaine en huitaine, pour les parties de la ville & Septaine, & quinzaine pour les plus esloignez, afin qu'il ne resté qu'à

venir par les Aduocats plaider au principal.

35. Et apres la contestation & production faite
en procez par escrit, les commandemens & forclusions se pourfuiuront par Requeste pardeuant
le Rapporteur du procez, s'il est distribué, sinon
pardeuant ledit Lieutenant General, & en son absence le Particulier, premier ou plus ancien Conseiller : à la charge de l'appel audit Presidial pour
les causes de l'Edict.

36. Comme aussi en cause d'appel, dés l'introduction 55. l'apellant communiquera en appellation
verballe la Sentence, & pieces dont il voudra s'aider : & en procez par escrit, l'intimé fournira la
Sentence en forme, pour venir conclure.

55. Char-
les IX.
1563. art. 5.

37. Les defauts, congez & forclusions, à faute de
bailler copie de la Sentence, faire apporter le procez, conclure, bailler griefs & responses, se pourfuiuront comme dit est, entre les Procureurs hors
les Audiences, selon la distance des lieux.

38. Et où lesdits Procureurs ne se pourront accorder desdits appointemens d'instruction, se pouruoiront pardeuant le Rapporteur du procez, s'il
est distribué, sinon pardeuant ledit Lieutenant
General, & en son absence le Particulier, premier
ou plus ancien Conseiller à la charge de l'appel
audit Presidial, ainsi que dessus.

39. Tous lesquels appointemens & expeditions
d'instruction se feront lesdits Procureurs signifier,
56 si besoin est : Et pour chacune signification faite
dans le Palais, sera payé douze deniers tournois:
& pour celles faites à domicile dans la ville deux
sols parisis, pourueu que les copies leur soient
deliurées.

56. Char-
les VIII.
1493. art.
42. &
François I.
1535. chap.
5. art. 55.

40. Lefquels appointemens volontaires feront fignez defdits Procureurs & paffez au Greffe, &

57. Charles VII. 1453. art. 67.

intitulez de ces mots (appointé eft) & non autrement, & feront les refufans defdits procureurs ou dilayans fans caufe de paffer lefdits appointemens, condamnez 57. en l'amende par les Iuges, chacun à leur efgard.

58. Henry II. 1551. art. 1. & à Chantilly en Octobre audit an, Arreft des grands jours de Lion 1596 art. 7. 59. Arreft du Confeil du Roy pour le Prefidial de Breffe du 24. May 1603 art. 83. 60. Charles IX. 1560. art. 42. Ordonnance de Blois art. 114. Arreit des grands iours de Lion, 1596 art. 6.

41. En toutes caufes & matieres de premiere inftance & d'appel qui fe doiuent iuger prefidialement, feront tenus les procureurs des demandeurs arrefter & reftraindre, 58 leurs demandes au premier ou fecond chef de l'Edict, dés l'introduction, & auant la conteftation, ou conclufion en caufe d'appel, & iufques à ce que ladite reftriction aye efté faite, ne feront les deffendeurs tenus de refpondre 59. & paffer outre: & eft enioint aux Aduocats faire declaration de ladite reftriction.

42. Toutes caufes feront appellées à tour de roolle, 60. & deffenfes aux Lieutenans & prefidiaux & autres Iuges, d'interrompre l'ordre d'iceluy, ny faire appeller les caufes par placets, finon au nombre de cinq ou fix en chacune audience, & fur la fin d'icelle. Lefquels placets feront fignez de ceux qui prefident chacun à leur efgard, & fignifiez le iour precedent que les caufes foient appellées.

43. Pour cét effect roolles feront faits de huitaine en huitaine, & clos à chacun iour de Vendredy, & publiez à iffuë de l'Audience dudit iour ; & deffenfes aux procureurs de ne mettre aucune caufe defdits roolles qui ne foit conteftée & prefte à plaider: & aux Greffiers 61. apres la clofture

·defdits roolles d'y adioufter aucune chofe ; & feront les caufes qui auront efté remifes à l'appel du roolle, r'appellées les premieres au premier iour, & les roolles encommencez paracheuez auant qu'en appeller vn autre.

44. Seront faits roolles feparez des caufes 62. Eftans au premier & fecond chef de l'Edict, de celles de l'ordinaire, & hors lefdits deux cas qui feront appellez : fçauoir, celuy des caufes en premiere inftance, eftant au premier & fecond chef de l'Edict, le Ieudy : Et celuy des caufes d'appel defdits deux cas de l'Edict, le Lundy & Mardy : Et à l'efgard des caufes de l'ordinaire, & hors lefdits deux cas de l'Edict, tant de premiere inftance que d'appel, le roolle en fera appellé le Vendredy.

45. Tous procez, foit de criées ou autres, mefme les inftances & incidens appointez en droict 65 ou à mettre eftans en eftat de iuger par forclufion ou autrement, enfemble des defauts & congez, inftãces & differends qui furuiendront en execution ou confequence d'examen de compte ou de criées, foit auant ou apres l'adiudication par decret faite par ledit Lieutenant general ou autres, felon l'ordre en fon abfence, entreront en diftribution qui fe fera de quinzaine en quinzaine 64 à iour du Samedy en la Chambre du Confeil, affiftans deux Confeillers par ordre & à tour, fur les 2. heures de releuée fans qu'elle puiffe eftre remife : Et à faute de fe trouuer aufdits iours & heures de diftribution par ceux qui la doiuent faire, y fera procedé par les autres Officiers fuiuans en ordre.

61. Franc.I. 1518 art. 2, & 1535. ch.5.art.5. 37.& 1539. art.1.

62. Arreft pour le fiege du Mas, du 25.May 1574.
63. Henry II. 1551. à Follébray. Héry 1557 à Paris le 17. Mars fur le Reglemét des Lieutenãs & Côfeillers des Bailliages & fieges particuliers, Arreft pour ledit fiege de Bourges 1584. 64. Henry II. 1561.art. 47.& Héry III.ibidem.1578. Reglemét pour le fiege d'Angers 1582. Reglemét pour le fiege d'Orleans du 12.Aouft 1582. Reglement pour les Officiers de ladite Preuofté de Bourges 1613.

320   **Reglement**

46. En chacune defquelles diftributions, prendra & choifira ledit Lieutenant general par preciput vn procez 65. tel que bon luy femblera, dont la moitié des efpices appartiendra à luy feul, & l'autre moitié fe diftribura entre ledit Lieutenant general, le Particulier, & les Confeillers également.

47. Et le furplus des autres procez, inftances, incidens, congez & defauts, fera diftribué également 66 entre lefdits Lieutenans & Confeillers : Et fuiuant le reglement obferué entre eux, prendra le Rapporteur fur les efpices de chacun procez, defauts & congez,& autres rapports qu'il fera, deux 67 fois autant que l'vn des affiftans.

48. La taxe de toutes lefquelles efpices fe fera par l'aduis de la compagnie, en l'abfence du Rapporteur, 68 & fera écrite de la main de celui qui aura prefidé.

49. Et ne fera procedé à autre nouuelle diftribution, ni pris aucun preciput 69 que tous lefdits Officiers n'ayent efté remplis felon l'ordre, & où ne fe trouueroit affez de procez pour tous, la prochaine diftribution commencera par celuy auquel le precedente aura finy, lefquelles diftributions feront fignées defdits Officiers y affiftans.

50 Et feront faits Regiftres particuliers des defauts & congez, pour eftre diftribuez de iour à autre aufdits Lieutenans & Confeillers felon l'ordre, fans qu'ils tiennent lieu de procez ordinaires.

51. Auront les Rapporteurs 70 depuis la diftribution,

marginalia: 65 ibidé. 66 ibidé. 67 Arreſt pour ledit Siege de Bourges 1548. 68 ibidé. 69 Henry II. 1551.à Follembray art. 3. Reglement pour ledit Siege d'Angers 1582. 70 Henry II. 1551. à Reims art. 9. Reglement pour le Siege de Moulins 1565. Reglement pour le Siege d'Orleans du 12. Aouſt 1572. Arreſt pour led, Siege

bution, l'inſtruction entiere de toutes cauſes & procez, & des incidens, ſi aucuns ſuruiennent, ſoit inſcription de faux, ou autres. Et les interrogatoires, enqueſtes 71 d'office, examen & auditions de comptes, executions de retraits lignagers, feodaux & conuentionnels la taxe de deſpens, frais de Commiſſaires, liquidations de dommages & intereſts, & l'entiere execution des ſentences & iugemens, tant interlocutoires que definitifs, qui interuiendront ſur leſdits procez, criées, inſtances, contumaces & congez à eux diſtribuez & incidens d'iceux, ſoit à leur rapport contradictoirement, ou par appoinctemens & acquieſcement 72 volontaires, donnez depuis la diſtribution.

52. Auſquels Rapporteurs pour cét effet, les Procureurs & autres feront tenus ſe 73 preſenter : Et en cas d'abſence ou legitime empeſchement leſdits Rapporteurs, l'expedition des choſes cy-deſſus ſe pourra faire par le premier deſd. Lieutenans ou Conſeillers, & l'émolument rendu au Rapporteur.

53. Et neantmoins appartiendra aud. Lieutenant general ou autre par ordre en ſon abſence l'execution de decrets, & les procez verbaux de diſtribution de deniers, encores que les Sentences d'ordres ſoient données au rapport des Lieutenant Particulier & Conſeillers; auſquels Rapporteurs deſdites Sentences d'ordre appartiendront les taxes des frais de criées, iuſques à la Sentence d'ordre incluſiuement.

54. Aura ledit Lieutenant general en ſon abſence le Particulier, ou plus ancien Conſeiller, l'é-

de Bourges 1584. 71. Voy. l'Arreſt contre les Enque-ſteurs de Tours du 17. Sept. 1619. l'Edict deſd. Enque-ſteurs de l'an 1581. art. 5. Arreſt contre les Enque-ſteurs & Commiſ-ſaires Examinateurs du Chaſte-let de Paris du 16. Feu. 1620. 2, Henry III. à Paris le 27. Mars 1578 75. Franc. I. 1535. ch. 5. art. 14.

Charles IX. 1563. art. 7. Parce que les decrets d'herita-ges ne ſe font audit Bourges qu'apres les Sen-ces d'ordre dónées en la Cham-bre du

X

xecution 74 de tous les Arrests, mefme de ceux

Confeil.
74. Arreft
pour ledit
fiege
d'Angers
du 11.fuil.
1582.Ar-
reft pour
le fiege de
Tours du
19.Decem-
bre 1595.

confirmatifs des Sentences données au rapport defdits Lieutenant Particulier & Confeillers, Edicts, Patentes, Commiffions & paquets addreffez au Bailly de Berry ou fon Lieutenant.

55. Et en affaires ou prononcez non diftribuez, les interrogatoires & preparatifs, & toutes les inftructions & executions ordonnées eftre faites aux Audiences, ou par appointement volontaire.

56. Et fi en execution defdits Arrefts, Patentes, Commiffions, & autres chofes cy-deffus, furuenoient des differends & incidens, 75 rapport en fera fait en la Chambre du Confeil par led. Lieutenant general ou autres qui vacqueront en fon abfence aufdites expeditions.

75. Regle-
ment du-
dit fiege
d'Angers
1582. &
de Tours
1595.
76.ibidé.

57. Comme auffi des inftances 76 concernans l'arrier-ban & exemption d'iceluy, ventes de biens, emprunts, leuées de deniers, faifies & main-leuées faites à la requefte du Subftitut du Procureur general.

58. Et fe feront en ladite Chambre, prefens lefdits Confeillers, ou aucuns d'eux les departemens, 77 & renditions de comptes des deniers, tant dudit arrier-ban, qu'emprunts, leuées, reparations, munitions, & autres femblables.

77. Re-
glement
du Baillia-
ge de Di-
ion du 25.
Iuin 1580.

59. Et fera tenu ledit Lieutenant general pour prefent à la Chambre du Confeil; fauf quand il fera abfent pour affaires dont il luy reuiendra emolument.

60. Et prefidera ledit Lieutenant general à tous procez & requeftes dont il fera Rapporteur, ayant le premier 76 dit fon opinion, fans tou-

tesfois que cela puisse preiudicier au President
Presidial, ny que le Lieutenant particulier &
Conseillers puissent pretendre la mesme prero-
gatiue.

61. Et aura ledit Lieutenant general le Bureau
par preference à tous autres Rapporteurs, pourueu que leur rapport ne soit commencé.

62. Les despens, 79 & liquidation de dommages
& interests procedans des iugemens donnez és
Audiences tant du Presidial, que de l'ordinaire,
ou par appointemens volontaires; & generalement tous despens procedans d'affaires non distribuez, seront taxez par les Lieutenans & Con-
seilliers, à tour & en sepmaine, sans que ceux qui
feront lesdites taxes puissent prendre pour chacun article plus de douze deniers, ny taxer aux
Procureurs plus de huit deniers d'assistance, &
douze deniers pour chacun article alloüé : 80. Et
pour le droict de jet & calcul, ne pourront taxer
lesdits Iuges plus que le tiers de l'assistance du
Procureur.

63. Et les émolumens des Iuges procedans de
toutes lesdites taxes de despens, seront mis és
mains de celuy qui receura lesespices de la Chambre, pour estre les deniers distribuez le Lundy
matin de chacune sepmaine? sçauoir audit Lieu-
nant general quatre portions, qui est quatre
fois autant qu'à chacun desdits Lieutenant particulier, & Conseillers qui y participent : Et le
surplus se distribuera également, 81. entre lesdits
Lieutenant particulier & Conseillers, dont sera
fait regiftre.

64. Et enjoint aux Procureurs & Greffiers de

X ij

79. Henry
II. 1553.
art. 9. &
1552. art.
6. Ord. de
Blois, art.
14. Arrest
pour le
Siege de
Moulins
du 18. Ar-
rest pour
le Siege de
Poictiers,
du 19. Dec.
1576. Ar-
rest pour
ledit Siege
de Bour-
ges, 1584.
Arrest
pour ledit
Siege de
Tours
1595. 80.
Arrest cô-
t e les Pre-
sidiaux de
Poictiers,
du 7. May
1605.
81. Arrests
pour les-
dits Sieges
d'Angers
& Tours,
1582.
& 1595.

& Arreſt
pour les
Officiers
de la Pre-
uoſté de
Bourges
16. 3.
85. Regle-
ment deſ-
dits Sieges
d'Angers,
1581. & de
Tours 159

porter les declarations deſdits deſpens à ceux qui feront en ſepmaine de taxer, à peine de quinze liures d'amende, 82. payable ſans deport contre ceux qui defaudront.

65. Les Requeſtes 83. preſentées, tant des cas des Edicts des Preſidiaux, que hors iceux, baillées auſdits Lieutenant & Conſeillers, feront rapportées & expediées en la Chambre.

66. Pourra toutesfois ledit Lieutenant general, en ſon abſence le particulier, premier ou plus ancien Conſeiller, expedier toutes Requeſtes de la Iuriſdiction ordinaire, 84. horſmis celles des procez diſtribuez, leſquelles feront rapportées par les Rapporteurs d'iceux.

84. ibidem

85. Ibidem

86 Ibidem

87. Regle-
ment deſ-
dits Sieges
d'Angers
& de Tours
1512. &
1595. Re-
glement
pour le
Siege de
Moulins
du 1. Iuin
1601. 88.
Franc. I.
1515. ch.
12. art. 12.
89. Arreſt
pour les
Iuges
d'Angers,
Tours &
Moulins
de 1582.
1595. &
1601. 90.
Reglemét
deſdits
Sieges
d'Angers,

67. Leſquels Lieutenans & Conſeillers par leurs reſponſes ſur leſdites Requeſtes, ne pourront ſeuls 85. faire ſurſeoir l'expedition ou iugement des procez, ny les executions des iugemens donnez en ladite Chambre.

68. Pour les ſemblables reſponſes de Requeſtes n'auront aucun ſalaire : 68. Et où ſur celles y auroit inſtruction & preparatifs de procez non diſtribuez, ſe fera par ledit Lieutenant general, & en ſon abſence par le particulier, premier ou plus ancien Conſeiller en l'abſence l'vn de l'autre.

69. Et ne pourront leſdits Lieutenans & Conſeillers commettre 87. Greffiers, Clercs, Commis & autres, à l'execution de ce dont la connoiſſance leur eſt attribuée, ains demeurera ladite execution en leur abſence ou empeſchement aux autres Officiers ſelon l'ordre.

78. Se feront les prononciations 88. des dictons, à l'iſſuë des Audiences des Mardy & Vendredy

fans qu'il foit befoin de fignification.

71. Les appellations interjettées des Ordonnances d'aucuns defdits Lieutenans & Confeillers, tant fur les articles de comptes par eux ouys & examinez, qu'autres Ordonnances renduës par vn feul, reffortiront aux deux cas de l'Edict audit Siege Prefidial. Ce qui aura lieu à l'égard de femblables appellations d'articles de compte, des Iuges reffortiffans audit Siege Prefidial.

72. Les Officiers des Iurifdictions reffortiffans audit Siege, enfemble les Commiffaires Examinateurs, Procureurs & Huiffiers dudit Siege feront receus en la chambre 89. du Confeil; apres information de vie & mœurs faite pardeuant ledit Lieutenant general, affifté de l'vn defdits Confeillers en tour.

73. Et quant aux Enquefteurs, Adjoints, Notaires, Greffiers & Sergens, ou autres Officiers, la reception s'en fera par ledit Lieutenant 90. general, & en fon abfence par le particulier ou plus ancien Confeiller en ladite Chambre, fans y appeller les Confeillers, fi bon ne lay femble 91.

74. Et prefteront lefdits Officiers receus par ledit Lieutenant general, enfemble les Aduocats, le ferment à l'Audience, pardeuant ledit Lieutenant general, 92. ou autre en fon abfence, felon l'ordre.

75. Ne prendra ledit Lieutenant general, en fon abfence le particulier, ou les Confeillers, droict d'affiftance, ne vacation concurremment 9. auec les Commiffaires Examinateurs, aux inuentaires, partages & audition de compte.

76. Et ne pourront lefdits Lieutenans & Con-

1581. Tours, 1595. & Moulins 1601. 91. Reglemét d'entre lefdits Prefident & Lieute nant gene ral dudit Siege de Bourges du 8. May 1598.92. Arreft pour ledit Siege de Bourges du 7. Septembre 1611.93. Edict des Commiffaires Examinateurs de 1586. & 1596. 94. Ordonnance de Blois art. 163. 95 Henry III. à S. Maur des Foffez en Aouft 1581. fur la fin de l'ar. 4. de l'Edict de fuppreffion des Procureurs du Roy és Marefchauffés, à verifiée

seillers aux distributions & numerations de deniers qui se feront en leurs maisons, prendre ny reccuoir 94. des creanciers aucuns deniers : ains seront payez de leurs vacations raisonnables par heure par les mains des Greffiers sur la masse desdits deniers : & mettront le receu sur la minute du procez verbal.

77. Comme aussi tous les Iuges, Substituts. 95. du Procureur general, & autres Officiers, 96. & Ministres de Iustice, seront tenus escrire au pied des minuttes des expeditions & conclusions, ce qu'ils auront receu pour leurs salaires, & n'en sera alloüé aucune chose, qu'il n'apparoisse du receu.

78. Les Iuges Royaux, Substitut du Procureur general, & autres Iuges des Seigneurs, & leurs Procureurs fiscaux, n'assisteront aux inuentaires de biens mineurs, discutions de meubles, lors qu'il y aura partie legitime ; & les mineurs estans pourueus de tuteurs, s'ils n'y estoient appellez, 97. ou és cas de l'Ordonnance, 98. aubeine, confiscation & desherence.

79. Et ne feront lesdits Officiers & Practiciens aucune dépense aux Tauernes & maisons des defuncts, aux frais & despens desdits mineurs : ains se contenteront de leurs salaires & taxes, dont ils mettront le receu au pied 99. des minutes.

80. Aux taxes de frais de criées, auditions de comptes de tuteurs, d'heritiers par benefice d'inuentaire, curateurs aux biens vacans, Commissaires & autres, ne sera fait taxe qu'aux Procureurs du rendant compte, & du proprietaire, & à vn seul procureur, pour tous les creanciers op-

pofans y ayans intereft, qui feront tenus en nommer vn pour eux tous, fans qu'il foit befoin d'affi-
ftanec d'Aduocat.

81. Es cas efquels il efchet d'eftre affifté du Subftitut du Procureur general & Adioint, auront
lefdits Subftitut & Adioint chacun les deux tiers
100. de la taxe des Iuges, & les Procureurs des
parties la moitié.

82. Et aux enqueftes, examen, & autres actes où
eft befoin d'Adioint, 101 fera ledit Seruant appellé.

83. Ne fera pris aucune chofe par les Iuges, 102.
pour la publication d'Edicts, Patentes, Arrefts,
Ceffions de biens, certifications de criées, pu-
blications & infinuations de donations, tefta-
mens, emancipations, baux à ferme, vente
de fruicts, remifes, 103. adiudications par decret, licitation & ventes de biens de mineurs
non faifis, interrogatoires & enqueftes, fom-
maires, 104 feings & paraphes 105 appofez
aux actes d'Audiences, & appointemens volontaires.

84. Et a ladite Cour enioint à tous lefdits Officiers & autres de leur reffort, chacun à leur efgard; & à tous Practiciens & Miniftres de Iuftice, garder & obferuer inuiolablement le prefent Reglement, nonobftant tout ftile & vfance
contraire, auec defenfe d'y contreuenir en quel
que forte & maniere que ce foit, à peine de fuf-
penfion de leurs eftats; Et contre lefdits Practiciens & autres, de quinze liures d'amende, payable fans deport pour chacune contrauention:
que les Procureurs Syndics de leur communauté

iours de
Clermont
le 25. No-
ueb. 1582.
& celui des
grads iours
de Troyes
6. Octobre
1583. 101.
Voy la ve-
rification
de la Cour
du 15. O-
ctob. 1578.
pour les E-
dits defd.
Adioints,
& led. Ar-
reft donné
aux grands
iours de
Troyes le
6. Octobre
1583. 102.
Arreft des
grads iours
de Lion
1596. Ar-
reft donné
les Cham-
bres affé-
blées le
dernier
Feur. 1598.
103. Ordo-
nance de
Blois art.
63. 104.
Arreft def-
dits grands
iours de
Lion art.
10. 105.
Arreft du-
dit dernier
iour de Fe-
vrier 1598
Arreft du
30. Aouft
1601. don-
né contre

X iiij

le Lieute-
nant du
Bourg Ar-
gental en
Foreſts.
106.Frac.
I. 1531. art.
16. 107.
Ordonnā
ce de Blois
art. 144.
108. Edict
de Cre-
mieu 1536.
art. 28. &
23. Idem
Franc. I.
1540.art.
15. & 16.
Reglemét
d'entre les
Preſidiaux
de Sens, &
le Preuoſt
dudit lieu
du 16. A-
uril 1612.
art 14. &
15.

denonceront 106 à l'Audience, ou Chambre du Conſeil.

85. Et en cas de contrauention par aucuns deſdits Officiers, tous les autres ſeront tenus la faire reparer à communs frais ; Et garderont les Edicts & Ordonnances en ce qui ne ſe trouuera compris audit Reglement, qui ſera leu & publié aud. Siege à la diligence du Subſtitut du Procureur general, & enregiſtré au Greffe.

86 Et outre, ſera leu par chacun an aux ouuertures de Touſſaincts & Paſques : auquel temps, & le premier Mercredy de chacun mois, ſe tiendront les Mercuriales 107. Et de trois mois en trois mois les Aſſiſes 108 Generales ſuiuant l'Ordonnance ; & ſur le ſurplus ladite Cour a mis & met les parties hors de Cour & de procez, ſans deſpens, dommages & intereſts. Prononcé en Parlement le quatorzieſme iour d'Aouſt l'an mil ſix cens dix-ſept.

Ainſi ſigné, DV TILLET.

REGLEMENT ET STILE DE
proceder au Conseil Priué du Roy mis par écrit,
& reformé au mois de Iuin 1597.

AVssi-tost que l'vn des Aduocats du Conseil aura receu l'exploict d'assignation, il se presentera au Greffe, & doit le Greffier du Conseil enregistrer les presentations dedans le iour qu'elles sont faites, à peine d'estre tenu des despens, dommages & interests des parties, s'il en aduient faute.

Si dans huictaine franche apres ladite presentation, la partie aduerse ou Aduocat pour elle ne se presente, si c'est le demandeur qui s'est presenté, il peut leuer defaut, & sur iceluy faire readiourner le defendeur ; Et si c'est le defendeur qui s'est presenté, & que ledit demandeur qu'il a fait assigner soit défaillant, iceluy defendeur, ladite huictaine franche apres son acte de presentation, peut mettre au Greffe vn congé, sauf huictaine seconde passée, vn pur & simple, qui emporte profit.

Faut toutesfois noter qu'és causes que les Ordonnances appellent sommaires, le demandeur a pareil aduantage que le defendeur, & peut dans les mesmes delais leuer son defaut, sauf, & pur & simple, comme quand il est question de taxes, despens, liquidation de dommages & interests, & executions d'Arrests, lesquels sont de soy fauorables.

Ces articles s'entendent pour les causes ciuiles, car és causes criminelles où il y a adiournement personnel contre quelqu'vn (ce qui aduient rare.

ment au Confeil (fi le defendeur ne comparoit 8.
iours apres la prefentation de fa partie, le demandeur qui pourfuit leuë fon defaut, & pour le profit d'iceluy , fait ordonner prife de corps, comme en toutes autres Cours Souueraines.

Faut noter auffi que les defauts & congez ne
peuuent rapporter profit aucun, ny eftre declarez
bien obtenus , fi les affignations n'ont efté com-
petemment données fuiuant les Ordonnances &
diftances des lieux , à fçauoir de quinze iours
pour ceux qui font au dedans de cinquante lieuës,
d'vn mois pour ceux de cent lieuës , & ainfi des
autres, tant de plus que de moins, eu efgard au
lieu où fe trouue le Confeil, au temps que l'affignation efchet.

Toutes forclufiós auãt que d'auoir produit font
nulles, & pour éuiter aux furprifes, feront tenus
les Aduocats faire mettre par le Greffier au bas du
premier commandement le iour du produit , à
faute de ce faire, le commandement fera nul.

Les parties ayans refpectiuement comparu, fi la
matiere eft telle qu'elle ne fe puiffe iuger en Audience, le pourfuiuãt fera cõmettre l'vn des fieurs
du Confeil d'Eftat, fi l'importance de la caufe le
requiert, ou l'vn des Meffieurs les Maiftres des Requeftes ordinaires de l'Hoftel qui sõt en quartier.

Apres laquelle commiffion, l'Aduocat de celuy
qui veut pourfuiure l'inftruction ou iugement de
la caufe, fera offrir à l'Aduocat de fa partie aduerfe vn appointement en droict à communiquer refpectiuement les pieces, dont les parties s'entendent aider dans trois iours, & trois iours apres
efcrire & produire, pour au rapport de celuy qui

est commis estre fait droict aux parties, ainsi que de raison.

Lequel appoinctement en droict, s'il n'est rendu par celuy auquel il sera offert, le Commissaire le pourra signifier apres les trois commandemens faits de trois iours en trois iours francs, sans autres procedures.

Toutesfois, si ledit Aduocat, auquel ledit appointement a esté offert, faisoit quelque responfe qui apportast du doute, ou le rendit corrigé en autre façon qu'il ne luy a esté offert, & que l'Aduocat qui luy a fait offrir ne le vueille passer ainsi, le Commissaire deliurera vne Ordonnance pour faire appeller pardeuant luy les Aduocats des parties, & les ayans ouys sommairement les reglera : ou bien si l'vn d'eux ne compare, il donnera defaut, & pour le profit d'iceluy, signera l'appointement en droit sans autre formalité.

L'appointement en droict estant passé par les Aduocats, ont signé par le Commissaire, lesdits Aduocats doiuent dans le temps porté par ledit appointement, communiquer les pieces dont ils se veulent aider en la cause par vn brief inuentaire : & pour éuiter les surprises, toutes les pieces qui n'auront esté communiquées seront rejettées, sinon que pour aucunes considerations le Commissaire les vouluft receuoir.

La communication faite & le delay dudit appointement passé, doiuent escrire & produire suiuant iceluy. & mettre leur production és mains du garde des sacs du Conseil.

Si quelque partie recule de produire, l'Aduocat de celle qui voudra aduancer apres auoir pro-

duit pourra pourſuiure par ordonnance & commandement de produire de trois iours en trois
iours francs : Et ſi celuy qui recule ne produit
apres les deux commandemens, le Commiſſaire
deliurera ſon ordonnance de forcluſion pure &
ſimple, apres laquelle, le certificat leué du garde
des facs, que la partie forcloſe n'a point produit,
l'inſtance pourſuiuie ſera en eſtat de iuger par
forcluſion. Toutesfois le Commiſſaire ſurſoira le
rapport & iugement trois iours de grace.

Apres l'Arreſt contradictoirement donné, ou
par forcluſion, d'autant qu'audit Conſeil ne ſe
garde la formalité des Cour ordinaires, de prononcer les Arreſts, celuy qui l'aura leué le doit
faire ſignifier à l'Aduocat de la partie aduerſe, laquelle ſignification vaut prononciation.

Si par les Arreſts donnez contradictoirement,
ou par forcluſion, il y a condamnation de deſpens,
dommages & intereſts, ils ſe doiuent taxer & liquider auec les Aduocats qui ont eſté de la cauſe,
ſans faire aucun readiournement, ny donner aſſignation nouuelle aux parties condamnées, non
plus que les deſpens des defauts iugez par les appoinctemens en droict comme preiudiciaux.

Tous Aduocats qui ſe feront preſentez pour
aucunes parties feront tenus, ſubſtituër l'vn les
autres, afin que s'abſentans de la ſuite du Conſeil
par legitime empeſchement, la partie ſe puiſſe addreſſer pour les inſtructions & executions d'Arreſts audit ſubſtitué : & intereſts des parties en
leur propre & priué nom. Et neantmoins en ce
cas, c'eſt à dire pour l'abſence de l'Aduocat qui
n'aura ſubſtitué, les commandemens & forclu-

sions signifiées au Greffe, vaudront comme faites
à la personne dudit Aduocat qui aura manqué de
substituër.

Les appellations qui s'interjetteront des appointemens ou ordonnances pour regler les procez le Conseil estant hors de Paris, seront iugées
par aucuns de Messeigneurs dudit Conseil, &
Maistres des Requestes à la suite, & hors ledit
Conseil, sur le champ, du moins au nombre de
cinq : Et les temeraires appellans condamnez en
l'amende, qui se prendra moitié sur la partie &
moitié sur l'Aduocat.

Les parties condamnées par Arrest donné par
forclusion, defauts & congez, ne se pourront
pouruoir contre lesdits Arrests mesmes en refondant les despens, sinon dans les six mois, à com-
pter du iour de la signification desdits Arrests
faits à l'Aduocat ou à la partie.

Toutes instances & differents, où il y aura Requeste presentée & appointement pris entre les
parties, ne pourront estre iugez ailleurs qu'au
Conseil des parties, & où aucune d'icelles se
pouruoira en autre Conseil, elle sera condamnée
en l'amende.

Toutes Requestes pour appeller parties, seront
rapportées au Conseil, & signées par le Rapporteur & le Greffier ou Secretaire dudit Conseil, &
ne s'en rapportera aucune qui ne soit signée de
l'vn des Aduocats du Conseil, à peine de nullité
& de s'en pouuoir prendre à celuy qui l'aura res-
pondué.

Fait & arresté au Conseil Priué du Roy, tenu
à Paris, le dernier iour du mois & an que dessus.

INSTRVCTIONS

DV PROCEZ CRIMINEL,
felon les Loix, Canons,
Statuts, Ordonnances,
& Arrefts.

Par forme de Dialogue, entre le Maiftre
& le Difciple.

LE DISCIPLE.

CE fera donc maintenant, Monfieur, que vous trouuant en ce lieu de loifir, & tout à propos, ie vous fommeray de l'accompliffement d'vne promeffe que vous me fiftes n'y a pas long-temps.

LE MAISTRE.

Ie n'ay pas bonne memoire de t'auoir promis quelque chofe : toutefois au cas que tu me iuftifies du contraire, ie te tefmoigneray que ie ne manque point à l'obferuation de ma parole.

D. Cette verité tres-bien reconnuë par moy, me rend d'autant plus hardy enuers vous, que i'ay toufiours experimenté vos paroles & promeffes n'eſtre iamais en vain données, & ſans effet.

M. L'experience te fera voir en verité ce que tu t'es figuré par opinion ſeulement. Mais dequoy eſt il queſtion, ie te prie.

D. Il s'agit de ce que nous promenans dernierement enſemble, & qu'eſtans en nos familiers deuis tombez ſur quelques queſtions touchant les matieres criminelles, vous me promiſtes de m'eſclaircir à loiſir, non ſeulement du doute particulierement ſuruenu, mais encore de m'inſtruire en general eſdites matieres criminelles.

M. De cela ie me ſouuiens tres-bien, & t'aſſeure de te contenter à mon pouuoir, & de faire en ſorte que tu n'eſchapperas de ma Compagnie ſans ſatisfaction.

D. I'accepte vos offres, comme du tout fauorables à mon ignorance: à cette condition toutesfois que vous ne me tiêdrez pas pour vn faſcheux ou importun. Car ayant trouué vne ſi belle comdité, ie n'entends pas lors que i'auray commencé mes interrogats, de ceſſer du premier coup, mais bien de continuer iuſques au bout, & tant que ie reconnoiſtray que vous agreërez mon importunité, & non autrement.

M. Trefues de ceremonies (comme on dit) & parlons à la familiere, autrement nous ſerions fruſtrez de nos communes eſperances: moy de te pouuoir enſeigner, & toy de te pouuoir apprendre auec facilité. Demande-moy donc hardiment ce qui te vient en la memoire.

D. I'obeyray à vos commandemens auec les proteſtations ſuſdites: & vous diray, que puis que nous voyons iournellement tant de crimes commis, tantoſt d'vne façon, puis d'vne autre, tant de vices regner parmy les hommes, ie deſirerois m'informer, & apprendre particulierement de vous, comme quoy tels meſfaicts ſe commettent, quel ordre il faut tenir pour faire les procez aux accuſez, aux fins de les faire punir, s'ils ſe trouuent atteins & conuaincus : ou les abſoudre, s'ils ſont reconnus innocens.

Occaſions des crimes.

M. Ie declare dés à preſent ta curioſité belle, & ton deſir extremement louable; & pour ſatisfaire à iceluy, ie te feray entendre fort particulierement, que tous vices & crimes ſe commettent par la fragilité des humains, ou par l'impulſion du diable, ou de leur propre malice. Mais afin que tu puiſſe mieux comprendre la forme que l'on a accouſtumé d'obſeruer, pour proceder aux matieres criminelles, aux fins de la punition des meſchans, & abſolution des innocens, il eſt neceſſaire de te faire vne diuiſion de crimes.

D. Ie vous auray vne extreme obligation ſi vous apportez de la ſatisfaction à ce mien deſir, auec ce vous ferez œuure fort agreable à Dieu enſeignant vn ignorant : Ie vous prie donc de me faire entendre cette diuiſion.

Trois choſes ſur fer tous recommandables aux hommes, s'employans au ſeruice du public & exercice de la luſtice.

M. La peine que ie prendray pour t'enſeigner me ſera fort agreable, pourueu qu'elle ne me ſoit inutile, & que tu en puiſſe faire ton profit à l'honneur de Dieu, au ſalut de ton ame, & pour le ſeruice de ta patrie.

D. Nous deuons auoir en ſinguliere recommandation de ces trois poincts : de ma partie cultiueray vos enſeignemens en ſorte, que vous

aurez

aurez fuiet de vous en contenter. Commencez donc, s'il vous plaift, par cette diuifion de crimes, apres ie formeray mes interrogats & doutes, la refponfe & folution defquels ie me promets de voftre courtoifie , confeffant ingenuëment eftre fort peu experimenté en telles affaires & pra-ctiques.

M. Satisfaifant à ma promeffe , ie te diray que tous crimes font publics & ordinaires , ou publics & extraordinaires, ou priuez. Diuifion d'iceux crimes,

D. Cecy eft bien obfcur pour moy, & demeureray toufiours enueloppé dans les tenebres de mon ignorance , fi vous ne me fauorifez de quelque plus claire interpretation.

M. Pour mieux te faire entendre cette diuifion, tu remarqueras que les crimes qualifiez ordi-naires, font les crimes de leze-Majefté diuine & humaine , herefie , fimonie , faux, fauffe mon-noye, &c. Interpre-tation,

D. Pourquoy font-ils ainfi appellez.

M. D'autant qu'vn chacun eft receu à la denon-ciation d'iceux pour l'intereft de Iuftice , eftant l'vtilité du public, que les crimes ne demeurent impunis.

D. Pour quelle raifon font-ils encore nommez publics & ordinaires.

M. Parce que leur peine & punition ordinaire eft limitée par les Loix, Ordonnances ou Cou-ftume des lieux qui ne peut eftre diminuée par le Iuge. Iuges aſt ſtraints à iuger ſelon les Loix, non ſelon leur vo-lonté,

D Pourquoy ne la peut-il diminuer.

M. La raifon eft , que bien qu'il puiffe decider la queftion du faict , toutesfois la peine du crime

ne doit eſtre impoſée ſelon ſa volonté, mais doit
eſtre reſeruée à l'authorité de la loy.

D. Eſt il touſiours vray.

M. Ouy : ſinon qu'auec connoiſſance de cauſe il
augmente ou diminuë, comme il eſt exemplifié en
la loy premiere *C. ad Iul. repetund.* & autres loix.
Et pour voir quels ſont les publics extraordinaires. Voy les loix *Iulia repetundarũ, Flauia de plag.*
la loy premiere *de publ. iudiciis,* & autres auſquel-
les tu auras recours.

D. Ie deſirerois ſçauoir pourquoy ils ſont nommez crimes publics extraordinaires.

Suite de la
ſuſdite in-
terpreta-
tion.

M. Pour n'auoir aucune peine limitée par la Loy,
Ordonnance ou Statut, ains eſt laiſſée à l'arbitrage de Iuge ſelon la qualité des delicts & des
perſonnes.

D. Quels ſont les crimez priuez.

M. Ce ſont ceux qui ſont pourſuiuis par les perſonnes qui ont eſté particulierement offenſées ou
intereſſées pour obtenir contre le delinquant les
dommages & intereſts qui reſultent du crime
commis qui ne peut eſtre pourſuiuy ny denoncé
par autres qu'eux, comme le larcin ou volerie, l'iniure verbale ou reelle, le rauiſſement de beſtail.
Pour ce ſe pourra voir la loy *fin. ff. de priuat. del.* &
la loy *fin. de furt.*

Peines
doiuent
eſtre im-
poſées
ſelon les
meſfaits.

D. Tous crimes meritent-ils vne meſme peine.

M. Non pas, car les vns ſont capitaux, qui importent de la vie, galeres, fuſtigation ou banniſſement de l'accuſé. Les autres auſquels n'eſchet
que quelque amende pecuniaire ou legere corre-
ction, *l. 2. ff. de pub. ind. parag. publicorum inſtit.
eodem.*

D. Peut-on toufiours & en tout temps pourfui- Prefcription de crimes.
ure la punition des crimes.

M. Non, car tous crimes fe prefcriuent par vingt
ans fuiuant l'opinion de Bart. *in l. querela ad C. ad* Limitatiõ à ce que deffus.
l. Cor. de falfis.

D. Y a-il point de crimes exceptez, & defquels on puiffe toufiours pourfuiure la punition.

M. Ouy, le crime de leze-Majefté, & la fuppo- Commencement du procez criminel.
fition d'vn enfant, où il y a eu du faux commis.

Accufation ou denonciation.

D. **C**Omme quoy viennent les crimes à la Accufatiõ ou denonciation.
connoiffance des Iuges.

M. Ils n'y peuuent venir que par l'accufation,
plainte ou denonciation des intereffez, & fans ac-
cufateur le crime demeure fans pourfuite, & ne Preuues doiuent eftre claires.
peut fans ce eftre condamné l'accufé, *l. refcriptio,*
§. *fi quis accufatorem ff. demun. & hon.* eftant au furplus neceffaire, que l'accufateur ou denonçant
ait fes preuues pleines, entieres & claires, comme
le Soleil en fon midy, foit que la pourfuite ou inftruction du procez fe faffe à fes frais, ou que s'e-
ftant defifté, le feul Procureur du Roy aux Iuftices Royales, ou le Procureur d'office aux Subalternes, foit en qualité de pourfuiuant, *l. is apud
quem C. de eod.* & autres.

Information.

D. **A** Quoy tend le but & fin principale de l'ac- Information & par qui fe doiuent faire.
cufation ou denonciation.

M. A ce que le Iuge ou Magiſtrat, ayant ſceu le crime commis & perpetré, informe ſoudain ſe-crettement auec les teſmoins, qui luy ſont admi-niſtrez par le Procureur du Roy ſeul, ou ioint auec la partie denonçante ſur tous les articles, cir-conſtances & dependances de l'accuſation, ſans tirer d'eux par force, menaces & ſubtilitez, au-tre choſe que la pure verité, telle qu'ils la ſça-uent, ſans en rien deſguiſer, & telle qu'ils la pourront maintenir à l'accuſé, les interrogeant autant à ſa charge, qu'à ſa deſcharge ; enſemble s'ils ſont parens, alliez, domeſtiques, ou debteurs des parties denonçantes, ſuiuant l'article deux cens trois de l'Ordonnance de Blois, & cent qua-rante-trois de mil cinq cens trente-neuf, enjoin-gnant aux Iuges, que toutes choſes laiſſées, ils vacquent promptement à l'inſtruction des procez criminels.

Forme de proceder à ſcelle.

D. Qui doit proceder à la facture de l'informa-tion.

M. Bien qu'anciennement l'on n'euſt accouſtu-mé d'informer d'office, ſans plainte & denoncia-tion precedente, ores que les crimes fuſſent par-uenus à la connoiſſance des Iuges, fors aux cri-mes de leze-Majeſté, hereſie, homicide volontai-re, aſſemblée illicite, ſedition, &c. Touteſfois maintenant ſans attendre l'accuſateur, ou de-nonciateur intereſſé, le Iuge, doit incontinent proceder à la facture de l'information, decret d'i-celle, priſe & ſaiſie de l'accuſé & de ſes biens, & de ſon office. Que s'il y a partie ciuile pour-ſuiuante, il deura d'autant plus affectueuſe-ment s'employer pour informer luy-meſme,

L'Office de Iuges eſt d'in-former eux-meſ-mes.

s'il eſt poſſible, ſans s'en fier à autruy.

D. Donnez-moy ie vous prie la raiſon de cela? Et pour-quoy.

M. C'eſt que l'information eſt le vif crayon ou tableau du delict, ſur lequel les Iuges iettent mieux l'œil de la conſideration, pour la punition ou abſolution de l'accuſé.

D. Si la diſtance des lieux ou ſon indiſpoſition ne luy permettent d'informer luy-meſme, & qu'il n'aye Lieutenant Particulier, Conſeiller ou Ad-uocat, qu'il puiſſe commettre pour informer qui commettra-il?

M. Le premier Sergent Royal, appellé auec luy Limita-tion. vn Notaire pour ſcribe, ſans qu'il puiſſe commet-tre ſon Greffier, ny ſes Commis, pour faire l'in-formation.

Auditions de teſmoins.

D. MAintenant ie vous prie me faire enten-dre comme les teſmoins doiuent eſtre ouys.

M. Celuy qui vacquera au fait de l'information, Forme de & qui ſagement & prudemment voudra s'acquit-proceder à ter de ſa charge, fera bien ſi ayant tiré ſeparément l'auditiô. le teſmoin & à part, hors toute compagnie, fors de ſon Greffier ou Scribe, ſuiuant la diſpoſition de la loy *nullum C. de teſtibus*, il luy preſente les Forme de ſaintes Euangiles de Dieu, luy fait mettre la main ſerment ſur iceux, & iurer par les ſacrées paroles y conte-moins. neuës, par la part qu'il pretend en Paradis; & ſur Exhorta-la damnation de ſon ame, qu'il depoſera verité tion que ſur les faits de l'accuſation, dont on le veut en-faire le Iu-querir, ſans aucune diſſimulation, haine ou fa-ge, & qui ueur des parties, & apres l'exhortera de ne dire ble.

Y iij

fa ſcience & connoiſſance du faict : afin que par la
depoſition il ne procure la punition de l'innocent, l'abſolution du coupable.

D. Que fera-on apres celuy qui procede à l'information ?

Interroga-
toire du
teſmoin.

M. Il l'interrogera de ſon nom, ſurnom, aage,
qualité. & demeurance : notamment remarquera
l'aage au vray ; parce que *impuberes a ferendo te-*
ſtimonio repelluntur. voire par la Loy *in teſtimonium.*

Quel aage
eſt requis
en teſmoi-
gnage
quant au
criminel.

de teſtim. il eſtoit requis que le teſmoin en matiere
criminelle fut maieur de 25. ans autrement ſon
teſmoignage n'eſtoit receu : donc à moindre raiſon celuy de l'impubere, *l. inuiti. §. vlt. eod.*
Toutesfois *ſi ſit proximus pubertati*, ſa depoſition
fait indice pour la queſtion, *arg. l. vlt. C. delib.*
cau. & l. vltra circa finem ff. eo.

D. Que fera-il encores.

Forme
d'enque-
rir le teſ-
moin.

M. Il s'eſſayera de ſçauoir du teſmoin, ſi la que-
relle qui a precedé le delict a commencé par paroles iniurieuſes, & qui eſt celuy des parties qui
a donné commencement, & quand on eſt venu
aux mains, qui a eſté l'aggreſſeur, ou le vulneré,
ou occis, ou l'accuſé, auec les circonſtances des
paroles & blaſphemes qui ſont interuenus, auant,
ou pendant le conflict : & le tout fera diligemment & fidellement rediger par eſcrit par ſon
Greffier, & apres en auoir fait lecture diſtincte-

Teſmoins
doiuent ſi-
gner leurs
depoſitiós
s'ils ſçauét
eſcrire,
apres la
lecture
d'icelle à
eux faite,

ment au teſmoin, luy fera ſigner ſa depoſition
auant le renuoyer.

D. Et ſi le teſmoin ne ſçait ſigner.

M. Il fera inferer au bas de ſa depoſition, qu'il n'a
ſigné pour ne ſçauoir, deuëment enquis, & ſommé
de ce faire, ſuiuant les Ordonnances modernes.

D. Apres l'information faite & signée, celuy entre les mains de qui elle est, qu'en fera-il ?

M. Il l'enuoyera au Iuge qui a donné la commission de la faire, close & seellée, sans que le Commissaire en puisse retenir pardeuant luy aucune chose.

Office de Commissaire apres l'informatió faite.

D. Declarez-moy, s'il vous plaist, la raison pourquoy le Commis n'en doit rien retenir.

M. Cela se fait & obserue à bonnes fins, & afin que l'accusé par la corruption des Greffiers, ou autrement n'en decouure le secret, pour en apres par subornation de tesmoins éuiter la peine meritée. Et doit par le Iuge estre fait taxe au Commissaire qui y a trauaillé à recouurer de la partie ciuile, (s'il y en a vne ;) ou sur les deniers du fisc, (s'il n'y a que le Procureur du Roy en cause.)

Consideratiós, notables & bonne pratique, si elle estoit bien obseruée, taxe doit estre faite au Cómissaire , & sur qui se doiuent prendre les deniers.

Communication de l'information du Procureur du Roy, pour faire son requis.

D. QV'est-il besoin de faire apres.

M. Incontinent apres le rapport des informations, le Iuge doit procurer qu'elles soient mises entre les mains du Procureur ou Aduocat du Roy, pour requerir ce qu'ils verront estre à faire , sans que pour leur requis ils puissent prendre aucune chose.

L'informatió doit estre communiquée au Procureur du Seigneur, apres le rapport d'icelle.

Decret sur l'information.

D. APres le requis des Gens du Roy , signé d'eux , que sera-il fait.

M. Elles seront remises au Iuge qui decretera sur icelles selon la qualité du delit ou des delinquans, adiournement personnel , ou prise de

Du decret sur l'information.

corps, ſignant ſon decret de ſa main.

Conſiderations du Iuge en decretant.

D. QVelles conſiderations doit auoir le Iuge
en decretant.

M. Il doit *recta iudicy ſtatera*, balancer ſi c'eſt vn
delit graue ou leger, faits d'aguet, pourpenſé ou
fortuit par vn homme qualifié, duquel la fuite
n'eſt à craindre, ou par vn maraud vagabond &
ſans domicile : ſi en plein iour ou heure nocturne
par vn yurogne, ou par vn homme de ſens raſſis
ſuiuant la loy *reſpiciendum* §. *vlt. & l. aut facta
ff. de pœn.*

D. Faut-il point que le Iuge ait d'autres conſiderations en decretant.

M. Ouy, car il doit obmettre la conſideration des
teſmoins ouys és informations, s'ils ont pertinemment depoſé du fait de queſtion, s'ils ſont
hors de ſoupçon, *& omni exceptione maiores* maieurs de 15. ans ou mineurs, ſinguliers ou en nombre ſuffiſant.

D. Pourquoy doit-il auoir telles conſiderations.

M. Afin qu'en decretant ſans bien & meurement
conſiderer, il ne plonge la partie pourſuiuante
en cas d'appel és deſpens, dommages & intereſts,
s'il ſuccomboit ſouſtenant ſon iugé, & ſera touſiours plus loüable d'y proceder moderément,
qu'auec la ſeuerité, comme ont tenu tous les Docteurs ſur la loy, *hodie ff. de pœn.*

D. Vn ſeul teſmoin eſt-il ſuffiſant pour decreter.

M. Bien que ſelon l'expreſſe diſpoſition du droit,
vn ſeul teſmoin ne faſſe foy pour la preuue d'vn

Conſidera-
tions que
doit auoir
le Iuge en
decretant.

Queſtion
remarqua-
ble.

rime ; tant foit-il efleué en dignitez , cela ne fe
doit entendre que du iugement du procez , & non
de l'inftruction d'iceluy.

D. Dites-moy ie vous prie la raifon.

M. Parce qu'il eft certain que la depofition d'vn **Solution & raifon.**
homme d'honneur irreprochable , apporte vne
violente coniecture du faict, & que fur icelle peut
eftre valablement decreté adiournement perfonnel, ou prife de corps contre l'accufé.

　Note icy qu'Accurfe en la glofe du mot *conui-* **Opinion d'Accurfe touchant ce que deffus.**
ctus l. fi quis alicui ff. ad l. Iul. mai. tient contre
l'Ordonnance de fainct Louis, qu'vn tel tefmoin
depofant pertinemment du fait , fuffit auec les
moindres coniectures pour indice fuffifant à la
queftion fuiuant le chapitre dernier *de iureiur.*

D. Faut - il que le Iuge indifferemment , & fur **Autre notable demande.**
toutes fortes de perfonnes , decret de prife de
corps.

M. Sur ce doute ie te diray, que d'autant que la **Solution d'icelle auec aduertiffement au Iuge.**
prife de corps eft d'autant plus odieufe que l'ad -
iournement perfonnel, le Iuge entrera en confideration , fi l'accufé eft homme qui toufiours ait
vefcu auec entiere reputation, qualifié d'extra-
ction noble, & domicilié, de ne la pas inconfide-
rément decreter contre luy. Et encores quand il
s'eft prefenté de ne pas permettre qu'il croupiffe
longuement aux prifons, ains qu'il foit mis en la
garde d'vn Huiffier.

D. Si fon garde eft fi haut que perfonne n'en **Autre aduis.**
vueille prendre la charge, que fera le Iuge.

M. En ce cas il ne fe deuoyera point de fon Office de le mettre en maifon bourgeoife fous bonne & feure garde à fes defpens : car (comme dit

Belle rai-
son.

Vlpian) en la loy premiere *ff. de custod. & exhib. reo.* Cela dépend de la prudente consideration du Iuge, veu que la prison n'est pas donnée pour peine, mais seulement pour la garde de l'accusé au supplice qu'il aura merité, ou à son innocence s'il se iustifie.

Commission pour executer le decret du Iuge.

Commis-
sion pour
l'executió
du decret
du Iuge.

D. **A**Pres que l'information sera decretée, que fera-on.

M. Ce fait, sera soudain par le Greffier expedié commission pour mettre à execution ou l'adiournement personnel ou la prise de corps decretée.

Si sans có
mission on
peut se sai-
sir de l'ac-
cusé.

D. Sans cette commission l'accusé peut-il pas valablement estre emprisonné ?

M. Non : sinon qu'il fust trouué en flagrant delict, (auquel cas il peut estre serré en prison auant l'information) & la commission deliurée au Sergent, si la partie accusée est de facile conuention.

D. Mais ie vous demande, si c'est vne personne puissante & d'eminente authorité, dont la capture soit perilleuse & difficile, que fera le Iuge qui l'aura decretée estant Iuge Royal ?

Preuost
des Mares-
chaux doi-
uent estre
employez
aux captu-
res difficil-
les à faire
le decret
estant du
Iuge
Royal.

M. Il doit sur ce employer le Preuost des Mareschaux de son ressort, & ses Archers pour la mettre à execution, ou tenir main forte à la Iustice, & se transporter aux lieux où les delinquans pourront estre apprehendez, moyennant que ce soit dans l'estenduë de son destroit, pour estre constituez prisonniers, & leur estre fait leur procez, enioignant à tous les habitans de la Pro-

uince fur ce requis, de tenir & prefter la main à la
Iuftice.

D. Si c'eft vn Iuge Subalterne, que fera-il en telle
occurence.

M. C'eft au Seigneur haut Iufticier, en la Iurifdiction duquel il prefide, de faire feurement executer fon decret, en cas que main forte y foit requife.

A qui ap-
partient,
faire faire
l'execution
en tels
cas, aux
Iuftices
fubalter-
nes.

Le contumax.

D. SI l'accufé preffé du tefmoignage de fa confcience, cuidant éuiter la peine meritée par
fon malefice, fe cache, ou s'enfuit hors de la
Prouince où il a commis le delict, que fera le
Iuge.

Forme de
procedez
contre le
côtumax.

M. L'œil de la Iuftice diuine ne perd iamais de
veuë les mefchans: en ce cas donc le Iuge, pardeuant lequel il aura efté denoncé, & de l'authorité
duquel aura efté faite l'information, apres auoir
veu les exploicts des Sergens ou Archers, contenant la perquifition qu'ils ont faite de l'accufé,
& comme ils ne l'ont peu apprehender, à l'occafion de fa fuite ou latitation ; ordonnera que pour
n'auoir peu eftre apprehendé, il fera adjourné à
trois briefs iours à fon de trompe & cry public,
& que fes biens feront faifis & annotés fous la
main du Roy & de Iuftice, Commiffaire efta-
bly en iceux pour les regir, iufqu'à ce que l'accufé aye obey.

Contuma-
ce d'vn
abfent.

Auquel
cas efchet
adiourne-
ment à
trois briefs
iours.
Forme de
proceder
audit ad-
iournemét

D D'où eft tiré cét ordre ?

M. De l'expreffe difpofition du droict, par la
Loy, *ad peremptorium, cum nouem, li. fequentibus!.*

D'où eft
precedé
telle pra-
tique.

Adiourne-mens faits à domicile ont plus d'efficace. *inter accufatorem. ff. de pub. iud.* & note que fi tels adiournemens font faits au domicile de l'accufé, ils font plus preignans, & importent de plus pour la condamnation fondée fur la vraye contumace, que les autres, *Auth. qua in Prouincia de crimine agi oporteat.*

D. Comme fe doiuent entendre les trois briefs iours ?

Pratique des trois briefs iours. M. Le premier des briefs iours doit auoir la hui-ctaine franche, les autres, chacun trois iours francs entre deux, n'eftant en iceux compris le iour de l'adiournement.

D. Si l'accufé auoit tel & fi grand empefchement qu'il ne fe peut prefenter au iour de l'adiourne-ment perfonnel à l'occafion de fes bleffures, ou maladie extreme, que fera le Iuge.

Forme de proceder par le Iu-ge, au cas que l'accu-fé ne fe puiffe pre-fenter pardeuant luy. M. Le Iuge fur fes remonftrances, iuftifiées par rapport & atteftation des Medecins, Apoty-caires, ou Chyrurgiens, luy peut donner vn brief delay, dans lequel à faute de fe prefenter, il paffera outre à la prife corps & annotation, de biens: eftant chofe affeurée en droict, que la con-tumace de l'accufé, pour le mefpris qu'il fait de

Contuma-ce de l'ac-cufé fuffit pour in-duire à la queftion. Iuftice, fuffit pour induire le Iuge, apres qu'il eft apprehendé à le condamner à la queftion. Ce qui fe doit auffi entendre de celuy, qui eftant de-uant le Iuge ne veut refpondre aux interrogatoi-res qui luy font faits par luy, fur les informations contre luy prifes, & duquel ont inftruit le procez

Autre ef-pece de contuma-ce. Or-donnance contre les par contumace, & telle eft l'vfance des Cours de France.

D. Ie me fouuiens auoir veu dans l'Ordonnance de 1539. que le vray contumax ne peut empefcher par appel l'execution de la Sentence contre luy vrais contumax. renduë : mais ie defirerois fçauoir fi les Ecclefiaftiques y font compris.

M. Si l'accufé allegue priuilege Ecclefiaftique, il ne peut eftre contraint au payement des defpens & frais de la coutumace, qui ne peut plus auoir d'effect, que le confentement, qui ne peut eftre valablement prefté par vn Ecclefiaftique, contre les priuileges introduits en fa faueur. *teft. in cap. ac clerici. de iud.*

Priuilege des Ecclefiaftiques.

Requis des gens du Roy, contre le contumax.

D. **Q**Vel eft le requis contre le contumax. M. Sur le defaut de fe prefenter par l'accufé, tant le Procureur du Roy, que partie ciuile, peuuent requerir, qu'il foit declaré vray contumax & defaillant: & pour le profit qu'il foit paffé outre, au recol des tefmoins, pour lefquels faire venir ils requereront lettres.

Requifitió des Gens du Roy ou Fifcaux contre le cótumax.

D. Les tefmoins affignez pour le recol comparans à l'affignation, qu'ordonnera le Iuge.

M. Qu'ils feront recolez de leurs depofitions, & que le recol pour la fuitte & contumace de l'accufé tiendra lieu de confrontation : mais tout cela doit fuiure l'annotation de biens, qui doit auparauant eftre faite.

Ordonnãce du Iuge apres que les tefmoins ont efté affignez pour le recol.

Annotations de biens du contumax.

D. **Q**Velle eft la forme de proceder par le Sergent à l'annotation de biens.

M. Premierement, le Sergent auquel aura eſté
deliurée la commiſſion de priſe de corps, doit faire ſon rapport au vray de la difficulté qu'il y a de
prendre & ſaiſir l'accuſé, & le conduire aux priſons, où il luy eſt mandé de le rendre; & afin qu'il

ſoit deſchargé de toutes parts, ſon rapport ſera
fait. comme il eſtoit ſuffiſamment accompagné
de nombre d'hommes capables, pour l'execution
de ſa commiſſion (qui luy doiuent eſtre ordonnez
par le Iuge) ſoient Sergens, Archers de robe
courte, & autres.

D. Ce rapport contenu en l'exploict veu par le
Iuge, que fera il.

Decret d'adiournement à trois briefs iours.

M. IL decretera l'adiournement à trois briefs
iours, auec annotations de biens & ſaiſies
d'iceux ſous la main du Roy & de Iuſtice, afin
d'eſtre regis par Commiſſaires.

D. Comme rend le Sergent l'adiournement plus
valable.

M. En le faiſant au domicile de l'accuſé, pluſtoſt
qu'ailleurs.

D. Si l'accuſé a abſenté ſon domicile, que fera le
Sergent executeur.

Attache de l'adiournement.

M. APres s'eſtre enquis depuis quel temps a
eſté ſon abſence, attachera ſon adiournement à la porte de l'accuſé, & laiſſera copie
de ſon exploict au plus prochain voiſin, pour le

luy faire sçauoir ; & du tout ayant dressé exploict
en bonne forme, le fera signer suiuant l'Ordonnance aux tesmoins & records qui l'auront assisté.

D. Pour valablement proceder à la saisie des biés
de l'accusé suiuant la commission sur ce decernée,
que fera le Sergent executeur d'icelle.

M, Sans faueur ou fraude quelconque, il fera vne
sommaire apprise des Officiers, Consuls ou habitans du lieu du domicile de l'accusé, pour descouurir au vray quelles sont ses facultez mobiliaires
ou immobiliaires, qu'il declarera auoir annoté
sous la main de Iustice, afin d'en faire description
& inuentaire en leur presence, qu'il fera escrire &
receuoir par le Greffier du lieu, ou par le premier
Notaire Royal sur ce requis, faisant ouuerture
des lieux où seront les meubles, qu'il fera regi-
strer en l'inuentaire, lesquels, s'il peut, il fera pri-
ser & estimer par preud'hommes, & ne vacquera à
autre chose qu'il n'aye clos son inuentaire, lequel il fera signer deuëment à ceux qui y auront
assisté, & les deposera entre les mains d'vn homme resseant & soluable, qui s'en chargera en bonne forme, *l. si quis in Prouinciam C. de bon. prosc.*

Vente de meubles perissables.

D. SI parmy les meubles saisis se trouuent des
choses, *quæ seruando seruari non possunt,* comme d'enrées suiettes à se corrompre, ou quantité
de bestail qui charge le Commissaire d'vne inutile despense, que fera le Sergent.

M. Il fera aduisement de les vendre à la deschar-

Comme se doit porter le Sergent procedant à la saisie des biens de l'accusé contumax. De l'inuentaire que doit faire le Sergent. Doit continuer sodit inuentaire iusques à la closture d'iceluy.

Doit vendre les meubles perissables à la descharge du Commissaire, & comment doit-il proceder.

ge du Commiſſaire à cry public au plus prochain marché, apres auoir fait ſçauoir par affiches la vente.

D. Peut-il les vendre de ſon autorité.

*Doit met-
tre les de-
niers entre
les mains
d'vn ſol-
uable gar-
diateur.*

M. Non, mais par Ordonnance du Iuge duquel il eſt commis, & ne les eſtrouſſera qu'à prix raiſonnable.

D. Que deuiendront les deniers qui prouiendront de telle vente.

*Aduis au
Sergent.*

M. Il les fera mettre entre les mains d'vn ſoluable gardiateur, qui demeurera chargé de la reſtitution d'iceux, toutesfois & quantes que par Iuſtice ſera ordonné, eſtant ſur tout prohibé au Sergent de n'y faire aucune miſe par luy, ou autre perſonne interpoſite.

Saiſie de debtes & creances de l'accuſé.

D. LE Sergent executeur peut-il ſaiſir les debtes & creances entre les mains de ſes debiteurs.

M. Ouy, & leur fera defenſes de luy payer aucune choſe, ou autre en ſon nom, ſans Ordonnance de Iuſtice, *l. vlt. reg. reis.*

*Doit-on
en outre
ſaiſir les
debtes &
creances
de l'accu-
ſé entre les
mains de
ſes deb-
teurs.*

D. Si le debteur paye à ſon creancier au preiudice deſdites defenſes, que ſera-il fait.

M. Il ne lairra de payer au fiſque (outre l'amende qu'il doit ſubir pour le meſpris de Iuſtice) ſans que les quittances de main priuée de l'accuſé puiſſent ſeruir à ſa liberation, de quelque datte qu'elles ſoient, voire fuſſent-elles de long-temps anterieures au crime, ſinon qu'elles ſoient en bonne forme receuës & ſtipulées par Notaire.

Prouiſion

Prouifion pour la femme & enfans de l'accufé.

D. SI l'accufé a femme & enfans , & le Sergent executeur, comme fe comportera-il ?

M. Il ne doit fi cruellement proceder à la faifie & vente de meubles, denrées & creances qu'il ne leur laiffe (fous l'ordonnance de Iuftice toutesfois) prouifion competante des meubles & chofes neceffaires à leur vie & entretenement pendant l'inftruction du procez & l'abfence de l'accufé, fans les defloger ny mettre hors de leur ordinaire domicile, faifant toutesfois defcription & inuentaire de ce qu'il leur aura laiffé.

Le Sergent doit laiffer competante prouifion à la femme & enfans de l'accufé, & comment.

Eftabliffement de Commiffaire aux immeubles de l'accufé.

D. POur le regard des immeubles, comme fera-il ?

M. Apres que fommaire & exacte defcription en aura efté faite par confins, tenans & aboutiffans, en fon exploict d'annotation, fon principal office fera d'y eftablir vn bon & fuffifant Commiffaire pour le regime & gouuernement d'iceux, auquel il fignifiera fon eftabliffement, luy enioignant de faire fon deuoir, moyennant falaire competant, à la charge de rendre compte, & prefter le reliqua de fa commiffion, qu'il luy expediera en bonne forme, afin qu'il aye le pouuoir d'exercer le deu de fa charge, *l. fi quis intra Prouinciam C. de bon. profcr.*

Forme de proceder par le Sergent à l'eftabliffement de Commiffaire aux immeubles de l'accufé.

Z

Deuoir du Commiſſaire eſtably.

Deuoir du Commiſ-
faire eſta-
bly en
iceux.
D. QVel eſt le deuoir du Commiſſaire ?

M. Apres l'eſtabliſſement d'iceluy, & a-
pres que le Sergent aura procedé ainſi que deſſus,
il doit faire annoncer & proclamer, ou denoncer
par affiches le cenſé qu'il deſire paſſer des biens
ſaiſis, leſquels il eſtrouſſera au plus offrant & dernier encheriſſeur à condition raiſonnable, ſoit
pour l'aduance des frais de la quantité des grains
qu'il doit laiſſer enſemencer aux terres & domaines de la Ferme, ſoit pour les reparations preſſées
& neceſſaires pour l'entretenement d'iceux.

D. Dites-moy, ie vous prie, où doiuent eſtre publiées les aſſignations des adiournemens à trois
briefs iours.

Où doiuét
eſtre pu-
bliées les
aſſigna-
tions des
adiourne-
mens à
trois
briefs
iours.
M. En Audience, afin que les defauts ſoient legitimement obtenus ſur icelles, & deuëment ſauuez
ſelon la diſtance des lieux.

D. S'il n'y a exoine ſuffiſant pour exoiner l'accuſé apres l'intimation portée par le dernier adiournement qu'à faute de ſe preſenter par l'accuſé
dans le iour qui luy eſt prefix, qu'il ſera paſſé outre au iugement des defauts, iceux iugeant, qu'ordonnera le Iuge.

M. Il doit ordonner, (apres auoir debouté l'accuſé de tout ce qu'il euſt pû dire pour ſa iuſtification) que pour le profit d'iceux il receura les parties iointes, ou le Procureur du Roy, s'il eſt ſeul
pourſuiuant à la preuue du crime denoncé; & qu'à
ces fins ils feront repreſenter les témoins tãt oüis
és charges & informations, qu'autres qu'ils pre-

tendront produire, pour eftre par luy recolez de
leurs depofitions, afin que le recol tienne lieu de
confrontation, veu l'abfence & contumace de
l'accufé, fuiuant l'ordonnance contraire à la difpofition du droiƈt, & à l'opinion de Bart. *in l. 1.*
de reg. reis. & in l. dinus de cuft. & exhib. reo. qui
tiennent le coutumax atteint & conuaincu des
cas & crimes à luy impofez, pour fa fuite, & le
mefpris qu'il fait de Iuftice, en quoy l'Ordonnance eft plus douce, & tirée d'vne plus meure
confideration.

Iugement des defauts deuëment obtenus par contu-mace.

D. De quelle confideration.

M. Veu l'importance de la vie de l'homme, petit
abbregé du grand monde icy bas, vniquement
chery de Dieu, qui l'a doüé d'vne ame pourueuë
de tant de raretez, laquelle par vne condamnation precipitée, il ne faut ignominieufement de-
loger de fon ancien domicille, fans des preuues
tres-claires & euidentes.

L'ordon-nance plus douce, & tirée d'vne fort belle confidera-tion & tres-fainte.

D. Si les tefmoins font tellement efloignez du
lieu où s'inftruit le procez, ou craignent de venir
pour éuiter la prifon, ou pour debtes, ou deliƈt,
que fera le Iuge.

M. Il commettra par fa prudence Iuge fur les
lieux pour proceder au recol en l'abfence, defaut
& contumace de l'accufé, vray que (*quod notan-*
dum) que fa commife ne peut eftre decernée, qu'à
la requefte de partie ciuile, ou du Procureur du
Roy aux Iuftices Royales, ou du Procureur d'Office aux Subalternes, qui doiuent pour cét effeƈt
prefenter Requefte particulierement l'entherinement de laquelle ne leur peut eftre defnié, comme a efté iugé par diuers Arrefts.

Forme de proceder quand les tefmoins font efloi-gnez, ou craignent de venir au lieu où s'inftruit le procez no-table.

D. Le recol fait des tefmoins produits contre le contumax, que fera apres le Iuge.

Suitte de la procedure apres le recol. Accufé contumax doit eftre abfous, nonobftant fa contumace, fe trouuant deuëment conuaincu,

M. Apres que le recol fera ainfi fait, qui (comme nous auons dit) tient lieu de confrontation, c'eft au Iuge de voir s'il y a preuue fuffifante, ou non. Si l'accufé ne fe trouue deuëment atteint, nonobftant fa contumace, il doit eftre abfous fans defpens.

D. Comment cela ?

M. Attendu la violente prefomption, que s'il fe fuft prefenté, & refpondant, propofé fa iuftification, le pourfuiuant euft moins peu obtenir contre luy qu'il n'a fait par la contumace, nonobftant laquelle (*licet indefenfus*) il fe trouue incoulpable, & partant demeurent les defpens de la pourfuite fans rembourfement à la partie ciuile.

D. Mais s'il y a preuue fuffifante, que fera le Iuge ?

Ouy à preuue iointe à la contumace, doit eftre paffé outre à la condamnation felon l'exigence des cas.

M. Il paffera outre à la condamnation, felon la qualité du delict, ou au dernier fupplice, qui doit eftre executé en effigie, ou à la mort ciuile par banniffement, galleres, fuftigations, amendes honnorables.

D. Le contumax fe prefentant, & apres Sentence renduë contre luy, peut-il eftre ouy en fa iuftification.

M. Ouy, en purgeant la contumace, & payant entierement à la partie ciuile ce qui luy a efté adiugé par la Sentence ou Arreft rendu fur fa contumace, & ce nonobftant l'appel, en baillant caution. Ordonnance de Charles I X. 1563. article 57.

D. Cecy a-il lieu au priuilegié contumax Ecclefiaſtique.

M. Ie t'ay defia dit cy-deſſus, que non, nonobſtant l'Ordonnance, d'autant que la contumace
ne peut proroger la iuriſdiction du Iuge laic, au
preiudice du priuilege Eccleſiaſtique, ſuiuant les
chapitres, *ac ſi clerici & ſi diligenti.*

D. Dans quel temps doit obtenir remiſſion le
contumax, apres ſa condamnation.

M. Dans cinq ans du iour de la Sentence confirmée par Arreſt, & ainſi fut iugé à la Tournelle
le 7. Iuillet 1584. voire s'eſt-il veu vn quidam receu vnze ans apres ſa condamnation, le 16. Mars
1586. Et ſuiuant l'Ordonnance d'Amboiſe faite
par Charles IX. en l'an 1572. & l'Edict de l'an
1577. ſur la pacification des troubles, qui portent que le contumax doit refonder tous les deſpens, tant de la Sentence ſur laquelle eſt interuenu l'Arreſt, que de l'Arreſt meſme, fut iugé à la
Tournelle le 22. Mars 1578.

D. Eſt-il raiſonnable, que le contumax ſe pre-
ſentant, ayant purgé la contumace, ſoit ouy en
ſa iuſtification.

M. Ouy vrayemeut, veu que les Sentences renduës ſur defauts en matieres criminelles ne ſont
qu'interlocutoires, qui ne ſe peuuent reuoquer,
*l. quod ius ſit. ff. de re iud. C. cum ceſſant. ex. de ap-
pel.* Vray eſt, que s'il y a confiſcation des biens de
l'accuſé (aux lieux où confiſcation a lieu) il doit
eſtre reſtably en iceux par lettres du Prince.
Comme auſſi, ſi la Sentence contre luy renduë
portoit banniſſement, galeres, amende honorable,
ou autre mort ciuile, qui le rendroient infame ſans

Marginal notes:

Repetition du priuilege Eccleſiaſtique ſur propoſé.

Le remiſſionnaire doit obtenir ſa remiſſion dans cinq ans, du iour de la Sentence confirmée par Arreſt.

Le contumax doit refonder tous les deſpens tant de la Sentence que de l'Arreſt confirmatif d'icelle.

Reſtabliſſement de l'accuſé en ſes biens par lettres du Prince.

telle reſtitution, bien que telles ſentences ne doiuent pas eſtre legerement renduës, ſur la ſimple contumace de l'accuſé , *ſitta iuris probatione*, mais ſeulement apres les preuues veritables , *quæ debent eſſe luce meridiana clariores.*

Si la taciturnité de l'accuſé eſtant interrogé eſt reputée confeſſion.

D. Il me vient en memoire de vous propoſer vne difficulté, qui eſt, que ſi l'accuſé eſt aprehendé, & qu'interrogé il ne vueille reſpondre choſe quelconque, s'il doit eſtre reputé pour auoir confeſſé le crime, ſuiuant la loy *de ætate ff. in interrog.* au §. *qui tacuit.*

Notable diſtinction ſur ce ſujet.

M. Il faut diſtinguer en ce cas, car quant au ciuil , il n'y a doute quelconque que les faits ne ſoient tenus pour confeſſez, & auerez à faute de reſpondre categoriquement ſur iceux par celuy contre qui ils ſont propoſez. Mais quand il y va de la vie on ne doit pas tenir les faits pour confeſſez, s'il n'y a preuue par teſmoins.

D. Si la preuue y eſt, que peut-on iuger de telle taciturnité de l'accuſé.

M. Telle taciturnité le rend contumax, & emporte effect de confeſſion, apres toutesfois que les teſmoins auront eſté recolez de leurs depoſitions & à luy confrontez , & peut en apres eſtre procedé à la condamnation, ainſi que le cas le meritera.

D. Le meſme eſt-il pratiqué en la taciturnité d'vn teſmoin.

Difference de la taciturnité du teſmoin & de l'accuſé,

M. Non, car il peut eſtre contraint à depoſer par amendes & priſon. *A ce. in l. certum, ff. de reb. cred,* & autres.

DES PRISONS

ET GARDES DES

prisonniers, nourriture &
conduite d'iceux.

Procedure contre le criminel apprehendé.

V S Q V' A maintenant nous auons discouru de l'accusé contumax, maintenant parlons vn peu de l'accusé qui se presente, ou qui a esté apprehendé apres le crime & delit, & aussi où l'on le met pour asseurer sa personne.

Procedure contre le criminel prisônier, ou autrement côparant.

M. On le met ordinairement en prison, si le cas le merite, & faut sçauoir qu'en France nous auons les prisons Royales, ou des Seigneurs Iusticiers qui sont publiques, vray est qu'il y a des cachots pour les criminels.

Prisons & cachots pour les prisôniers selon que le cas le merite.

D. Pour quelle raison.

M. A ce qu'ils soient separez des autres prisonniers iusques à tant qu'ils ayent respondu, & iusques auquel temps il est defendu aux Geolliers & gardes des prisons, de ne permettre qu'ils parlent à personne viuante sans Ordonnance de Iustice. Et note que tous criminels, de quelle qualité qu'ils soient, apres le delit commis, peuuen.

Pourquoy l'on separe les criminels des autres prisonniers.

Z iiij

valablement eſtre apprehendez & empriſonnez
s'ils ne ſe preſentent à l'adiournement perſonnel contre eux decreté & executé dans l'aſſignation qui leur eſt donnée. Et eſt tenu le Geollier d'inſerer en ſon papier ou liure de Geolle
l'eſcrouë de l'empriſonnement de l'accuſé, le
iour & l'heure qu'il luy a eſté amené, & par qui,
à la requeſte de qui, & pour quel crime : enſemble le relaſche ou eſlargiſſement qu'il en fait lors
qu'il luy eſt ordonné, ne luy eſtant permis le mettre hors de ſon authorité ſans l'Ordonnance du
Iuge, de l'authorité duquel l'empriſonnement a
procedé.

Office du Geollier, lors qu'vn priſonnier luy eſt amené.

D. Si par dol ou negligence le priſonnier éuade
des priſons, qui en eſt reſponſable.

M. Le Geollier, & meſme eſt puniſſable de mort,
l. 8. l. milites , l. non eſt facile , ff. de cuſt. reo.

D. Et que fera-il, ſi le priſonnier eſt detenu pour
debte tant ſeulement.

M. Le Geollier la doit payer , tant par l'Ordonnance ſus eſcrite , que par la loy, *quoties de exact.
trib.*

D. Si le Geollier repreſente le priſonnier, ne ſera-il pas quitte.

M. Non, ſi pendant ſon euaſion il eſt deuenu in-
ſoluable ſuiuant la loy, *ſi quis alium* §. 1. *ff. ne quis
cum qui in ius vocabitur.*

D. Mais ie deſirerois de ſçauoir, ſi l'euaſion ſe
fait des priſons du Seigneur haut Iuſticier, non
par la faute ou conniuence du Geollier qui en ſera
reſponſable.

M. Si les priſons ne ſont cloſes , fortes & en
bon eſtat, pour la garde des priſonniers, le Sei-

Geollier ne peut eſlargir ſans authorité du Iuge.

Eſt reſpőſible de l'euaſion.

Geollier eſt auſſi reſponſable de la debte du priſonnier.

Seigneur eſt reſponſable.

gneur en doit respondre, tant pour le ciuil que Des prisoniers eua-
dez, si ses
prisons ne
sont en
bon estat. pour le criminel suiuant la loy *l. debet ff. namque,*
&c. C'est pourquoy leurs prisons doiuent estre
bonnes, seures & raisonnables, de hauteur & lar-
geur competante, non infectées, basties à rets de
chaussées, & non plus bas sans vser de ceps, gril-
lons, grües, ny autres instrumens semblables.
Charles IX. aux Estats d'Orleans 1590. art. 55.
est notable, que suiuant cette Ordonnance le 22.
Fevrier 1578. par Arrest de Paris, fut enioint à
vn Gentil-homme de tenir prison separée de son
Chasteau pour la commodité du Iuge.

D. Si donc le prisonnier est ainsi mal logé, à qui A qui appartient
de reme-
dier aux
defauts
que des-
sus.
appartient d'y donner ordre.

M. Le Iuge Superieur le peut faire transporter
hors des prisons où il est detenu en d'autres meil-
leures.

D. Dites-moy s'il vous plaist la raison.

M. Parce que bien que la prison ne soit pro-
duite pour peine des prisonniers, ains pour la
garde d'iceux, toutesfois quand elles sont cruel-
les, elles sont prises pour peine, *l. C. de cust.*
reor. l. diuus ff eod. l. omnes Cod. de pœn. Aussi
par Arrest des grands iours de Moulins, fut enioint aux Seigneurs hauts Iusticiers, d'entretenir vn Geollier creé & iuré residant au Chasteau où est la prison, à peine de respondre de
ce qui aduiendra en defaut de ce, en leurs priuez Si le Geolier peut
retenir les
prisoniers
pour les
despens
de la Geo-
le,
noms.

D. Le Geolier doit-il ou peut-il retenir les prisoniers pour les despens qu'ils ont faits en la Geole.

M. Non, soient absous ou condamnez, ains est tenu incontinent & sans delay les relascher suiuant

l'Ordonnance de Henry ſecond 1549. art. 5.

D. Si le priſonnier eſt extremement pauure & neceſſiteux, comme & aux deſpens de qui ſera-il nourry aux priſons.

M. Il faut en ce diſtinguer? car ſi c'eſt en matiere ciuile, le creancier le doit nourrir ou conſentir ſon élargiſſement : en matiere criminelle la partie ciuile doit fournir aux frais de ſa nourriture, & s'il n'y a que le Procureur du Roy à la pourſuite, le pain du Roy luy doit eſtre donné : telle eſt l'opinion de Boyer, *Dec.* 303. *num.* 2.

D. A qui appartient la conduite des priſonniers, à la Cour.

M. Suiuant l'Ordonnance de Charles I X. aux Eſtats d'Orleans 1560. art. 56. elle doit eſtre donnée par les Iuges des lieux aux Meſſagers ordinaires, ou Huiſſiers au plus raualant.

D Aux frais de qui doit eſtre faite lad. conduite.

M. Il faut icy faire autre diſtinction : car ſi la partie denonçâte s'eſt departie & deſiſtée de la pourſuite pendant le procez, elle ne peut ny doit eſtre executée pour la taxe de celuy qui a conduit le priſonnier, ains doiuent les frais de la conduite & du procez eſtre fournis par le Roy aux IuſticesRoyales, ou par le Seigneur haut Iuſticier aux inferieures & ſubalternes.

D. Si le Procureur du Roy ſeul eſt partie contre qui ſe pourra pouruoir le Meſſager pour le payement du port du procez.

M. Il ſe pourra pouruoir contre le Receueur du Roy du Domaine, comme il a eſté iugé par Arreſt le 15. Mars 1586.

D. A qui appartient de faire porter le procez criminel.

M. Ores qu'en matiere ciuile ce soit à l'appellant à faire apporter le procez en matiere criminelle, neantmoins le contraire s'obserue. Par ce que c'est au denonçant ou accusant à le faire porter : comme quoy fut iugé le 23. Iuin 1571. en consideration dequoy, l'executoire du port du procez se deliure contre l'accusateur partie ciuile, non contre l'accusé.

D. Apres l'emprisonnement de l'accusé, que doit faire le Iuge.

M. Il doit promptement vacquer sans delay, dés le lendemain qu'il en aura eu aduis, à l'audition & interrogatoire d'iceluy, à peine de l'amende arbitraire contre le Geolier qui ne l'aura notifié au Iuge, incontinent apres l'emprisonnement, & de punition contre le Iuge, qui apres telle notification aura differé de vacquer à l'interrogatoire, comme porte l'Ordonnance de François I. en 1535. chap. 13. art. 41.

D. Mais i'ay ouy dire que cette Ordonnance n'est pas trop obseruée.

M. Ce que vous en auez ouy dire n'est que trop veritable, au prejudice tres-grand de la Republique : car si elle estoit bien gardée, les accusez ne respondroient par aduis, comme ils font le plus souuent, & ne leur seruiroit de gueres les subtilitez qu'ils trouuent, (ayans le loisir, & la commodité d'en forger :) au contraire s'en trouueront, qu'encores qu'ils soient accusez de crimes atroces ; neantmoins les Iuges, ou corrompus, ou trop negligens, ne procedent à l'interrogatoire du criminel, qu'vn mois ou six sepmaines apres son emprisonnement, qui est luy donner promptement moyen d'échapper des prisons & d'éuiter la peine meritée : en quoy tels Iuges sont grandement à blasmer, & meriteroient punition , ou du moins entiere priuation de leurs charges & offices.

Peu d'Officiers obferuent lesdites Ordonnances, contre leur honneur & leur confcience.

D. Quel doit estre le salaire des Officiers pour l'eslargiffement.

M. Quand pour raison apparente le prisonnier est eslargy, il est estroittement deffendu aux Iuges, Aduocat & Procureur du Roy, & à tous autres Officiers, de ne rien prendre pour tel eslargiffement, par les Ordonnances de Louis X I I. publiées en 1498. art. 128. & 1507. art. 204. Et de François I. 1535. chap. 13. art. 35. Que si (que ie suis contraint de redire en haine des Iuges tels que cy-deffus ie viens de les qualifier) telles Ordonnances estoient bien obferuées, les criminels ne croupiroient si long temps aux prisons, & ne receuroient les instructions, au moyen defquelles les plus fcelerats euadent fans punition.

Confiderations qui doiuent preceder l'interrogatoire de l'accusé.

D. LE Iuge incontinent, & fans penser meurement à ce qu'il a à faire touchant l'interrogation, doit-il faire refpondre le criminel.

Ce que doit confiderer le Iuge auant que proceder à l'interrogatoire de l'accufé.

M. Vn bon Iuge doit confiderer auant que proceder audit interrogatoire , que *Delictorum multa funt genera :* les crimes legers & de peu d'importances, estans fort differents des graues commis par dol , apportans grand prejudice: procedans de malice pourpenfée : c'est pour-

quoy le Iuge auant proceder à l'emprisonnement
& interrogatoire de l'accusé, doit meurement
considerer la grauité du crime, & s'il y a des indices certains, qu'il nie par luy estre commis.

D. Dites-moy, cette regle est elle infaillible.

M. Elle ne l'est pas tant qu'elle ne reçoiue trois Trois cas esquels n'est be-soin au iu-ge d'vser de tant de considera-tions.
exceptions : La premiere, pour le regard des fu-
gitifs, vagabonds, & grandement suspects qui
peuuent sur la moindre information du monde
estre emprisonnez, de peur qu'ils n'éuadent. Seconde, quand le criminel est apprehendé en fort
grand delict, ce qui suffit à sa condamnation, sans
aucun procez precedent. Troisiesme, quand le
delict est notoire.

D. Qu'est-ce, ie vous prie, que fait notoire, &
notorieté.

M. Il faut icy faire vne diuision : car il y a notorieté de faict, notorieté de droict, & notorieté de
presomption violente.

D. Quelle notorieté des trois est la plus forte.

M. La notorieté du faict permanent est plus forte que tous les tesmoins du monde, voire mesmes
que les confessions volontaires des accusez, com-
me monstre l'esclaue de *Valerius Maximus*, qui Exemples tres-nota-bles.
fut executé à mort, sur la confession qu'il fit d'a-
uoir tué vn homme, qui depuis reuint & fut veu
plein de vie. L'extreme cruauté de Pison, en
ayant fait mourir trois pour l'innocence de l'vn,
monstre bien combien cette notorieté de faict per-
manente, est la plus claire & forte preuue. Il faut Aduis au Iuge.
donc s'arrester au faict permanent, que le Iuge
voit & connoist, ou touche, ou perçoit par l'vn
des cinq sens.

D. Cette preuue n'eſt elle iamais excluſe.

M. Non, ny par Ediđs, ny par Sentences, ny
par Couſtumes : & ores qu'apres publication
d'enqueſte au ciuil, l'on ne ſoit receu à faire
preuue: ſi eſt-ce celle qui eſt fondée ſur
vn faiđ permanent eſt receuë, comme tiennenṫ
tous les Dođeurs : & ſi par Ediđ ou par Couſtume il eſtoit deffendu receuoir aucune excep-

tion, ſi eſt-ce que l'exception d'vn faiđ euident
eſt touſiours receuable, & ne ſe peut reïterer, à
plus forte raiſon en matiere de crimes, où n'y a
iamais forcluſion de preuues, l'euidence du faiđ
eſt touſiours receuable, laquelle doit notoire-

ment apparoir au Iuge, & autres preſens, auquel ſi le crime n'apparoiſt que par la depoſition des teſmoins, quoy qu'ils ſoient irrepro-
chables, ce n'eſt pas vne notorieté de faiđ permanent, bien que la preuue ſoit tres-forte par
la depoſition des teſmoins : d'autant plus, s'ils
depoſent de pluſieurs ađes, & qu'ils s'accor-
dent du temps, du lieu, des perſonnes, & autres
circonſtances, que les Dođeurs appellent *Con-
teſtes :* & ſi la confeſſion de l'accuſé eſt concurren-
te auec la depoſition des teſmoins, la preuue eſt
encore beaucoup plus certaine, *l. qui ſententiam
C. de pœn.*

D. Maintenant ie vous demande, quel nombre
de teſmoins eſt requis pour la preuue d'vn crime.

M. La loy en requiert deux au moins, *l. tibi
numerus ff. de teſt.* & eſt ce nombre ſuffiſant aux
crimes qui ſe commettent couuertement & en
cachette: comme concuſſion, vſure, aſſaſſinat,

adultere, forcellerie: & non seulement telle preuue est suffisante, comme les Docteurs en sont d'accord : mais aussi Bart. est d'aduis qu'en crimes si
occultes la presomption, & la preuue coniectu-
rale suffisent : non pas pour asseoir iugement de
mort, mais pour tout autre iusques à la mort inclusiuement, *in i. atio:. C. de probat.* & autres, &
est son opinion suiuie des Canonistes *in c. qualibet
de accus.* Opinion
de Bart. &
des Cano-
nistes.

D. Quelle peut estre leur raison.

M. C'est que les tesmoins s'accordentau cas vni-
uersel & crime general, en sorte que la singularité n'est point incompatible ny repugnante, ains
elle aide & confronte la premiere. Raison
des dites
opinions.

D. Comment appellez-vous cette singularité.

M. Bald el'appelle adminiculatiue, *in authentica
rogati C. de testib.* qui est bien differente de la singularité contradictoire & repugnante à soy-mes-
me, qu'il appelle obstatrice. Deux sortes de sin-
gularitez.

D. Declarez-moy que c'est que preuue obstatrice.

M. C'est quand vn tesmoin destruit la preuue de
l'autre par la diuersité du lieu, du temps, & autres
circonstances semblables : car en ce cas la preuue
n'est pas suffisante, notamment quand il y va de la
vie, ou punition corporelle, où la preuue doit e-
stre plus forte qu'en matiere ciuile ; c'est pourquoy aux matieres criminelles le serment suppletif de preuue n'est pas receuable, non plus que la
conuention de se rapporter à vn tesmoin pour af-
seoir iugement de l'honneur ou de la vie, comme
il est en cas ciuil. Preuue
obstatri-
ce, que
c'est.
Serment
suppletif
de preuue,
ny la con-
uention
de se rap-
porter à
vn témoin
pour af
seoir iuge-
ment en
matiere
criminelle
ne sont
receus.

D. Il se presente à ce propos l'occasion de vous

demander comme s'entend, qu'vne preuue imparfaite ne ſe peut ioindre à vne autre imparfaite.

M. Cela s'entend de deux preuues ou de deux
teſmoins, ou de deux preſomptions, ou de deux
crimes differens : comme ſi l'vn depoſe d'vn homicide, & l'autre d'vn adultere ; l'autre d'vn
ſortilege, & l'autre d'vn larcin : cela fait bien
preuue d'vn homme ſcelerat, meſchant & depra-
ué; mais partant il n'eſt pas prouué adultere ny
larron, ny meurtrier, ny ſorcier, pour y aſſeoir

Les loix
diuines,
humaines
& canoni-
ques ont
reietté la
preuue
d'vn teſ-
moin pour
proceder à
la moin-
dre con-
damnatió
pecuniai-
re.
condamnation de peine corporelle : Et de fait,
comme la loy de Dieu n'a pas voulu que la depoſition d'vn teſmoin faſſe preuue pour aſſeoir iugement de condamnation : de meſme tous les Iuriſ-
conſultes & Canoniques ſont d'accord, que quelque probité, integrité, dignité & reputation que
puiſſe auoir vn teſmoin, on puiſſe proceder à la
moindre condamnation pecuniaire ſur la ſeule depoſition.

D. Vn teſmoin irreprochable ſuffit-il pour condamner à la queſtion.

Ordonnã-
ce cõtraire
à l'opinió
des Do-
cteurs.
M. Bien que *Ioan. And. in addit. ad ſpeculat. tit.
de præſum. & Alex. conſ. 77. lib. 1. num. 1.* ayent tenu pour l'affirmatiue ; toutesfois l'Ordonnance
de Louis XII. y eſt bien contraire, bien ſeroit il
teſmoin ſuffiſant pour faire preſenter l'accuſé à
la queſtion, mais non pour la luy donner.

D. Obſerue-on touſiours cela.

Limita-
tion re-
marqua-
ble.
M. Non, car ſi auec la depoſition d'vn teſmoin irreprochable il y auoit quelque preſomption violente, on pourroit appliquer à la queſtion, & ce
aux crimes qui meritent punition corporelle, ou
peine capitale,

D. Y a-il

D. Y a-il point d'exception en cecy.

M. Ouy : car si tel tesmoin est infame, sa deposition ne seroit suffisante pour appliquer le criminel à la question, auec la presomption la plus violente du monde, sinon qu'il soit aidé d'autres témoins.

D. Pourquoy aidé d'autres.

M. Car bien que *infames à ferendo testimonio re-*
pellantur l. infamem ff. de pub. iud. que les Canonistes ne les reçoiuent en tesmoignage, *c. cùm te de*
sent. & re iud. si est-ce qu'il se pratique en tout ce
Royaume, que leur tesmoignage est bon auec
d'autres, *l. 1. ff. de his qui not. inf.* moyennant qu'ils
ne soient condamnez ; & ne doiuent selon l'aduis
des Canonistes, les reproches d'infamie estre receus contre les tesmoins.

D. Pourquoy.

M. Parce qu'il faudroit faire les procez aux tesmoins sur les reproches, & par ce moyen les accusez eschapperoient, & les gens de bien seroient
souuent calomniez. Notez icy que la femme ac-

cusée d'adultere, & depuis absoute, ne laisse d'e-
stre receuable en tesmoignage, nonobstant que le
Iurisconsulte die que *putat notam obesse :* car il a
esté en ce sagement pourueu, que les crimes
soient testifiez par toutes personnes.

D. La raison.

M. Parce qu'és actes de Iustice legitime, on
prend tous tels témoins que l'on veut ; & aux crimes tels que l'on peut, y estans les femmes receuës, afin que les crimes ne demeurent impunis.

Interrogatoire des accusez.

D. VOus auez dit cy-deuant que le Iuge doit incontinent vacquer apres l'emprisonnement de l'accusé, à l'interroger sur le fait dont il est accusé, dites-moy, s'il vous plaist, quelle est la forme de l'interrogatoire.

Forme de procedera à l'interrogatoire. M. Si l'accusé est prisonnier, il est ouy dans la prison ; s'il est adiourné personnellement, il est ouy par le Iuge en sa maison ou en la chambre criminelle ordonnée pour ce faire, & ce font les interrogats en cette sorte : c'est qu'en premier lieu le Iuge fait faire serment à l'accusé de dire verité, & apres l'interroge de quel mestier il est, de son nom, surnom, âge, qualité & demeurance ; ce qu'il a fait dés l'âge de quatorze ans, iusques au iour qu'il l'interroge ; mais le plus souuent le Iuge ne fait tant d'interrogatoires, mais vient au fait de l'information.

Quelle est la fin de l'interrogatoire. D. Quel est le but ou fin de l'interrogatoire.

M. L'interrogatoire ou inquisition que fait le Iuge à l'accusé, tend à descouurir en Iustice la verité du malefice commis, & en poursuiure la reparation à l'aduantage de l'accusateur, selon l'interest qu'il a en telle poursuite : & en toute interrogatoire, le Iuge tient lieu du demandeur, ou accusateur, desduisant par articles distincts le droit de la partie offensée, l'information & interrogats tiennent lieu de demande, & l'accusé celuy du defendeur.

En tout interrogatoire le Iuge tient lieu de demandeur, ou d'accusateur, & l'accusé de defédeur.

Repetitions de l'accusé.

D. **A**Pres que le Iuge aura exactement interrogé, & ouy l'accufé fur le faict de l'accufation, circonftances & dependences d'icelle,
felon les informations qu'il aura en main, que
fera-il par apres ?

M. Il fera neceffaire qu'il le repete, ou l'apref- Repetition
dinée du matin, dont il aura efté ouy, ou le lende- neceffaire,
main, en repaffant fur les mefmes chefs des in- & pour-
terrogats contenus és refponfes, pour voir s'il y quoy.
aura variation ou contrarieté aux refponfes & re-
petitions, ioint que s'il y a confeffion du faict,
fera neceffaire de la reïterer, pour plus grande
affeurance du iugement.

D. Apres la repetition & reïteration, qu'ordonnera-il ?

M. Que le tout foit communiqué au Procureur Ordonnáce
du Roy, & par fes mains à partie ciuile, pour dans apres l'in-
le temps qui leur fera prefix prendre leurs con- terroga-
clufions diffinitiues, s'ils voyent que le procez petition de
fe puiffe expedier fur la confeffion faite & reïte- l'accufé.
rée: c'eft le cas auquel l'accufé eft receu à donner
attenuations contre leurs conclufions, afin d'at-
tenuër le delict.

Declinatoire de l'accusé.

D. **S**I l'accufé decline la Iurifdiction du Iuge,
qui veut proceder à la facture de fon procez, foit pour fon incompetance, ou pour la
qualité du delict, ou du lieu où il a efté commis, ou fur la qualité de l'accufé que fera le Iuge?

Comme le Iuge fe doit porter lors que l'accufé veut decliner fa iurifdiction.

M. Il reglera les parties à venir plaider en Au-dience fur la declinatoire, afin de vuider fommai-rement cét incident, & de renuoyer l'accufé par-deuant fon Iuge competant, s'il y efchet, ou le debouter du renuoy requis, & ordonner que con-tre luy fera procedé par le mefme Iuge qui pro-noncera, & fe declarera competant.

D. Le Iuge en vfera-il toufiours ainfi.

Les parties difcordan-tes des li-mites de iurifdi-ction, fe-ront par le Iuge re-glées d'in-former.

M. Non, car fi les parties ne fe trouuent d'accord des limites de iurifdiction, il eft neceffaire d'in-former fur icelle, auant rendre droict fur la decli-natoire, ce qui doit eftre ordonné dans vn brief delay pour tout le remis au Iuge, y eftre par luy rendu droict ainfi que de raifon.

D. Si la matiere eft legere, ou de peu d'impor-tance, comme y procedera-on.

En matie-res legeres faut proce-der fom-mairement fuiuant l'Ordon-nance.

M. Suiuant l'Ordonnance de François I. publiée en 1539. telle matiere fe doit depefcher fommai-rement en Audience par plaidoirie verbale, où eft toutesfois requife la prudence du Iuge pour difcerner quelles matieres doiuent ainfi eftre traittées, ou non.

D. Dites-m'en la raifon.

Prudence du Iuge re-quife pour difcerner telles ma tieres.

Pourquoy les parties en telles matieres ne doiuent conclure que par efcrit.

M. Elle eft, que ce feroit vne perilleufe ou-uerture à l'impunité des malefices, de rece-uoir vn accufé de crimes attroces & enormes, à fe garantir, par le miniftere d'vn fubtil & elo-quent Aduocat, qui par le moyen de fon elo-quence, & inftruit de diuers argumens, tafchant de rendre indemné le coulpable *caliginem iudi-cum oculis obijcere tentaret*; c'eft pourquoy en tel-les matieres, les parties ne doiuent conclure que par efcrit.

D. Quel reglement a-t'on accoustumé de donner aux matieres legeres apres la plaidoirie ?

M. Esdites matieres, apres auoir esté sommairement les parties ouyes en leur plaidoiries, si l'accusé propose faits pertinens, le Iuge doit ordonner qu'elles articuleront & proposeront leurs faits par vn seul plaidé ou brief intendit, dans trois iours ; à quoy elles respondront dans pareil delay, informeront sur iceux dans la quinzaine ensuiuant, & cependant eslargira l'accusé à caution, à la charge de se representer en l'estat, au raport des Enquestes, à peine du cas confessé, & sera tenu auant sortir des prisons de faire les promesses, eslections de domicile, & autres submissions, en tel cas requises & accoustumées.

Ordonnance du Iuge apres auoir ouy les parties sommairement esdites matieres legeres.

Pæna conuicto.

D. Si au rapport des Enquestes l'accusé se trouue coupable, que fera le Iuge ?

M. Il doit luy faire reintegrer la prouision, bien que la peine ne soit que pecuniaire, & apres la reception des Enquestes, sera conclud sans publication d'icelles, veu que c'est matiere criminelle.

Office de Iuge apres le rapport des Enquestes.

D. D'autant qu'il aduient, & le plus souuent, (au grand scandale du peuple) qu'aux informations du delict soit compris vn homme d'Eglise, comme s'y portera le Iuge ?

M. Il fera prudemment, si auant le contraindre à respondre, il considere par la lecture des informations, si le cas dont est institué l'accusation est priuilegié, ou non.

Comme se portera le Iuge ayant en ses mains vn homme d'Eglise. Declaratió des cas pri-

D. Qu'appellez-vous cas priuilegié ?

M. Ie le vous declareray par ordre.

uilegiez, deſquels eſtant atteint, l'hôme d'Egliſe eſt-il tenu de reſpondre pardeuant le Iuge laïc qui luy fera ſon procez iuſques à Sentence diffinitiue incluſiuement,&c, ainſi qu'eſt porté cy-apres,

Premierement, ſi c'eſt vn crime de leze-Majeſté humaine.

2. S'il eſt queſtion de port d'armes auec aſſemblée illicite.

3. D'vne force publique.

4. D'infraction, ou contrauention aux deffenſes du Iuge.

5. Defauts commis és contracts, obligations, de quelque nature qu'elles ſoient, ou en actes iudiciels par Eccleſiaſtique.

6. D'injure commiſe, ou proferée contre le Iuge exerçant ſa charge.

7. D'vne deſobeïſſance, ou rebellion par luy faite à l'Ordonnance du Iuge Laïc, en matiere qui eſt de ſa iuriſdiction & connoiſſance.

8. D'vne ſubornation de teſmoins au procez, pendant pardeuant le meſme Iuge.

9. D'excez commis par luy contre ſa partie aduerſe pendant le procez, & en haine d'iceluy.

10. S'il y a infraction de ſauuegarde Royale.

11. Fabrication de fauſſe monnoye.

12. Empeſchement de prendre & ſaiſir vn priſonnier, que le Iuge a ordonné d'eſtre puny, ou s'il l'a ſecouru.

13. S'il a arraché ou laceré vne Ordonnance du Iuge attachée en public.

14. Si le fait eſt militaire, & que l'accuſé, comme ſoldat, aye pris la ſolde d'vn Capitaine.

Pour ces cas inutilement (quoy que Preſtre) il conclura à ſon renuoy.

D. Et pourquoy cela?

M. D'autant que le Iuge Laïc, pour le cas priui-

legié luy fera fon procez iufques à Sentence diffinitiue inclufiuement par condamnation d'amendes pecuniaires, ou autres corrections ciuiles, fans
toutesfois toucher à la perfonne, qui doit pour le
delit commun eft renuoyé pardeuant fon Official
ou autre Iuge Ecclefiaftique, pour la punition du
crime.

Iuge Laïc ne touche à la perfonne de l'Ecclefiaftique.

D. Le Iuge laïc doit-il entierement inftruire ou
pourfuiure la facture du procez à l'accufé d'E-
glife ›

M. Non, s'il ne reconnoift par les informations
que les preuues foient concluantes.

D. Dites-m'en vne raifon.

M. Parce que s'il n'y auoit qu'vn tefmoin affeuré
& quelques legeres coniectures, bien que le cas
foit priuilegié, il doit incontinent apres l'auoir
ouy, le renuoyer à fon Eglife pour le delict commun à la charge du priuilege.

En quel cas le Iuge Laïc ne doit entierement inftruire le procez de l'Ecclefiaftique. Renuoy d'iceluy au Iuge d'Eglife pour le delit commun, à la charge du priuilege.

D. Et pourquoy ?

M. Parce que la qualité de tel accufé l'exempte
de la queftion à laquelle peuuent eftre appliquez
ceux contre lefquels il y a preuue femiplaine.

D. Le Iuge fe doit-il arrefter au renuoy requis
par le Clerc à fimple tonfure, & qui n'eft promeu
aux Ordres facrez.

M. Non, car pour eftre fujet à la queftion, il en
doit eftre debouté.

Clerc à fimple réfure n'eft receu à demander fon renuoy, & pourquoy.

D. Quels font les Iuges des Euefques accufez de
crime & delit.

M. La connoiffance en doit appartenir aux
Euefques Diocefains de la Prouince en premiere inftance, encore qu'il fut accufé d'he-

Euefques ou Diocefains, Iuges des Euefques accufez.

A a iiij

reſie ou depoſable , comme tient le Cardinal de Cambray *de Alliaco,* en ſon liure de reformation.

En cas non priuilegié le Preſtre n'eſt tenu comparoir pardeuant le Iuge Laïc, quand ſa qualité eſt connuë.

D. La qualité du Preſtre connuë, doit-il ſoudain eſtre renuoyé pardeuant ſon Iuge d'Egliſe.

M. Ouy , au cas non priuilegié , & autre cas n'eſt tenu le Preſtre ſe preſenter quand ſa qualité eſt connuë , tant par l'information que decret d'icelle, ainſ ſe doit l'intereſſé pouruoir pardeuant le Iuge d'Egliſe. Arreſt de Paris du 5. Feyrier 1565.

M. Mais, *quid iuris erit :* Si le Preſtre renonce à ſon priuilege de Preſtriſe, & offre de ſubir la iuriſdiction du Iuge Laïc.

M. Bien que la loy, *ſi quis in conſcribendo C. de pact.* tienne que chacun peut renoncer au droict introduit en ſa faueur ; ce neantmoins les Conſtitutions Canoniques deffendent telle renonciation, comme l'on void , *toto tit. de for. comp.*

Eccleſiaſtique ne peut renõcer à ſon priuilege.

D. Donnez-m'en vne raiſon.

M. Parce que le priuilege eſt donné à l'Ordre, & non au ſeul particulier : & partant pour quelque crime que ce ſoit, l'Eccleſiaſtique doit eſtre enuoyé à ſon Iuge (ſinon aux cas cy-apres exceptez :) ne pouuant le Iuge Laïc ſeul, bien faire valablement ſon procez.

Et pourquoy.

D. Quand eſt-ce que le Iuge Royal peut aſſiſter à la facture du procez de l'Eccleſiaſtique.

Iuge Royal & les Iuges d'Egliſe, ſerõt pour les cas priuilegiez,

M. Nous venons de dire qu'il ne luy peut ſeul faire ſon procez, parce que par l'art. 22. de l'Ordonnance de Melun faite en faueur des Eccleſiaſtiques, il eſt expreſſement porté, que l'inſtruction des procez criminels contre gens d'Eglise, pour les cas priuilegiez, se fera coniointement par les Iuges Ecclesiastiques & Royaux, qui seront tenus aller au Siege ou iurisdiction Ecclesiastique, & faire le procez à l'accusé ensemblement.

le procez à l'hôme d'Eglise tout ensemblement & côiointement.

D. Declarez-moy vn peu plus particulierement comme ils font la procedure.

Forme de la procedure.

M. Chacun d'eux doit auoir son Greffier qui escrit, & chacun d'eux doit donner & prononcer sa sentence separement.

Iuge d'Eglise ne peut eslargir le prisonnier.

D Le Iuge d'Eglise peut-il eslargir le prisonnier.

M. Non pas que le cas priuilegié ne soit iugé.

D. Comme quoy la Cour a-elle accoustumé de faire renuoy de l'accusé pardeuant son Iuge d'Eglise.

Comment la Cour fait le réuoy de l'Ecclesiastique au Iuge d'Eglise.

M. Elle fait tel renuoy, à la charge que les Iuges Ecclesiastique & Royal, suiuant l'Ordonnance sus alleguée, seront presens à l'instruction du procez, & ne fera aucune chose en l'absence du Laïc, auec defenses à l'Official de n'eslargir l'accusé hors des prisons, sans Ordonn. du Iuge Royal, ou sans en aduertir la Cour : comme fut iugé par Arrest de Paris à la Tournelle le 22. Feurier 1586. rapporté par Monsieur Robert, *rerum iudic. lib.* cap. 6.

Cas aucquels l'Ecclesiastique ne peut opposer son priuilege.

D Le Prestre meurtrier trouué en habit autre qu'Ecclesiastique, peut-il opposer son priuilege. M. Non, mais doit estre ouy demandant son renuoy, comme les Cours Souueraines l'ont souuent iugé, notamment celle de Bordeaux par

Arreſt du 22. Aouſt 1554.

D. Y a-il point d'autres cas auſquels le renuoy peut eſtre denié à l'Eccleſiaſtique.

Tels actes font tenir les Preſtres pour degradez. M. Ouy, car ſi vn Preſtre a commis ou fait commettre vn aſſaſſinat, bien qu'il ſoit trouué en habit de Preſtre, & tonſuré : & en ce cas l'Eueſque méme peut eſtre puny par le Iuge ſeculier, *in c. 1. de hom. in 6.*

Notab. pour le Clerc tonſuré trouué en autre habit que celuy de tóſure. D. Dites-m'en vne raiſon ie vous prie.

M. La raiſon eſt que tels actes les font tenir pour degradez, comme ont tenu *Baldus & Aug. in l. non ideo minus. C. de accuſ. Boêre q. 69. n. 18.* Et en tels crimes atroces, la punition s'en doit infailliblement ſuiure. Et notez que le Clerc tonſuré trouué en autre habit que le Clerical, ne peut pour celle fois deliurer ny s'aider de ſon priuilege, ſuiuant la gloſe, *in c. tranſmiſſa verſ. poſtpoſito. deleÉt.* Et ainſi a eſté iugé par Arreſt du Palais du 12. Ianuier 1576. rapporté par M. Chenu.

D. Y a-il point d'autre cas auquel ceſſe le priuilege Clerical.

Autre cas auquel ceſſe le priuilege clerical. M. Ouy, comme ſi le Preſtre exerce quelque art ſordide & mecanique, indigne de ſa profeſſion ; & quand le tonſuré va en habit indecent, comme eſt porté par la premiere Clementine *de vit. & bon. Cleric.* en ſuitte dequoy au rapport de Monſieur le Brun le 18. Ianuier 1578. vn Abbé s'eſtant preſenté à la Tournelle à Paris en habit de Courtiſan, fut ordonné qu'il paſſeroit le guichet.

Arreſt notable. D. Si eſt-ce qu'il me ſemble auoir ouy dire, au lieu qu'il y a encore quelque cas auquel ceſſe ledit priuilege.

M. Vous auez raiſon, c'eſt quand il y a inſtance pendant pardeuant le Iuge ſeculier, en laquelle il a fait production d'inſtrumens impugnez de faux, il eſt tenu de reſpondre pardeuant le Iuge où l'inſtance eſt intentée, ſans que le renuoy luy doiue eſtre octroyé. *Sep. tit. de crim. fal. in princ.* §.3 *verſ.* 8. Bref, toutesfois & quantes que l'Ecclefiaſtique exerce vacation dérogeante à ſa qualité ſon priuilege ceſſe. Et en outre peut eſtre tenu priſonnier par le Iuge Laïc, pour dommages & intereſts prouenans de violence commiſe, iuſques à entiere ſatisfaction. Arreſt de Paris du 25. Decembre 1572.

Ordonnance de confrontation.

D. SI l'accuſé par ces reſponſes perſonnelles dénie tout ce que contre luy aura eſté denoncé, qu'ordonnera le Iuge?

M. Il doit ordonner au bas des reſponſes que dans tel delay qu'il luy plaira limiter qui doit eſtre bref (accommodé neantmoins à diſtance des lieux) la partie ciuile ou accuſante fera venir ſes teſmoins ouys és charges & informations priſes contre l'accuſé, pour eſtre recollez de leurs depoſitions, & confrontez à l'accuſé, ſi beſoin eſt.

D. Apres que la commiſſion luy aura eſté deliurée, luy eſt-il loiſible de parler aux teſmoins?

M. Non pas, ſoit directement ou indirectement, afin qu'il ne les incite à dire, ou ſouſtenir autre choſe, que la pure verité du faict, telle qu'ils la ſçauent ſans animoſité ny diſſimulation, & doit ce colloque eſtre deffendu à la partie eſtroitement, à peine d'amende arbitraire.

D. Si l'accuſateur differe la production de ſes teſmoins pour le recol, que doit faire le Iuge ?

Ordonnance du Iuge, au cas que l'accuſateur differe de produire des teſmoins.

M. Si eſtant en voye d'accord auec la partie accuſée, ou pour luy faire plus longuement ſouffrir la priſon, il ſe rend plus pareſſeux & nonchalant à faire venir les teſmoins : le Iuge luy octroyant le ſecond delay pour y ſatisfaire, doit ordonner qu'il ſera tenu de les faire venir dans le temps limité, à peine de forcluſion contre luy: ſauf à les faire apres venir à la requeſte & pourſuite du Procureur du Roy, aux deſpens de la partie ciuile.

D. S'il n'a ſatisfait dans le temps, qu'ordonnera le Iuge ?

Ordonnance du Iuge, en conſequence de la precedéte, s'il n'eſt ſatisfait dans le temps limité par icelle.

M. Qu'en conſequence de ſa precedente Ordonnance, la partie ciuile ne ſera plus attenduë, & que les teſmoins ſeront amenez à la requeſte du Procureur du Roy ſeul, aux deſpens de la partie, qui contraindra par toutes voyes de conſigner au Greffe telle ſomme qu'il verra bon eſtre ordonner ſelon le nombre des teſmoins, & la diſtance de leurs habitations.

D. Si les teſmoins eſtans adiournez pour le recol & confrontation defaillent, que fera le Iuge?

Office de Iuge concernant les deffauts des teſmoins, & leur deſobeïſſance.

M. Il les doit mulcter par amende, & doiuent eſtre contraints par empriſonnement de leurs perſonnes.

D. Et s'ils s'abſentent pour n'obeyr, que fera-il
beſoin de faire ?

M. En ce cas leurs biens doiuent eſtre ſaiſis & Les biens
annotez ſous la main du Roy & de Iuſtice, dont des teſ-
main-leuée ne doit eſtre faite qu'apres qu'ils au- moins annotez &
ront obey. ſaiſis iuſ-
qu'à ce
D. Et s'ils ſe preſentent par apres. qu'ils auront obey.
M. Ils doiuent neantmoins eſtre condamnez en Doiuent
l'amende, deſpens, dommages & intereſts de la eſtre condamnez en
partie pourſuiuante. l'amende
nonobſtāt
qu'ils ſe
Recollemens & Confrontations. preſentent
par apres.

D. ENſeignez-moy maintenant la maniere de
faire la confrontation des teſmoins à l'accuſé.

M. Lors que les teſmoins ſe preſenteront pour Forme de
cét effect, le Iuge les doit ouyr ſeparement, & à proceder à
la con-
part, ſur les depoſitions deſia par eux faites, deſ- frontation
quelles il leur fera lecture ; & icelle diſtinctement des teſmoins.
ouye, apres auoir preſté le ſerment ſur les ſacrez
Euangiles de Dieu, dire verité, les enquerrera
s'il perſiſtent à leurs depoſitions.

D. Quelles remarques peut faire vn bon Iuge en
tel cas ?

M. Il peut remarquer à par ſoy prudemment la Que doit
qualité & condition des teſmoins, & leur conte- remarquer
le Iuge,
nance, notamment de ceux qui ſe retractent, afin procedant
de voir s'il en pourra cueillir quelque ſoupçon auſdites
de faux, ou corruption, à la charge ou ſoulage- confron.
tations.
ment de l'accuſé.

D. Que fera-il plus ſur ce faict ?

M. Il les examinera de nouueau ſommairement

ſur le faict de leurs depoſitions, circonſtances & dependences de l'accuſation, tant contre que pour la iuſtification de l'accuſé, entre leſquelles il doit demeurer neutre.

D. Le Iuge doit-il faire quelques remonſtrances aux teſmoins auant la confrontation.

M. Ouy, & doit pour cét effect leur remonſtrer l'extreme peril auquel ils plongent leurs ames, & engagent leurs conſciences, ſi diſſimulans la verité de ce qu'ils ſçauent du delict, ils donnoient moyen à l'accuſé d'euiter la punition meritée, au grand prejudice de la Republique, qui a vn tres-notable intereſt que les delicts ne demeurent impunis par faute de preuue. Par contre, qu'ils ne ſe rendent coupables de la mort, ou punition de l'accuſé, qu'ils occaſionneroient (comme eſtans ſes vrais Iuges) s'ils l'accuſoient fauſſement: qu'il vaudroit mieux laiſſer dix criminels impunis, que

de condamner vn ſeul innocent à tort, & contre Iuſtice. Que la Iuſtice de Dieu ne perd iamais de veuë les faux teſmoins, laquelle, pour eſtre infaillible, eſt plus à craindre que celle des hommes, ſuiuant laquelle neantmoins, tous faux teſmoins ſont coupables de mort.

D. Apres ſi belles remonſtrances, que fera le teſmoin ?

M. Il pourra retrancher & interpreter ſa premiere depoſition, de laquelle lecture luy ſera faite. Si toutesfois il a ſigné difficilement luy ſera-il poſſible de beaucoup departir de ce qu'il aura dit, ſans ſoupçon de faux, ſuiuant l'opinion de *Dynus in c. ſine culpa de reg. iur. in 6.*

D. Si le tefmoin eft variable & contraire, & qu'il donne argument de croire qu'il aye efté corrompu, ou fi d'autres tefmoins depofent qu'il aye efté prefent ; & neantmoins il refufe de dire la verité, comme doit-il eftre procedé contre luy.

M. Il peut eftre appliqué à la queftion, pour extorquer de luy la verité du fait, fuiuant l'opinion de *Bart. in l. militis C. de quæft. & l. interrogari eod.*

Procedure contre les tefmoins variables &'corrompus.

D. Apres que le tefmoin aura efté recolé de fa depofition, s'il perfifte, que doit faire le Iuge.

M. Le Iuge, fans fe diuertir à aucun autre acte, doit faire deuant luy venir l'accufé, pour l'accarer & confronter au tefmoin : il receura le ferment de tous les deux, de l'accufé, de confeffer verité, & de ne donner contre le tefmoin reproches faux ny calomnieux ; & du tefmoin de dire la pure verité du fait, fans charger l'accufé d'impoftures non veritables.

Procedure en l'acte mefme de l'accufation & confrontation.

D. Apres ce, que fera-il.

M. Il les interrogera de leur connoiffance, fi l'accufé reconnoift le tefmoin, & par contre, fi le tefmoin reconnoift l'accufé, & fi c'eft celuy duquel il a entendu parler par fa depofition. Sommera l'accufé de donner reproches contre le tefmoin, s'il y en a aucuns pour informer fa depofition, luy monftrant que par l'ordonnance, apres la depofition du tefmoin leuë, il n'y fera plus receu, eftant impoffible au Iuge d'vfer d'autre forme de proceder, parce qu'il y eft aftraint par l'ordonnance : & que cependant il donne

Suite de ladite procedure.

moyen à l'accuſé de penſer ſans ſurpriſe, à ce qu'il
a à deduire.

Reproches doiuent eſtre écrits par le Greffier, & la reſponſe d'iceux. D. Si l'accuſé propoſe des reproches, que fera-il
fait.

M. Ils doiuent eſtre eſcrits par le Greffier, enſemble ce que ſur iceux ſera reſpondu par le teſmoin, qui doit par ſemblable ſerment que deſſus,
eſtre ouy ſur le propoſé : contenu en iceux, & ores
qu'aucuns faits de reproches ſe puiſſent iuſtifier
par teſmoins, bien ſouuent ils ſont tels ; qu'ils
peuuent auſſi eſtre iuſtifiez par eſcrit, ſoit par ſentences, compoſitions ou tranſactions de crimes
ou autrement, ce que l'accuſé neantmoins ne doit
Iuſtifications de reproches. deſcouurir, afin de ne donner ſuiet au teſmoin
pour la conſeruation de ſon honneur, d'empécher
que les pieces iuſtificatiues de tels reproches, ne
puiſſent eſtre trouuées.

Des reproches contre les teſmoins.

Traité des reproches. D. IE vous prie, mon Maiſtre, me faire ſçauoir quels reproches ſont receuables : &
quels, non.

M. Ie te diray le plus ſuccintement qu'il me
Reproches generaux inconſiderables. ſera poſſible. Remarque donc en premier lieu,
que les reproches generaux ne ſont conſidera-
bles.

Explication. D. Qu'appellez-vous reproches generaux.

M. Comme qui diroit, c'eſt vn infame homicide,
& autres, ſans ſpecifier particulierement le temps
& lieu du delit commis, & ſur laquelle eſt appuyé
le reproche, ou iuſtifier de la ſentéce ſur ce interuenuë,

uenuë, pour voir fi le Iuge qui l'a renduë eft competant ou non. Quant au temps il fuffit de cotter le mois & l'an : mais en l'accufation eft neceffaire de fpecifier le iour & l'heure : mais il faut qu'il confte, ou par la confeffion du tefmoin, ou par la fentence de condamnation contre luy renduë des crimes qui luy font obiectez pour reproches : bien qu'aux Cours Ecclefiaftiques le contraire s'obferue ; où il eft porté, que *in granioribus delictum infamat,* eftant permis à la partie reprochante de faire conuaincre le tefmoin s'il ne l'a efté : & de cét aduis eft Mafuer, tiltre des tefmoins *numer.* 17.

Vn condamné & executé en peine corporelle ou mort ciuile, peut eftre valablement reproché nonobftant le reftabliffement ou rehabilitation : *Nam princeps, quos abfoluit, notat.*

Bon reproche que le tefmoin a efté acheté & corrompu, & eft encore plus valable, fi l'accufé fpecifie la fomme ou la quantité des denrées qui ont efté promifes ou deliurées, ou bien les Courratiers, & entremetteurs qui ont efté employez pour telle corruption.

Le reproche eft bon & valable contre vn pauure mendiant fa vie oftiairement pour la grande facilité qu'il y a à le corrompre : Toutesfois hors la mendicité fus fpecifiée, le pauureté n'eft vn fuffifant reproche contre le tefmoin.

En tous les cas où le reproche d'inimitié capitale eft propofé, il eft receuable, & partant bien qu'au criminel de leze Maiefté, tous tefmoins infames & vils foient receus, il n'eft neantmoins

Bb

iuſte ny raiſonnable d'y receuoir l'ennemy de
l'accuſé, pour les raiſons de la loy 1. *præterea*
ff. de quæſt. Bart. in l. de quæſt. ff. ad Iul. Maieſt.
D. Ie deſirerois ſçauoir quel eſt l'ennemy capital.
M. C'eſt proprement celuy, *cum quo interceſſe-*
runt capitales inimicitiæ. Et pour voir quels ſont
tels ennemis, voy *Felin. in c. repelluntur de præ-*
ſump. Alex, Conſ. 99. col. 1. Le reproche toutesfois d'inimitié affectée n'eſt receuable, ny d'ennemy reconcilié, & n'eſt non plus receu le reproche de l'amitié & familiarité des teſmoins auec
l'ennemy de l'accuſé, contre lequel il eſt produit, ny le reproche de ſeruice s'il n'eſt domeſti-
que ordinaire.

La parentelle que l'on peut obuier en reproches, ne doit exceder le quatrieſme degré, &
iuſques à iceluy les parens n'y peuuent porter
teſmoignage, ny pour ny contre les parents:
comme ſont, le pere, enfans, le gendre, frere,
beau-frere, oncle, neveu, couſin germain, & iſ-
ſu de germain. Ordonnance de Blois artic. 117. &
120.

D. N'y a-il point d'exception en cette regle.

M. Ouy, car quand il s'agit de la preuue de
l'aage d'vn mineur, tous les degrez ſuſdits y ſont
receus.

Pour l'affinité ſpirituelle, le teſmoin qui a donné à porter ſon enfant au Bapteſme à la partie qui
le produit, eſt reprochable.

Reproche de minorité impuberée eſt bon.

Le mary & la femme ne peuuent depoſer l'vn
pour l'autre, *nec contra.*

Les Aduocat, Procureur, & Solliciteur de

l'accusateur ne peuuent porter valable tesmoignage en leurs informations contre l'accusé, ne
ceux de l'accusé en ses faicts iustificatifs.

Le tuteur, curateur, & autres qui ont l'adminiftration d'vn mineur, ou de ses biens, ne peuuent depofer pour fa iuftification.

Tuteur, cu-
rateur, &
autres ad-
miniftra-
teurs, ne
peuuent
depofer
pour la iu-
ftification
de l'accufé.

Sont valablement reprochables tous, qui par
fentence ou iugement fouuerain, ont efté condamnez comme coupables de crime en quelque
peine ou amende infamante ; ou pour quelque
crime public, duquel ils ont efté conuaincus, feront rendus infames.

Les complices de mefme crime ne peuuent eftre
tefmoins.

Les infenfez, furieux, & frenetiques ne font
receus pour tefmoins, d'autant qu'ils font accom-
pagnez d'vne perpetuelle ignorance de ce qu'ils
font.

Les Moynes reguliers ne font receus, finon
qu'autrement le crime ne puiffe eftre aueré : auquel cas, le Iuge, pour s'éclaircir de la verité peut
fous la licence du Superieur, receuoir la depofition.

Moynes
reguliers
ue font re-
ceus qu'à
ute d'au-
très tef-
moins.

Les homicides, forciers, facrileges, empoifon-
neurs, larrons, rauifleurs de femmes, adulteres
manifeftes, parjures, inceftueux, macquereaux, ne
peuuent eftre produits, ny receus pour tefmoins.

Homici-
des, for-
ciers, &c.

L'accufateur ou denonçant ne peuuent tefmoi-
gner contre l'accufé.

Accufa-
teur, ou de-
nonçant,

D. Quelle difference y a-il entre reprocher les
tefmoins, & contredire leur depofition.

M. Il y a cette difference, que l'vn regarde leurs
perfonnes, l'autre les crimes d'iceux : & bien que

Differéce
notable.

l'vn & l'autre aye lieu en matiere ciuile au criminel, neantmoins il n'y a point de contredit, ains
comme cy-deſſus a eſté remarqué, l'Ordonnance

Ordon-
nances tou-
chant les
reproches. enjoint à l'accuſé de propoſer les reproches apres
le recol du teſmoin, auant que la lecture aye eſté
faite en ſa preſence de ſa depoſition : car ce qu'il
obiecte, apres en auoir fait la lecture, n'eſt plus
conſiderable. Le meſme droict auoit lieu au ciuil,
où les reproches doiuent eſtre fournis auant la
publication d'enqueſte, autrement ils doiuent
eſtre rejettez, & ne peuuent en apres eſtre infe-
rez aux contredits, ainſi qu'il eſt prohibé par
Louis XII. 1512. art. 38. François I. 1539. ar. 155.

Notable
queſtion. D. Maintenant ie vous voudrois demander, ſi
entre pluſieurs complices & coaccuſez, les repro-
-ches donnez par l'vn d'iceux contre l'vn ou pluſieurs des teſmoins, feruent aux autres.

Solution. M. Ouy vrayement, bien que les autres coaccuſez ne les ayent propoſez, & ce à cauſe de la liai-
ſon & connexité de l'accuſé, toutesfois il y a exception.

D. Dites-la moy, ie vous prie.

Exemption M. Elle eſt, que tels reproches contre les teſmoins
ne feruent aux coaccuſez contumax, & defail-
lans.

D. Quelle raiſon m'en donnez-vous.

Raiſon. M. C'eſt en haine de la contumace, qui eſt vn
vray meſpris de iuſtice & de ſon authorité, &
pour le profit des deffauts contre eux obtenus,
ils ſont ordinairement deboutez & deſcheus,
non ſeulement de toutes exceptions & deffenſes,
tant declinatoires, dilatoires, que peremtoires,
mais auſſi de tout benefice de droict, & de tout

ce qu'ils euſſent peu dire auant l'obtention d'i-
ceux ; ſi que leur deſobeïſſance à Iuſtice les priue
de la iuſtification des preſens, de leur abſolution,
& de tout ce qui eſt, ou a eſté prononcé en leur
faueur.

D. Les ſeruiteurs & domeſtiques peuuent-ils
valablement depoſer ?

M. Ouy, és actes commis la nuict & és maiſons, & ne peuuent eſtre valablement reprochez.

D. L'accuſé pour la preuue de ſon innocence &
faicts iuſtificatifs, ſe peut-il ayder en tel cas des
domeſtiques & parens ?

M. Ouy, voire meſme des teſmoins qui luy ont
eſté confrontez, & qu'il a luy-meſme reprochez.

D. Si le teſmoin decede auant le recol & confrontation, ſa depoſition ſera-elle valable ?

M. Non, & demeurera nulle entierement.

D. Ie deſirerois ſçauoir de vous, laquelle des deux
depoſitions diuerſes eſt la plus valable ?

M. En matiere ciuile, la commune opinion eſt,
qu'il faut s'arreſter à la premiere, au criminel la
derniere fait plus de foy, toutesfois s'il y a varieté ou contrarieté, on ne doit auoir eſgard ny à
l'vne, ny à l'autre.

D. Et pourquoy n'y doit-on auoir eſgard ?

M. D'autant que le teſmoin pour lors eſt ſuſpect
de faux, & les preuues de crimes doiuent eſtre
auſſi claires que le iour du midy.

D. Si de deux depoſitions l'vne eſt faite iudiciel-
lement, & l'autre hors iugement, laquelle ſera la
meilleure ?

M. Il n'y a doute que la premiere ne l'emporte,

Quand les ſeruiteurs domeſtiques peuuent valablement teſmoigner & ne peuuent eſtre reprochez.

Pratique en faueur de la iuſtification & preuue de l'innocence.

Notable.

Quelle depoſition eſt la plus valable de deux diuerſes.

Verité ou contrarieté conſiderable. Et pourquoy.

Belle & tres-vtile queſtion. Solution d'icelle.

& ne foit plus valable.

D. De quelle peine doiuent eftre punis les faux
tefmoins.

Punition
des faux
tefmoins.
M. De la mefme peine que feroit condamné l'accufé, s'il eftoit conuaincu du crime à luy impofé,
car fi l'accufation eft de crime capital, le faux tefmoin qui en depofe, ne merite rien moins que la
mort : & noté que l'Ordonnance de François I.
publiée en l'an 1539. veut que les faux tefmoins,
foit en matiere ciuile ou criminelle, foient punis
de mort.

Punition
du corru-
pteur.
D. Et le corrupteur de tefmoin, de quelle peine
doit-il eftre puny ?

M. De mefme que le faux tefmoin & ne doit efchapper, difant apres la corruption, qu'il ne fe
veut ayder de leur tefmoignage, comme il feroit
de la production d'vn inftrument faux.

Effay pu-
niffable
comme
l'effect.
Belle que-
ftion & de-
cifion tres-
notable.
D. L'effay de corrompre ces tefmoins, eft-il puniffable ?

M. Il n'eft pas moins puniffable que l'effect mefme.

D. Si deux tefmoins depofent, & difent auoir
efté corrompus, & le fouftiennent au corrupteur
prifonnier, s'il le defnie, dequoy font foy ces tefmoins.

M. Ils font bien foy pour la corruption, mais non
pas pour la condamnation diffinitiue, finon contre vn contumax.

'Autre que-
ftion non
moins re-
marqua-
ble.
D. Si le corrupteur eft prefent, dequoy fert tel
tefmoignage.

M. Il fuffit pour le faire appliquer à la queftion,
que s'il fouftient la queftion il eft enuoyé d'abfolution : mais s'il confeffe, il eft puniffable de mort,

Des bris de prison.

MAis si vn criminel detenu és prisons les brise ou commet force en icelles, comme a-on
accoustumé de proceder contre luy.

M. D'autant que la prison est vn lieu saint, dedié Prison;
lieu saint;
à l'effet de Iustice & vtilité publique, elle doit
estre exempte de toute force, & partant celuy qui
les brise, ou y met force pour en sortir, est coupa- Qui la bri-
ble de mort, sans qu'il soit besoin de le plus re- se, est cou-
adiourner. pable de
mort.

D. Suit-on tousiours cette forme de proceder. Procedure

M. Non pas, car il y a eu des Reglemens donnez notable
en ce fait par plusieurs Arrests : & faut faire pro- côtre ceux
clamer & adiourner à son de trompe celuy qui a brisé les
fait le bris à trois briefs iours, auant proceder à prisons.
sa condamnation, & ce apres auoir informé sur
le bris, & meurement consideré le crime dont il
estoit accusé.

D. La raison, qu'est-elle.

M. Elle est, que s'il estoit iniustement emprison- Raison de
né, la peine n'est capitale. lad. pro-
cedure.

D. Si le prisonnier euade, que fera-on.

M. Son procez luy doit estre fait, tant sur le crime, que sur le bris de la prison.

D. Et s'il n'est repris.

M. La cause de son emprisonnement estant atro- De consti-
ce, il doit estre pendu en effigie : pour le surplus tution
faut voir Imbert, liu. 1. de ses *inst. for. chap. 3.* d'Arrest
par vne
D. Et comme il aduient souuent qu'on constituë ville ou
les Arrests par vne ville à vn criminel, s'il s'ab- autre lieu.
sente, comme procedera-on contre luy.

Procedure
contre ce-
luy qui
rompt les
dits Ar-
rests, pu-
nition de
celuy qui
recour le
prifon-
nier.

M. De mefme, & s'il fe trouue l'euafion eftre aduenuë auec rupture de fers & liens de l'accufé,
bien qu'il n'aye fait autre bris ny force, faut qu'il
obtienne lettres de pardon.

D. Et celuy qui recourt vn prifonnier, comme
doit il eftre puny?

Diftinctiõ
notable.

M. Il faut diftinguer, car fi le recoutu n'eft que
fimplement accufé, le crime eft moindre; mais s'il
eft accufé, conuaincu & condamné pour crime
capital, celuy qui l'a recous & tiré volontairement des mains des Sergens, ou des prifons par
quelque inuention que ce foit, eft coupable de
mefme fupplice, comme criminel de leze Majefté.

D. En matiere ciuile, celuy qui recourt vn prifonnier, dequoy doit-il eftre puny.

Le recou-
rant vn
prifonnier
pour deb-
te la doit
payer.

M. Celuy qui empefche vne execution reelle, &
retire celuy qui eft obligé des mains des Sergens,
doit eftre condamné à payer la debte, auec defpens, dommages & interefts.

Faits iuftificatifs de l'accufé.

Office du
Iuge apres
le recol &
confron-
tation.

D. COmme doit proceder le Iuge apres le recol & confrontation.

M. Il doit d'office diligemment confiderer s'il
y a aux refponfes perfonnelles de l'accufé, &
aux reproches par luy donnez contre les tefmoins
qui luy ont efté confrontez, faits iuftificatifs pertinents pour fon abfolution ou preuue de fon
innocence à la verification defquels il puiffe eftre
receu.

D. Quel eft le plus commun ftyle.

M. Il eſt, qu'apres le recol, le Iuge ordonne Stile plus vtile & plus commun. que tout le procez ſera communiqué au Procureur du Roy, & par ſes mains à partie ciuile, pour prendre par eux leurs concluſions diffinitiues.

D. Si la partie conclud diffinitiuement, le Procureur du Roy eſt-il auſſi obligé de donner ſes concluſions diffinitiues.

M. Non, car s'il voit qu'il y aye allegation de Pratique notable. faits pertinents, il declarera qu'il n'empeſche que l'accuſé ſoit receu à la preuue & verification d'iceux.

D. Que fera lors le Iuge.

M. En inclinant, il ordonnera par ſa Sentence Ordonnace du Iuge apres les concluſiös priſes. que l'accuſé eſt receu en la preuue de ſes faits iuſtificatifs, & de reproches, qui feront extraits du procez.

D. Quels ſont les faits iuſtificatifs les plus conſiderables.

M. Ceux qui ſont plus à conſiderer, ſont l'aggreſſion de partie ciuile, ou autre prouocation conſiderable, vn *alibi*, ſpecialement ſi la diſtance des lieux eſt telle, qu'au meſme temps l'accuſé ne ſoit veu aller & reuenir au lieu du delit, où la neceſſité excluſe de dol, coulpe, milice, reconciliation & autres faits, qui ſont à la deſcharge de l'accuſé.

D. Et pour le regard des reproches, quels ſont Faits iuſtificatifs les plus conſiderables. ceux ſur leſquels l'on doit auoir plus de conſideration.

M. Cy-deſſus ie t'ay deſduit pluſieurs ſortes de Reproches plus pertinens. reproches: mais les plus conſiderables ſont, ſi le teſmoin eſt ſouſtenu pariure, acheté ou corrom-

pu, conſpirateur, parent en proche degré, ou in-
time amy de la partie ciuile, ou ennemy capital de
l'accuſé, *quo. in c. præſentium in verb. in perſonam te-*
ſtib. qu'il eſt infame, condamné pour delict en a-
mendes infamantes, aux galeres, au foüet, banny,
&c.

D. Et pourquoy cela ?

M. C'eſt parce qu'en matiere criminelle (comme
cy-deuant a deſia eſté dit, & qu'il eſt beſoin de
repeter icy (*teſtes eſſe débent omni exceptione ma-*
iores : & partant eſt leur foy & authorité diminuée pour la moindre obiection valable qu'on
leur puiſſe faire.

D. Par qui doiuent eſtre extraicts les faits iuſtificatifs.

M. Le Iuge les doit extraire d'Office.

D. Ce fait, à quoy eſt tenu l'accuſé.

M. De nommer promptement & ſur le champ les
teſmoins par leſquels il entend verifier ſes alle-
guations, qui ſeront eſcrites enfin de chacun deſdits articles par article, par le Greffier. Franc. I.
1539. art. 157. & 158.

D. Et ſi l'accuſé ne le peut promptement nommer, qu'en aduiendra-il

M. La meſme Ordonnance veut, qu'à defaut de
ce, le Procureur du Roy prenne ſes concluſions
diffinitiues.

D. Si l'accuſé nomme ſes teſmoins, que ſera-il fait
apres ladite nomination.

M. L'accuſé, ce faict doit conſigner entre les
mains du Greffier la ſomme qui ſera iugée neceſſaire pour la facture de ſon enqueſte iuſtificatiue,
eu eſgard au nombre des teſmoins, à la diſtan-

ce des lieux, parce qu'ils doiuent eſtre ouys à ſes deſpens.

D. Et ſi l'accuſé n'a dequoy, qui conſignera ?

M. Le conſignat ſe fera aux deſpens de partie ci-uile, & ſi l'vn ny l'autre n'ont moyen, aux deſ-pens du Roy ou du fiſque. François I. 1539. ar-ticle 6.

D. Quels faits doiuent eſtre extraicts par le Iuge ?

M. Sa conſcience en demeure chargée & ne doit extraire du procez que les faicts pertinens, ſans charger l'accuſé, la partie ciuile, ou le fiſc, des frais qu'ils conuiendront faire à la preuue de ce qui ſeroit inutile : ioint que la multiplicité des faits non neceſſaires, n'apporteroit au moyen de la preuue, qu'vne retardation au paracheue-ment du procez, qui doit eſtre acceleré le plus qu'il eſt poſſible, en ſuitte des Ordonnances ſur ce faictes.

D. Comme doit proceder l'accuſé pour la factu-re de ſon enqueſte iuſtificatiue.

M. Il doit leuer ſa Sentence, par laquelle il aura eſté receu en la preuue de ſes faits iuſtificatifs, & ſur icelle vne commiſſion, en vertu de laquelle ſeront aſſignez les teſmoins.

D. L'enqueſte parfaicte, qu'ordonnera le Iuge ?

M. Que le tout ſera communiqué aux Gens du Roy, & par leurs mains à partie ciuile, pour pren-dre leurs concluſions diffinitiues.

D. Si leurs concluſions ne tendent qu'à l'amen-de pecuniaire, l'accuſé peut-il eſtre receu à y reſpondre par conſeil, & écrire par attenuations,

M. Ouy, mais ſi elles tendent à punition corporelle, galleres, banniſſement, amende honnorable, ou autre mort ciuile, elles ne doiuent eſtre
communiquées à l'accuſé.

Procedure qu'on obſerue apres leſdires cóclusions, ſi elles tendent à punition corporelle.

D. Que faut-il doncques faire.

M. Sans le receuoir aux attenuations, doit eſtre
le procez iugé diffinitiuement? s'il y a pleine &
concluante preuue, & pournoir ſur la peine requiſe, ſelon l'exigence des cas.

D. Ie demande icy ſi l'accuſé peut eſtre eſlargy
pendant les concluſions diffinitiues.

L'accuſé peut eſtre eſlargy pendant leſdires concluſiós, & comment il ſe doit pouruoir.

M. Si la matiere eſt legere, pendant que le procez eſt entre les mains des Gens du Roy, ou de la
partie ciuile, il peut preſenter Requeſte, tendan-
te à eſlargiſſement de ſa perſonne des priſons où il
ſera detenu.

D. L'eſlargiſſement eſt-il octroyé audit accuſé?

M. Ouy, bien ſouuent, parties ouyes, en baillant caution de ſe repreſenter, pour ouyr droict,
toutesfois & quantes qu'il ſera ordonné, à peine
du cas confeſſé: Louys XII. art. 119.

Doit bailler caution de ſe repreſenter toutesfois & quantes, &c.

D. Mais l'accuſé peut-il eſtre eſlargy pendant le
recol & confrontation.

Iuge ne peut proceder à l'eſlargiſſement ſans ouïr le Procureur du Roy & pourquoy.

M. Non, *metu iuxornationis*, moins encore pendant la facture de ſon enqueſte iuſtificatiue, François I. 1539. art. 152.

D. Et le Iuge pourroit-il proceder à l'eſlargiſſement, ſans ouyr le Procureur du Roy.

M. Non, pour l'intereſt du fiſc, & de Iuſtice.
Charles VII. art. 16.

D. Le Procureur du Roy ouy, que fera le Iuge?

M. Lors il pourra prononcer ſur l'eſlargiſſement,
pour lequel neantmoins, luy ny les Gens du Roy

ne doiuent rien prendre ny exiger aucune chofe,
Louis X I I. art. 128.

D. Par qui doit eftre efcrite la Sentence d'eflargiffement.

M. Par le Greffier, & le bref par luy enuoyé au
Geollier, qui doit efcrire fur fon liure de geolle
l'eflargiffement de l'accufé.

D. Mais dites-moy, ie vous prie, le Geollier de
fon authorité pourroit-il mettre hors l'accufé en
l'eflargiffant.

M. Il ne le doit eflargir fans ordonnance, à peine de l'amende enuers le Roy , & dommages &
interefts enuers la partie. Louis XII. article 103.
4. & 5.

D. Si le Iuge apres les conclufions diffinitiues reconnoift, voyant le procez, que l'accufé auparauant eflargy ne puiffe efchapper fans condamnation de peine corporelle, ou amende pecuniaire,
que doit-il faire ?

M. Il le doit reftraindre, & pour luy faire rein- *Aduis aux*
tegrer la prifon, donner aduis au Procureur du *Iuges pour*
Roy qu'il y trauaille, ou faffe venir caution pour *faire rein-*
y mettre l'ordre requis. *tegrer les*
prifons à
l'accufé.

D. L'accufé fe reprefentant, que fait le Iuge ?

M. Il prononce fa Sentence, & s'il y a condam- *Prifonnier*
nation d'amende, foit enuers le fifc, ou partie ci- *doit eftre*
retenu pri-
uile, l'accufé doit tenir prifon iufques à l'entier *fonnier*
& actuel payement d'icelle, fans qu'il puiffe au- *iufqu'à en-*
trement eftre eflargy par le Geollier, à peine de *tiere fatif-*
faction.
payer en fon propre & priué nom. Louis X I I.
art. 122. 3. 4.

D. Cette regle a-elle point d'exception.

M. I'entens, finon en ce que touche la partie,

ciuile, & que ce ſoit de ſon conſentement, lequel le Greffier doit enregiſtrer ſur l'eſcrouë.

D. Il ſe preſente icy l'occaſion de vous deman-der iuſques à quelle ſomme les Iuges, Preuoſts, & Chaſtellains Royaux peuuent condamner en amende.

M. Iuſques à 25. liures, nonobſtant oppoſition ou appellation quelconque.

Deliurance des amen-des, & à qui ſe doit faire.

D. Les ſommes des amendes adiugées à qui doi-uent-elles eſtre deliurées ?

M. Aux Receueurs du Roy, ou des Conſigna-tions purement & ſimplement, & aux parties ci-uiles; & baillant caution de rendre l'amende, ſi en cas d'appel il eſt dit que faire ſe doiue.

Receueurs ſont tenus de rendre les amen-des, en cas d'infirma-tion de ſentence.

D. Les Receueurs donnent-ils caution de rendre, comme la partie ciuile.

M. Ie viens de dire qu'ils reçoiuent purement & ſimplement, & ne laiſſent pourtant, en cas que la ſentence renduë contre l'accuſé ſoit infirmée, d'eſtre tenus de rendre les amendes receuës, dont ils demeurent deſchargez en la reddition de leurs comptes, en faiſant apparoir de la ſentence infir-matiue de la premiere.

Office du Iuge, en cas qu'il ne puiſſe tirer preu-ue entiere du faict par des de-poſitions de teſ-moins,&c.

D. Ie connois par le moyen de vos inſtructions comme doit proceder le Iuge, à ſçauoir de con-damner l'accuſé ſelon l'exigence du cas, s'il y a preuue pleine, entiere & concluante : mais ſi nonobſtant toutes les recherches qu'on ait peu faire, on n'ait peu decouurir la verité du faict, & que la preuue ne ſoit que ſemipleine, accompa-gnée toutesfois de fortes & violentes coniectu-res, indices & preſomptions, pour ne laiſſer le crimes impunis, que fera le Iuge ?

M. En ce cas il faut qu'il eſſaye de tirer la verité par la bouche de l'accuſé.

D. Et comme quoy.

M. Par le moyen de la queſtion ordinaire ou extraordinaire, à laquelle il n'ordonnera que l'accuſé ſoit appliqué ſans meure conſideration.

La queſtion.

D. QV'entendez-vous par la queſtion.

M. Ce ſont les tourmens & douleurs qu'on fait ſouffrir à l'accuſé en ſon corps, pour tirer la verité par ſa bouche du crime par luy commis.

D. Si l'accuſé ſe trouue ſuffiſamment atteint & conuaincu des cas à luy impoſez par ſuffiſant nombre de teſmoins, eſt-il beſoin de l'appliquer à la queſtion.

M. Il n'eſt pas beſoin, car ores qu'il deſnie le crime duquel il eſt accuſé, il eſt, au moyen de tel teſmoignage tenu pour deuëment aueré, *l. qui ſententiam C. de pœn.* & eſt imputé extreme faute au Iuge qui a pleine preuue du crime, s'il fait appliquer à la queſtion, comme tient *Angelus in l. ſi certus ff. ad Syllan.* qui ne doit eſtre ordonnée qu'en cas d'extreme neceſſité, quand autrement la lumiere de la verité ne peut eſtre apparente.

D. Quelle raiſon m'en donnerez-vous.

M. La raiſon eſt tres pertinente, parce que ſi l'accuſé a bonne bouche, & peut ſouſtenir les efforts de la queſtion ſans rien confeſſer, les preuues ſont couuertes, & doit eſtre procedé à l'élargiſſement & abſolution de l'accuſé. *Scilicet in l. ea quidem C. de accuſat.* & autres qui tiennent que quand les indices & preſomptions ſont violentes auec les depoſitions des teſmoins, ores que

---

Autres enſeignemens de la queſtió, à laquelle on ne doit appliquer l'accuſé que bien à propos.

N'eſt beſoin mettre l'accuſé à la queſtion, ſi les preuues ſont cócluätes.

Ne doit eſtre ordonnée, ſinon en cas de neceſſité.

Et pourquoy.

Autre pratique contraire.

l'accuſé appliqué à la queſtion deſnie, on ne laiſſe le voyant conuaincu, de le faire conduire au
ſupplice.

D. Encore que l'accuſé ſoit condamné, qu'il aye
des complices qu'il ne veut reueler, peut-on pas,
pour en auoir la reuelation, le faire appliquer à
la queſtion.

M. Ouy, vrayment pour ce fait, & autres cas reſultans du procez.

D. Sur quelques legeres indices, peut-on que-
ſtionner l'accuſé.

M. Par expreſſe diſpoſition du droit, *l.1. in prin.&*
l. penult. §. fin. C. de quæſt. & autres, l'accuſé ne
doit eſtre appliqué à la queſtion ſans grands indices precedens. Et à ce propos Monſieur le Brun a
fait vne remarque ſur l'Ordonnance de S. Louis,
qui ne permet que les perſonnes qui ne ſont de
mauuaiſe reputation, mais de vie & conuerſa-
tion honneſte, puiſſent eſtre condamnez à la queſtion ſur la depoſition d'vn ſeul teſmoin. Ce qu'il
dit ſe pratiquer par toute la France, ſi la depoſition du teſmoin n'eſt adminiculée d'indices &
preſomptions bien violentes.

D. Tous accuſez, de quelque qualité qu'ils ſoient,
peuuent-ils eſtre mis à la queſtion.

M. Il n'y a perſonne qui ſe puiſſe pretendre
exempt de la queſtion, ſi tant eſt que le crime commis induiſe les Iuges à y condamner, fors ceux
que les Loix en exceptent.

D. Dites-moy ie vous prie, qui ſont ceux qui ont
ce priuilege ſpecial.

M. Les Docteurs aux plus hautes Facultez en ſont
exempts.

Les

Les Cheualiers des Ordres des Roys & autres Seigneurs conftituez en dignitez fublimes.

Les Officiers des Princes, Confuls, & Maires, des Villes, pendant le temps de leurs charges.

Les enfans au deffous de la pleine puberté, & auant l'aage de quatorze ans complets, qui pluftoft doiuent eftre chaftiez de verges, que par la rigueur de Iuftice.

Les vieillards proches de la decrepitude, trauaillez du deffaut de memoire.

Les femmes enceintes, foit legitimement, ou par adultere, font exemptes de la queftion iufques apres leur enfantement, qu'elles foient deuenuës plus robuftes.

D. Il me femble auoir ouy dire que tels priuileges ceffent quelquesfois.

M. Ouy, comme aux crimes de leze-Majefté, & prodition de la patrie, en la forcellerie, comme crime de leze-Majefté diuine, le mefme fe practique en crime de faux. Aujourd'huy en France s'obferue le contraire, fi le cas le requiert, *Reatus enim omnem dignitatem excludit.*

D. Quelle doit eftre la deliberation du Iuge auant le iugement de queftion.

M. Auant que proceder à la Sentence, le Iuge la doit deliberer en la Chambre du Confeil auec fes Affeffeurs en prefence des Gens du Roy, Louis XII. art. 112.

D. Que fera-il dauantage en telle occurrence.

M. Il deura fur tout confiderer la qualité du crime & de l'accufé, fi le cas merite la mort ou mutilation de membre; car autrement il ne doit proceder à la queftion.

Quand tels priuileges ceffent.

Practique de la France fur ce faict obferuée.

Comme doit le Iuge proceder au iugement de queftion.

Autres bônes obferuations.

C c

D. Quelles autres circonſtances y a-il au iugement de queſtion.

'Autres
conſidera-
tions que
doit auoir
le Iuge,
tres-vtiles,
& tres-
ſainctes,
M. Le Iuge doit conſiderer en outre, s'il y a indices ſuffiſans & preſomptions preignantes pour
l'ordonner, auec les circonſtances de l'aage, dignité, ou eſtat, ſexe & renommée ſus ſpecifiées:
doit en outre conſiderer l'adiuration precedente,
l'inimitié portée à l'occis ou offenſé, la couſtume
de commettre pareils actes, la grace obtenuë en
pareils cas, la facilité de commettre le delict, la
fuitte & latitations, qui ſont circonſtances bien
conſiderables, qui doiuent eſtre bien balancées,
recta indicij ſtatera, auant que proceder à la ſentence de queſtion: laquelle arreſtee & dreſſee, doit
eſtre prononcee à l'accuſé.

Sentence
de queſtion
doit prom-
prement
eſtre exe-
cutée s'il
n'y a ap-
pel,
D. Si l'accuſé n'appelle point de la ſentence, ou
qu'il ſoit pardeuant Iuges Souuerains, que fera-
il fait?

M. Elle doit eſtre promptement miſe à execution,
ſans diuertir à autres actes; & s'il y a appel, doit
l'accuſé promptement eſtre conduit à la Cour.

D. Il me vient en memoire de vous demander la
reſolution d'vn doute remarquable.

M. Si vous me declarez quel il eſt, ie vous con-
tenteray comme par cy-deuant, ie crois auoir fait.

Doute
fort re-
marqua-
ble,
D. Mon doute eſt, ſi le Iuge ayant fait prononcer
ſa ſentence, portant condamnation de l'accuſé à la
queſtion, dont il n'appelle, & ayant commencé
de trauailler apres qu'il a eſté appliqué, s'il ſe porte pour appellant, le Iuge doit-il differer pour
reuerence de l'appel de paſſer outre à l'execution,
ou paracheuer la queſtion encommencée.

M. La reſolution (au rapport dudit ſieur le

Brun en a esté renduë par Arrest du Parlement de Paris, du 22. Decembre 1548. sur vne appellation de Forests, où le Iuge deferant à l'appel de l'accusé qui auoit commencé d'estre torturé, fut ordonné par la Cour, que ce dont estoit appellé sortiroit son plein & entier effect, qu'il seroit remis en l'estat qu'il estoit, & la question paracheuée.

Resolu par la Cour.

D. S'il n'y eust point eu d'appel, le Iuge ayant à demy questionné l'accusé, & intermis la question luy pouuoit-il faire reappliquer.

M. Non pas sans nouueaux indices, comme dit Balde *in l. 1. C. quor. appel. nonrecip.*

Le Iuge ne peut intermettre la question, & la reïterer, sans nouueaux indices.

D. Si l'accusé a confessé à la question, & apres il desnie, que fera le Iuge?

M. Il la peut faire reïterer, & y doit l'accusé estre remis sans nouueaux indices.

D. Iusques à combien de fois peut estre l'accusé appliqué à la question.

Peut estre l'accusé appliqué à la question iusques à trois fois. Notable.

M. Il y peut estre appliqué iusques à trois fois, par Arrest de Bordeaux, rapporté par Monsieur Boyer: faut noter cependant que si l'accusé confesse à la premiere question, & apres desnie à la seconde & troisiesme, il doit estre eslargy, *Mentietur* (inquit Fabius) *in tormentis qui pati potest, mentietur & qui pati non potest: res enim fallax est & periculosa, l. ff. de quæst.* & faut encores remarquer, que ce n'est pas assez que l'accusé aye confessé à la question: mais il faut qu'il perseuere en la confession vingt-quatre heures au moins, apres qu'il a esté osté de la gehenne.

Autre remarque non moins à considerer.

D. Dites-moy, ie vous prie, la raison.

M. Afin de reconnoistre, *si vi, aut metu tormen-*

gereux ex-*torum*, telle confeſſion a eſté extorquéc de luy , ou
tremement s'il a fait ſelon la verité, s'il perſeuere apres que
les douleurs par luy receuës ſont appaiſées, nonobſtant que l'art. laiſſe à l'arbitrage du Iuge d'y
auoir eſgard ou non.

D. Si l'accuſé, le lendemain qu'il a eſté interrogé
à la queſtion, deſnie ce qu'il a confeſſé, doit-on
auoir eſgard à ſa denegation ?

Si apres la M. Il faut que le Iuge aduiſe bien ſi la confeſſion
confeſſion
denegation eſt tellement vray ſemblable, qu'elle ſoit confor-
faite apres me, & approchante à la preuue qui eſt au pro-
eſt confi-
derable, cez , & aux indices & preſomptions violentes
qui en ſont tirées ; & lors il ſe doit arreſter à
la confeſſion: mais cela n'eſtant, l'on n'y a eſ-
Aduis aux gard, s'il n'y a perſeuerance hors la queſtion.
Iuges ſur
telles occu- Toutes telles conſiderations ne ſont neantmoins
rences. laiſſées à la religion du Iuge, s'il reconnoiſt la
confeſſion proceder pluſtoſt de la force ou crain-
Fait doit
eſtre notoi- te de la queſtion, que de la verité : faut en outre
re pour af- que le Iuge ſe garde bien d'aſſeoir aucun iuge-
ſeoir iuge-
ment de ment de condamnation contre l'accuſé, ny ne le
condam- faſſe executer , ſi le fait n'eſt notoire; car *ſi non*
nation.
conſtet de homicidio , *aut de mortuo*, la confeſſion
de l'accuſé ne ſeroit ſuffiſante pour proceder à la
condamnation. Voy ſur ce vn Arreſt remarquable,
rapporté par Monſieur Robert, *rer. iud. lib.* 1.
cap. 4.

D. Si ſur l'appel interjetté de la queſtion, la Cour
trouue qu'il a eſté bien iugé, qu'a-elle accouſtumé de faire ?

Renuoy de M. Elle renuoye ſoudain l'accuſé auec ſon pro-
l'accuſé au
Iuge. cez, pardeuant le Iuge *a quo*, pour faire proceder
à l'execution de ſon iugement.

D. Qui doit estre present à l'execution de la sentence, ou Arrest rendu sur la question.

M. Le Iuge doit estre assisté du Greffier, pour escrire le procez verbal qui en sera dressé par ledit Iuge, contenant le nom des Sergens, Archers & autres assistans, la forme de la question, combien de fois l'accusé aura esté tiré, les interrogatoires qui luy auront esté faites pendant icelle, auec les responses, si elle a esté reïterée, la constance ou variation de l'accusé, ses gestes & exclamation, ou son silence, s'il ne dit mot, ses defaillances ou esuanouïssement. Si par la force du tourment il vient à defaillir quelquesfois, afin que sur ce les Iuges puissent asseoir iugement. Louis XII. art. 114.

D. Peut-on presenter l'accusé à la question, sans qu'il y ait esté condamné?

M. Ouy, quelquesfois pour l'intimider, & l'induire à reconnoistre la verité.

D. Y estant presenté, s'il perseuere tousiours à ses denegations, qu'ordonnera le Iuge?

M. En ce cas, s'il n'y a indices, ou presomptions violentes, le Iuge peut ordonner qu'il sera contre luy plus amplement informé, & cependant l'eslargira en faisant les submissions au Greffe, *Donec & quousque.*

D. Au surplus, ie vous prie me donner quelques reigles certaines pour le regard des indices, qui sont suffisans pour la question.

M. Il m'est impossible: car le tout est remis à l'arbitrage du Iuge, à la conscience & iugement duquel appartient de les examiner auant torturer l'accusé suiuant en tout la loy & la raison,

C c iij

Iuge doit ſuiure le droict & la raiſon, non pas les regles de ſon imagination.

non pas les regles de ſon imagination , mais celles qui ſont limitées par les Loix, Canons, Statuts & Ordonnances, qui eſt la conſcience publique: en vn mot, le Iuge doit ſuiure les regles des Loix, & non celles de ſa conſcience , contraires aux Loix.

D. Pourquoy ne ſuiura-il quelquefois en tel cas les regles de ſa conſcience.

Belle & vtile doctrine, & inſtruction

M. Parce que celuy qui preſume de ſuiure l'inſtinct ne ſon propre iugement, & de ſon imaginaire equité, trompe autruy, & ſe trompe bien ſouuent ſoy meſme, & fait vne grande injure à la loy, celuy qui veut preſumer auoir plus de prudence que la loy. Ce qui a fait dire à Balde, que l'ame des Iuges doit eſtre aſſaiſonnée de deux ſortes de ſel, ſçauoir du ſel de ſapience, qui eſt l'intelligence des Loix, Canons & Ordonnances,

Ce qui n'eſt determiné par le droict eſt remis à l'arbitrage du Iuge.

autrement elle eſt inſipide : & du ſel d'vne equitable integrité & ſincerité de conſcience, autrement elle eſt diabolique : Bref, tout ce qui n'a eſté ou n'eſt determiné par le droict eſt remis à l'arbitrage du Iuge.

Les Indices.

D. Q Voy que vous me veniez de dire qu'il vous eſt impoſſible de me donner certaines regles touchant les indices ſuffiſans à la queſtion, neantmoins conſiderant l'importance de ce faict, ie ſuis contraint de vous importuner de me declarer plus particulierement quelque choſe deſdites indices.

M. Vous fiant en moy, ainſi que ie vois, ie me

ferois tort de vous rien celer touchant la matiere
proposée.

D. Cette matiere est importante à la vie, à l'honneur, & aux biens des hommes, qu'il ne faut
trouuer estrange, si ie ne me veux esclaircir de mes
doutes. *Indices de trois sortes.*

M. Nous estions sur les propos des indices, que
vous remarquerez de trois sortes, sçauoir generaux, semi-pleins & indubitables, generaux sont
esloignez de la verité, les semi-pleins en sont plus
proches, les indubitables tellement conioints
auec la verité, qu'ils sont pour cette raison appellez pleins & indubitables. *A quels indices s'areste le plus le Iuge.*

D. Ausquels s'areste le plus le Iuge.

M. Aux generaux il ne s'y doit arrester : car ce
feroit chose trop dangereuse d'appliquer à la question vn homme qui autrefois auroit commis vn
homicide, pour vn nouuellement commis, & ne
se pourroit voir vne plus grande iniustice, si autre chose n'apparoissant on le mettoit en peine.

Les semi-pleins le peuuent mouuoir à croire
quelque chose de la verité de l'accusation : toutesfois comme insuffisans & illigitimes, ils sont indignes d'eux-mesmes, que pour leur seule consideration l'accusé soit torturé, s'il n'y a rien plus
exprez ny euident. *Indices semi pleins font illegitimes.*

Mais à la verité, ceux qui sont pleins & indubitables deuiennent verifiez par deux tesmoins
dignes de foy, & suffisans pour iustement condamner l'accusé à la question, voire vn tesmoin
seul homme de bien irreprochable, qui depose
pertinemment de la verité du delict, fait indice
suffisant pour la question, sa deposition est con- *Surquoy l Iuge peut fonder le iugement de que: stion.*

Notable,

C c iiij

currence & adminiculée d'autres indices & circonſtances.

D. Afin que ie puiſſe mieux comprendre vos
beaux enſeignemens, ie vous prie me donner
quelque familier exemple de ces trois genres
d'indices.

Exemple familier ſeruāt pour eſclairciſſement de cette matiere.

M. Poſons le cas qu'il s'agiſſe d'vn meurtre, les
indices eſloignez & generaux ſont, ſi l'accuſé a
eſté diffamé autresfois, ou accuſé d'vn autre homicide, & en a eſté trouué coulpable. La conſequence, comme i'ay touché cy-deſſus, ſeroit bien
perilleuſe.

Les plus proches ſemi-pleins ſont, que l'accuſé
a eſté toute ſa vie ennemy mortel de l'occis, qu'il
l'a par pluſieurs & diuerſes fois menacé de le
tuër, & s'eſt iaété en pluſieurs lieux de ce faire, &
qu'il eſt couſtumier d'executer ſes menaces.

Quels ſont les indices indubitables & ſufſians pour la torture.

Mais ceux qui ſont indubitables ſont vne foy
plus certaine, comme ſi l'accuſé a eſté veu ſortir
du bois, de la maiſon, ou du lieu où le corps a eſté
trouué mort & renuerſé par terre, ayant ſon eſpée nuë & ſanglante à la main, cheminant à
grands pas, ou s'enfuyant, ayant la face paſle de-
colerée, & toute changée : ce ſont ces indices qui
verifiez par deux teſmoins, *omni exceptione maiores, ſufficiunt ad torturam.*

Autre notable.

Et de meſme fait foy le ſeul teſmoin, homme
de bien, d'entiere reputation, qui depoſe auoir
veu donner le coup de mort à l'occis par l'accuſé,
& à l'inſtant veu prendre la fuitte, ſi les autres indices y concurrent : ie vous donneray neantmoins
vn exemple, d'autant plus familier que le precedent.

D. Auffi ay-je bien befoin que vous me traittiez familierement, pour me faire comprendre vos Autre familier exemple. difcours, autrement vous perdriez voftre peine.

M. Figurez vous qu'vn homme foit accufé de larcin, les indices efloignez de la verité, & lefquels ie n'approuue point, foit fi l'accufé eft panure, & n'a moyen de viure du fien, homme au refte fans art, ny d'exercice d'aucune vacation.

Les plus proches & femi-pleins, fi la chofe defrobée a efté trouuée en fa puiffance.

Mais les plus conformes à la verité, & plus preignans font, s'il a efté veu portant la chofe defrobée, & fortant hors du lieu où elle a efté prife, & prenant la fuitte contre le lieu où depuis il l'a mife, & où elle a efté trouuée, & ainfi des autres crimes peut eftre difcernée la verité des indices.

D. Ie fuis bien fatisfait pour ce regard : mais ie vous prie declarez-moy s'il n'y a point d'autres indices qui foient preignans, & fur lefquels on puiffe affeoir iugement de queftion.

M. Ouy, & fçachez que la fuitte deuëment verifiée eft vn indice tres-certain de crime commis : Autres fortes d'indices fuffifans & concluans. lors que le fugitif apres le bruit efmeu du crime fans eftre accufé, preffé du propre tefmoignage de fa confcience, prend la fuite.

Le bris de prifon eft tres-bon, & concluant indice, & quand apres le crime commis il fe retire, Autre. à faute de fe pouuoir mieux fauuer aux Eglifes, Cimetieres, ou autres aziles, & lieux de retraite affeurée : car telle fuite eft prife pour indice fuffifant à la queftion, & rend le crime comme deuëment confeffé.

La confeſſion volontaire auant l'emprifonnement bien verifiée ſert de ſuffiſant indice à la queſtion. Et celuy qui a eſté veu fuïr auec l'accuſé apres le coup donné, eſt vn ſuffiſant indice qu'il eſt de ſes complices.

D. Qu'appellez-vous complices ?

Qui ſont ceux qu'on appelle complices.

M. Nous tenons pour complices ceux qui ſe ſont aydez à commettre le crime, qui ont retiré l'accuſé, qui l'ont deffendu ou donné conſeil & recouru.

D. La commune renommée fait elle ſuffiſante indice pour la queſtion.

Opinion des Docteurs touchant la commune renommée.

M. Tous les Docteurs ayans traitté de la metiere criminelle demeurent d'accord que non, & tiennent tous, par pluſieurs notables raiſons, & remarquables, que la renommée publique n'eſt à ce ſuffiſante, ſinon qu'elle ſoit coniointe aux actes indices & circonſtances violentes.

D. Donnez-moy quelque raiſon de cecy ?

Raiſon notable.

M. Vne des plus fortes raiſons que ie vous ſçaurois donner ſur ce fait, eſt que la publique renommée prend communement ſon origine de la bouche de ceux qui deſirent le bruit eſtre tel qu'ils le

Inſtruction

font ou qui en veulent à l'accuſé, eſtant au ſurplus la renommée choſe fragile & pernicieuſe.

D. La verification, crainte, frayeur, & tremblement de l'accuſé, ſans autres indices ny marques, ſont-ils indices pour la queſtion.

M. Bart. *in l. minore* §. *tormenta verſ. plurimum quoque ff. de quæſt.* tient l'affirmatiue, & dit que le Iuge doit ſoigneuſement obſeruer la façon couleur, contenance, & poſture de l'accuſé de quelle

forte il parle, & fi par fes refponfes & repetitio ns Doctrine de Bartho- le & p our le Iuge
il aura varié , ou fe fera contrarié.

D. Pourquoy cela ?

M. Parce que ces indices ne font pas de légere confequence, ains recueillis & efcrits par le Gref- fier, feruent en apres à deliurer le Iuge de calom- nie , qu'il aye fans iufte fujet ordonné l'accufé eftre appliqué à la queftion. Non, qu'vn feul de Raifon de la doctrine
ces indices fuffife pour la queftion , mais bien plu- confide- rable.
fieurs enfemble, & par effect toutes les Loix qui parlent des indices à ce requis, les defignent non en fingulier , mais en nombre plurier. Notable.

D. Vn feul indice ne fuffit-il iamais pour la que- ftion.

M. Ouy, s'il eft tellement conioinct à la verité, Quand vn feul indice
& fi preignant, qu'il peut fuffire : mais comme fert pour la
fouuent a efté dit le tout eft remis à l'arbitrage & queftion.
difcretion du Iuge.

D. Il me femble qu'il y a diuers noms des indi- ces.

M. Quelquesfois les Docteurs les nomment *ar-* Diuers
gumenta. vulgairement *indicia ,* quelquesfois auffi noms d'in- dices.
fufpiciones . & bien fouuent *probationes.*

D. Ie defirerois fçauoir de vous que doit confi- derer le Iuge en dernier lieu, auant l'application à la queftion.

M. Qu'il confidere bien la qualité du crime, la Confidera-
condition du criminel, & l'abondance des indi- tion que doit auoir
ces : auec quelle moderation ou rigueur il doit le Iuge
proceder, felon le vray temperament de la raifon. auant l'ap- plication à
Il aura femblablement efgard à l'aage, au fexe, la queftion.
& condition de vie & de fortune.

Application du criminel à la question.

Procedure obſeruée au temps de la queſtion.

D. **D**Ites-moy, s'il vous plaiſt, quelle procedure doit obſeruer le Iuge tirant le criminel.

M. L'accuſé mandé au lieu de la queſtion, ſera derechef interrogé par le Iuge ſur le delict, & circonſtances d'iceluy.

D. S'il perſiſte à ſes denegations, que ſera-il faict.

M. Il ſera liuré entre les mains des Executeurs de la queſtion, s'il y en a en office, ſinon entre les mains des Sergens du Iuge, qui l'ayans deſpoüillé & attaché les mains derriere le dos, & eſtendu ſur le treteau, banc ou cheualet deſtiné à cét effect, & encores attaché ſes pieds aux boucles ou anneaux qui ſeruent à la torture, ou à la pierre qui luy doit ſeruir de poids aux pieds. S'il eſt tiré en haut, ſera eſleué auec la corde où les mains ſont attachees : ou s'il eſt eſtendu en long iuſqu'à ce que le corps delaiſſe & abandonne le banc ou treteau, & ne porte plus que ſur les cordes des pieds & des mains.

D. Quels doiuent eſtre les deportemens du Iuge en tel acte & affaire.

Deportemens du Iuge au temps de la queſtion.

M. Ce ne ſeroit pas lors le traict d'vn bon & conſideré Iuge, de faire extremement tirer l'accuſé pour auoir de luy par force de tourment aucune confeſſion à ſon prejudice, moins d'vſer en ſon endroit de rigoureuſes menaces, de le plus griefuement tourmenter, s'il ne confeſſe ce dont il eſt interrogé : mais (comme dit Belle & ſainte conſideration. Monſieur le Brun en ces propres termes) d'vne ame purement Chreſtienne, il doit pacifiquement, & ſans eſmotion, qui altere la tranquillité d'vn iugement raſſis, faire continuër le tourment, iuſques à ce qu'il reconnoiſſe que le queſtionné n'en puiſſe plus endurer dauantage. Et ſur tout, ne doit pendant la queſtion, l'interroger ſur autres crimes que les contenus en ſes informations, & pour raiſon deſquels il eſt torturé.

Accuſé doit eſtre interrogé ſur le faiɛ̃ des informations, & non ſur autres cas.

D. La raiſon ?

Raiſon.

M. Parce que ſans indices vehemens, perſonne ne doit ny peut eſtre examiné à la queſtion, non plus que les delicɭs, mœurs, ou aux actions d'autruy.

D. Eſt-il touſiours vray ?

M. Il y a exception : comme ſi le criminel eſt voleur public, bandolier ou complice d'vne ſedition, ou faux Monnoyeur, & en crime de leze Majeſté diuine & humaine, &c.

Exception.

D. Y a-il point encore quelques conſiderations qui doiuent mouuoir le Iuge procedant en cét acte ?

M. Comme il doit ne proceder legerement & par trop ſeuerement, par forme pluſtoſt de tyrannie que de Iuſtice : auſſi apres auoir balancé en ſon ame la vieilleſſe extréme, ou trop baſſe ieuneſſe de l'accuſé, ſa bonne ou mauuaiſe diſpoſition, & ce que ſes forces peuuent porter, il ne doit s'arreſter aux cris ou exclamations qu'il fera pendant la queſtion, afin qu'en apres au iugement du procez les Iuges voyent s'il y a eu de la variation, vacillation, ou autre choſe, qui manifeſte le delicɭ,

Autres conſiderations que doit auoir le Iuge procedant en cét acte.

Des interrogats à la queſtion.

D. Quels doiuent eſtre les interrogats à la queſtion.

M. Ils doiuent eſtre generaux, & ſuiuant les circonſtances du crime, de ſorte que l'accuſé ſoit touſiours en ſoupçon pour la ſpecification d'iceux, & comme il eſt exemplifié par ledit ſieur le Brun en cas de meurtre, qui peut ſeruir pour tirer la verité d'autres delicts, & de ſemblables.

D. Si aux premiers interrogats il ne veut rien dire ny confeſſer, quel ſera le deuoir du Iuge ?

Procedure du Iuge en ce cas. Continuation de la procedure.

M. Il le pourra faire tirer ou bander dauantage, auec telle prudence & moderation, toutesfois qu'il n'apporte aucune mutilation, ou rupture au corps ou membres de l'accuſé, & lors continuëra ſes interrogats ſelon le cas.

D. Si à cette ſeconde fois qu'il l'aura fait tirer, il ne veut rien confeſſer, quel remede ?

M. Il ſera encore rebandé derechef, & lors parmy les cris qu'il pourra rendre, ſera continué ainſi que deſſus, & eſt celuy le dernier effort de la queſtion.

D. Dites-moy maintenant quelle eſt la fin de la queſtion.

Que doit eſtre fait, ſi l'accuſé ne confeſſe rien à la queſtion.

M. Si l'accuſé y ayant demeuré vne heure ou enuiron, ne confeſſe aucune choſe, il doit eſtre deſcendu, & enuoyé prés du feu, & ſoudain vn Chirurgien appellé pour luy redreſſer les membres diſloquez, & les remettre en leurs iointures.

D. Entre pluſieurs condamnez à la queſtion, que doit faire le Iuge ?

M. Il vsera de prudence, s'il faut commencer à torturer par celuy qu'il iuge plus facile à confesser la verité, ou par celuy qui est le plus suspect & chargé du crime commis ou par le plus foible & debile de tous : comme s'il a à questionner le pere & le fils, il doit commencer par le fils, le pere le sçachant.

D. Quelle raison m'en donnerez-vous ?

M. Elle est naturelle, car craignant plus le tourment de son fils que le sien propre, il sera induit à confesser la verité. Que si c'est le mary & la femme qui doiuent estre questionnez, il doit commencer par la femme comme la plus debile & moins propre à porter la grandeur du tourment, & par consequent plustost dira la verité.

D. Dequoy se doit seruir le Iuge à la question ?

M. Par la disposition du droit, il ne se doit seruir que de cordes, *l. nulius C. ad l. Iul.* Mais notez qu'il y a diuerses sortes de questions, mais le tout depend du Iuge qui l'ordonne, selon les cas, delicts & qualitez de l'accusé.

D. Le criminel qui ainsi sera esté tiré, l'a soufferte & n'a rien confessé, peut-il estre appliqué pour mesme delict.

M. Non pas pour mesme crime, sinon que pour iceluy crime suruinssent nouueaux indices suffisans pour la question.

D. Et la raison ?

M. Parce que les premiers indices, quelques violens qu'ils soient, sont purgez par les tourmens de la question.

D. Pourquoy appellez-vous nouueaux indices?

Instruction au Iuge.

Raison naturelle.

Dequoy on se doit seruir pour la question

Question. Solution.

Exception. Raison de ce que dessus.

M. A la difference des premiers, deſquels ils doiuent differer d'eſpece & de ſubſtance, & faut que les ſeconds ſoient plus preignans ? ce qu'eſt auſſi amplifié par ledit ſieur le Brun, au tiltre de la queſtion, à quoy l'on pourra auoir recours.

D. Maintenant ie vous demande, ſi l'accuſé qui a vne fois confeſſé le crime à la queſtion & apres le tourment le denie, peut eſtre derechef torturé.

M. Ouy, pour voir s'il perſiſtera à la confeſſion ou denegation.

D. S'il denie à la ſeconde fois.

M. Il ne doit plus eſtre queſtionné.

D. Et pourquoy non.

M. Parce que les indices de la premiere queſtion ſont ſuffiſamment purgez par la ſeconde.

D. Mais s'il confeſſe à la ſeconde fois, & perſeuere en ſa confeſſion.

M. Il eſt lors tenu pour deuëment conuaincu, & toutesfois s'il y a apparence qu'il aye eu des complices, il peut encore valablement eſtre remis pour auoir la reuelation deſdits complices.

D. Si l'accuſé declare & accuſe quelqu'vn, dequoy peut ſeruir ſon accuſation.

M. Cela peut ſeruir d'indice ſuffiſant pour apprehender, mais non pour faire condamner ny appliquer à la queſtion, s'il n'y a autres indices ſuffiſans pour ce faire.

D. Et pourquoy.

M. Parce que comme nous auons dit cy-deſſus, il ne faut commencer par le tourment, ains comme

les

les crimes precedent les charges & informations,
de mesme les indices violens & suffisans, doiuent
preceder la question.

D. Si par la frequente reïteration de la question
si l'accusé y meurt, qui en est responsable :
mesme s'il demeure mutilé de l'vn de ses membres.

Iuge cou-
pable des
accidens
suruenus à
l'accusé
estant à la
question.

M. Autre que le Iuge n'est coupable de sa mort,
ou mutilation, ores qu'il eust tous les indices requis & suffisans à la question.

D. Le Iuge ayant procedé en homme de bien si
tel cas est arriué, ne peut-il rien alleguer pour sa
iustification.

M. Il luy est aysé de se iustifier, s'il fait oculai-
rement voir qu'il n'a excedé, en torturant l'accusé, la forme prescrite par les Loix, qu'il n'a
rien executé par dol, malice, ou animosité quelconque : mais le tout rapporté à l'equitable integrité requise à la modestie du zele de Iustice :
ce qui est aussi bien considerable que le Iuge s'ad-
uise de la ruse de faire bailler du vin au torturé
s'il s'endort, & n'a point de sentiment à la question : Car c'est signe qu'il a mangé du sauon, qui
a force de stupefier les nerfs, Monsieur le Brun
en rapporte vn exemple, qu'il dit auoir veu, au
mesme tiltre.

Toutesfois
se peut ay-
sémét iusti-
fier & com-
ment.

Aduis
pour des
Iuges.

D. Apres la confession de l'accusé à la question
que fera-t'on de luy.

M. Il doit incontinent estre deliuré de la gehenne : en laquelle s'il confesse quelque autre crime
que celuy duquel il est accusé, & duquel le Iuge n'auoit aucuns indices, telle confession ne
fait pas pour lors grande preuue, n'y doit pleine

La confes-
sion d'au-
tre crime
que celuy
pour lequel
l'accusé est
torturé ne
fait grand
preuue.

foy eftre adiouftée.

D. La raifon ?

M. Parce que bien fouuent la force du tourment pouffe les accufez en tel defefpoir, qu'ils peuuent confeffer d'auoir commis, ce que mefme ils n'ont iamais penfé, pluftoft refolus d'endurer la mort par quelque forte de fupplice que ce foit, que de patir plus long-temps l'inhumanité de la gehenne.

D. Comme doit eftre traitté auec le prifonnier apres la queftion où il a confeffé.

M. Apres que la confeffion aura efté redigée par efcrit par le Greffier, le Iuge fera retirer l'accufé iufques au lendemain qu'il le fera venir en la Chambre du Confeil, (autresfois celle de la queftion) ou en celle du Geollier, ou en l'Auditoire.

D. Et que fera-il ?

M. Eftant là deliuré de tous liens, & en pleine liberté, en prefence de tels que le Iuge voudra choifir, l'interrogera de rechef fur les circonftances du crime, afin de tirer par fa bouche librement la confeffion de la verité, ainfi qu'il l'a reconneuë par la queftion, qu'il fera auffi rediger par efcrit à fon Greffier.

D. Qu'ordonnera-il en apres ?

M. Que tout le procez en l'eftat qu'il fera lors foit communiqué au Procureur du Roy, & par fes mains à partie ciuile, s'il y en a vne, pour prendre leurs conclufions deffinitiues : lefquelles mifes au fac, & remifes entre les mains des Iuges, apres qu'il aura diligemment veu tout le procez, il en doit faire fon raport à ceux qu'il a choi-

fis pour Affeffeurs , & nonobftant fon rapport
doiuent en la mefme affemblée eftre leuës les
charges & informations, refponfes perfonnelles de l'accufé , recollemens & confrontations
des tefmoins , & les conclufions diffinitiues des
parties iointes, pour plus aduifement venir aux
opinions.

D. Auant proceder aux opinions, que feroit-il befoin de faire ?

M. Il feroit à propos de fuiure ce que l'on fait en
la plufpart des Cours mieux reglées de ce Royaume, qui eft de iuger les reproches auant tout
œuure.

D. Comment fe fait cela ?

M. L'vn des Affeffeurs tient les informations, &
comme il a leu le nom de l'vn des tefmoins, l'autre qui a en main les recollemens lit diftincte-
ment ce que le tefmoin a adjoufté ou changé de
fa depofition, & apres venant à la confrontation,
il lit les reproches propofez contre ce tefmoin
par l'accufé.

D. Les reproches ainfi leuës, que doit faire le
Iuge ?

M. Ayant efcrit d'ordre les noms des tefmoins, &
le fommaire des reproches ; il doit auant que faire lire la depofition, ny paffer outre, faire opiner
toute la compagnie l'vn apres l'autre, fi tels reproches font fuffifants, ou non.

D. S'ils font trouuez pertinens.

M. Ne fera befoin de voir la depofition du tefmoin ny moins entrer en côfideration de ce qu'il
peut auoir adjoufté par fon recol.

D. Et pourquoy,

M. Parce que le tout demeure enerué par les reproches.

Reproches
pertinens
éneruent la
depofition
du tef-
moin.

D. Si les reproches font iugez impertinens, que fera-il fait.

M. Lors fera procedé à la lecture de la depofition & du recol, dont doit eftre faite vne fommaire remarque, & ainfi iuger tous les tefmoins, auant opiner au procez.

Les tef-
moins doi-
uent eftre
iugez auãt
opiner.

D. Ie defirerois en fçauoir la raifon.

M. C'eft pour voir combien il en demeurera valablement reprochez ou non, fur la depofition defquels l'on puiffe affeoir iugement de condamnation, contre l'accufé

Et la rai-
fon.

D. Les opinions qui font efcrites par le Greffier criminel, doiuent elles eftre tenuës fecrettes.

Greffiers
doiuent
eftre fe-
crets, fur
peine,&c.
Procedure
obferuée
en la pro-
noncia-
tion.

M. Ouy, fur peine de punition corporelle contre les reuelans, ou autrement, felon l'exigence des cas.

D. Quelle doit eftre la prononciation de la fentence.

M. Si elle eft de mort, l'accufé doit eftre amené dans l'Auditoire à iour de plaids ou d'Audience, le Iuge feant pour l'expedition des caufes, ou eftant à genoux, luy fera prononcé fa fentence par le Greffier, de laquelle, s'il n'appelle, ou fi elle eft renduë par vn Iuge Souuerain, & duquel n'y a point d'appel fera conduit apres la prononciation d'icelle en la Chambre du Confeil.

Que doit
eftre fait
apres la
prononcia-
tion fi le
criminel &
condam-
né n'appel-
le.
Deuoirs des

D. Apres la fentence prononcée, qu'eft-il befoin de l'y conduire.

M. Pour eftre fommairement repetée par le Iuge, & pour le confoler & affermir en acte fi important luy doit eftre donné vn docte Confef- Iuges en actes de telle imporrance, feur pour empefcher par fes exhortations que l'apprehenfion de la mort prochaine ne conduife le criminel au defefpoir, & hors la confeffion auriculaire, le Greffier le doit accompagner iuf- qu'à l'execution de la fentence : Louis XII, ar- ticle 116.

D. Et fi le prifonnier a denié la queftion, qu'en doit-il eftre fait ?

M. Il doit eftre renuoyé en la prifon par l'efpace de vingt ou trente iours, plus ou moins, felon la prudence du Iuge, afin de voir fi pendant ce temps-là, furuiendront point nouuelles charges contre l'accufé, ou nouueaux indices du fait dont il eft preuenu.

D. Et s'il n'en vient point, que doit faire le Iuge ?

M. Il le doit eflargir des prifons, & le mettre en liberté, *donec & quoufque*, & cependant peut Quel doit eftre fait l'accufé deniant tout à fait. Abfolutió apres la queftion. octroyer lettres au Procureur du Roy, pour in- former plus amplement fur le pretendu delict & faire promettre à l'accufé de fe reprefenter en iu- ftice toutesfois & quantes qu'il fera ordonné, qui eft la condition de fon eflargiffement, felon le droict : & attendu par la queftion, tous les indices font purgez, il doit eftre abfous.

Appel de la fentence criminelle.

D. S'Il y a appel de la fentence de mort renduë que fera-t'on de l'accufé ? Procedu- res apres l'appel de la fentence de mort quand il

M. Il fera incontinent conduit à la Cour, *miffo medio.*

faut appeller à la Cour, omisso medio,

D. Comme se doit entendre cecy.

M. Il se doit entendre si la condamnation est de mort, amende honorable, bannissement. galleres, fustigation, amputation de membre, ou autre peine afflictiue de corps.

Autrement la condamnation n'est que pecuniaire.

D. Si la condamnation n'est que d'amende pecuniaire, pardeuant qui se doit releuer l'appel des Iurisdictions subalternes.

M. Il se doit releuer pardeuant le Bailly, comme est contenu és articles . & en l'Edit fait par le Roy François premier, sur la modification dudit article 163. de l'an 1539.

Aux despens de qui se doit conduire le criminel appellant,

D. Les prisonniers appellans doiuent-ils estre conduits à la Cour à leurs despens.

M. Non, sinon que par elle eust esté expressément ordonné : Charles VIII. article 105.

D. Si la Cour trouue qu'il a esté bien iugé, qu'a-elle accoustumé de faire.

M. Elle confirme le Iugement, & renuoye le tout pardeuant le Iuge *a quo*, pour executer sa sentence.

D. Pourquoy fait la Cour tel renuoy.

M. Afin que les crimes soient punis sur les lieux, où ils ont esté commis.

D. La Cour fait-elle tousiours tel renuoy?

M. Non, car pour grandes & euidentes causes elle en retient la connoissance.

D. Apres le renuoy fait par Arrest de la Cour, de l'accusé au Iuge qui l'a condamné, qu'en sera-il fait?

Execution de la sétence doit estre prompte,

M. Suiuant l'Ordonnance, la sentence doit estre promptement executée.

D. Obserue-t'on tousiours cette formalité.

M. Non, car si c'est vne femme enceinte, l'exe- Quand doit estre differée.
cution doit estre differée iusqu'apres son accou-
chement pour sauuer le fruict, ou que le condamné deust estre confronté à d'autres accusez, & sa
confrontation necessaire pour leur condamnation:
car iusqu'à ce il doit estre gardé; ou si c'estoit vn
Prestre condamné, qui ne peut estre executé qu'a-
pres la degradation, sinon en cas d'assassinat, d'a-
guet pourpensé, ou s'il s'est degradé de luy-mesme, comme a esté monstré cy-dessus, ou si l'accusé
a obtenu grace, remission ou abolition du Prince.

Lettres de Grace ou Remission.

D. **Q**Vi peut donner grace ou remission des A qui appartient de donner grace. Seigneur haut Iusticier ne peut empescher l'entherinement des lettres Royaux de remission.
crimes commis par les sujets du Roy.
M. C'est luy seul, & ores que le delict fust commis és pays où confiscation a lieu (ce qui n'est en
pays de droict escrit) le Seigneur haut Iusticier,
en la terre & Iurisdiction duquel il aura esté
commis, ne peut empescher l'entherinement des
lettres de remission, sous pretexte que le delinquant puny, son bien luy seroit acquis & confis-
qué.
D. Comme doit estre procedé à l'entherinement Forme de proceder à l'entherinement des lettres de grace.
des lettres de grace.
M. Celuy qui les a obtenües se doit presenter en Notable.
personne pour en demander l'entherinement, &
ce vn iour d'Audience dans l'Auditoire Royal, à
genoux, teste nüe, n'estant receuable de faire sa
requeste par Procureur, bien qu il en eust expres
obtenu lettres.
D. Les criminels ont-ils aucun moyen d'obte-

nir grace , finon par l'obtention des lettres de
Chancellie r.

M. Quand les Roys font leur entrée pour la premiere fois (apres qu'ils font paruenus à la Couronne) en l'vne des Villes du Royaume, ils font
couftumiers de donner grace à tous les criminels
qui font detenus és prifons de la Ville où ils font
leur entrée : mais ils doiuent leuer leurs lettres
de remiffion dans fix mois apres la datte du breuet
de Monfieur le grand Aumofnier.

D. Pourquoy ?

M. Parce que les fix mois paffez , ils font , & demeurent forclos , & defcheus de l'effect de leurs
remiffions.

D. Si tels pourfuiuans de remiffions d'entrée fe
vont rendre volontairement prifonniers és Villes
où le Roy doit entrer, & où ils n'ont commis le
delict, & depuis defirant fortir de là, requierent
les prifons leur eftre à ces fins ouuertes , que fera-
il fait là deffus?

M. S'ils requierent les prifons leur eftre ouuertes
auant la prefentation de leurs lettres de remiffion, on leur en doit permettre l'iffuë franche &
libre.

D. Et s'ils font telles requifitions apres la prefentation de leurs lettres, ne leur ouurira-t'on
pas les prifons.

M. Apres qu'ils les auront prefentees, & qu'ils en
auront requis l'entherinement, & affirmé qu'elles contiennent verité, comme tous les remiffion-
naires font tenus, & ont accouftumé de faire en
tel cas , ils font contraints de demeurer prifonniers, iufqu'à ce que l'on aura connu de la validi-

Graces qui fe donnent és entrées des Rois apres l'aduenement à la Cou-ronne.

Les lettres en ce cas fe doiuent leuer dans fix mois apres la datte du breuet.

Aduis aux remiffion-naires d'entrée.

té des lettres, & prononcé sur leur absolution ou condamnation.

D. Tel cas merite bien qu'on en sçache la raison.

M. Elle est, qu'au moyen de presentation des lettres, ils se rendent sujets à la iurisdiction du lieu, auquel ils se sont volontairement rendus prisonniers, à leur profit ou desauantage.

D. De quels crimes peut·on obtenir remission ?

M. De tous crimes capitaux, qui sont suppliciez par la mort naturelle ou ciuile, ou par la peine corporelle.

De quels crimes on peut obtenir remission, & de quels non,

D. Et d'autres crimes, qui n'emportent telle punition, comme d'injures verballes, diffamation par escrit, & autres semblables, n'en peut-on obtenir lettres de remission.

M. Non, & si elles estoient obtenuës, les Iuges n'y doiuent auoir aucun esgard : ains en debouter les impetrans, suiuant l'Ordonnance. Bien dit M. le Brun, qu'il se trouue Arrest d'vne grace obtenuë entherinée, pour estre quitte d'vne amende honnorable : mais (ce dit-il) cela se peut mieux à propos effacer, & quitter par lettres de Chancellerie que par celles de remission.

D. Quel est l'effect dés lettres de graces obtenuës par les criminels.

Effect des lettres de grace.

M. Autre que le Roy ne leur sauue la vie le plus souuent de son authorité Royale (si toutesfois le cas est gratiable) ils sont remis en leur ancienne bonne renommée, biens, honneurs, & dignitez.

Lettres de grace ne se doiuent donner que pour cas gratiable,

D. Mais *quid iuris*, si le Roy a donné leurs biens confisquez à autres auparauant l'obtention des lettres de grace.

M. La remiſſion doit eſtre de telle efficace, que l'impetrant d'icelle doit eſtre remis & reintegré en tous les meſmes biens qu'il tenoit & poſſedoit auant le crime commis, bien qu'ils ayent eſté confiſquez & donnez par le Roy.

Remarque tres-notable. **D.** Et le Roy reſtituë-t'il le remiſſionnaire aux biens confiſquez au profit du Seigneur feodal.

M. Non, iamais, ains ſeulement en ceux qui ſont confiſquez à ſon profit.

D. I'ay toutesfois ouy dire que la choſe doit eſtre diſtinguée.

Diſtinctiō notable. **M.** Ouy vrayement: car ſi les biens confiſquez ont eſté allienez par le Roy, & par ſon commandement auant l'obtention de la remiſſion, ou donnez à tierces perſonnes, ils ne ſont entendus compris en la reſtitution, & n'eſt l'expreſſion d'iceux receuë contre le tiers tenanciers ou acquerans, veu que les choſes ne ſont plus en meſme eſtat, *l. 1. ff. de ſent. paſ.* Mais ſi vn condamné par contumace eſt receu à ſe iuſtifier, & obtenir lettres, ou pour monſtrer ſon innocence, ou pour faire dire que le fait eſt remiſſible ou excuſable; en ce cas qui eſt plus de iuſtice que de la grace & motif du Prince, veu qu'il y a connoiſſance de cauſe, & procez fait de nouueau, ſi la reſtitution eſt entiere, les biens doiuent eſtre rendus, ores que rien n'en ſoit dit par les lettres, car ils appartiennent au reſtitué.

D. En vertu dequoy?

Raiſon de la diſtinction ſuſdite. **M.** Non en vertu de la remiſſion, mais par le iugement & declaration de l'innocence ou de l'excuſe, & deffence du reſtitué, non ſeulement contre le Roy, mais auſſi contre vn tiers qui les auroit par acqueſt ou pardon : & de meſme contre le Seigneur feodal, & de luy ayant cauſe. Note que les Nobles ou Gentils-hommes ne peuuent entheriner leurs lettres de remiſſion qu'à la Cour, encores que par içelles y euſt derogation à l'Ordonnance prohibitiue d'addreſſer telles lettres ailleurs qu'à la Cour : & pour l'addreſſe des graces, & quels ſont les Iuges competans, ſelon la qualité des parties : voy l'Ordonnance de Moulins, article 35. d'Amboiſe 1572. art. 9. de Blois art. 199.

Le contraire ſe pratique aucune fois, mais per abus.

D. Si les lettres de grace ſe trouuent par l'expoſitiue d'icelle, conformes aux informations, que deura il eſtre fait ?

Preſentatió des lettres ſe doit faire dãs quatre iours de la datte d'icelles.

M. Elles doiuent eſtre comme ciuiles enterinées, apres auoir ſur le tout ouy l'impetrant, lequel les doit preſenter dans quatre mois de la datte d'icelles, à peine d'eſtre décheu du benefice du Prince y contenu. Et toutesfois apres les réponſes perſonnelles de l'impetrant, le Procureur du Roy & partie ciuile peuuent fournir des moyens d'obreption & ſubreption, s'ils les ſouſtiennent obreptices ou ſubreptices.

D. Si les lettres ne ſont conformes aux informations comme eſt-il procedé.

M. Si elles ne ſont conformes, & que par les faicts d'icelles elles fuſſent empeſchées, le Iuge peut ordonner que les témoins ouys és informations ſeront recolez de leurs depoſitions, & ſi beſoin eſt, confrontez à l'accuſé : Et en ſuite de ce, enioindra auſdits Procureur du Roy & partie ciuile, de faire venir promptement les teſmoins, par leſquels ils entendent verifier

Ce qu'on a accouſtumé d'obſeruer, ſi les lettres ne ſont conformes aux informations

les faits d'obreption & subreption, que la partie ciuile est tenuë nommer.

D. A quelle fin ?

M. Afin de consigner la somme requise à les faire venir, pour obuier à sa negligence ou conni-uence.

D. Ce fait les tesmoins ouys par le Iuge d'Office, que sera-il fait par apres.

M. Ils seront si besoin est, confrontez ; & s'il n'y a legitime empeschement, sera passé outre à l'en-therinement des lettres de remission.

Continua-tion de la procedure aux cas susdits.

D. Et s'il y a empeschement legitime.

M. L'impetrant en sera debouté, & son procez iugé en l'estat suiuant tout le tiltre, *Si contra ius, vel vtilitatem publicam, vel per mendacium fuerit aliquid postulatum, vel impetratum.*

D. S'il n'y a en tout le procez indices suffisans, ou preuue semi-pleine, que fera le Iuge ?

Ordon-nance du Iuge au deffaut de preuues semi-pleines.

M. Il receura les parties en procez ordinaire, & sans prejudice des preuues resultantes de l'extra-ordinaire, les appoinctera à escrire, par moyens & interdits, dans le delay qui sera prefix, & par responsifs dans le semblable à informer au moins, & cependant l'accusé eslargy, à la charge de se representer au rapport des Enquestes, à peine du cas confessé, en faisant par luy ses soubmis-sions requises, & baillant bonne & suffisante cau-tion.

Le Procu-reur du Roy seul en cause doit nom-mer le ca-lomnieux accusateur.

D. Si en deffinitiue le criminel se trouue calom-nieusement accusé, le Procureur du Roy doit-il nommer ses instigateurs.

M. Ouy, s'il est seul en cause, & s'il y a partie ciuile, l'accusé doit contre luy estre absous auec despens, dommages, & interests.

D. Et si l'accusé demeure suffisamment atteint &
conuaincu du crime à luy imposé.

M. Sa sentence luy doit estre prononcée diffinitiue, selon l'atrocité & qualité du crime commis.

Les peines.

D. **D**Ites-moy, ie vous supplie, faisant fin à
mes interrogats d'où procedent les peines ordonnées pour la punition des delinquans &
quelle est leur origine.

M. Elles procedent de malefice, ou *quasi* malefice.

D. Si vous desirez que ie vous entende bien,
ie vous prie m'expliquer ce que vous venez de
dire.

M. Du malefice procedent l'adultere, le meurtre, le larcin, pillerie, offense & dommage in-
iurieusement fait Du *quasi* malefice procedent
les peines ordonnées contre le Iuge qui par
corruption, auarice, ou haine, ou faueur, ou
faute de doctrine, a prononcé vne sentence in-
iuste, inique, & iniurieuse: contre le Medecin
ou Chirurgien qui aura fait faute en sa charge: pour larcin fait sur la mer au Nauire. D'a-
uoir ietté en la ruë ou chemin public, chose
dont quelqu'vn puisse estre offensé, ou y auoir
perdu chose, dont la cheute soit perilleuse
aux passans. *tot. tit. de obl. qua ex quasi del. nasc.*
Il n'est besoin de repeter icy par qui la poursuitte de ces peines doit estre faite, car nous
l'auons dit cy-dessus, comme aussi du deuoir du

*Peines pro-
cedent du
malefice
ou quasi
malefice.*

*Explica-
tion de
cecy.*

Iuge, auſſi toſt qu'il a ſceu le crime commis,
Au reſte, faut ſçauoir que la plus grande partie
des peines eſt l'arbitrage du Iuge, qui ſelon la di-
uerſité des crimes, ordonne diuers ſupplices, ſuiuant le texte de la loy, *ſi ſeruus ff. ad i. aqu.* Toutesfois preſuppoſé que tous crimes ſe commettent ou de fait, ou de parole, ou par conſeil, ou
par eſcrit, il y a pluſieurs cas, auſquels la peine
de mort eſt nommément induite par la Loy : leſquels cas ſe pourront voir dans Monſieur le Brun,
Tiltres des peines.

L'Executeur de la Iuſtice.

D. **LA** Iuſtice ſeroit inutile, ſi elle demeuroit ſans execution : or puis qu'il eſt queſtion & neceſſaire d'auoir des Executeurs que le
vulgaire nomme Bourreaux, odieux à toutes
ſortes de perſonnes, ie deſirerois ſçauoir de vous
ſi executant ils offencent Dieu & leur conſcience.

*Si les Exe-
cuteurs of-
féſét Dieu
en faiſant
leur execu-
tion. Vrais
bourreaux
des crimi-
nels ſont
les faux teſ-
moins &
Iuges ini-
ques.*

M. Ils n'offencent pas quelques ſanglans & ty-
ranniques qu'ils puiſſent eſtre ; d'autant qu'ils ne
font leur execution que par l'expres commandement des Iuges, ſe rendans ſelon le dire de l'A-
poſtre, Miniſtres de Dieu, non de leurs propres
paſſions & affections ; & pour le vray, les vrays
bourreaux des Criminels ſont les faux teſmoins,
& les Iuges iniques, corrompus & peruers. Soit
donc que l'Executeur exerce ſon office ſelon la
varieté des ſentences, il ne commet aucune of-
fenſe & n'y a non plus de coulpe en luy (ainſi
que ledit Monſieur le Brun au meſme Tiltre)
qu'au Iuge Aſſeſſeur, accuſateur, ou teſmoin en

l'effufion du fang qu'il fait, moyennant qu'il exerce fa charge felon l'ordre qui luy eft efcrit par
la Iuftice, pouffé de ce feul zele & fans paffion,
puis qu'elle ne fert qu'au iufte & legitime commandement du Iuge. Bref, la caufe, la mort de la
fentence & le crime defchargent tout à fait l'E-
xecuteur.

Quelle eft la decharge de l'Execu-teur.

D. L'Executeur qui fait mourir le coulpable fans
iufte & valable condamnation, eft-il coulpable
du mefme genre de mort.

M. Ouy fans doute, tefmoins Rofeau qui fut
pendu & eftranglé comme vn vray homicide, nonobftant toutes fes allegations, pour auoir eftranglé du temps des guerres ciuiles Monfieur le Prefident Briffon dans le Chaftelet de Paris, fur la
condamnation de quelques Seigneurs reuoltez en
ladite Ville.

Cas nota-ble.

D. Si eft-ce que ie fuis curieux de fçauoir ce qui
rend ces Executeurs tant odieux à plufieurs na-
tions.

M. C'eft qu'au lieu de fe porter vers ceux qu'ils
executent en vrays Executeurs des mandemens
de Iuftice, la plus grande partie d'entr'eux ne
trauaillent aux executions que pour le lucre. ou
auecque tant d'inhumanité, qu'ils maffacrent &
meurtriffent les pauures criminels, comme fi
c'eftoient des beftes irraifonnables, eftant au
furplus tachez de tous les execrables vices du
monde.

Caufe de la haine qu'ó porte ordi-nairement aux Execu-teurs.

D. Pourquoy les corps des executez doiuent demeurer au gibet, ou fur la rouë.

Procedures pour exem-ple.

M. Afin que par la terreur de tels fpectacles,
les hommes foient deftournez de commettre

pareils crimes à ceux qui ont la conduitte des criminels. Et comme dit la Loy, *Pœna vnius fit metus multorum.*

D. Ie finiray icy mes interrogats par vn treshumble remerciement que ie vous faits, pour la peine qu'il vous a pleu prendre en m'inſtruiſant auec tant de familiarité & de bien-veillance.

M. Il me ſemble auoir reſpondu à tout ce que vous m'auez demandé, & ne vous auoir rien celé touchant l'inſtruction du procez criminel : i'eſtime auoir vſé d'vne methode ſi facile, que vous pourrez cueillir le fruict que vous deſiriez de noſtre Dialogue ; faites en voſtre profit, & ie ſuis content de ma peine.

Laus Deo, beataeque Virgini Mariæ.

PROTO-

PROTOCOLLE
DES SERGENS
ROYAVX, ET AVTRES
PRATICIENS.

CONTENANT LE STYLE ET *maniere de dreſſer Exploicts, Inuentaires, Compulſoires, Veuës de lieu, Procez verbal de criés, & toutes autres choſes concernans leur deuoir.*

La forme des Exploicts des Iuriſdictions Conſulaires & Royales.

'An mil ſix cens .... le ...... iour de ..... à la requeſte de..... Marchand demeurant à ...... ie Sergent Royal demeurant à .... ſous-ſigné, eſtant à .... tranſporté exprés i'ay adiourné & baillé aſſignation à ..... demeurant à ... parlant à ..... à domicille, à eſtre & comparoit pardeuant Meſſieurs les Iuges & Conſuls des Marchands eſta-

E e

blis par le Roy noftre Sire en la ville de..... le....
prochain, fuiuant cet exploiƈt, heure de plaids,
pour foy voir condamner à payer la fomme de ....
qu'il doit audit demandeur pour ... pour les caufes declarées: & fur ce proceder comme de raifon.
Auquel adiourné parlant que deffus, i'ay baillé
& delaiffé copie du prefent exploiƈt, en prefence
de ... demeurant audit lieu, tefmoins.

Exploiƈt fur le readiournement du deffaut.

L'An mil fix cens .... en vertu du deffaut portant readiournement cy-deuant écrit, & à la
requefte de l'impetrant y defnommé, ie Sergent
Royal demeurant à . . fous-figné, eftant à.... ay
readiourné & baillé affignation à ..... demeurant
à..... parlant à ..... à eftre & comparoir le .pro-
chain, fuiuant cet exploiƈt, pardeuant Meffieurs
les Iuges & Confuls des Marchands eftablis par le
Roy noftre Sire en la ville de ... en leur Auditoire Royal, au lieu & heure des plaids, pour voir
adiuger le profit dudit deffaut, ô intimation accouftumée. Auquel readiourné parlant que deffus, ay baillé & delaiffé copie dudit deffaut &
exploiƈt, en prefence de.... demeurans audit lieu,
tefmoins.

*S'il n'y a perfonne au logis, faudra attacher l'ex-
ploiƈt a la porte, ou le bailler a fon voifin.*

Forme, pour le prefent libelle.

A La requefte de .... demeurant à ... Soit adiourné & baillé affignation à ...... demeurant à .... à comparoir le .... prochain, fuiuant
l'exploiƈt, pardeuant Monfieur..... pour reprefenter.

Fait comme deffus par moy Sergent Royal de-

meurant à ...... fous-figné, à ..... demeurant à ....
parlant à .... ce .... iour de .... mil fix cens. ..... &
luy ay baillé & delaiffé copie du prefent libelle &
exploiƈt , en prefence de ..... demeurant à .....
tefmoins.

Exploiƈt fur commiffion d'enquefte d'adiournement
de tefmoins.

L'An mil fix cens ..... en vertu des lettres de
commiffion d'enquefte, données de Monfieur
le Bailly de .... ou fon Lieutenant à ... deuant efcrites, & à la requefte de ... impetrant y denommé,
ie Sergent Royal demeurant à .... fous - figné,
eftant à ..... ay adiourné & baillé affignation aux
perfonnes & tefmoins qui fuiuent.

Premierement.

à eftre & comparoir le ... . prochain, fuiuant cét
exploiƈt, ou à... en la Cour & Palais Royal de....
ou pardeuant honnorable homme & fage M......
Commiffaire Examinateur, & Enquefteur pour le
Roy à .... heure de .... attendant...., pour porter
bon & fidel tefmoignage de verité en certaines
caufes & inftances mentionnées efdites lettres de
commiffion d'entre ledit impetrant, à l'encontre
de ..... fauf leurs falaires raifonnables à taxer. A
chacun defquels tefmoins parlant que deffus, ie
leur ay baillé copie feparement d'exploiƈt.

Ce faiƈt , i'ay en vertu & à la requefte dudit impetrant adiourné & baillé affignation à .... partie
aduerfe de l'impetrant parlant à .... . à comparoir
aufdits iour, lieu, & heure, & pardeuant que deffus , pour lefdits tefmoins voir iurer, ô intimation
accouftumée, & luy ay baillé copie defdites lettres
de commiffion & exploiƈt, en prefence de, &c.

Extraict d'assignation sur cedulle.

L'An mil six cens.... à la requeste de ...... i'ay
Sergent Royal demeurant à .... ay adiourné & baillé assignation à .. .. demeurant à ....
parlant à ... ... estre & comparoir en la Cour , &
Palais Royal à ..... pardeuant Monsieur le Bailly
de Vermandois, ou son Lieutenant à ..... le ....
prochain, suiuant cét exploict, heure de plaids
pour conseruer ou nier sa signature, apposée en sa
cedulle, icelle reconneuë au demeurant verifiée,
soy voir condamner à payer au demandeur la somme de ..... qu'il luy doit par icelle, pour les causes y declarées , & à garnison à caution. Auquel
adiourné parlant que dessus, ay baillé & delaissé
copie de la cedule & exploict, en presence de ....
demeurant à ..... tesmoins.

Si c'est a la conseruation il faudra mettre, pardeuant Monsieur le Bailly de Vermandois, ou son
Lieutenant, Conseruateur des priuileges Royaux
en l'Vniuersité de Reims *pour tirer l'adiourné hors
du Bailliage de Vitry par transport.*

Exploict d'execution sur Sentence.

L'An mil six cens..... En vertu des lettres de
Sentence . données de Monsieur le Bailly de
Vermandois, ou son Lieutenant à ...... en datte du ...... iour de ..... copie cy-deuant escrite
signées .. & sellées... & à la requeste de.... demeurant à ..... impetrant y desnommé, qui a fait
eslection de domicille en son hostel, scis à ....pa-
roisse de .. en la ville de ..... ou village de .....
Ie Sergent Royal demeurant à ...... sous-signé
estant à ..... transporté... ay fait commande

ment de par le Roy noſtre Sire à, &c. demeurant
à, &c. parlant à, &c. à domicile, de payer promptement audit impetrant la ſomme de, &c. pour
le principal, & la ſomme de, &c. pour les deſpens,
eſquels par leſdites lettres de ſentence il y eſt condamné pour les cauſes y declarées. Lequel auroit
eſté de ce faire refuſant. Pour lequel refus ie luy
ay dit, declaré, ſignifié, & fait à ſçauoir que ie
prens par execution & ſaiſiſſure, & comme de
fait i'ay pris par execution ſaiſi, & mis en la main
du Roy noſtre Sire les meubles & heritages cy-
apres declarez.

Et premierement enſuit la declaration des meubles.

Leſquels meubles i'ay baillé en garde de par le
Roy noſtre Sire à, &c. demeurant audit, &c. parlant à ſa perſonne, qui s'en eſt volontairement
chargé, iuré, & promis les repreſenter, & en rendre compte quand il en ſera requis, meſmes par
empriſonnement de ſa perſonne, comme depoſitaire des biens de Iuſtice, ſuiuant l'Ordonnance.
De la deliurance deſquels meubles il s'eſt contenté, ſans iceux deſplacer, apres luy auoir offert ce
faire, & luy ay baillé & delaiſſé eſtabliſſement,
apres qu'il a ſigné en la minutte, ſuiuant l'Ordonnance.

Enſuit la declaration deſdits heritages.

Premier, vne maiſon couuerte de, &c. concernant en, &c. royé, &c. lieu dit, &c.

Vne piece de, &c.

Au regime & gouuernement deſquels heritages cy-deuant declarez, i'ay eſtably Commiſſaire de par ledit ſieur Roy la perſonne de, &c.

E e iij

demeurant audit......... qui a volontairement pris
& accepté la charge & garde, a iuré & promis soy
regir & gouuerner en ladite commission & charge en homme de bien, & comme vn bon père de
famille doit faire, rendre bon & fidele compte
desdits heritages, quand il en sera requis par les
voyes des Ordonnances, me declarant sçauoir la
scituation d'iceux, les royez, tenans & aboutis-
fans, & s'en seroit contenté, sans le mener &
conduire sur iceux, apres luy auoir offert ce faire,
& luy ay baillé establissement, & a signé en la minutte.

Ce que i'ay signifié à l'instant audit executé,
parlant que dessus, afin qu'il n'en pretende cause
d'ignorance.

Ce faict, i'ay aussi audit executé, dit, signifié,
& fait à sçauoir qu'il sera par moy, ou autre
Sergent Royal, procedé à la vente des meubles
sur luy par moy executez, apres les iours & nuits
passées, suiuant l'Ordonnance. Et desdites maisons & heritages par trois diuers iours de Dimanches, & de trois quinzaines en quinzaines, sans
discontinuation, au deuant du grand portail &
principale entrée de l'Eglise Parrochialle de......
fin & issuë des grandes Messes Parrochialles qui
se chanteront & celebreront par chacun desdits
iours de Dimanches en ladite Eglise & Parroisse,
& ainsi que les Parroissiens sortiront en grand
nombre, fin de ladite Messe d'icelle Eglise : &
que la premiere d'icelle escherra ce Dimanche ....
iour du mois de ..... prochain : la seconde le Dimanche ...... & la troisiesme & derniere desdites
trois, le Dimanche..... ensuiuant.

Et pource, feront les panonceaux & Armoiries du Roy noſtre Sire empraintes en fueilles de papier, au deſſous deſquelles ſera vn billet ou fueille de papier, eſcrit & ſigné de ſa main, où ſera fait mention du contenu cy-deſſus, & la cauſe dudit decret, & ſur qui il eſt pris par execution, & pour quelle ſomme, qui ſera mis & affiché, tant à la porte & principale entrée de ladite maiſon, qu'à la porte & principale entrée de l'Egliſe Parrochiale dudit.. qu'à la porte & principale entrée du Palais Royal de .... & que la deliurance & adjudication par decret deſdits heritages s'en ſera fin & parachef dudit decret, & les ſolemnitez à ce requiſes gardées & obſeruées, & deuëment fait afficher en la Cour & Palais Royal de... par deuāt Monſieur le Bailly de Vermandois, ou ſon Lieutenant à.... de l'authorité duquel ſieur Bailly, ou ſondit Lieutenant, ladite commiſſion eſt emanée, fin des plaids y tenus: à ce que, ſi aucune perſonne y pretend droit d'hypoteque, pancarte ou autrement, il ait à le declarer durant le cours dudit decret, ou bien qu'il n'y ſera plus receu cy-apres. Auquel executé parlāt que deſſus ay baillé & delaiſſé copie, tant deſdites lettres de commiſſion, que du preſent exploit, en preſence de... demeurant à.... teſmoins, qui ont ſigné la minute.

Faut mettre la qualité des teſmoins.

Affiche de par Notaire.

ET le ... iour de ... en vertu, en continuant, & à la requeſte de.... demeurant à... qui a fait eſlection de domicile en ſon hoſtel, ſeis à.... ruë de.. paroiſſe de ... ie Sergent Royal demeurant à...., ſous-ſigné, me ſuis tranſporté au village de, &c. où eſtant, au deuant de la porte & principale entrée de l'Egliſe Parrochiale dudit lieu, ay mis & affiché à la porte d'icelle Egliſe vn billet ou fueille de papier, où ſont empraintes les armoiries du Roy noſtre Sire, ou panonceaux Royaux. Vn autre pareil & ſemblable billet à la porte & principale entrée de la maiſon mentionnée auſſi au preſent billet. Et vn autre pareil & ſemblable billet à la porte & principale entrée de l'Auditoire Royal dudit. &c. A chacun deſquels billets eſt eſcrit & fait entendre tout au long la declaration des maiſons & heritages mentionnez en mon exploict de commandement d'execution, & eſtabliſſement de Commiſſaire : comme ils ſont pris par execution, ſaiſis, & mis en criees, à la requeſte de, &c. ſur, &c. par faute de payement par luy fait audit impetrant de la ſomme de, &c. mentionnée eſdites lettres de commiſſion & exploict, & qu'au regime & gouuernement deſdites maiſons & heritages y eſt eſtably Commiſſaire la perſonne de, &c. demeurant à, &c. à ce que nul n'en pretende cauſe d'ignorance. Faiſant à ſçauoir que la premiere crice deſdits heritages ſera & eſcherra le Dimanche, &c. du preſent mois, &c. la deuxieſme, le Dimanche, &c. iour de, &c. & la troiſieſme & derniere deſdites criees de Dimanche, &c. le tout ſans diſcontinuation. Et que la deliurance & adjudication par decret deſdits heritages ſera fin du cours & parachef dudit decret, & les ſolemnitez à ce requiſes gardees & obſeruees en la Cour du Palais Royal de, &c. pardeuant Monſieur le Bailly de Vermandois, ou ſon Lieutenant à, &c. fin des plaids y tenus en la

maniere accouftumee. De l'authorité duquel
fieur Bailly ou fondit Lieutenant, ladite commiffion eft émanee, tout & ainfi que plus au long eft
porté & fpecifié par mondit exploit de commandement, execution, & fignification de criee, & à
ce eftoiét prefentes les perfonnes de, &c. qui ont
figné en la minutte.

Si c'eft en Vitry, faudra quatre criees, & afficher à la porte de l'Eglife dud. lieu, comme la premiere criée a efté ce jourd'huy faite defdits heritages. & les repeter:& que la deuxiefme efcherra
d'huy en quinze iours, mefme lieu & heure, prefens tefmoins qui figneront à la minutte.

Il faudra rapporter la qualité defdits tefmoins,
& leurs demeurances.

Faudra auffi en Vitry fignifier à l'executé que ce
iourd'huy, &c.lad.premiere crice a efté faite defdits heritages, à la fin de la Meffe parrochiale, dite,
chátee & celebree leditiour en lad.Eglife dudit..
& ainfi que les Parroiffiens ont forty d'icelle E-
glife en grand nombre à la fin de ladité Meffe. Et
que la deuxiefme efcherra, &c. en ce mefme lieu,
à faute de payement fait par ledit, &c. executé de
ladite fomme de, &c. à ce qu'il n'en pretende
caufe d'ignorance.

Faudra mettre par fens & lettres les Elections de
domiciles, & faire figner les tefmoins en la minutte,
& inferer leurs qualitez & demeurances, & qu'ils
ont figné, & en bailler copie audit executé.

ET le Dimanche, &c. iour de, &c. en vertu &
continuant les exploits de commandement,
fignification, & execution, & autres exploits cy-
deuant faits par moy, &c.Sergent Royal demeu-

rant à, &c. sôus-signé, à la requeste de, &c. demeurant à, &c. qui a fait & restrainct ses elections
de domicile, sçauoir en son hostel scis à , &c. ruë
de, &c. paroisse de, &c. au village de , &c. ie me
suis transporté exprés au village de, &c. où estant
au deuant du grand portail & principale entrée de
l'Eglise parrochialle de , &c. fin & issuë de la
grand' Messe parochiale y dite , chantée, & cele-
brée ledit iour en ladite Eglise, & ainsi que les
Parroissiens sortoient d'icelle en grand nombre,
fin de ladite Messe, i'ay à haute voix fait entendre la premiere criée des maisons & heritages cy-
apres declarez.

Et premierement, &c.

Faisant à sçauoir à tous que cette maison & heritages cy-deuant declarez estoient pris par execution, & mis en criées à la requeste de, &c. demeurant à, &c. en vertu de, &c. qui a fait election
de domicile, &c. sur, &c. demeurant à, &c. par
faute de payement par luy fait audit impetrant de
la somme de, &c. qu'il luy doit, pour les causes
plus à plain mentionnées esdits exploits d'execution, signification, & affixion desdits panonceaux.
Et que la deuxiesme criée sera & escherra d'huy
en quinze iours, mesme lieu & heure que deuant
est dit : & que la deliurance & adiudication par
decret desdits heritages s'en fera fin & parachef
dudit decret, & les solemnitez à ce requises gardées observées en la Cour & Palais Royal de,
&c. pardeuant Monsieur le Bailly de Vermandois,
ou son Lieutenant à, &c. fin des plaids y tenus, de
l'authorité duquel sieur Bailly ou sondit Lieutenant, ladite commission est emanée; à ce que si

aucune perfonne y pretend droict d'hypoteque,
ou autrement, il ait à le declarer pendant & durant le cours dudit decret. Et à ce eſtoient preſens
les perſonnes de, &c. qui ont ſigné en la minutte,
teſmoins.

Faudra faire les autres criées de meſme.
Exploict de ſignification de frais, qu'il faudra mettre
au bas d'iceluy tranſport.

L'An mil ſix cens, &c. le tranſport cy-deuant
eſcrit a eſté par moy Sergent Royal demeurant à, &c. ſous-ſigné, à la requeſte de, &c. y dénommé, leu, monſtré, dit, ſignifié, & fait deuëment
à ſçauoir à, &c. demeurant à, &c. parlant à, &c.
à ce qu'il n'en pretende cauſe d'ignorance, & qu'il
n'ait cy-apres y payer le principal & arrerages
mentionnez audit tranſport, à autre qu'audit, &c.
qui a fait eſlection de domicille en ſon hoſtel ſcis
à, &c. ruë de, &c. Parroiſſe de, &c. en peine de
payer deux fois, à ce qu'il n'en pretende cauſe
d'ignorance, & luy ay baillé & delaiſſé copie du
preſent exploict & tranſport, en preſence de, &c.
demeurant à, &c. teſmoins.

Exploict de commandement à vne Communauté
de Village.

L'An mil ſix cens, &c. le, &c. iour de, &c. en
vertu des lettres de commiſſion données de
Monſieur le Bailly de, &c. ou de Meſſieurs les
Preſident, Lieutenant & Eſleus, Conſeillers du
Roy noſtre Sire en la Ville & Eſlection de, &c.
ie Sergent Royal, &c. eſtant à, &c. à la requeſte
de, &c. impetrant y denommé, ay fait commandement de par le Roy noſtre Sire à, &c. Procureur
Syndic des Habitans du village de, &c. en parlant

à fa perfonne, à domicile, de faire congreger &
affembler au fon de la cloche les manans & habitans dudit village au lieu accouftumé faire affemblée, heure de, &c. attendant les, &c. heures de
releuée, pour audit lieu entendre certain exploict
que i'ay à faire & bailler aufdits habitans en faict
de communauté. Lequel Procureur Syndic m'a
fait refponfe qu'il feroit fon deuoir. Et à l'inftant
ledit, &c. Procureur Syndic fe feroit tranfporté
en l'Eglife dudit lieu, où illec eftant, auroit iceluy
Procureur Syndic fonné & tinté les cloches dud.
lieu. Au fon defquelles feroient comparus au lieu
accouftumé faire affemblée en fait de Communauté, pour les habitans dudit village de, &c. les perfonnes de, &c. faifant & reprefentant la plus grande & faine partie des manans & habitans dudit
lieu: Aufquels & en la prefence dudit, &c. leur
Procureur Syndic, ie leur ay baillé & affigné iour
à eftre & comparoir pardeuant Monfieur le Bailly
de Vermandois, ou pardeuant Meffieurs les Prefident, Lieutenant & Efleus, Confeillers du Roy
noftre Sire en la Ville & Eflection de, &c. où fera
emanée ladite Commiffion.

Et fi c'eft vn cõmandement, faudra mettre: Aufquels habitans, parlant à la perfonne duditProcu-
reur Syndic & en la prefence de, &c. comparans
en perfonne, ie leur ay fait commandement de par
le Roy noftre Sire, de, &c. fuiuant qu'il fera porté
& mandé faire par ladite commiffion ou requefte.
· Et aufquels habitans, parlant à la perfonne dudit Procureur Syndic, faudra bailler copie de ladite commiffion ou requefte, & de l'exploict, &
mettre ces mots: Auquel, &c. Procureur Syndic

ay iceluy exploict deliuré, & enioint de le faire à
fçauoir aufdits habitans en la premiere affemblée
qui fe fera audit lieu, à ce qu'ils n'en pretendent
caufe d'ignorance. Fait le tout en prefence de,
&c. demeurant au village de, &c. tefmoins. Et
leur faudra faire figner le procez verbal.

Exploict a Communauté d'Eglife.

L'An mil fix cens, &c. en vertu des lettres de
commiffion ou requefte, données de Monfieur le Bailly de, &c. ou, &c. & à la requefte de,
&c. le Sergent Royal demeurant à , &c. fous-
figné, eftant à, &c. ay fait commandement de par le
Roy noftre Sire, à venerable & religieufe perfonne, Dom, &c. Preftre, Religieux, & Prieur du Cô-
uent de l'Abbaye & Monaftere de, &c. parlant à fa
perfonne audit Conuent, de faire promptement
congreger & affembler au fon du tymbre ou cloche
dudit Monaftere au Chapitre, au lieu accouftumé
de faire affembler les Religieux dudit Conuent,
Pour fin & au fon d'icelle, & affemblée d'iceux
Religieux audit lieu accouftumé, faire par moy
& en la prefence dudit Prieur entendre le contenu mentionné és lettres de commiffion que i'ay
en main, à la requefte de, &c. impetrant y denommé. Lequel fieur Prieur parlant comme deffus,
m'auroit fait refponfe qu'il feroit fon deuoir. Et
ce fait, & à l'inftant iceluy fieur Prieur fe feroit
tranfporté au Cloiftre de ladite Eglife, où eftant,
il auroit fonné & tinté le tymbre ou marteau , ou
cloche qu'on a accouftumé fonner audit Monaftere; pour au fon d'icelle faire congreger & affembler les Religieux d'icelle Abbaye au lieu accouftumé de faire affemblée pour les affaires dudit

Conuent. Au son duquel, & audit lieu accoustumé de faire assemblée, y sont comparus les personnes de, &c. faisans & representans la plus grande
& saine partie desdits Religieux. Ausquels & en
la presence dudit sieur Prieur, ay fait & signifié le
contenu mentionné esdites lettres de commission,
sentence, ou requeste, & ordonnance, à ce qu'ils
n'en pretendent cause d'ignorance.

Et si elle gist à commandement, faudra mettre:
Ausquels Religieux ay fait commandement de par
le Roy nostre Sire de, &c.

Et si y gist assignation, faudra mettre: Ausquels
Religieux ay baillé & assigné iour à estre & comparoir en la Cour, &c. ou pardeuant Monsieur
le Bailly de Vermandois, ou pardeuant, &c. ainsi
qu'il sera porté, ou que la commission sera en-
uoyée & decretée, &c. pour respondre & proceder ainsi que plus à plain sera porté par ladite
commission, de laquelle leur sera fait lecture, en
la presence desdits comparans, assisté aussi & present ledit sieur Prieur, ay delaissé aussi copie de
ladite commission & exploict par lesdits Religieux audit sieur Prieur, en presence de, &c.

Adiournement personnel sur Commission crimenelle.

L'An mil six cens, &c. le, &c. en vertu des lettres de commission d'adiournement personnel, données de Monsieur le Bailly de Vermandois, ou son Lieutenant Criminel à, &c. du, &c.
signé, &c. & à la requeste de Monsieur le Procureur du Roy nostre Sire au Siege Royal & Presidial de, &c. & de, &c. partie ciuile, impetrans y
denommez: Ie Sergent Royal, &c. estant à, &c.
ay adiourné & baillé assignation à, &c. demeurant

à, &c. parlant à, &c. à eſtre & comparoir en perſonne en la Cour de, &c. ou du Palais Royal, &c.
pardeuant M. le Bailly de Vermandois, ou ſon
Lieutenant à, &c. heure de plaids, pour reſpondre
& proceder ſur le contenu deſdites lettres de cõmiſſion, circonſtances & deſpendances ; & ſur
ce proceder comme de raiſon. Auquel adiourné,
parlant comme deſſus, i'ay baillé & delaiſſé copie, tant deſdites lettres de commiſſion, que de
l'exploict, en preſence de, &c. demeurant à, &c.
teſmoins.

Exploict de ſignification de cauſe.

L'An mil ſix cens, &c. le, &c. iour de, &c. à la
requeſte de, &c demeurant à, &c. le Sergent
Royal demeurant à, &c. ſous-ſigné, eſtant à, &c.
ay dit, ſignifié, & fait à ſçauoir à, &c. que l'aſſignation à luy cy-deuant baillée le, &c. par, &c. Sergent, s'appellera & ſe plaidera, &c. prochain, ſuiuant cét exploict, pardeuant M. le Bailly, &c. ou
Meſſieurs les Iuges & Conſuls, &c pour proceder ſur le contenu des concluſions mentionnées
audit exploit. Auquel iour, lieu, heure, & pardeuant que deſſus, i'ay ſignifié audit, &c. parlant
comme deſſus, d'y comparoir ſi bon luy ſemble, à
ce qu'il n'en pretende cauſe d'ignorance : Et luy
ſera baillé & delaiſſé copie d'exploit, en preſence
de, &c. demeurant à, &c. teſmoins.

Exploict d'aſſignation ſur commiſſion de priſe de corps, ou de trois briefs iours.

L'An mil ſix cens, &c. le, &c. iour de, &c. en
vertu des lettres de commiſſion cy-deuant eſcrites, & à la requeſte de, &c. impetrant, y denommé : le Sergent Royal demeurant à, &c. ſous

signé, eſtant à, &c. tranſporté expres, où eſtant au
logis & domicile de, &c. denommé eſdites lettres
de commiſſion, pour & ſuiuant icelle prendre &
apprehender au corps, ſuiuant & ainſi qu'il eſt
mandé faire par icelle. Ce que n'aurois pû faire,
à raiſon de l'abſence dudit, &c. qui n'eſtoit preſentement audit logis, ains abſent dés, &c. an, &c.
ou mois, cauſe pourquoy n'aurois pû le prendre
ny apprehender au corps. A raiſon dequoy i'ay
iceluy adjourné, & baillé aſſignation à trois briefs
iours, à comparoir en la Cour & Palais Royal à
Reims, ou pardeuant Monſieur le Bailly de Vermandois, ou ſon Lieutenant, Magiſtrat Criminel
à, &c. en la Cour & Palais Royal audit lieu. Le
premier deſquels briefs iours écherra le, &c. prochain, ſuiuant cet exploit, heure de, &c. attendant, &c. heures de, &c. Le ſecond deſdits briefs
iours le, &c. heures de, &c. Le troiſieſme & dernier deſdits trois briefs iours le, &c. enſuiuant
heure de, &c. attendant, &c.

Faudra qu'il n'y aye Feſte ny Dimanche, d'autant qu'ils n'y ſont compris.

Et ſi on ne peut entrer dans la maiſon, faudra afficher l'exploit & copie de commiſſion à la porte
& parler à quelque voiſin prochain.

Et ſi on entre dedans la maiſon ou logis, faudra
mettre & inſcrire à la fin de l'aſſignation deſdits
trois briefs iours ce qui enſuit.

Ce fait, i'ay à l'inſtant ſaiſi & executé, & mis en
la main du Roy noſtre Sire, les meubles trouuez
en ladite maiſon & logis dudit, &c. à luy appartenans, cy-apres declarez.

Et premierement, &c.

Leſquels

Lefquels i'ay baillé & delaiffé en garde de par le Roy noftre Sire à , &c. demeurant à, &c. parlant à fa perfonne, qui s'en eft volontairement chargé, apres luy auoir iceux delaiffez & mis en fa poffeffion, iuré & promis les rendre & reprefenter quand il en fera requis, mefme par emprifonnement de fa perfonne, comme depofitaire des biens de Iuftice, fuiuant l'Ordonnance. Et luy ay baillé & delaiffé eftabliffement, & a figné en la minute. Laquelle faifie & eftabliffement de Commiffaire, enfemble l'election de domicile fait par ledit , &c. partie ciuile , au logis de, &c demeurant à, &c. ruë de, &c. paroiffe de , &c. ay fignifié & fait deuëment à fçauoir audit, &c. parlant comme deffus. Et le iour iufques à ce que ledit, &c. ait obey à Iuftice , & refpondu des cas dont il eft chargé par l information mentionnée efdites lettres de commiffion contre luy faite. Et luy faudra delaiffer auffi copie de ladite faifie. Fait en prefence de, &c. demeurant à, &c. tefmoins.

Exploict d'anticipation.

L'An mil fix cens, &c. En vertu des lettres de commiffion, dont coppie cy-deuant eft écrite, & à la requefte de, &c. demeurant à, &c. impetrant y denommé. Le Sergent Royal demeurant à, &c. a y adjourné & anticipé, &c. demeurant à, &c. parlant à, &c. à eftre & comparoir pardeuant &c. ou fon Lieutenant à, &c. en la Cour & Palais Royal à, &c. le, &c. iour de, &c. heure de plaids, pour proceder fur le contenu defdites lettres de commiffion, circonftances & dépendances , & fur

ce proceder, ainſi que de raiſon. Auquel adjourné
ſera baillé & delaiſſé coppie deſdites lettres de
commiſſion & exploict, en preſence de , &c. demeurant à , &c. teſmoins.

Exploict en deſertion d'appel.

L'An mil ſix cens, &c. le , &c. iour de , &c. à
la requeſte de , &c. demeurant à, &c. le Sergent Royal demeurant à , &c. ſous-ſigné , ay adjourné & baillé aſſignation à , &c. demeurant à,
&c. parlant à , &c. à eſtre & comparoir le , &c.
prochain, ſuiuant cét exploict, pardeuant Monſieur le Bailly de Vermandois, ou ſon Lieutenant
à , &c. en leur Auditoire Royal audit lieu , heure
de plaids pour voir declarer l'appellation par luy
interjettée en la Sentence contre luy renduë par
Monſieur le Bailly de, &c. au profit dudit , &c.
fins de deſerte, en ce faiſant condamné en l'amende, & aux deſpens, & ſur ce proceder comme de
raiſon. Et luy ſera baillé coppie d'exploict, en
preſence de, &c. demeurant à, &c. teſmoins.

Inionction ſur Requeſte pour regiſtrer par Procureur.

Faut mettre ſeulement au bas de la Requeſte.

FAit & ſignifié comme deſſus ce , &c. iour de,
&c. par moy Sergent Royal demeurant à, &c.
ſous-ſigné à, &c. Procureur de, &c. parlant à,
&c. à ce qu'il ait à ſatisfaire au contenu d'icelle
Requeſte dans le temps & ſous les peines y declarées, à ce qu'il n'en pretende cauſe d'ignorance. Et luy faut bailler & delaiſſer coppie de

ladite requeſte, ordonnance & exploiƈt, en preſence de, &c. demeurant à, &c. teſmoins.

Signification & taxe de deſpens.

LEs preſens deſpens ont eſté monſtrez & ſigni-
fiez par moy Sergent Royal demeurant à, &c.
ſous-ſigné à la requeſte de, &c. y denommé à, &c.
demeurant à, &c. Procureur de, &c. parlant à,
&c. à domicile. le, &c. iour de, &c. mil ſix cens,
&c. à ce qu'il n'en pretende cauſe d'ignorance.
Et pour iceux voir taxer, i'ay audit, &c. parlant
que deſſus, adiourné & baillé aſſignation à eſtre
& comparoir en l'hoſtel & pardeuant honnorable
homme & ſage, Maiſtre, &c. Conſeiller du Roy
noſtre Sire, Commiſſaire en cette partie heure
de, &c. attendant, &c. heures de releuée, ô intimation accouſtumée. Et luy ay baillé & delaiſſé
copie d'exploiƈt, en preſence de, &c. demeurant
à, &c. teſmoins.

Exploiƈt ſur requeſte en ſeparation de biens, ou apport mobiliaire, ſuiuant qu'il eſt & pourra eſtre par la commiſsion.

L'An mil ſix cens, &c. le, &c. iour de, &c. En
vertu des lettres de ſentence, ou ordonnance
appoſées, fin de la requeſte, donnée de Monſieur
le Bailly de, &c. ou ſon Lieutenât à, &c. ſigné, &c.
& à la requeſte de, &c. ſuppliant y denommé, qui
a fait ellection de domicile en ſon hoſtel, ſcis, &c.
ruë de, &c. Parroiſſe de, &c. le Sergent Royal
&c. eſtant à, &c. ay pour ſeureté de l'apport mo-

biliaire, &c. ou du contenu mentionné esdites
sentences ou requestes, saisi, arresté, & mis en la
main du Roy nostre Sire les meubles ou heritages
cy-apres declarez, scis ou trouuez, ou estant és
lieux qui ensuiuent.

Premierement, &c.

Faudra mettre & specifier les meubles, ou heritages qui seront trouuez, appartenances & dependances, & ce pour seureté de l'apport mobiliaire
ou immobiliaire deus & appartenans audit, &c.
ou à ladite, &c. cette telle somme, &c. qui se trouuera monter, mentionnée esdites lettres de sentence ou requeste, & ainsi que plus à plain est porté par icelles, & qu'autrement par iustice en soit
ordonné.

Au regime & gouuernement desdits meubles & heritages cy-deuant specifiez, i'ay estably Commissaires de par le Roy nostre Sire, sçauoir ausdits meubles la personne de, &c. & ausdits heritages, la personne de, &c. demeurant à,
&c. lesquels, chacun en leur regard, en ont volontairement pris & accepté la charge & garde,
iuré & promis chacun d'eux en rendre bon &
fidel compte, & eux regir & gouuerner en leur
commission & charges en hommes de bien, &
comme bons peres de familles doiuent faire.
Et se font chacun d'eux volontairement chargez de ladite commission, declarant ledit, &c.
pour lesdits heritages, sçauoir la contenance
d'iceux, les lieux dits royez, & aboutissans, &
s'en est contenté, sans le mener & conduire sur
iceux, apres luy auoir offert ce faire. Et au regard
dudit, &c. pour lesdits meubles, s'en est aussi

volontairement chargé fans iceux defplacer, apres
luy auoir offert ce faire , & leur ay à chacun d'eux
baillé eftabliffement, & ont figné en la minutte.

Laquelle faifie & eftabliffement de Commiffaire, faudra fignifier audit. . . parlant à . . . ou à
quelque voifin prochain, & luy bailler copie de
commiffion & exploict, ou attacher à la porte,
apres auoir à icelle frappé par trois fois & plus,
en prefence de.

S'il y a requefte faudra bailler affignation pour
refpondre fur ladite requefte.

*Extraict d'vne fignification de vente de meubles, com-
mandemens au Commiffaire de les reprefenter, &
au refus, affignation pardeuant le Iuge de qui la
commiffion eft emanée.*

L'An mil fix cens . . . En vertu des lettres. . . .
& continuant les exploicts de commandement, fignification & eftabliffement de Commiffaire cy-deuant faits par . . . Sergent Royal. le . . .
copie cy-deuant efcrite , & à la requefte de
. . . . demeurant à . . . impetrant y denommé, qui
a fait & reïteré fon eflection de domicille en fon
hoftel, fcis à . . . ruë de . . . Parroiffe de . . . . le
Sergent Royal. . . . . eftant à . . . . . tranfporté exprez, i'ay fait iteratif commandement de par le
Roy noftre Sire à . &c. demeurant à, &c. parlant
à, &c à domicile, de payer promptement audit impetrant la fomme de, &c. qu'il luy doit, pour laquelle il eft executé en fes biens meubles: & au refus de ce faire, ie luy ay dit, declaré, fignifié, & fait
deuëment à fçauoir qu'il fera par moy, ou autre
Sergent Royal, procedé à la vente au plus offrant
& dernier encherifleur, au lieu de, &c. lieu accou-

ſtumé de vendre meubles, ie ... prochain ſuiuant
cét exploict, heure de ... attendant les ... heures
du matin, des meubles ſur luy executez, pour les
deniers en prouenans mis és mains dudit impetrant, pour en eſtre payé de ſon deu, à ce qu'il
n'en pretende cauſe d'ignorance. Et luy ay baillé
& delaiſſé copie de l'exploict, en preſence de ....
demeurant à ... teſmoins.

E T le .... iour de ... mil ſix cens ... En vertu, continuant, & à la requeſte dudit ....
impetrant qui a reïteré ſon eſlection de domicille en ſon hoſtel ſcis à .... ruë de .... Parroiſſe de
... le Sergent Royal ... eſtant à ... ay fait commandement de par le Roy noſtre Sire à .... demeurant à ... parlant à .... Commiſſaire eſtably aux meubles executez ſur ... demeurant à ...
à luy baillez en garde par ... d'iceux meubles tenir preſts, & repreſenter le ... prochain ſuiuant
cét exploict, au lieu & place du marché de ....
lieu accouſtumé de vendre meubles, heure de ...
attendant les .... heures du matin, pour iceux
eſtre audit lieu par moy, ou autre Sergent Royal,
vendus au plus offrant & dernier encheriſſeur,
pour les deniers en prouenans eſtre mis és mains
dudit impetrant, pour en eſtre payé de ſon deu,
ſauf les ſalaires à taxer. Et à faute de ce faire &
deſlors comme dés à preſent, i'ay audit Commiſſaire parlant comme deſſus, adiourné & baillé
aſſignation à eſtre & comparoir le ..... prochain, ſuiuant cét exploict, pardeuant Monſieur
le Bailly de Vermandois, ou ſon Lieutenant à
... au lieu accouſtumé tenir les plaids dudit lieu,
heure d'iceux, pour dire ſes cauſes de refus, &

voir eſtre dit qu'il ſera contraint par corps leſdits meubles repreſenter , comme depoſitaire des
biens de Iuſtice, ſuiuant l'Ordonnance, & condamné,aux deſpens de l'inſtance, ou intimation
accouſtumée. Et luy ſera baillé coppie de l'exploict, en preſence de.... demeurant à.... teſmoins.

Defaut contre le Commiſſaire de repreſenter.

E T le ... iour de ... En vertu, continuant,
& à la requeſte de... demeurant à.. .de-
nommé és exploicts cy-deuant eſcrits, & qui a
reïteré ſon eſlection de domicile en ſon hoſtel ſcis
à ... ruë de.. parroiſſe de.. . Ie Sergent Royal
ſous-ſigné, me ſuis tranſporté au lieu de ... ou
marché, lieu accouſtumé de vendre meubles. Où
eſtant , apres qu'il m'a eſté certifié par... illec
preſent, demeurant à...., eſtre l'heure de.. ſon-
nee en l'horloge dudit.. ay appellé à haute voix..
demeurant à.. Commiſſaire eſtably aux meubles
à luy baillez cy deuant en garde, & à luy par moy
fait commandement de les repreſenter, executez
ſur.. demeurant à... Lequel ne ſeroit comparu,
ny autre pour luy pour iceux meubles repreſenter. A raiſon dequoy i'ay contre luy pris & baillé
defaut, a tel profit que de raiſon, en preſence de ..
demeurant à.. teſmoins.

Procez verbal de la repreſentation des meubles
par ledit Commiſſaire, ſuiuant les com-
mandemens a luy faits.

E T le... iour de... par vertu . continuant,
& à la requeſte de..... demeurant à... impetrant y denommé , qui a fait & reïteré ſon
eſlection de domicile en ſon hoſtel ſcis à... ruë

de, &c, parroiſſe de, &c. Ie Sergent Royal demeurant à &c. ſous-figné, eſtant au lieu & place
du Marché de, &c. lieu accouſtumé de vendre
meubles. Et apres qu'il m'a eſté certifié eſtre
l'heure de, &c. ſonnée en l'horloge dudit lieu ſeroit comparu pardeuant moy Sergent Royal ſuſdit, ſous-figné, la perſonne de, &c. demeurant à,
&c. Commiſſaire eſtably aux meubles à luy baillez en garde, executez ſur, &c. Lequel, ſuiuant
les commandemens par moy à luy faits, m'auroit
dit qu'il repreſenteroit, & comme de fait m'a repreſenté les meubles deſquels il eſt eſtably Commiſſaire, executez ſur ledit ... Leſquels meubles
ainſi repreſentez ont eſté publiez & ſubhaſtez en
la maniere accouſtumee, & iceux deliurez au plus
offrant & dernier encheriſſeur en la preſence de,
&c. par moy pris pour adjoint, aux perſonnes
qui enſuiuent.

     Premier. Vn ... deliuré à ... demeurant à ...,
Et ainſi les autres meubles par articles.

     La vente deſquels meubles montent à la ſom-
me de.

     Surquoy ont eſté pris les frais qui enſuiuent:

     Premier, pour le ſalaire du Sergent qui a fait la
ſignification de ladite vente à l'executé, & commandement au Commiſſaire de repreſenter la
ſomme de.

     Pour le droict de la place au Fermier d'icelle a
eſté payé.

     A. &c. mon adjoint, qui a aſſiſté à ladite ven-
te, & publié icelle, la ſomme de.

     Pour mon ſalaire d'auoir fait ou aſſiſté à ladite

vente , la fomme de.

Pour le falaire de... crocheteur & porteur de meubles, & qui ont iceux chargez & defchargez, la fomme de.

A... chartier, pour fon falaire d'auoir conduit lefdits meubles audit lieu, la fomme de.

Pour le falaire de..... Menufier, qui auroit iceux meubles defaffemblez, & raffemblez audit lieu & place, pour en faire la vente, la fomme de.

Pour le falaire dudit Commiffaire qui auroit iceux meubles reprefentez audit lieu de... fuiuant les commandemens à luy faits, & pour fon falaire d'auoir gardé iceux depuis le... iufques au iour de la reprefentation d'iceux, la fomme de.

Pour le prefent procez verbal contenant tant... de roolles, copie d'iceluy audit executé, & pour ledit Commiffaire, pour luy feruir de defcharge, à raifon de .. pour roolle, la fomme de.

La fomme à quoy fe trouue monter les frais de ladite vente, eft la fomme de.

Partant refte de la vente defdits meubles, lefdits frais defduits, la fomme de.

Laquelle fomme de .., a efté mife és mains dudit impetrant, fur & tant moins de fon deub.

Partant, reftera à payer audit impetrant par ledit executé, du refte de la fomme principale, la fomme de.

Par le moyen de laquelle vente eft ledit Commiffaire defchargé de la garde d'iceux.... Ce qu'il certifie eftre vray. En tefmoin dequoy auons fait fignifier le prefent procez verbal par ledit

impetrant , & par ledit adjoint, le iour & an que
deſſus.

Exploiȼt de commandement , en vertu de commiſſion
ou obligation Royale, portant priſe decorps.

L'An mil ſix cens, &c. le , &c. iour de , &c. en
vertu des lettres de commiſſion, &c. ou de-
cretapoſé fin d'vne requeſte donnee de Monſieur
le Bailly de. . ou ſon Lieutenant à.. en date du.. .
& à la requeſte de . . demeurant à . impetrant
y denommé qui a fait élection de domicile en ſon
hoſtel ou à l'Hoſtel de.. . demeurant à.... ruë
de.... parroiſſe de.... ſon Procureur, pour y
eſtre fait & reglé tous exploicts de Iuſtice requis
& neceſſaires pour l execution des preſentes ſeulement le Sergent Royal demeurant à.... ſous-
ſigné , eſtant à.. ay fait commandement de par le
Roy noſtre Sire à . . demeurant à. parlant à ſa
perſonne à domicile, de payer promptement
audit impetrant la ſomme de... qu'il luy doit ,
ſuiuant & ainſi qu'il eſt obligé par obligatiõ men-
tionnee eſdites lettres de commiſſion ou requeſte
pour les cauſes y contenues. Et pour le refus de
ce faire, i'ay ledit.. . fait & conſtitué priſonnier
du Roy noſtre Sire . & iceluy amené & conduit és
priſons Royales de . iceluy baillé & delaiſſé en
la garde de . Geollier deſdites priſons parlant
à ſa perſonne, ou à... qui s'en eſt volontairement
chargé, iuré & promis le repreſenter quand il en
ſera requis, comme depoſitaire des biens de Iuſtice meſme par corps ſuiuant l'Ordonnance. Le regiſtre de laquelle geolle i'ay couuert dudit empriſonnement. Auquel , &c. ay baillé & delaiſſé
coppie d'empriſonnement , en preſence de , &c.
demeurant à, &c. teſmoins.

A laquelle faudra mettre , s'il y a oppofition à
l'emprifonnement.

Ce fait, & à l'inftant ledit, &c. prifonnier m'a
dit & declaré qu'il s'oppofoit, & comme de fait
il s'eft oppofé audit emprifonnement & commandement, me requerant à ce le vouloir receuoir:
Suiuant laquelle oppofition i'ay ledit , &c. à ce
receu & lui ay baillé & affigné iour à eftre & comparoir en l'Auditoire Royal, ou Cour Royale,
au lieu accouftumé tenir les plaids audit lieu de,
&c. le, &c prochain, fuiuant cét exploict, heure
des plaids, pour dire fes caufes d'oppofition , &
fur ce proceder comme de raifon. Lefquelles oppofition & affignation i'ay à l'inftant fignifiées
audit impetrant, à ce qu'il n'en pretende caufe
d'ignorance. Et luy ay baillé & delaiffé copie
d'exploict, & audit prifonnier copie defdites lettres de commiffion ou requefte , en prefence de.

Defcharge de l'emprifonnement des prifons.

LE, &c. iour de, &c. mil fix cens, &c. le Sergent Royal demeurant à, &c. fous-figné , en
vertu des lettres de fentence de ceffion & aban-
don de biens, du, &c. iour de, &c. ay defchargé
de la geolle de ceans la perfonne de, &c. prifonnier efdites prifons, fuiuant ladite fentence de
ceffion, & apres qu'il a fait les fubmiffions en ceffions accouftumées, fuiuant l'ordonnance. Fait
en prefence de.

Appellation interiettée fur commandement
en commiffion.

L'An mil fix cens, &c. le, &c. iour de, &c. en
vertu des lettres de fentence, &c. ou requefte
données de Monfieur le Bailly de Vermandois, ou

fon Lieutenant à, &c. ou autre Iuge, & à la requefte de, &c. demeurant à, &c. impetrant ou fuppliant, y denommé, qui a fait eflection de domicile en fon Hoftel fcis à, &c. ruë de, &c. Parroiffe
de, &c. Ie Sergent Royal demeurant à, &c. fous-
figné, eftant à, &c. ay fait commandement de par
le Roy noftre Sire à, &c. parlant à fa perfonne, à
domicile, de payer audit impetrant ou fuppliant la
fomme de, &c. qu'il doit, pour les caufes mentionnées efdites lettres de fentences ou requeftes:
pour les caufes y declarées. Lequel m'auroit fait
refponfe, qu'il appelloit, & comme de fait, il s'eft
porté pour appellant, tant defdites lettres de commiffion que du prefent mon exploict, dont il m'a
requis acte. Pour reuerence duquel appel, i'ay differé de paffer outre: luy ay & baillé & delaiffé copie defdites lettres de commiffion ou requefte, &
de l'exploict, & ay figné en la minutte. Fait en
prefence de . . . demeurant à, &c. tefmoins.

La forme de faire exploicts fur relief d'appel.

L'An mil fix cens . . . . le . . . . iour de . . . . . en
vertu des lettres de commiffion en forme de
relief d'appel, donnez à . . . fignée par le . . . . &
fcellees, & à la requefte de . . . . impetrant, y denommé, Ie Sergent Royal demeurant à . . . ay adiourné & baillé affignation en cas d'appel à . . . . .
honnorable ou Maiftre . . . . . Iuge au fiege Royal
de . . . . . qui a rendu la fentence dont eft appel,
mentionnées efdites lettres de commiffion de relief, en parlant à, &c. Et fi ay inthimé, & fait deuëment à fçauoir à, &c. partie aduerfe, ou au Seigneur du lieu de, &c. prenant la caufe pour fon
Procureur Fifcal, demeurant à, &c. qu'ils foient &

comparent en la Cour de Parlement à Paris, ou
en la Cour & Palais Royal de.... pardeuant le Iuge, de l'authorité duquel ladite commiſſion eſt
emanée, le ... iour de.. ſuiuãt l'exploiĉt, heure de
plaids, pour proceder & reſpondre ſur le contenu
de l'appellation mentiónée eſdites lettres de commiſſion, circonſtances & dependances, ainſi que
de raiſon, & leur ay particulierement fait, & à chacun d'eux les inhibitions & deffences mentiónées
eſdites lettres de commiſſion, ſous les peines y có-
tenuës. Et ſi leur ay à chacun d'eux, parlant comme deſſus, baillé & delaiſſé copie deſdites lettres
de commiſſion & exploiĉt, en preſence de.

Ce fait, i'ay fait cómàndement de par le Roy noſtre Sire, à &c. Greffier du Bailliage de, &c. demeurãt à, &c. parlãt à, de porter ou enuoyer incótinét
& ſans delay au Greffe de, &c. les pieces & procedures ſur leſquelles eſt interuenuë la ſentence dõt
eſt appel, mentiónée eſdites lettres de commiſſion
au profit de, &c. à l'encontre de, &c. demeurant à..
ſauf les ſalaires raiſonnables. Et à faute de ce faire
& dés à preſent, cóme deſlors, i'ay audit Greffier,
parlant cóme deſſus, adiourné & baillé aſſignation
à eſtre & comparoir pardeuant Noſſeigneurs de la
Cour de Parlement à Paris, ou pardeuant, &c. de
l'authorité duquel ladite commiſſion ſera emanée
le, &c. pour dire ſes cauſes, & ſur ce, proceder
comme de raiſon. Et luy ay baillé & delaiſſé copie
d'exploit, en preſence, &c. demeurãt, &c. témoins.

Exploiĉt pour aſſigner vne Communauté de
Chapitre ſur Commiſſion

L'An mil ſix cens, &c. le, &c. iour de, &c. En
vertu des lettres Royaux, ou requeſte, ou li-

bel, & à la requeſte de , &c. y denommé : Ie Sergent Royal, &c. ſous-ſigné, me ſuis tranſporté au
Chapitre des venerables , &c. où eſtans en leur
lieu accouſtumé à tenir leur Chapitre, & aſſemblez pour deliberer des affaires d'iceluy , i'ay
iceux, &c. adiourné & baillé aſſignation, en parlant à venerable & diſcrete perſonne Maiſtre, &c.
Preſtre , Chanoine, & Doyen de ladite Egliſe,
qui preſidoit audit Chapitre. Auquel, en parlant
à ſa perſonne, i'ay leſdits, &c. adiournez & baillé aſſignation à eſtre & comparoir le, &c. prochain ſuiuant cét exploict , pardeuant Noſſeigneurs, ou Meſſieurs , ou Monſieur le Bailly, ou,
&c. au lieu accouſtumé tenir les plaids, ou en leur
Auditoire Royal audit lieu, pour reſpondre &
proceder ſur le contenu deſdites lettres de commiſſion, circonſtances & dependances, & ſur ce
proceder comme de raiſon. Sur le bureau duquel
Chapitre , i'ay en leur preſence, & de, &c. mon
recours, & delaiſſé & mis copie deſdites lettres de
commiſſion & d'exploict.

Exploict ſur requeſte , portant aſſignation & permiſ-
ſion de ſaiſir pour ſeureté.

L'An mil ſix cens , &c. En vertu du decret appoſé fin de la requeſte donnée de Monſieur le
Bailly de... ou ſon Lieutenant à... & à la requeſte de, &c. ſupliant y denommé, Ie Sergent Royal
demeurant à, &c. ſous-ſigné, eſtant à, &c. ay adiourné & baillé aſſignation à, &c. demeurant à,
&c. parlant à, &c. à eſtre & comparoir le, &c. ſuiuant cét exploict pardeuant Monſieur le Bailly de
Vermandois, ou ſon Lieutenant à, &c. heure des
plaids, pour reſpondre & proceder ſur le contenu

deſd. lettres de commiſſion, circonſtances & dependances, & ſur ce proceder ainſi que de raiſon.

Ce fait & à l'inſtant i'ay dit ſignifié, & fait deuëment à ſçauoir audit, &c. parlant comme deſſus,
que pour ſeureté de la ſomme de, &c. portee par
ladite requeſte, ie ſaiſiſſois, & comme de fait, i'ay
ſaiſi, arreſté, & mis en la main du Roy noſtre Sire,
entre les mains de, &c. demeurant à, &c. parlant
à, &c. tous & vn chacun les denrées, grains, meubles, & autres choſes generalement quelconques
en ſa poſſeſſion, ou doit preſentement, ou deura
cy-apres, pour quelque cauſe ou occaſion que ce
ſoit audit, &c. & luy ay fait deffenſes de par le
Roy noſtre Sire, de n'en vuider ſes mains iuſques
à ce qu'autrement par Iuſtice en ſoit ordonné, à
peine de payer deux fois, & pour luy voir faire
plus amples deffenſes, foy & ſerment, & eſtre dit
ce qu'il confeſſera deuoir & aura en ſes mains appartenant audit, &c. qu'il en vuidera ſes mains en
celles dudit impetrant en l'acquit dudit, &c. iuſques à concurrence de ſon deub, & pour ainſi le
voir dire & ordonner auec ledit, &c. i'ay auſdits,
&c. & ledit, &c. parlant comme deſſus, adiourné
& baillé aſſignation à eſtre & comparoir le, &c.
ſuiuant cét exploit pardeuant Monſieur le Bailly
de Vermandois, ou ſon Lieutenant à, &c heure
de plaids, en leur Auditoire Royal audit lieu,
pour ſur ce proceder ainſi que de raiſon ; Auquel,
&c. ay baillé & delaiſſé coppie de l'exploict de
ſaiſie & aſſignation, & audit adiourné auſſi copie
de ladite requeſte, ordonnance, & exploit d'aſſignation, ſaiſie & ſignification, en preſence de,
&c. demeurant à, &c. teſmoins.

Si la requeſte ou commiſſion eſt diſpoſee aux priuileges Royaux, à la requeſte d'Eſcolier iuré eſtudiant, faudra adiouſter : Pardeuant Monſieur le Bailly de Vermandois, ou ſon Lieutenant, conſeruateur des priuileges Royaux de l'Vniuerſité de Reims, duquel ladite commiſſion ou requeſte ſera emanée, & mettre l'eſlection de domicile.

Exploict portant deſenſes ſur commiſſion.

L'An mil ſix cens, &c. à la requeſte de, &c. demeurant à, &c. denõmé és lettres de commiſſion portant defenſes, coppie cy-deuát écrite. Ie Sergent Royal demeurant à, ſous-ſigné, eſtant à &c. ay ſignifié & fait deuëment à ſçauoir le contenu métionné eſdites lettres de commiſſiõ, portant defenſes aux perſonnes de, &c. en qualité de, &c. vn tel, auſſi en qualité de, &c. demeurãt à, &c. parlant à, &c. à ce qu'ils n'ayent chacun d'eux, & en leur regard, à faire aucune choſe au prejudice deſdites lettres de commiſſion, leur ay fait & reïteré les defenſes y mentionnees, ſous les peines y contenuës, à ce qu'ils n'en pretendent cy-apres cauſe d'ignorance. Et leur ſera baillé & deliuré copie à chacun particulierement deſdites lettres de commiſſion portant defenſes, & d'exploict, en preſence de, &c. demeurant à, &c. teſmoins.

Aſſignation baillée a ſon de Tambour & de Trompe, ſur requeſte, à perſonne abſente.

L'An mil ſix cens... En vertu du decret appoſé à fin de la requeſte, emanee de Monſieur le Bailly de Vermãdois ou ſon Lieutenãt general à.. en datte le, &c iour de, &c & à la requeſte de, &c. ſuppliant y denommé; Ie Sergent Royal... ſousſigné, eſtant à &c. Auquel lieu, auec & en la preaſence

ou ordonnance, appoſées fin d'icelle, données de
Monſieur le Bailly de, &c. ou ſon Lieutenant Criminel, &c. en datte du, &c. à la requeſte de, &c.
demeurant à, &c. partie ciuile, & de Monſieur le
Procureur fiſcal, &c. ioint à l'encontre de, &c.
demeurant à, &c. pour raiſon des batteries exer-
cées, &c. commis à la perſonne de, &c. par ledit,
&c. faiſant laquelle auec & en la preſence de, &c.
Sergent ou Greffier du village de, &c. par moy
pris pour adioint, ont eſté ouys & examinez les
perſonnes & teſmoins, dont les noms, aages, qualitez, dits & depoſitions d'iceux enſuiuent.

D V, &c. iour de, &c. au village de, &c. du
matin ou de releuée.

Faudra mettre la complainte de la partie com-
plaignante.

Et au bas, declare ledit, &c. qu'il ſe rend partie
criminelle à l'encontre dudit, &c. auec l'adionction de Monſieur le Procureur, &c. Faudra luy
faire ſigner ſa depoſition.

Enſuiuant, ouyr les autres teſmoins ſecrettement, & l'vn apres l'autre.

Vn tel, demeurant à, &c. aagé de, &c. ans.

Le ſerment par luy fait de dire verité, a dit en
ſoy complaignant, qu'eſtant le, &c. iour de, &c.
& a ſigné.

Vn tel demeurant à... aagé de... ans teſmoins.

Le ſerment par luy fait de dire la verité a dit &
depoſé qu'il a bonne memoire de.. Faudra mettre ſa depoſition tout au long, luy relire, & le
faire ſigner au bas.

Taxe a eſté faite audit, &c. teſmoin, pour auoir
baillé ſa preſente depoſition, la ſomme de.

Oppofition forme̍e par vne perfonne interuenante à
quelque execution de meubles, ou autrement.

L'An mil fix cens. . . . le. . .iour de . . . . de releuée ou du matin, eſtant comparu pardeuant
moy Sergent. . . la perſonne de. . . lequel m'a dit
& declaré qu'il s'oppoſoit, & comme de fait il s'eſt
oppoſé à l'execution des meubles par moy faiſis
& executez à la requeſte de, &c. fur, &c. demeurant à, &c. en vertu des lettres de ſentence ou du
decret appoſé fin de la requeſte donnée de Monſieur le Bailly de, &c. ou ſon Lieutenant à, &c.
pour la ſomme de, &c. fur, &c. demeurant à, &c.
pour les cauſes y mentionnées, me requerant ledit, &c. le vouloir à ce receuoir, & pour dire ſes
cauſes d'oppoſition luy bailler aſſignation; ce que
ie luy aurois accordé. Et ce fait, i'ay ledit receu
oppoſant à ladite execution ou vente de meubles,
ou à la diſtraction de quelques heritages, dont il
voudra faire diſtraction, ou dire ce qu'il voudra
à ſon oppoſition. Et pour en déduire les cauſes,
i'ay audit oppoſant baillé aſſignation à eſtre &
comparoir le, &c. prochain, ſuiuant l'exploict,
pardeuant Monſieur le Bailly. &c. ou ſon Lieutenant, en l'Auditoire Royal, ou lieu accouſtumé tenir les plaids audit lieu, és heures d'iceux,
pour fur ce proceder ainſi que de raiſon.

Et luy faudra bailler exploict, & luy faire ſigner en preſence de

Laquelle oppoſition i'ay à l'inſtant dit, ſignifié,
& fait à ſçauoir audit, &c. parlant, &c. à ce qu'il
n'en pretende cauſe d'ignorance, & à luy baillé &
aſſigné iour à eſtre & comparoir auſdits iour, lieu,
heure, & pardeuant que deſſus, pour entendre les

cauſes d'oppoſition dudit , &c. & luy ay baillé &
delaiſſé copie d'exploiƈt , en preſence de.

La forme d'aſſigner vn Commiſſaire.

L'An mil ſix cens , &c. le , &c. iour de , &c. En
vertu , &c. & à la requeſte de , &c. le Sergent
Royal , &c. ay adjourné & baillé aſſignatiõ à , &c.
demeurant à , &c. Commiſſaire eſtably à pluſieurs
heritages ſaiſis ſur , &c. parlant à , &c. eſtre &
comparoir le , &c. prochain , ſuiuant cét exploiƈt ,
en la Cour ou Auditoire , &c. pardeuãt Monſieur
le Bailly de , &c. ou ſon Lieutenant , &c. heure des
plaids , pour rendre compte de ſa commiſſion des
heritages ou meubles , & deuoir qu'il a fait d'i-
ceux heritages faire bailler à loüage , & en faire
dreſſer billets , & ce par les voyes des Ordonnances , & à ce faire ſoy voir condamner & par corps.
Et luy ſera baillé copie d'exploiƈt en preſence de.

Exploiƈt d'aſſignation extraordinaire.

L'An mil ſix cens , &c. le , &c. iour de , &c. en
vertu du decret appoſé fin de la requeſte donnee de Monſieur le Bailly de Vermandois , ou ſon
Lieutenant à , &c. en datte du , &c. ſigné , &c. & à
la requeſte du ſuppliant y denommé : le Sergent ..
ay adjourné & baillé aſſignation à . . . parlant à . .
eſtre & comparoir le . . . en la Cour & Palais
Royal à . pardeuant Monſieur le Bailly de Vermandois , ou ſon Lieutenant , heure de . . . attendant . . pour reſpondre & proceder ſur le contenu de ladite requeſte , circonſtances & deſpendances d'icelle , & ſur ce proceder comme de raiſon.
Auquel adjourné parlant que deſſus , ay baillé &
delaiſſé coppie , tant de ladite requeſte & ordonnance , que d'exploiƈt , en preſence de . . . demeu-

rans à, &c. tefmoins.

La forme d'vn exploict qu'il faudra mettre fur vn
libel en extraict.

L'An mil fix cens, &c. le, &c. iour de, &c. heure
de, &c. du matin, ou de releuee. A la requeſte
de, &c. demeurant à, &c. denommé au preſent
libel: Ie SergentRoyal demeurãt à, &c. ay adjourné & baillé aſſignation à, &c. demeurant à, &c.
parlant à, &c. à eſtre & comparoir en la Cour, ou
pardeuant Monſieur le Bailly de, &c. en leur Auditoire audit lieu, heure des plaids, pour reſpondre & proceder fur le contenu dudit libel, circonſtances & dependances. Et pour commencement de rembourſement du prix principal, frais
& loyaux couſts deſdits heritages: i'ay offert audit, &c. vne piece de feize fols de Roy, ſauf à parfaire, qu'il a refuſé, & luy ay baillé & delaiſſé copie du libel & exploit, en preſence de, &c. demeurant à, &c. qui ſigneront la minute & original.

Acte d'exploict du renuoy d'vne cauſe.

L'An mil fix cens, &c. le, &c. iour de, &c. Ie
Sergent Royal eſtant au Palais Royal, ou auditoire, &c. où preſidoit honnorable hôme M…
Conſeiller du Roy, Lieutenant General & Preſident aud. Siege, à l'appel de certaine cauſe d'entre, &c. demandeur, comparant par M… ſon
Procureur & vn tel, demeurant à, &c. defendeur,
comparant par M… ſon Procureur. En laquelle
cauſe feroit interuenu.. par M… ſon Procureur.

Faudra mettre la qualité de l'interuenant tout
au long, comme cy-apres.

Par lequel Procureur pour ledit interuenant,
auant la cauſe conteſtee, auroit remõſtré que ledit

interuenant, à caufe de fa qualité de Gentil-hômeordinaire du Roy, ou de… prend la qualité .. &
par premices du Roy, à fes caufes commifes pardeuantNoffei;neurs tenans les Requeftes du Roy
noftre Sire en fon Palais à Paris, faifant à cette fin
apparoir de fon *committimus*, en forme, donné à
Paris le .. figné par le Confeil . . & fcellé requerant ledit… Procureur pour ledit… ladite caufe
& les parties y eftre renuoyees, me fommant ledit… Procureur que i'euffe à faire mon deuoir,
en me mettant pour cét effet ledit *committimus* en
main. Obtemperant à laquelle requefte & fuiuant
ce, i'ay à l'inftant . apres auoir communiqué ledit
committimus, à Meffieurs les Gens du Roy, eftant
en leur parquet.

S'ils font en l'audience leur faudra monftrer ledit *committimus*.

Et fi c'eft en vn auditoire d'vne Iuftice fubalterne, faudra que le Sergent, ayant ledit *committimus*
en main, faffe ce qui enfuit : En parlant à, &c.
Prefident. Faudra mettre fon nom & fa qualité.
Ie vous fais commandement de par le Roy noftre
Sire, en vertu du *committimus* que i'ay en main,
de renuoier la prefente caufe, enfemble les parties
pardeuant Noffeigneurs, &c. fi c'eft à la Cour. Où
fi c'eft en vertu des lettres de proteftation en vne
autre Iuftice Royale, faudra mettre. Pardeuant
Monfieur le Bailly, &c ou fon Lieutenant à, &c.
Et au refte le Sergent dira à l'inftant; Ie renuoye
la prefente caufe, enfemble les parties, pardeuant
Noffeigneurs des Requeftes du Roy noftre Sire,
en fon Palais à Paris, au mois, ou pardeuât le Iuge
d'autre Iuftice. Auquel iour, i'ay baillé affignation

aufdites parties d'y comparoir, pour proceder en ladite caufe de renuoy, ce que de raifon. Et aufquels Procureurs pour lefdites parties fera à chacun laiſſé copie d'exploict du contenu cy-deſſus, en preſence de, &c. teſmoins.

Exploict du procez verbal pour faire veuë de lieu des heritages contentieux entre les parties.

L'An mil fix cens, &c. le iour de, &c. de releuée ou du matin : en vertu des lettres de commiſſion de veuë, donnees de M le Bailly de ... ou fon Lieutenant à ... du ... figné ... & à la requeſte ... demeurant à ... impetrant y denommé : Ie Sergent, &c. me fuis tranſporté au village de, &c. où eſtant i'ay adjourné & baillé aſſignatió à, &c demeurant à, &c. parlant à, &c. eſtre & comparoir le, &c. iour de, &c. prochain, pardeuant moy Cómiſſaire en cette partie, ou autre Sergent, qui procede au fait & execution de lad. &c. au deuát du grand portail & principale entrée de, &c. foit Egliſe, ou Auditoire, &c. heure de, &c. pour d'illec fe tranſporter auec adjoint fur la ... ou les pieces contétieuſes entre les parties mentionnees aud. appointement de veuë, auec intimation accouſtumee. Qu'à faute de comparoir fera procedé au fait & execució d'iceluy veu, fans le plus appeller, à ce qu'il n'en pretende caufe d'ignorance. Et luy ay baillé & delaiſſé copie, tant defd. lettres de commiſſion, que du preſent exploict, en preſence de, &c. demeurant à, &c. teſmoins.

ET le, &c. iour de, &c. mil fix cens, &c. en vertu, continuant, & à la requeſte dudit impetrant, dénommé eſdites commiſſion & exploit deuant efcrits ; Ie Sergent Royal, &c. fous-figné,

me suis tranſporté auec & en preſence de, &c.
Greffier, ou Sergent, demeurant à, &c. par moy
pris pour adioint, au deuant du grand portail &
principale entrée de l'Egliſe, ou lieu accouſtumé,
où ladite aſſignation ſera baillée aux parties. Où
eſtant & apres qu'il m'a eſté dit & certifié par, &c.
demeurant à, &c. eſtre l'heure de, &c. & attendu
ſuffiſamment audit lieu apres ladite heure ſonnée,
y ſeroient comparus les perſonnes de, &c. ſçauoir
ledit, &c. impetrant en perſonne. Et ſi le deffendeur adiourné compare, faudra mettre : & ledit,
&c. adiourné deffendeur auſſi en perſonne, d'autre. Et s'il ne compare, faudra mettre ce qui enſuit:
non côparant, lequel impetrant m'a fait recit qu'il
a obtenu lettres de commiſſion de veuë de Monſieur le Bailly de, &c. ou ſon Lieutenant à, &c. ſigné, &c. en vertu de laquelle il a fait bailler aſſignation à huy heure preſente, & en ce lieu à, &c.
la partie aduerſe deffendeur, pour conformément
& ſuiuant ledit appointement, luy faire en noſtre
preſence veuë au doigt & l'œil des pieces, ou de la
piece contentieuſe entre les parties. Et que d'autant qu'il ne compare, requiert contre luy defaut à
telle fin qu'il ſoit par nous procedé à la veuë d'i-
celle piece, qu'il entend faire pour la conſeruation de ſon bon droict, auec intimation accouſtumée. Qu'à faute de comparoir ſera paſſé outre à
icelle, ſans le plus appeller, ce que de raiſon. Et ſi
led. adiourné compare, faudra adiouſter au procez
verbal aux comparutiôs, que ledit adiourné a auſſi
comparu audit lieu & heure, & pardeuant que
deſſus, dont il auroit requis acte de ſa comparution. Et apres la côcluſion dudit impetrant, faudra

mettre: Ce fait, nous sommes transportez auec &
en la presence dudit adioint, & des tesmoins cy-
apres nommez, ensemble dudit impetrant, &c. en
personne, ou comparant par, &c. qui assignation
auoit sur les pieces de terre contentieuses entre
les parties mentionnées audit appointement de
venë: sçauoir sur vne piece de terre contenant, &c.
royé de, &c. tenant à

Vne autre piece, &c.

Lequel impetrant estant audit lieu, en la presence de... m'auroit dit estre ou sont des pieces de
terre qui luy appartiennent, & estre celle dont il
entend & veut faire venë à l'œil & au doigt audit
... mentionnée audit appointement contentieuse
entre les parties, pour en iouyr des seuls. Faudra
mettre plus à plain ses demandes & conclusions.

Et que nous eussions à en faire les pas accoustu-
mez en & sur ladite piece, en presence dudit...
à ce present & appellé, pour luy seruir & valoir, ce
que de raison. Par lequel, &c. partie aduerse dudit impetrant, m'a esté dit.

Faut mettre & inserer sa responsse. Et apres le
Sergent mettra.

Ce fait, ie me suis transporté sur ladite piece de
terre, lieu dit à... contenant.... royé, ... laquelle
piece commençant par le bout vers le Soleil
couchant au leuant, i'ay appassé de mes pas en la
presence desdites parties, laquelle s'est trouuée
contenir tant de pas en longueur, & tant en lar-
geur. Lequel impetrant m'auroit dit & declaré
estre la piece de terre qu'il entend faire venë au
doigt & à l'œil audit defendeur adiourné present,
comme à luy appartenant, & mentionné en ses

conclufions à plain declarées par ledit appointement & commiffion de veuë, me requerant en
dreffer procez verbal, pour luy feruir & valoir en
la caufe & inftance indecife, meuë & pendante
pardeuant Monfieur le Bailly de Vermandois ou
fon Lieutenant à, &c. d'entre luy impetrant demandeur, & ledit adiourné prefent defendeur, ce
que de raifon.

Par lequel adiourné a efté fait refponfe, &c.
Faudra mettre & inferer la refponfe dudit adiourné defendeur, fin du prefent procez verbal.

Aufquelles parties auons octroyé acte de leur
refponfe & proteftation, & dreffé le prefent procez verbal, pour leur feruir & valoir ce que de
raifon, & iceluy fait figner par ledit Greffier ou
Sergent adjoint, & defdits tefmoins à ce appellez, enfemble defdites parties, les iour & an que
deffus.

Faudra mettre au bas dudit procez verbal ce
qui enfuit.

Taxe a efté faite à nous pour noftre vacation de
nous eftre tranfportez au deuant du grand portail, tant pour l'affignation que vacation fur les
pieces, la fomme de

A, &c. adjoint la fomme de

Pour lefdits tefmoins qui ont affifté & tranfporté fur lefdites pieces de terre, la fomme de

Pour le prefent procez verbal de veu contenant, &c. rolles, à raifon de, &c. pour roolle, la
fomme de

Les frais dudit veu fe montent à la fomme de,
&c. qui ont efté payez par ledit impetrant.

Procez verbal & exploict baillez aux parties &
Greffiers, ou autres perſonnes publiques, en fait
de compulſoire.

L An, &c. En vertu des lettres de commiſſion
en forme de compulſoire données, &c. en datte, &c. & à la requeſte de, &c. demeurant à, &c.
impetrant y denommé : Ie Sergent Royal, &c.
ſous-ſigné, &c. ay adiourné & baillé aſſignation
à, &c. en parlant à, &c. à domicile à comparoir,
&c. prochain, au deuant du grand portail & principale entrée de l'Egliſe Parrochiale de, &c. pardeuant moy, ou autre Sergent Royal, qui procedera au fait & commiſſion deſdites lettres de
compulſoire, auec adioint, heure de, &c. attédant
... heures du matin, ou de releuée, pour voir proceder au fait & collation des tiltres & papiers, que
ledit impetrant entend & veut faire compulſer,
pour luy ſeruir d'originaux en certaine cauſe &
inſtance mentionnée eſdites lettres de commiſſion
de compulſoire, pardeuãt Noſſeigneurs de la Cour
de Parlement à Paris, ou Monſieur le Bailly de...
ou ſon Lieutenant à...d'entre ledit impetrant de-
mand. ou defend. à l'encontre dudit adiourné, ce
que de raiſon, auec intimation accouſtumée. Et luî
ſera baillé & delaiſſé copie deſd. lettres de commiſſion de compulſoire & exploict en preſence de...

Exploict d'aſſignation portant commandement aux
perſonnes publiques de repreſenter.

E T le....iour de...En vertu, & à la requeſte
dudit impetrant: Ie Sergent..... me ſuis
tranſporté au logis & domicile de M. en parlant à
.... où eſtant, ie luy ay fait commandement de par
le Roy noſtre Sire, de faire recherche en ſes regi-

ſtres papiers & minuttes, de tiltres & papiers qu'il
a en ſa poſſeſſion, qu'il a receus & paſſez dés le...

Faudra mettre & inſerer en l'exploict les pieces
que l'impetrant veut faire compeller.

Pour d'icelles pieces en eſtre par moy prix extraict & copie deuëment collationnee, ſeruir &
valoir audit impetrât ce que de raiſon, en la cauſe
& inſtance qu'il a meuë & pendante pardeuant,
&c. entre ledit impetrant, à l'encontre dudit... Et
pour en faire ladite repreſentation, i'ay aud. parlât
que deſſus, adjourné & baillé aſſignation à comparoir pardeuât moy... qui vacquera à l'execution
deſd. lettres de cõmiſſion de compulſoire, au deuant du grand portail... heure de... attendant les..
heures de... & luy ay baillé & delaiſſé copie d'exploict, en preſence de... teſmoins.

E T le... iour de... En vertu deſdites lettres
de commiſſion de compulſoire.,. Ie Sergent
Royal,... ſous-ſigné, me ſuis tranſporté auec &
en la preſence de... par moy pris pour adjoint,
au deuant du grand portail & principale entree
de l'Egliſe, où eſtant, & apres qu'il m'a eſté certifié par... demeurant à... eſtre l'heure de... ſont
comparus audit lieu les perſonnes de... ſçauoir
ledit... impetrant, qui m'a dit & declaré qu'il
a vn procez pendant & indecis pardeuant Noſſeigneurs, ou pardeuant.... en la iuſtice de... d'entre ledit impetrant demandeur à l'encontre de...
defend. ſa partie aduerſe : pour monſtrer le bon
droict qu'il a en ladite cauſe, il a obtenu lettres de
cõmiſſion de compulſoire de Noſſeign. de la Cour
de Parlement, ou de... en vertu de laquelle il a fait
aſſigner à ce iourd'huy heure preſente, pardeuant

moy Commissaire en cette partie, la personne de...?
pour voir proceder au faict & collations des extraicts & autres papiers qu'il entend faire compeller, pour lui seruir & valoir audit Procureur, ce
que de raison. Et à cette fin fait commandement à
Maistre.... de faire rechercher en ses registres &
papiers des.. Faudra mettre & inserer les pieces
que l'on entend faire collationner. Et pour d'iceluy ou d'iceux prendre, ou pris extraicts deuëmét
collationnez aux originaux, seruir & valoir audit
procez ce que de raison. Lequel ... comparant
comme dessus a dit qu'il ne veut empescher ladite
collation, & a protesté de nullité de contester &
debattre en temps & lieu, & que ladite representation ne luy puisse prejudicier.
Faudra mettre & inserer ce que les parties diront.

Et si la personne appellee pour la representation
compare, faudra mettre : Lequel, &c. comparant
par Maistre, &c. ou en personne, a representé vn
liure liasse, ou registre de, &c. couuert de, &c.
commençant par ces mots, &c. & finissant, &c. signé, &c. contenant, &c. fueillets escrits, que non
escrits. Duquel registre a esté par moy en la presence dudit Maistre, &c. comparant cóme dessus,
ce requerant ledit impetrant, pris copie deuëmét
collationnée en son original, en la presence aussi
dudit. &c. aux protestations cy-dessus dites par ledit... Procureur. Pour ladite copie ainsi collationnée à son original, seruir & valoir d'original
audit impetrant en ladite cause, ce que de raison.

Et ce fait, a esté ledit original rendu & mis
és mains dudit, &c. Auquel, &c. ce requerant,
pour ses salaires & vacations de la recherche &
repre-

representation a esté taxé.

Aufdits maiftres, &c. Procureurs defdites parties, pour leur falaire d'auoir affifté à ladite affignation & collation, à chacun, &c.

Ce que certifions eftre vray, en témoin dequoy auons figné le prefent procez verbal, les an, &c.

Coppie de la collation au bas de la piece
reprefentée.

COllation de la prefente coppie a efté pris au regiftre original reprefenté par Maiftre &c. fuiuant les commandemens par moy à luy faits d'vn regiftre en parchemin, ou papier contenant, &c. fueillets efcrits que non écrits, commençant par ces mots, &c. & finiffant, &c. pour ladite copie ainfi collationnée feruir & valoir d'original audit impetrant, en certaine caufe & inftance meuë & pendante pardeuant Noffeigneurs, &c. ou Monfieur, &c. mentionnée efdites lettres de commiffion de compulfoire d'entre ledit impetrant. demandeur à l'encontre de, &c. demeurant à, &c. deffendeur ce que de raifon, aux proteftations de nullité de debattre en temps & lieu, m'entionnées au procez verbal qui en a efté pour cét effet dreffé. Et ladite collation ainfi faite, a efté l'original rendu & remis és mains dudit, &c. auquel a efté taxé pour la recherche & reprefentation à ladite affignation la fomme de, &c.

INSTRVCTION

POVR LES DESPENS,

taxe & liquidation d'iceux.

Enfemble le Traicté & inftruction pour les lots & ventes.

CHAPITRE PREMIER.

Nciennement en France les Iuges ny leurs Miniftres, comme Greffiers, Notaires, Sergés, & autres femblables ne prenoient rien des parties. C'eft pourquoy la Iuftice leur eftant renduë gratuitement, on n'adiugeoit point de defpens à celuy qui gagnoit fa caufe ; & eftoit vne ancienne couftume ou ftyle des Iuftices de France, qu'il n'y auoit point de condemnation de defpens. Ce qui fut premierement changé és Iufti-ces Ecclefiaftiques au Concile de Tours, tenu en l'an 1158. dont le Canon eft rapporté *in capite calumniam ext. de pœnit.* Puis le Roy Charles le Bel caffa cette ancienne couftume, à l'efgard des Iuftices Layes, en l'an 1314. Encore fon ordon. n'ayant esté pratiquée, il falut qu'elle fut renouuellée par Phil. de Valois, puis par Charles V. pour les pays de Touraine:desquelles Ordonnances M. Iean le Cocq fait métion en sa question 275. inserée au 3. Tome des Oeuures de M. Charles du Moul. page 2034. Coquille liu. 6. de ses Instit. tilt. 3. art.3. Messire Pierre de Fontaine dit que nostre vsage ne faisoit rendre aucuns despens de plaids. Ce qui estoit aussi porté par vne ancienne Ordonnance du Roy S. Louis ; mais au lieu de ce y auoit amende aux hommes, & à la Cour, & vne peine de la dixiesme partie de la chose controuersée, iusqu'à ce que par l'ordonnance du Roy Charles IV. dit le Bel, l'on a pratiqué le *victus victori*, du pays de droit escrit, & la peine susdite a esté abolie. Isocrate donne aduis au Roy Nicocles, de faire que les frais des procez soient grands, pour empescher le peuple de plaider, lequel n'a esté que trop executé, estant vray de dire qu'en plus des deux tiers du procez les frais passent le principal, & n'y a plus desormais gueres de procez, que ceux qui sont necessaires, ou pour l'obscurité de nostre droict, ou pour la malice des safraniers, qui plaident hardiment, pource qu'ils n'ont que perdre, & que *inopis audacia tuta est*, & cependant consomment en frais ceux qui ont dequoy.

CHAP. II.

C'Est vne regle generale en procez, que celuy qui a perdu sa cause au principal, soit demandeur ou defendeur, doit estre condamné aux dépés de la cause enuers celui qui a obtenu, *Victus victori in expensas sumptúsq; litis condemnandus est*, *l. properandum* 13. *sine autem §. C. de iudic.* C'est l'or-

donnance de Charles IV. de l'an 1324. qui porte
que celuy qui ſuccombera en cauſe, ſera condamné és deſpens enuers ſa partie aduerſe ; & ce, nonobſtant qu'il y euſt couſtume contraire, que le Roy
declare par ſes Ordonnances abuſiue, au regiſtre
cotté *Ordinationes antiquæ*, *fol.* 3. *verſ.* Ce que
Iuſtinian enioint aux Iuges ſi eſtroitement & pre-
ciſément, que s'ils oublient ou negligent de ce
faire : *Ipſi de proprio huiuſmodi pœnæ ſubjacebunt,*
& reddere eam parti laſa coarctabuntur. Il prend la
condamnation des deſpens pour peine, qu'il veut
que les Iuges portent & payent de leur propre,
qui n'auront condamné és deſpens celuy qui aura
perdu ſa cauſe. Auſſi a eſté iugé par Arreſt du Parlement de Paris du 2. Ianuier 1569. que le Iuge
par la ſentence diffinitiue doit prononcer ſur les
deſpens, ſans les reſeruer : *Poſt abſolutum enim*
demiſſumque iudicium, nefas eſt litem alteram con-
ſurgere ex litis prima materia, *l.* 3. *C. de fruct. & lit.*
expen. Brod. ſur la let. I. ch. 6. de Loüet.

Chap. III.

LEs deſpens ne doiuent eſtre adiugez, s'ils ne
ſont demandez : d'autant que le Iuge n'eſt
point tenu de departir ſon office à celuy qui ne l'a
point reclamé, par argument de la loy. *Dies cau-*
tioni 4. §. *hoc autem iudicium* 8. *& ibi. Bert. &*
Gothofred. ff. de damn. infect. Corſet. in ſingul.
verb. Index Barthol. in l. properandum. §. ſin au-
tem C. de iudic. Panorm. cap. ſinem litibus num. 34.
extr. de dolo. Rebuff. tract. de appel. art. 9. *gloſſ.*
vnic. n. 37. *Conſtantin. ad Conſtit. reg. art.* 182.
Maſuer. tit. de expenſ. num. 26. *Aufrer. deciſ. exp. &*
194. *Guid. Pap. queſt.* 405. *cùm ibi notat.* Là où il

dit qu'és Cours Souueraines, quoy que les defpens ne foient requis, neantmoins d'équité peuuent eftre adiugez. Le mefme s'obferue pour le iugement de reftitution de fruicts, que s'ils ne font demandez, le Iuge ne les peut adiuger à celuy qui obtient. Cela s'entend des fruicts qui font perceus auant la conteftation de plaids, mais quant à ceux qui font perceus apres la conteftation, ores qu'ils ne foient demandez, le Iuge les peut adiuger, *per. l. Ædiles. §. item fciendum de adil. edict.* Et ainfi fut iugé par Arreft du Parlement de Paris. Edict du 23. Iuin 1526. L'on en peut dire de mefme par identité de raifon, que le deuolutaire n'eft tenu d'offrir & bailler la caution requife par l'ordonnance de Blois, art. 48. fi elle ne luy eft demandee par fa partie aduerfe : *In omnibus enim cautionibus illud obtinet: vt qui cautionem praftare debent, fufficiat: fi parata fint fatisdare: non enim offerre debent cautionem, fed petenti, fiue defiderandi morum non facere, l. 28. §. cir. legat. l. 1. non exigit vt in poffef. leg. fi cuius 14. de vfuf. & quem ad l. pet. 71. §. 1. ibi. quod fi cautio non fuerit defiderata de leg. 2.*

Caffiodore en l'epift. 26. du li. 1. difoit que c'eftoit vne iniuftice de condamner vne perfonne aux defpens, qui ne demandoit rien, *Satis abfurdum eft, vt affligatur damnis, qui commoda non habet actionis.*

Chap. IV.

Ais s'il arriue que le Iuge par fa fentence ait obmis la condamnation de defpens, ils pourront nonobftant ce, eftre demandez apres la prononciation d'icelle par droict de nouuelle action : pource qu'en matiere de contracts & fentences, il eft certain que toutes les chofes font ayſément ſuppleées, & ſous-entenduës: *De quibus verisimile eſt partes cogitaſſe gloſſ. in l. 3. parag. ſi rem verb. fortaſsis de legat. 3. & ibi Barth. Iaſ. §. actionum n. 52. & ſeq. inſtit. de actionib. Anfrer. deciſ. 5.* attendu que cette action afin de condamnation de deſpens obmis n'impugne point la ſentence du Iuge. *Mathesil. sing.* 81. *Specul. tit. de expenſ. parag. poſtremo num.* 4. *Rebuff. tract. de expenſ. art.* 2. *gloſſ. vnic. num.* 49. *Felin. cap. significauerunt, extr. de except. Boer. deciſ.* 18. *Bald. conſ.* 105. *volum.* 3. *Guid. Pap. quaſt.* 55. *& ib. Ranchin.*

Quid, ſi les deſpens ont eſté adiugez par ſentence, laquelle ait eſté executée quant au payement du principal & la cedule ou obligation y mentionnée renduë & reſtituée au debteur ſans proteſtation, ny reſeruation aucune des deſpens, ſçauoir s'ils peuuent eſtre demandez: Il n'y a difficulté quelconque que la demande n'en ſoit receuable, parce qu'eſtant faite principalement à raiſon, & par la force de la choſe iugée, elle ne peut eſtre cenſée remiſe par la reddition de l'inſtrument, *l. terminato C. de fruct. & lit. expenſ.* Boëre en ſa deciſion 18. Le meſme ſoit dit s'ils eſtoient, *de iure actionis, aut ſtatuti Gothefred. ad l. D. terminato.* Voyez Loüet lettre I. chap. 6.

Chap. V.

LE Iuge doit principalement s'eſtudier en ſes ſentences, de ne laiſſer aucune difficulté aux parties pour les deſpens, leſquels doiuent eſtre adiugez *prorota* des chefs eſquels on a obtenu: c'eſt le ſommaire de la deciſion 74. de Monſieur Boëre, Papon liu. 18. tit. 2. arreſt 3. comme quand le Iuge a condamné chacun des litigateurs és deſpens di-

uerſemét pour chacun chef porté par la ſentence:
car on tient y auoir autant de ſentences qu'il y a
de chefs diuers en vne ſentéce, *cum inter ſe diſtin-*
ctaſint, nec alijs cohæreant l. etiamſi. 29. *paragr.* 1. *ff.*
de minor. l. ſcire debemus 29. *ff. de verb. oblig.* Si
pour raiſon de chacun chef y a eu inſtáce ſeparée,
il ſera plus facile d'en faire la taxe des dépés : mais
ſi tous les chefs ont eſté cumulez, & conduits par
vn meſme contexte, il faudra taxer les deſpés pour
chacune partie à raiſon du nóbre des chefs qu'elle obtient, & des ſommes qui leur ſeront taxées
s'en pourra faire compenſation à la concurrence
l'vn de l'autre, *iuxta l. eum alter.* 11. *ff. de compenſ.*
encor que l'vne des parties, pour empeſcher icelle, ait tranſporté les dépens qui luy ont eſté adiugez, parce qu'ils procedent d'vne meſme cauſe, cóme a eſté iugé par Arreſt du 10. Iuil. 1569. Toutesfois pour éuiter tel circuit de taxe de deſpens, lé
prudent Iuge fera mieux de cópenſer les deſpens
par ſa ſentence, & s'il connoiſt l'vne des parties en
eſtre tenuë dauátage que l'autre, il pourra la condamner en certaine portion des deſpés, & les autres compenſer, afin de mettre pluſtoſt fin au procez, ſuiuant ce qui eſt traité en la loy *quidam exi-*
ſtimauerunt 21. *ff. de reb. cred. l.* 1. *C. de admin. tutor.*
Maſuer. tit. de iniur. verſ. ſi. item ſi actor proponat. arg.
l. habebat ff. de inſtit. act. Panor. c. finem litibus n. 27.
extr. de dol. & contum.   CHAP. VI.

SI l'Aduocat ou Proc. ont remis à la partie, qui
a obtenu leurs ſalaires gratuitement, émeus
à ce ou par la pauureté, affinité, amitié, ou qualité des parties, ſçauoir ſi elle pourra coucher en la
declaration des deſpens les ſalaires deſdits Ad-

uocats & Procureur. Aucuns ont vſé d'vne diſtinction telle : ou la remiſe a eſté faite à la partie
pour recõpenſe, ou remuneration : & lors la taxe
s'en doit faire entierement, nonobſtant que les
Aduocats & Procureurs n'ayent rien pris d'elle :
Mais s'ils ne l'õt fait pour cette cauſe, l'on ne peut
accorder à la partie aucune choſe pour leſdits ſalaires. *Rota de ſentent. & re iud. deciſ. 3. in antiq. ſed
quid ſi habuit, & tit. de procurat. deciſ. 5. indu-
cens cauſam Boer. deciſ. 210. quorũ omnium ſententia
iampriuem exploſa eſt.* Et la raiſon, pource que
ce ſeroit vne choſe infinie, & eſloignée de
l'office du Iuge, de s'enquerir du ſujet qui auroit
meu l'Aduocat, ou Procureur, à ne rien prendre
des parties : C'eſt pourquoy auiourd'huy ſans aucune diſtinction l'on fait taxe à la partie deſdits
ſalaires d'Aduocats & Procureurs, quoy qu'ils
n'ayent rien pris, & les ayent remis aux parties,
eſtant choſe abſurde qu'vne partie pour la liber a-
lité de ſon Aduocat ſe trouuaſt en auſſi mauuaiſe
condition comme ſi elle n'auoit eſté gratifiée par
iceluy : ou bien qu'il ne ſeroit raiſonnable que celuy qui a perdu ſa cauſe profitaſt de la courtoiſie
faite à ſa partie aduerſe : & ce faiſant tireroit profit de ſa temerité. *Speculator de expenſ. parag. poſt re-
mo num. 8. Panormit. autem cap. finem litibus num. 28
extr. de dol. & contum. Rebuff. tit. de expenſ. art. 5.
gloſſ. vnic. Pap. parag. 155. Conſt. Bourb. Maſuer. tit.
de expenſ. num. 30.* Mõſieur Maynard liu. 4. chap.
32. Lucius liu. 11. tit. 17. art. 9. Papon liu. 18. tit. 2.
Arreſt 14. Le Ieudy 11. Fevrier 1412. a eſté conclud, les Chambres aſſemblées, que le ſeel pretendu par M. Iean Blanche, Chauffe-cire à l'en-

contre de fa partie aduerfe, luy fera taxé en defpens, nonobftant qu'il n'en ait rien payé, mais
luy ait efté donné, & a efté ordonné eftre efcrit,
pro fimilibus.

C H A P. V I I.

QVID, de celuy qui a luy-mefme conduit fa
caufe, & ne s'eft feruy du miniftere d'aucun
Aduocat ny de Procureur, & obtenu les defpens,
fçauoir s'il en peut requerir la taxe : l'on allegue
par l'affirmatiue la loy, *fi procurator ff. rem. rat.*
habet. Cette queftion eft amplement traitée par
Boëce en fa decifion 210. nombre 3. & par la Ro-
te en fa decif. 41. *de fent. & re iud. in antiq. &*
tit. de procurat. decif. 5. fpeculator tit. de expenf.
parag. poftremo num. 9. Papon liu. 18. tit. 2. Arreft.
15. dit que l'Aduocat códucteur de fa propre caufe ne peut point faire taxer ce que luy-mefme a
fait pour luy, car cela gift en dómages & interefts,
& non en defpens. Ainfi le tient Iacob, *de Are-*
tio in tract. de expenf. fol. 4. *Bald.* & Paul de Caftr.
in l. fin. C. de fruct & lit. expenf. Mais fi l'Aduocat
a vn confort, il peut faire taxer pour la part de fon
confort, *l. 1. paragr. in propria caufa verf. at fit in*
partem & arg. l. ex parte hæref. ff. famil. ercifco &
l. fi in rem communem C. fi cert. pet. Norobftant
ce, neantmoins ie tiens que l'Aduocat qui a
efcrit ou plaidé pour foy, & obtenu les defpens,
peut requerir taxe de fes falaires, ne pouuant
eftre contraint de remettre fon labeur, & quitter fon trauail à celuy qui l'a vexé indeuëment:
pour recompenfe de laquelle indeuë vexation,
& en remuneration de fa temerité, il obtiendra vne immunité, & exemption de defpens:

& autrement feroit aſtraindre les Aduocats de
commettre leurs affaires entre les mains d'autres perſonnes de ſemblable qualité, qui vray-
ſemblablement ne prendroient rien d'eux, ou de
faire ſigner les eſcritures par eux ; car de remettre
leurs ſalaires en ligne de dommages & intereſts :
ce feroit vne choſe infinie, & qui d'ailleurs ne
s'eſt iamais pratiquée. *Refert huc* la diuination de
Maiſtre Clement Vaillant, que qui peut & veut,
ne doit eſtre empeſché d'eſcrire, & plaider pour
ſoy.

Chap. VIII.

S'Il arriue qu'vne partie, apres auoir eu communication du tiltre de ſa partie aduerſe, ſe deſiſte du procez, ſera-il pourtant exempt de la condamnation des deſpés; Berthole ſur la loy, *prope-*
randũ pa·ag. ſin autem C. de iudic. l'excuſe des deſpens, iuſques à la production de l'inſtrument de
nouueau recouuert, la doctrine duquel eſt limitée par *Mathefilaus ſingul.* 83. qui dit, que lors que
l'inſtrument contient le propre fait de la partie,
alors elle ne peut s'excuſer de dol, ou mauuaiſe
foy, *l. quamquam ff. ad volleian. Alexand ad Barth.*
in l. ſi quis inficiatus ff. depoſit. De meſme ſi les teſmoins depoſoient *de facto proprio,* & qu'au principal s'enſuiuiſt condamnation, ou bien ſi l'inſtrument contient le fait du deffunt, qui n'a deu eſtre
ignoré par l'heritier, contre la Loy, *Qui in alte-*
rius ff. de reg. iur. Pourueu toutesfois que l'inſtrument ne ſoit point ſi ancien, que la memoire en
puiſſe eſtre vray-ſemblablement écoulée. *Rebuff.*
iit. de experſ. art. vnic. gloſſ. vnic. num. 22. *l. de-*
ſtitiſſe de iudic. Boër. in addit. Dyn. regul. cum

*quis de reg. iur. in 6. Philipp. Dec. l. qui in alterius
ff. eod. Panorum.cap.finem litibus num.23.ext. de dol.
& contum. Rebuff. tit. de appell. art. 5. gloss. vnic.
num. 31. Constantin ad constit. reg. art. 128. & 182.
l. si quis inficiatus, & ibi Barth. ff. depos. Felin. c.
exceptionem, num. 47. extr. de except. l. fin. de cond.
furt. ff. l. qui Romæ parag. Seia. ff. de verb. oblig.*

CHAP. IX.

L'On demande, sçauoir si celuy qui a iuste
cause de plaider iusques à vn certain temps, &
en apres reconnoist qu'il est mal fondée, & nonobstant ce, n'a point discontinué sa poursuitte, & est
succombé, doiue estre condamné en tous les despens, ou bien en ceux seulement que le demandeur
a faits apres que le defendeur a desisté d'auoir iuste cause de plaider: Decius sur la loy *qui in alterius
ff. de regul. iu.* est d'aduis qu'il doit estre condamné
en tous les despens, d'autant qu'il a continüé sa
poursuite, apres qu'il a eu connoissance de sa mauuaise cause : car on peut coniecturer de là, qu'il
n'eust point laissé de plaider, encore que du commencement il eust entendu estre mal fondé. Barthole sur la loy, *si quis inficiatus ff. depos.* & sur la
loy *properandum parag. sin autem alterutra C. de iudic. & ibi. Alexander, & Iason.* Et Cagnolus sur
la loy, *Qui in alterius* susdite, *num.* 22. tiennent
vne opinion contraire, & disent qu'il ne doit estre
condamné en tous les despens, mais seulement en
ceux faits depuis le temps qu'il a desisté d'auoir
iuste cause de plaider, qui est l'opinion la plus
plausible : car si le deffendeur a eu iuste cause de
plaider durant tout le cours du procez, c'est chose hors de doute qu'il n'a peu encourir aucu-

né condamnation de defpens : Il eft donc vray, que s'il a efté affifté de la mefme iufte caufe de plaider durant quelque temps, il doit eftre renuoyé abfous des defpens pour cette partie de temps. Cette opinion eft confirmée par la loy, *fi quis inficiatus ff. depof.* Là où fi le depofitaire dénie que celuy qui fait demande du depoft foit le Seigneur & maiftre de la chofe depofée, ou Procureur, ou heritier d'iceluy, le Iurifconfulte dit qu'il n'eft point cenfé faire cette denegation de mauuaife foy : mais fi en apres il vient en fa connoiffance, que c'eft luy qui en eftoit le proprietaire, ou le Procureur, ou heritier d'iceluy; alors celuy qui eft chargé du depoft commencera d'eftre en dol, s'il fait refus de le reftituër : & pour refpondre à l'obieçtion cy-deffus, que c'eft vn argument, ou indice de mauuaife foy, que ce defendeur n'a point abandonné la pourfuite du procez, i'aduouë cela veritable : mais il ne faut point inferer de là que le litige ait efté temeraire en fon origine : c'eft pourquoy il doit fentir la peine de fa temerité à proportion de fa faute, & non point au pardeffus icelle, la peine ne deuant eftre plus grande que la coulpe. *V. Rebuff. tract. de expenf. art.* 1. *gloff.* 1. *num.* 29. *& 47. & in procœm. conft. reg. num.* 152. *Francis-Cremens fing.* 120. *Iafon conf.* 124. *Panormit. c. finem litibus exer. de dol. & contum. n.* 22. *Petr. Anchar. conf.* 182. *Confet. fing. verb. pœna Conftant. ad conftit. reg. art.* 128. *Hippol. de Marfil. conf.* 19. 120. *Pap. li.* 18. *tit.* 2. *Arreft* 6. Tellement que celuy qui a eu iufte caufe de plaider, enfemble ne deuoir eftre condamné aux defpens, *l. qui folidum* 78. §. *etiam de leg.* 2. *Nec aliud feruabitur in*

litis sumptibus, si ratio litigandi non fuit : si ergo
ratio litigandi fuit, non erit condemnandus. Mais
quand la partie est estimée auoir bonne cause, il
ne se peut definir par certaine regle, ains il doit
estre reserué à la prudence & arbitrage du Iuge,
qui l'estimera de la qualité du fait, condition des
personnes & autres circonstances, dont i'en pro-
poseray vn exemple d'vne sentence confirmée par
Arrest du Parlement de Paris, du 15. Iuin 1573.
L'heritier de l'acheteur d'vn heritage estāt poursuiuy à la requeste du fils du vendeur, se deffend,
& du contract de vendition, & de la longue iouïf-
fance de plus de dix ans : le demandeur obtient
lettres Royaux pour faire rescinder le contract de
vendition, fondées sur la minorité de son pere,
lors de la vendition, qui seroit decedé dans les
dix ans, laiffant son fils mineur, durant la minorité duquel la prescription n'auoit couru ; par ladite sentence les lettres Royaux auoient esté entherinées, & fans despens. Les Docteurs en alle-
guent d'autres exemples, comme si la partie auoit
vne consolation signée de quelques Docteurs ;
mais ils font peu certains, & on ne s'y arreste, gueres en la pratique du droict François ; parce que
les opinions des Docteurs, quelques celebres
qu'ils soient, ne font arrests, ains simples aduis,
qui n'obligent le Iuge à les suiure.

CHAP. X.

QVe dirons nous d'vn intimé, s'il est dit mal-
iugé sera-il cōdamnable és despens, tant de
la cause principale, que de celle d'appel; Il n'y a
difficulté quelconque en l'affirmatiue ; car l'appel oste la presomption de la Iustice à la sentence:

c'eſt pourquoy eſtant l'intimé mal fondé en la cauſe d'appel, nul le iugera bien fondé en l'inſtance principale. *Felin.c.quoniam contr. ext. de probat. Roman. conſ.334. Bart. in l. fin. ff. de re iud. Panormit. cap. finem litibus num.* 25. *extr. de dol. & contum. Maikeſil.ſing.* 82. *Auffrer. deciſ.* 222. *Rebuff. tract. de appel. art.* 9. *gloſſ. vnic. num.* 20. 25. *& 41. & tit. de expenſ.art.* 1. *gloſſ.vnic.num.* 39. *&ſeq.Guid. Pap. quæſt.* 137. *Molin. conſ.* 47. *& parag.* 62. *num.* 106. *conſ. Pariſ. Felin. cap.* 11. *de except. num.* 7. *Auffrer. in ſtyl. Parlam. tit. an appel. vel iudex ten. ſolui. emend. parag. item. item vbi pronunciaretur. Alexand. conſ.* 179. *num.* 7. *lib.* 7. *Maſuer. tit. de expenſ. num.* 8. Il y a eu obſeruance par cy-deuant, qui a duré iuſques en l'an 1500. que les intimez pour ſuccóber en la cauſe d'appel, ordinairement n'eſtoient condamnez és deſpens, mais ſeulement pour cauſe apparante. La raiſon eſtoit priſe ſur le dire du Iuriſconſulte Vlpian, en la loy finale,*ff. de appell.*que le plus ſouuent les Superieurs reformans vn iugement, commettent iniquité plus grande que celuy dont eſt appellé:& de ce y a Arreſt du 25. Ianuier 1422. pour vn appellát du Bailly de Meaux ayant códamné vn intimé aux deſpens, qu'il auoit eſté mal iugé pour le regard deſdits deſpens, & defendu audit Baillif de plus iuger ainſi. Auiourd'huy cette obſeruáce eſt abolie, & ſont indifferemment tous intimez ſuccombans condamnez és dépens de la cauſe d'appel: car touǰjours il y a preſomption pour les iugemens des derniers Iuges: *Licet (inquit Vlpianus) in l.* 1. *in princip. nonnumquam bene latas ſententias in peius reformét, neque enim vtique melius pronuntiat, qui no-*

uiſſimus ſententiam latu us eſt. Ie trouue que le premier Arreſt qui a aboly cette obſeruance eſt du
dernier Decemb.1535.par lequel fut arreſté & cō-
clud, toutes les Chambres aſſemblées, que d'o-
reſnauāt les intimez qui ſe trouu roient auoir tort
en la cauſe d'appel, ſeroient condamnez és deſpens de la cauſe d'appel, combien qu'auparauant
l'on n'euſt pas accouſtumé ainſi le faire ; Papon
liu. 19. tit. 1. arreſt. 21. Le meſme doit eſtre dit, ſi
l'appellant d'vn interlocutoire ſuccombe, car il
doit eſtre condamné és deſpens de cette interlocutoire, ſans attendre la deciſion du principal
differend. *Matt. de ffl ct. deciſ. 22.*

C H A P.   X I.

QVid, d'vn qui eſt contumax & defaillant,
peut il repeter les deſpens par luy encourus
pour raiſon de ſa contumace, ſi d'auanture il obtient au fond ? Nullemēt, pourueu que les defauts
ayēt eſté bien & deuëment obtenus, ſuiuāt l'vſage
& ſtyle du lieu ; car alors meſme il ne viēt à ouyr,
qu'au prealable il n'ait refondé les deſpens des
contumax cōme preiudicians, & ſans qu'en apres
il puiſſe eſtre receuable en ſa demande, afin de
reſtitution d'iceux. Ioint que le defaillant purgeāt
ſa contumace, eſt ouy au meſme eſtat qu'il trouue
le procez. *Innocent. in cap. præterea de dilat.* C'eſt
l'opinion de Barthole ſur la loy, *ſi pignore ff. de
pig. act. l. quod a quoquàm, de reg. iur. l.3. parag. penult. ff. quib. mod. vſus fr. amitt. Capel. in l. cum
autem. paragr. cum redhibetur ff. de Ædel. edict.
Doctor. in l. properandum paragr. ſin autem C.
de iudic. Rebuff. tit. de contum. art. vlt. num. 37.
Aufrer. deciſ. Thol. 408. Conſtat. ad conſt. reg.*

art. 121. *præterque ſi ab initio tantum abfuerit.* Du
Moulin ſur la Couſt. de Paris, §. 54. nomb. 30.
Car la conteſtation eſt le fondement du procez.
Rebuff. traĉt. de expenſ. art. 5. gloſſ. vnic. num. 37.
ſeq. & 57. Amanell. declar. aq. ſing. col. 16.

Chap. XII.

LE Procureur du Roy n'obtient ny ne paye
aucuns deſpens, ſinon pour vne euidente &
manifeſte calomnie, *fin. C. de fruĉt. & lic. expenſ.*
pource que ſa charge l'obligeant à beaucoup de
recherches, il ne ſeroit raiſõnable qu'elle luy fuſt
dommageable : *Rebuff. traĉt. de concord. Ruler. de
eleĉt. derog. verb. Regum aduocatum & traĉt. de
expenſ. art. vnic. gloſſ. vnic. num.* 29. *Boer deciſ* 324.
L'an 1534. vers la fin du mois de Fevrier, au rapport de Mõſieur Barzeau, fut decidé qu'en toutes
cauſes où le Procureur du Roy eſt principale partie, auec vne autre partie priuee, & ledit Procureur auec ladite partie ſuccõbent, & perdent leur
cauſe, icelle partie priuee ne doit eſtre condãnée
és deſpens enuers celuy qui a obtenu, ſinon *pro ra-*
ta, jaçoit que ledit Procureur ne ſoit ſujet à aucune condemnation de deſpens, toutesfois ſi ledit Procureur du Roy n'eſt point partie principale, ains ſeulement joint en quelque cauſe auec
quelque autre; en ce cas la partie priuee qui aura
ſuccõbé, deura & payera tous leſdits dépens *non*
pro rata, & ainſi ſe pratique *& e contrario*, ſi ſa
partie ſuccombe, il doit auoir entierement tous
les deſpens, *cum ſit eadem contrariorum diſciplina.*

Au regard des procez ciuils qui ſont intentez
& pourſuiuis pardeuant les Iuges des hauts Iuſticiers, il eſt certain que ſi les hauts Iuſticiers obtiennent

tiennent gain de caufe és procez ciuils intentez
en leurs hautes Iuftices à la requefte de leur Procureur fifcal, foit pour le payement de cenfiue,
rente, ou pour autre debte, ou bien pour la proprieté d'vn heritage : lefdits hauts Iufticiers ont
condemnation de defpens contre la partie ciuile.
Auffi s'ils fuccombent és inftances ciuilement
pourfuiuies par leur Procureur fifcal, ou en celles
qui font ciuilement intentées contre ledit Procureur fifcal, ou bien contre iceux Seigneurs Iufticiers, lefdits Seigneurs font condamnez és defpens des inftances enuers les parties ciuiles.

Mais quand aux procez intentez & pourfuiuis
à la requefte des Procureurs du Roy ciuilement
ou criminellement, il n'y a aucune condemnation
de defpens, ny de frais de Iuftice; pareillement n'y
a aucune condemnation de defpens és procez ciuilement intentez & pourfuiuis contre le Procureur du Roy : partant on dit, *fifcus gratis liti-*
gat. Bien eft vray que par le 72.art de l'ordonnance faite à la poftulation des Eftats tenus à Orleãs,
les Procureurs du Roy ou des hauts Iufticiers
font tenus nommer le denonciateur, s'ils en font
requis, apres que l'accufé aura obtenu iugement
ou arreft d'abfolution, afin de recous de defpens,
dommages & interefts contre qui il appartiendra, *l. Senatus ff. de iur. fifc.* Mais ordinairement
les Procureurs du Roy ayans fuccombé en matiere ciuile, foit en faifie de fiefs, la mouuance defquels ils difoient appartenir au Roy, ou en faifie
de Iufticiers, peages, cenfiues, ou d'autres droits,
ou bié lors qu'ils pretendent la proprieté de quelques heritages appartenir au Roy, pour defchar-

I i

ger leurs inſtigateurs & denonciateurs, leſquels ſous main ont fourny aux frais du procez , declarent que la pourſuitte par eux faite, a eſté pour le deub de leur charge, & conſeruation des droiꞔts du Roy. Et en matierē criminelle les Procureurs du Roy, ou des hauts Iuſticiers, declarent que ce qu'ils ont fait a eſté pour le deu de leur charge, ou bien pour le deuoir de leur office.

Chap. XIII.

COmme il n'y a deſpens ne pour, ne contre le Procureur du Roy, auſſi le Seign. n'en peut auoir en cauſe criminelle contre ſon ſujet. Voila pourquoy en cét endroit il conuient noter que les Iuges des Seigneurs hauts Iuſticiers ne peuuent condamner vn criminel & delinquant, auquel le procez aura eſté fait & parfait , à la requeſte du Procureur fiſcal, les deſpens du procez enuers le Seigneur haut Iuſticier, ny le condamner és frais de Iuſtice, ny en amende enuers Iuſtice, mais faut ſimplement condamner le delinquant en amende enuers le Seigneur haut Iuſticier, & ſur lad. amende prendre les frais du procez. Ainſi a eſté ordóné par Arreſt de la Cour du 15. Avril 1580. interuenu ſur la ſentēce donnée par le Bailly de la Iuſtice de ſainte Geneuiefue. La raiſon de ce que deſſus eſt, que le Roy ayant fait ce bié, cét honneur & cette grace, d'oꞔtroyer aux Ducs, Marquis Comtes, & à autres Seigneurs, haute iuſtice en leurs terres & Seigneuries, ils les doiuent purger de malfaiꞔteurs & gens mal viuans, & à leurs deſpens faire faire les recherches, pourſuittes & executions pour ce neceſſaires, ainſi que le Roy fait és Prouinces de ſon Royaume. Pour cette cauſe pluſieurs ont eſti-

mé, que le Seigneur haut Iuſticier ne ſe peut op-
poſer aux criées des biens côfiſquez, pour les frais
du procez criminel, fait à la requeſte de ſon Procureur fiſcal, à l'encôtre de celuy duquel les biens
auront eſté confiſquez, ſoit que les biens confiſquez ſoient en ſa haute Iuſtice, ou en la haute Iuſtice d'vn autre Seigneur. Toutesfois ſi celuy qui
eſt priſonnier à la requeſte du Procureur fiſcal de
quelque Seigneur haut Iuſticier, a appellé du decret de priſe de corps contre luy decerné, empriſonnement fait de ſa perſonne, ou bien des defauts
à bon contre luy donnez, ou de quelque ſentence
interlocutoire contre luy renduë, releue ſon appel en la Cour, & faſſe intimer le Seigneur haut
Iuſticier, ſi l'appellant ſuccombe en ſon appel, il
ſera condamné és deſpens de la cauſe d'appel enuers le Seigneur haut Iuſticier, qui aura eſté intimé, ainſi qu'il fut iugé entre Antoine Guynieres,
appellant d'vne part, & Monſieur l'Eueſque de
Meaux, intimé d'autre, par Arreſt du 18. Mars 1581.

CHAP. XIV.

IL y a des parties qui ſont contraintes de plaider
à cauſe de leurs charges & qualitez, comme les
curateurs aux ſucceſſions, ou biens vacans: les
heritiers par benefice d'inuentaire: les tuteurs &
curateurs: & pour cette cauſe on n'a accouſtumé
les condáner és deſpens qu'en leurs qualitez, ſinon
qu'il y ait de la calomnie, ou vne trop apparente
temerité de plaider, *l. non eſt ignotum, l. ſi bona. C.*
de admin.tut. Ma ſuer.tit. de expenſ. ver ſ. Item ſi tutor.
& pour vne plus grande ſeureté le tuteur fera diſ-
cretement d'auoir le conſentement & aduis des
parens. *Aufrer.deciſ.Tholoſ. 40. Boer. in conſ. Burg.*

tit. de stat. perf. §. ex verb. mises de procez. *Rebuf. tit. de sent. prouis. art. 3. glos. 3. num. 22, & tit. de expens. art. 1. glos. num. 56. Masuer. tit. de tut. vers. idem tutor Barthol. in l. 1. parag. si procurator ff. si quis ius dic non obtemp. Faber ad l. non est. C. de administ. tut.*

CHAP. XV.

MAis pourra-on rendre sentence contre le tuteur en son propre & priué nom, s'il est reconnu proceder par la calomnie, ou apparente temerité *aut quolibet alio casu.* L'on fait vne distinction pour soudre cette question, telle que si le tuteur a intenté l'action en son nom, ou du moins sans expression de la qualité du tuteur ; auquel cas l'on presumera tousiours qu'il agisse *nomine proprio l. & magis ff. de solut.* en ce cas l'on se peut addresser au tuteur, & mettre la sentence à execution contre luy, sans aucune discution. Autre chose est si le tuteur agit en qualité de tuteur: car en ce cas il doit estre appellé pardeuant le Iuge, pour declarer quels biens il a appartenans à son mineur, & en apres industrieusement & de malice deliberée il refuit la comparution, & se laisse contumacer, on pourra s'addresser à luy & l'executer en son nom, d'autant que telles fuites & procrastinations le font tenir & reputer pour consentant, *L. eum parag. qui iniuriarum ff. si quis cautionibus & factum id censetur in eius præiudicium, per quem stat ne fiat,* cōme traicte Monsieur Tiraqueau *de retract. paragr. 15. verb.* depuis la litiscontestatió, *nu. 7.* C'est pourquoy en ce cas il est conuenu en son priué nom, la mesme chose estant permise vers les Magistrats, *Aufrer. decis. 40.* Le mesme s'ob-

ſerue en la perſonne d'vn Procureur, *qui ſuo &*
procuratorio nomine fide iuſſit, qui ne puiſſe eſtre
attaqué, *Domino præſente non excuſſo*, comme il eſt
decidé par M. Boëre en ſa deciſion, 473. Bartho-.
le ſur la loy, *ſi ſe non obtulit ff. de re iud.* Zaze ſur la
loy, *ſtipulatio iſta. §. alteri ff. de verb. oblig. Val.*
tra. 9. Mol. §. 6. gloſ. 6. num. 34. conſ. Pariſ.

Chap. XVI.

POur le regard de l'heritier par benefice d'inuentaire il eſt tenu en ſon nom priué des deſpens des pourſuittes contre luy faites , comme
auſſi il obtient ceux qui luy ſont adiugez, ſans les
acquerir à l'adminiſtration qu il a de l'heredité.
Mais pour le regard des deſpens eſquels le defunct
eſt condamné, ils viennent en la redition du compte que ledit heritier doit rendre & deuant icelle
ne peut eſtre contraint à les payer. Ainſi a eſté iugé par Arreſt de la Cour du 6. Auril 1574. Monſieur Maynard li. 2. de ſes Queſtions ch. 44. eſcrit
le ſemblable eſtre obſerué au Parlement de Tol.
Quid, ſi le procez auoit eſté commencé contre le
defunct, les deſpens s'adiugeront neantmoins
contre l'heritier par benefice d'inuentaire en ſon
nom : car il ſe doit imputer d'auoir mal, & temerairement plaidé. Mais quant aux deſpens obtenus contre le defunct, l'heritier par benefice d'inuentaire n'en ſera tenu, que iuſques à la concur-
réce d'iceluy, & s'il a fait des frais & dépens neceſſaires pour la conſeruation de l'heredité : comme
par exemple, pour faire venir les debtes, & que les
debteurs ne ſoient ſoluables pour luy payer les
deſpens par luy faits, il les pourra coucher en miſes en ſon compte, & il ſera preferé à tous les créa-

ciers hereditaires, d'autant que ce qu'il auroit fait auroit eſté au profit commun de tous les creanciers *& tanqu. m ipſorum negotiorum geſtori*, pour conſeruer les biens de l'heredité, *l. vlt. parag. in computatione C. de iur. delit.* Voy M. René Chop. *l. 3. de Priuil. Ruſtic. part. 3. c. 6. nu. 4.* où il parle des deſpens obtenus contre vn tuteur, & vn heritier par benefice d'inuentaire.

Chap. XVII.

AVcuns ont ſouſtenu que la taxe des deſpens ſe deuoit faire en iugement, & non en la maiſon du Iuge, comme il fut dit par Arreſt aux gráds iours d'Angers 1539. le 11. Septembre *l. 1. parag. dies autem ff. quand appell.* en partie afin que le ſtyle ou l'vſage du Siege où ladite taxe ſe feroit fuſt notoire à vn chacun, afin auſſi que les parties n'euſſent aucune excuſe pour pretexter leur abſence. Mais au lieu de cela, l'on a introduit vne nouuelle aſſignation qu'on donne à la partie, afin de voir taxer deſpens, & ce en la maiſon du Iuge. *Roman. ſing. 731.* qui eſt vne eſpece de nouuelle action ou inſtance. *Conſtant. ad Conſt. reg. art. 182. Boer. deciſ. 285. num. 6. Rebuff. tract. de expenſ. art. 5. num. 6.* Ce qui s'obſerue és Cours Royales, ou inferieures, où il ne ſuffiroit d'adiourner le Procureur, auec lequel la condamnation de deſpens eſt donnée. Mais en la Cour de Parlement il ſuffit d'appeller le Procureur de la partie condamnée és deſpens, qui a comparu en la cauſe. *Felin. cap. 9. n. 49. de conſt. ext. Alexand. conſ. 95. lib. 2. Cepol. cant. 86.*

Chap. XVIII.

ES cauſes legeres & ſouueraines, tant ciuiles que criminelles, qui ſe doiuent depeſcher, &

iuger en l'Audience, il conuient par mefme
moyen & fentence taxer les defpens, fans permettre d'en faire declaration.

Chap. XIX.

NOvs auons dit cy-deffus au chap. 13. que les
Seigneurs Iufticiers, tout ainfi que le Roy,
doiuent à leurs fujets iuftice à leurs defpens, fans
pouuoir faire qu'en procez criminels faits en leur
Iurifdiction, les accufez condamnez foient tenus
en aucuns defpés pour leur regard. Papon, liu. 24.
tit. 6. Arreft 3. le femblable doit eftre gardé & obferué en la confection des procez, contre les Ecclefiaftiques par les Officiaux, à la requefte des
Promoteurs des caufes d'offices des Euefques &
Archeuefques. Ainfi a-il efté iugé au rapport de
Aufrere en fa decifion 41. fuiuãt l'opinion de Boëre, au cha. *ad aures defim.* & s'ils font le contraire,
y a lieu d'appel comme d'abus, ainfi qu'écrit M.
René Choppin *lib. 2. de facr. polit. c. 6. n. 15.* mefmes doiuét faire conduire le prifonnier accufé és
prifons du Iuge d'appel, & porter le procez aux
defpens de l'Euefque, à peine de l'amende & faifie du temporel, ainfi que led. Choppin rapporte
auoir efté iugé : & fuiuant ce a efté iugé par deux
Arrefts de la Cour dõnez au profit de M. Nicolas
Guidolet Preftre, appellant comme d'abus de l'o-
ctroy de certaine taxe & executoire contre luy decernée par l'Official de l'Archeuefque de Bourges, au profit de Guillaume Ragneau Sergent
Royal, pour auoir amené prifonnier ledit Guidolet, à la requefte du Promoteur des caufes d'offices dudit fieur Archeuefque és prifõs Archiepif-
copales, execution d'icelle faite à la requefte dud.

Ragneau intimé, & encores ledit Guidolet appellant aussi comme d'abus, d'autre octroy & taxe decernée contre luy, à la requeste dudit Promoteur, & M. Iean Ioannet Archiprestre de Hurie, pour auoir à la requeste dudit Promoteur informé, & enuoyé les informations au Greffe dudit Official, execution faite en vertu dudit executoire & tout ce qui s'en estoit ensuiuy, & ledit Ioannet intimé : La Cour par deux Arrests donnez en l'Audience en l'an mil six cens quatre, dit que mal & abusiuement l'Official auoit decerné executoire contre l'appellant, & executé, deffenses aux intimez de s'ayder de ce qui estoit fait, & les deniers, si aucuns auoient esté payez, restituez, lesdits intimez condamnez chacun d'eux en dix liures parisis, pour tous despens dommages & interests.

Chap. XX.

ENcores que les despens soient accessoires du principal, si est-ce que par l'Ordonnance de l'an 1539. art. 20. est porté que les sentences & iugemens donnez contre les garends, seront executoires contre les garentis, tout ainsi que contre les condamnez, sauf des despens dommages, & interests, dont la liquidation & execution se fera contre le garend seulement. Contre lequel texte si expres, ne faut receuoir l'exception qu'aucuns apportent, sinon que le garend fust insoluable : auquel cas ils estiment, qu'apres auoir discuté le garend, on se peut pouruoir contre le garéty pour les despens, dommages & interests : Car telle opinion repugne non seulement audit article, qui veut la liquidation, & execution estre seulement

faite contre le garenty : ains auſſi à la commune
regle de droiɛt, que les deſpens ne ſont deubs,
que par celuy, contre lequel ils ſont adjugez, *l.*
ſæpe ff. de re iud. & in iudicijs quaſi contrahitur, l.
3. parag. idē ff. de ſpecul. Iean Faber, in l. 1. C. vbi
in rem. aɛt. & in parag. final. inſt. de ſatiſdar. parce
qu'ils ſont perſonnels, & ne concernent que les
perſonnes de ceux qui plaident. Auſſi ſeroit choſe abſurde de remettre le garenty en procez pour
les deſpens, qui dés le commencement a eſté mis
hors à la charge de l'Ordonnance, laquelle i'en
exempte & decharge. Et apres que le garend aura
eſté receu à prendre la cauſe, le garanty fera bien
d'attendre l'euenement du procez, & qu'il y ait
ſentence donnée contre le garend, & meſmement
contre luy, s'il demeure en cauſe il n'en doit appeller, comme a eſté iugé par Arreſt en l'Audience du 19. Decembre 1583. d'autant que ſon garend le doit du tout garentir & indemniſer, *l. 1.*
ſi emptori. l. ſi plus, verſ. minus ff. de venit, l. ſi con-
trouerſial. ſi cum quaſtio C. eod.

Chapitre XXI.

L E droiɛt Romain ne fait difference entre les
procez iugez par contumace, ou par forcluſion, comme fait le droiɛt François. Mais l'Ordonnance de l'an 1539. conforme à la conſtitution
de Iuſtinian, *in l. properandum C. de iudic.* requiert
que pour iuger difinituement vne cauſe par contumace, le demandeur iuſtifie & faſſe apparoir du
contenu en ſa demande. Ce qu'on peut dire auſſi
du defendeur, lequel veut eſtre abſous, non ſeulement de l'inſtance, *quod in d. l. properandum dicitur*
ab obſeruatione iudicij, ains auſſi de la cauſe, c'eſt

à dire, de ce qui luy eſt demandé, & pour raiſon de
quoy il eſt mis en procez, en parlant en termes de
pratique en l'vne, ou l'autre eſpece, en laquelle le
demandeur ou le defendeur produit ſeul en l'abſence & contumace de l'autre s'il obtient ſentence à ſon intention, il eſt ſans doute que l'abſent &
contumax doit eſtre condamné és deſpens, *l. con-
tumaria ff. de re iud.* qui parle en ce cas : Mais ſi
au principal la ſentence ſe doit dőner au profit de
l'abſent, ſoit que le preſent n'ait rien iuſtifié du
contenu en ſa demande ou en ſes defenſes, ou que
par les pieces par luy produites apparoiſſe que le
Iuge doiue le cődamner, on diſpute qui doit eſtre
condamné és deſpens : Ie ſçay biē ce qu'en a eſcrit
Accurſes, *in d. l. properandum parag. ſin. autem
ex geſtis,* recitant les diuerſes opinions des anciens
Interpretes : Toutesfois on peut *ex d. l. properandű,*
faire diſtinctiő entre le demãdeur & le defendeur.
Si le demãdeur n'a rien prouué & iuſtifié du contenu en ſa demande, & d'icelle le defendeur ſoit
abſous, le demandeur ſera condamné és deſpens
de l'inſtance, *tanquam temerarius litigator,* autres que ceux des defauts & contumaces obtenus
contre le defendeur, eſquels il doit eſtre condãné
pour le meſpris de comparoir pardeuant le Iuge,
iuxta d. l. contumacia: laquelle par cette diſtinction
peut eſtre aiſémét conciliée auec lad. loy *properandum,* §. *ci ſi quidem,* en liſant le texte, ſelon qu'il
eſt aux anciens liures, & fait contre le demandeur
la regle vulgaire, *actore nő probãte reus eſt abſoluen-
dus, ci ſi nihil ipſe præſtet l. qui accuſare, C. de obed.*
Mais ſi pour l'abſence du demandeur, le defendeur faiſant iuger le procez par contumax ou for-

clufion eft neantmoins condamné au principal enuers le demandeur, il doit auffi eftre condamné
és defpens de la caufe, autres que ceux que le defendeur auroit faits, pour l'abfence & contumace
du demandeur, efquels le demandeur fera condamné, & ainfi faut entendre cette claufe, *de §.*
fin. autem ex geftis expenfis tantummodo litis, quas
reus legitimè fe expendiffe inrauerit, condamnatione
excipiendis, quia hanc pœnam actori, & meliorem
caufam habenti: propter folam abfentiæ contumaciam
imponimus : Laquelle claufe mal entenduë par les
Interpretes, leur a caufé la diffention d'opinions
contraires, & me femble qu'il faut aüffi entendre felon cette interpretation le chap. *columniam*
de vœu. & ainfi l'obferue la pratique Françoife és
caufes de premiere inftance : mais és caufes d'appel s'il y a defaut, ou congé à faute de comparoir,
ou de conclure, l'abfent & defaillant perdra fa
caufe au principal, & fera condamné és defpens,
vt traditur in Nouel. 49. Toutesfois fi les parties
ayans comparu apres auoir conclud en l'appel,
s abfentent, ou l'vne d'elles, encore que l'appellant n'ait fourny de griefs ou l'intimé de refponfes, le procez ne laiffera d'eftre iugé; & celuy contre lequel fera donné iugement fur la caufe d'appel fera condamné és defpens d'icelle, finon qu'il
y ait quelque iufte caufe de l'en exempter, comme
les Cours Souueraines quelquefois par equité,
ou en mettant l'appellation, & ce dont a efté appellé au neant, ordonnent fans defpens.

CHAP. XXII.

IL y a certaines caufes & matieres efquelles l'on
n'a point accouftumé d'adiuger defpens à l'vne

ny à l'autre des parties, ſçauoir eſt matiere d'aſſeureté, quand les deux parties comparent, & l'v-
ne demande aſſeureté à l'autre : car l'aſſeureté eſt
baillée ſans deſpens. Semblablement, ſi on fait
conuenir quelqu'vn en interruption, qui eſt à ce
que la poſſeſſion d'aucuns immeubles faite par le
deffendeur auparauant ſoit interrupte, &celle que
ledit deffendeur fera à l'aduenir, ne puiſſe nuire,
ne preiudicier au demandeur, & l'on a accouſtumé d'vſer de cette interruption, quand quelque
heritage eſt ſujet à quelque rente conſtituée à prix
d'argent. En outre quand l'on fait adiourner partie, pour voir en iugement faire quelque ſommation contre elle, dont aucuns prennent occaſion,
quand ils ont fait conuenir leurs parties en iugement pour reſpondre en general à leurs demandes, & ne ſçauent que demander, ils intentent aucunes deſdites matieres, afin de ne payer deſpens
de l'aſſignation, voire apres qu'aucunes ont propoſé temeraire action, au iour que le deffendeur
doit y deffendre; pour ſauuer les deſpens ils declarent qu'ils conuertiſſent leurs concluſions & demandes en ſommation : mais en ce cas il me ſemble qu'ils doiuent les deſpens, à tout le moins du
iour aſſigné au deffendeur pour reſpondre, & la
conſultation qu'il auroit faite pour y deffendre:
comme ils ſeroient deubs ſi l'adiournement eſtoit
libellé, au iour que le demandeur conuertit ſa demande en ſommation : mais ſi l'adiournement
n'eſtoit libellé, & apres la demande propoſée, &
delay baillé au deffendeur à autre iour enſuiuant
pour en venir, le deffendeur en meſme iugement
declaroit qu'il conuertiſt ſa demande en ſom-

mation, lors felon mon opinion ne deuroit ancuns
defpens, tout ainfi que s'il euft fait premierement
conuenír en fommation : car le deffendeur n'en
eft plus intereffé.

Chap. XXIII.

LA condamnation de defpens porte quand &
foy cette condition perpetuelle, s'ils font neceffaires, ou probables, fe doiuent entendre des
moderez & raifonnables ne furpaffans la taxe &
moderation prefcrite par l'ordonnance felon que
nous enfeigne Monfieur Cujas fur le chapitre
finem. §. ext. de dol. & contum. generaliter, ff.
de vfur. ideoque male faluta non repetentur, l. 11.
ff. ad l. falcid. & comme dit la loy *properandum*
fi fouuent repetée, *§. fin. autem. C. de iud. ex-*
penfis tantum modo litis, quas reus legitime fe ex-
pendiffe iurauerit, condamnatione excipiendis. Il
appartient au Iuge de les taxer moderément,
& non felon que la partie les auroit volontairement faits, encore qu'il en iure, ains felon
qu'il eft accouftumé faire en la Iuftice, où ils font
adiugez, eu efgard aux qualitez tant des parties,
que de la caufe, *l. 4. C. de fruct. & lit. expenf.*
d. lib. properandum, & lib. C. de iud. cap. 5. de
dol. & cont. cap. 1. in fin. de feq. poff. Lefquels
defpens confiftent principalement en trois chofes, à fçauoir voyages & iournées de la partie, &
de fon Procureur, & des Sergens, efcritures &
confultations, & actes iudiciaires, fous lefquels
on comprend les enqueftes & vacations faites
pour icelles : on peut adioufter les efpices pour le
comble, *Fab. inft. de pœn. Iafon. vol. 3. conf. 4.*
Accurf. glof. in verb. cum oportere, l. idem La-

beo mand. *Pap. conſt. Bourb.* §. 155. *Felin. cum om-*
nes num. 32. *& 33. de conſt.*

CHAP. XXIV.

PAr Arreſt du 25. Octobre 1530. donné au Parlement de Paris, au profit d'vn nommé Saua-
ry, contre M. Iean Chauueau Procureur en Parlement, fut ordonné qu'vn Procureur n'auroit
executoire des articles des deſpens obtenus par ſa
partie, en ce qui concernoit ſes ſalaires, mais ſeroit baillé l'executoire à ſa partie, ſauf au Procureur ſes actions contre luy : Autre Arreſt ſemblable du 21. Iuillet 1531. pour M. Antoine Doutré
Procureur, en faiſant toutesfois conſentir ſa partie, fut ordonné que l'executoire de ſes ſalaires &
vacations luy ſeroit deliuré.

CHAP. XXV.

EN faiſant la taxe de deſpens, l'on ne fait rabat
de ce que le declarant, & qui a obtenu euſt
peu deſpendre en ſa maiſon, ores que la diſpoſition
du droict commun incline à ce rabat, comme dit
Innocent, *in cap. fin. de dol. & contum.* ſinon que
ledit declarant ſoit de meſtier, & n'euſt peu viure
ſans gagner de ſon meſtier : & lors de la deſpenſe qu'il euſt peu faire en ſa maiſon n'eſt rebatuë,
d'autant qu'auſſi eut-il gagné, & eſtant à la pourſuite de ſon procez ne gagne rien, & ne fait que
deſpendre, comme dit Panorme au chapitre *fin.*
eod. Mais par le ſtyle des Cours Souueraines le
premier eſt ſuiuy contre ladite diſpoſition, qui
n'eſt aucunement pratiquée.

Pareillement en la taxe des deſpens ne ſe doiuent comprendre les frais & deſpens de l'empriſonnement & geollage, & cela venant ſous les

dommages & interefts, ainfi qu'il fut iugé par Arreft du 21. Mars 1563 en vne appellation d'vn art.
de la taxe de defpens, portant la fentence condamnation de defpens, dommages & interefts refer-
uée en diffinitiue.

Chap. XXVI.

IL eft fans doute que le demandeur peut cháger
& corriger fon action, comme il eftoit porté
par l'Edit perpetuel du Preteur, *l. edicta C. de*
edend. Par noftre pratique le demandeur peut par
fes repliques ou autre écriture, & acte de la caufe,
changer, corriger, ou reftraindre fes conclufions,
& faire offre : comme auffi le deffendeur par fes
dupliques ou autres écritures, & actes du procez, corriger, changer, augmenter, ou diminuer
fes deffenfes, & faire offre. On demande fi fuiuant
ce changement, reftriction, ou offre, le iugement
fe doit donner au principal, qu'eft-ce que le Iuge
doit ordonner des defpens ? Surquoy fe trouuent
diuerfes opinions. Mais il me femble qu'en telles
matieres peut grádement l'aduis & prudence du
Iuge, & qu'il eft difficile d'en donner certaine regle, tant pour la diuerfité des actions & des declarations, mutations & offres qui fe font en la
caufe, que pour les diuerfes circonftances qui s'y
prefentent, par lefquels le Iuge peut connoiftre
iufques à quel acte du procez la partie qu'il condamne auroit eu iufte caufe de plaider, comme
enfeigne Balde fur la loy *generaliter*, §. *fed. iura-*
mento, C. de eb. cred. Et és caufes perfonnelles pour
debte. fi le defendeur fait au cours du procez offre
de certaine fomme auec defpens iufques au iour,
& le demandeur infifte pour plus grande fomme,

le Iuge condānant le defendeur ſuiuant ſon offre, condamnera par meſme iugement le demandeur és deſpens depuis icelle, pour n'auoir eu iuſte cauſe d'inſiſter és cauſes petitoires , & autres , contenans pluſieurs chefs ſi apres longue conteſtation pour tous leſdits chefs, le demandeur ſe reſtraint à aucuns d'iceux, pour leſquels le defendeur offre paſſer ſentence, & accorde eſtre condāné au principal, le Iuge doit prudemment aduiſer en quels deſpens il condamnera le defendeur , & s'il luy en diuiſera aucuns contre le demandeur, ou ſi tous il les compenſe : *Quod ex varijs rerum & cauſarum circumſtantijs iudicabit.* Ce qu'il faut auſſi conſiderer, quand il y a mutation de concluſions, ou que le demandeur ſe fondant ſur vn droit, ou qualité dont il n'auroit peu faire apparoir, eſt chargé d'vne autre, contre lequel le deffendeur n'auroit inſiſté, ains offert paſſer ſentence. Car en telles eſpeces ne ſeroit raiſonnable de condamner le defendeur en tous les deſpés; ains y auroit plus d'apparence d'en adiuger, ſinon tout au moins quelque partie contre le demandeur , lequel n'auroit eu du commencement iuſte cauſe de plaider, ayant comme on dit . mal informé le procez. A quoy ſe rapporte ce que Barthole eſcrit en la loy, *ſi quis inficiatus, ſf. de poſ. & in l. properandum, §. ſiue autem alter vira. C. de iud.*

Chap. XXVII.

SI ſous les mots de dommages & intereſts, les deſpens ſont compris, Alexandre en ſon Conſeil 34. ſur la fin li. 3 tient pour l'affirmatiue: toutesfois il y a texte contraire *in c. in noſtra de in iur.* En ſuitte duquel pluſieurs ont tenu que ſont les

dommages,

dommages & interefts, les defpens n'eftoient cô-
pris, ainfi qu'il eft remarqué par Boëre *quæft. 4.*
num. 7. de mefme les defpens ne comprennent les
dommages & interefts, *gloff. fi. in l. 1. & ibi Barth.*
& Alexand. in addit. ad Barth. de alien. iud. mut.
cauf. faɛ̃t. Bald. in l. 3. C. de fruɛ̃t. & lit. exp. Iaf. in
l. §. fin. num. 27. ff. fi quis ius dic. non obt. Boëre
liu. preal. *num. 5.* Rebuff. *in ord. reg. traɛ̃t. de expen.*
art. 3. nu. 7. Papon liu. 8 tit. 12. arreft. 7. par lequel
il a efté iugé que ces mots de dommages & interefts contiennent les defpens implicites, defquels
procede diminution de patrimoine, tout ainfi que
de dommages, *l. quod dicitur, C. de impenf. in reb.*
dot. faɛ̃. Pour éclairciffement de ce chapitre, M.
René Choppin. *lib. 2. de fac. polit. tit. num. 41. fol.*
176.

Chap. XXVIII.

SI plufieurs font condamnez par vne mefme
fentence, les defpens fe taxeront contre eux
par portions viriles, & par teftes, *inft. l. vnic. C. fi*
plur. vna fent. cond. fuer. en maniere que ceux qui
font compris fous vn nom colleɛ̃tif, comme d'habitans, ils ne feront qu'vne tefte, eftant condamnez par mefme iugement, auec autres particuliers qui font denommez, lefquels feront tenus
des defpens chacun par tefte, & nombres de perfonnes : auffi le tuteur de plufieurs mineurs ne fera qu'vne tefte. Ainfi a efté iugé par plufieurs Arrefts de la Cour, & entre autres du 7. Mars 1555.
en l'Audience, & entre coheritiers ils fe payent
auffi par tefte, encore qu'ils fuccedent inégale-
ment, & l'aifné n'en paye non plus qu'vn autre,
iugé par Arreft du 15. Aouft 1585.

Condamnations de despens sont personnelles: tellement que chacun des consorts condamné est tenu *prorata*; & si le pere & le fils sont condamnez ensemble, le pere ne sera contraint pour le tout, mais seulemét pour la moitié, sinon qu'il se trouuast en mauuaise foy:& ainsi fut iugé par Arrest du Parlement de Paris, du 15. Iuillet 1534. Là dessus sont notables les plaidoyez de Messieurs de sainct Meloir & Boucherat, President, Mósieur le Maistre,du 4.May 1553. ledit Sainct Meloir alleguoit vn Arrest de l'an 1535 par lequel les despens se taxent & diuisent par testes & eu égard au nombre de ceux qui succombent, & non pas *pro modo emolumenti victoriæ petitæ*. Comme trois demandent vne maison, l'vn pour le quart & demy, l'autre pour vne huictiesme, l'autre pour vne moitié, s'ils perdent leur cause. & sont condamnez és despens, ils les doiuent chacun pour vn tiers. Raison, que chacun d'eux à pareille temerité de plaider, de laquelle procede, & se regle la condamnation de despens, *l. eum qui timere ff. de iudic.* Ledit sieur Boucherat demeuroit bien d'accord de l'arrest, mais disoit que le fait qui se presentoit lors, estoit entierement diuers de plusieurs heritiers ayant succedé à l'vn des plaidans, auant la condánation: duquel fait resulte diuerse raison du precedent car ils plaident tous par vn seul Procureur *l. iam tamen §. penult. ff. iud. fol* ils representent tous vne mesme personne, *l. 2. §. ex his ff. de verb. oblig.* Il est certain que si quelqu'vn d'eux decede auant la sentéce, & delaisse plusieurs heritiers qui luy succedent par portions inégales, ils doiuent payer les despés adjugez apres, *prorata*, cóme nous

auons dit cy-deſſus. Sainct Meloir ſouſtenoit que
les heritiers de Boucherat auoient eſté nommément compris par la condamnation auec les autres litigans & partant, *ſcindi debuit ſententia in
viriles, quia inſpicienda fuit, non petito*, & à céc
effect eſt expres le terme de la loy vnique, C. *plur.*
vnic. ſent. cond. fuer. Au fort, quand la raiſon de
Boucherat ſeroit vraye, ſe trouue la taxe faite *in
viriles* & non pas *prorata*, de laquelle n'y a aucun
appel. La Cour par ſon Arreſt deboute la partie
de Boucherat, ſauf ſon recours contre les coheritiers. Monſieur le Preſident, la Cour leuée, de-
clara audit Boucherat le motif de la Cour, à ſçauoir que par faute d'auoir appellé de la taxe des
deſpens faite en preſence du Procureur, le ſurplus
n'eſtoit qu'execution d'icelle, qui auoit force d'arreſt. Auſſi la reſerue dudit Arreſt fait aſſez entendre que telle diuiſion ſe doit faire *prorata, non in
viriles,* pour le dernier cas: & de meſme eſt notable
le ſuiuāt Arreſt. Monſieur Mainard liu. 3. ch. 1. de
ſes Queſt. n'approuue le contenu en céc Arreſt,
mais au contraire ſouſtient que les heritiers d'vn
qui a commencé vn procez, ne peuuent eſtre condamnez que ſelon leurs portions hereditaires,
ayans fait declaration en reprenant le procez,
pour quelles portions il reprenoit ledit procez.

Le 15. d'Aouſt 1585. és Arreſts generaux, vn
frere ayant fait caſſer la donation aduantageuſe
d'vn de ſes freres, Guillaume Carré, & ſur le recollement des deſpens, les coheritiers puiſnez,
faiſans ſeulement offres de contribuër virilement
& par teſtes inegalement toutesfois, & pour la
portion qu'ils prenoient du bien, voulans faire

plus payer au frere aiſné, parce qu'il prenoit dauantage par la Couſtume, fut iugé que les deſpens ſe payeroient par chacun eſgallement. Cét Arreſt eſt rapporté au commencement de ce chapitre, non toutesfois ſi au long.

Par Arreſt du 12. iour de Mars 1534. donné au profit de Damoiſelle Renée Guichard, contre le Seigneur de Grigny, & le ſieur de la Chaiſnaye, par lequel fut dit que les deſpens taxez contre quatre; les deux venans comme heritiers, reſpondans au lieu d'vn tiers, feroient neantmoins payez par quatre parties, chacun pour vne quatrieſme portion, & fut l'appellation qui auoit eſté interjettée miſe au neant, & ordonné que ce dont eſtoit appellé, qui eſtoit le commandement fait à chacun d'eux de ſa quatrieſme partie, ſortiroit effect; & *hîc nota*, que la Cour s'arreſta ſur ce que leur Procureur n'en auoit fait debat, en procedant à la taxe deſdits deſpens, & reſerué audit de Gregny & la Cheſnaye leur recours contre le Procureur. Voy Coquille en ſes Queſtions & Reſponſes ſur les articles des Couſtumes, queſtion 262.

CHAP. XXIX.

QVid, des deſpens obtenus contre vne communauté, & par quel moyen on en peut eſtre payé. L'Arreſt du 12. Iuillet 1538. donné au profit d'vn nommé Tragin, contre les habitans de Fontenay, l'enſeigne: par lequel il fut dit que dedans vn mois les Marguilliers feroient aſſiette ſur leſdits habitans, de la ſomme contenuë en vn executoire de deſpens; & à faute de ce faire, leſdits Marguilliers, & Procureurs de Fabrique, condamnez à payer en leurs propres & priuez noms.

CHAP. XXX.

IL y a des deſpens qu'on appelle preiudiciaux, parce qu'il les faut payer, & refondre auant que la partie ſoit tenuë de proceder en la cauſe, *l. ſancimus. C. de ind. c. fin. de dol. & cont. Maſuer. tit, de expenſ.* & lors que les deſpens adiugez ſont declarez preiudiciaux, l'on n'eſt point receuable de les faire côpenſer auec d'autres deſpens, ou debte liquide, côme fut iugé par Arreſt du Parlement de Paris du 27. May 1530. plaidás Aubery & Vialard.

CHAP. XXXI.

LEs habitans de Tournay, appellans de la ſentence contre-eux donnée par le Preuoſt de Paris, ou ſon Lieutenant, par contumace, preſentent lettres Royaux, pour faire mettre au neant leur appel, & les contumaces, & la ſentence qui s'en eſtoit enſuiuie où eſtoit la clauſe, en refondant les deſpens tels que de raiſon, & dient qu'ils ne doiuent deſpens des contumaces obtenuës du temps de la guerre, veu qu'ils eſtoient lors dudit temps de la paix. Partie aduerſe demande le tout, veuë la clauſe en refondant deſpens tels que de raiſon, fut dit par Arreſt du Parlement de Paris du 22. Nouembre 1519. que cette clauſe, *tels que de raiſon*, emporte condamnation, ſi elle y eſchet.

CHAP. XXXII.

LA femme mariée deſauoüée, & non auctoriſée par ſon mary, ayant eſté condamnée és deſpens d'vn procez contre-elle intenté pour crime & delict, on ne peut pour le payement deſdits deſpens, ny pareillement pour le payement de l'intereſt ciuil, & amende adiugée, faire proceder par voye d'execution, pendant le mariage ſur les meu-

K k iij

bles, acqueſts & conqueſts, immeubles de la communauté, encor que le mary ait declaré que ſa
femme n'a aucuns heritages propres, mais eſt beſoin d'attendre la diſſolution de la communauté.
Et ſuppoſé que la femme euſt heritages propres,
toutesfois on ne pourroit, ſinon faire vendre la
proprieté d'iceux, à la reſeruation de l'vſufruict,
ou pluſtoſt iouïſſance des fruicts qui appartiennent au mary, pendant & côſtant le mariage, comme il a eſté iugé par Arreſt donné en plaidant le 8.
Feurier 580. Autre Arreſt donné ſur productiôs
des parties le 30. Aouſt 1578. entre Pierre Rabuſſeau & ſa femme, demandeurs en commandement & execution, d'vne part, & Nicolas Dubus
oppoſant à ladite execution, & adiourné pour dire
ſes cauſes d'oppoſition, d'autre. La femme dudit
Dubus, non auctoriſée par luy, auoit eſté condamnée és deſpens d'vn procez, qui auoit eſté contre
elle intenté pour iniures par elle dites à la femme
de Rabuſſeau, les deſpens eſtans taxez à la ſomme
de ſoixante liures neuf ſols dix deniers pariſis.
Pour le payement de cette ſomme, Rabuſſeau & ſa
femme ayans fait proceder par voye d'execution
ſur les biens de la communauté d'entre Dubus &
ſa femme, Dubus mary s'eſtant formé par ledit
Dubus mary de Guillemette du Mouſtier à ladite
ſaiſie & execution deſdits biens faite à la requeſte
dudit Rabuſſeau: que quant à preſent elle a fait &
fait main-leuée deſdits biens meubles dudit Dubus, & que les gardiens d'iceux ſeront, & demeureront quittes & deſchargez, & les deſcharge la
Cour. Sauf toutesfois audit Rabuſſeau apres la
diſſolution du mariage deſdits Dubus, à ladite

du Mouſtier de ſe pouruoir ſur les biens de la
communauté d'entre eux, ainſi qu'il verra eſtre
à faire par raiſon, & ſans deſpens , dommages &
intereſts, & pour cauſe.

Et encores pour le payement deſdits deſpens
procedans de procez criminel, & extraordinaires
la femme ne peut eſtre contrainte par corps, meſmes apres les 4. mois portez par l'ordonnance de
Moulins, comme il a eſté iugé par Arreſt ſolem-
nellement prononcé pour vne nommée Perri-
chon, le 23. Decembre 1579. & par autre Arreſt
donné en plaidant le Mardy 16. Ianuier 1582. l. 1.
& auth. ſeu hodie c. de offi. diuer. iud. Voy Charondas l. 5. répóſe 67. & l. 7. répóſe 87. où il traite ſé-
blables & pareilles queſtions que celles concer-
tées en ce chap. & dit que le fait s'eſtant preſenté
en l'auditoire du Baillage de Clermont, qu'eſtant
aduenuë quelque ſucceſſion à vne femme mariée
y a procez pour raiſon d'icelle , le mary qui
trouue le droict pretendu par ſa femme, douteux &
diſputable, ne la veut auctoriſer, elle eſt auctoriſée par Iuſtice : enfin elle perd la cauſe, au moins
elle eſt condamnée à faire partage, euincée de partie de lad. ſucceſſion auec reſtitution des fruits &
ſi eſt condánée és deſpens. On a demandé cóment
ſe payeront leſdits fruicts & deſpens. Car le mary, combien qu'il ait pendant le procez iouy de
tous les heritages de ladite ſucceſſion, empeſche
leſdits fruicts, & deſpens eſtre pris ſur ſes meubles, & autres biens de la communauté, pour n'a-
uoir auctoriſé ſa femme Neantmoins l'autheur
ſuſd. dit qu'il a eſté iugé en l'audience dud. Clermont, que le mary en eſtoit tenu *tanquam de in rem,*

K x iiij

verſo: parce que les fruicts deſdits heritages, dont il auoit profité, eſtoient entrez & confondus auec ſes autres meubles en ladite communauté, *arg. l. in rem. & al. ff. de in rem. ver.*

CHAP. XXXIII.

SVr vn differéd qu'il y auoit entre les heritiers & executeurs d'vn teſtament, interuint Arreſt par lequel eſt dit ſans deſpens : toutesfois en rendant compte par les executeurs, ils pourront coucher en deſpens les deſpens qu'ils auront faits au procez; d'autant qu'ils ont fait iceux en ladite qualité, & à raiſon de leur charge, & la clauſe portee par Arreſt ſans deſpens, s'entend pour les parties en leur nom. Ainſi a eſté iugé par Arreſt du 14. Aouſt mil cinq cens. Le ſemblable s'obſerue & pratique pour le regard des tuteurs, qui ont iuſtement ſouſtenu & deffendu la cauſe de leurs pupils.

CHAP. XXXIV.

LEs deſpens de la cauſe d'appel ſont adjugez contre celuy qui perd ſa cauſe, ſoit appellant, ou intimé, lors que le procez ſe iuge ſur les meſmes pieces, ſur leſquelles a eſté donnee la premiere ſentence dont eſt l'appel. Mais s'il y a production nouuelle qui ſoit conſiderable, & inconnuë à la partie, & par laquelle l'on faſſe iugement, les deſpens ſont compenſez. C'eſt l'opinion de Barthole ſur la loy *Generaliter C. de reb. cred.* & de Balde ſur la loy *properandũ parag. ſin autem.* Et ainſi a eſté iugé par Arreſt de Grenoble du 2. Aouſt 1457. pour la ſucceſſion de Mirebel *Mol. ad Alex. conſ. 183. lib. 6. & 179. lib. 7. Aufr. deciſ. 223.*

Chap. XXXV.

SI en caufe d'appel interuient vn tiers, qui allegue vn nouueau droiçt, lequel n'auroit efté
traité en la caufe principale comme pour exemple,
s'il pretend l'heritage, duquel eft queftion luy appartenir, ou eftre tenu & mouuant de luy, & les
autres parties n'y auoir aucun droiçt, la nouuelle
procedure fe fera à fes defpens, pour le retardement qu'il apporte à la caufe d'appel. Iugé par
Arreft du 30. Aouft 1578. pour le Commandeur
de la ville Dieu de Mauru.

Chap. XXXVI.

S'Il arriue qu'vn pauure homme plaide contre
vn plus puiffât que luy, celuy qui eft aifé fera-
il tenu fubminiftrer à l'indigent les frais neceffaires pour pourfuiure iugement contre luy? Aucuns
ont dit pour foudre cette queftion, que par pieté
le riche eft tenu de fournir les defpens au pauure
pourueu que (fi c'eft en matiere criminelle) le riche foit l'accufateur, & non l'accufé : car autremêt
ce feroit vne niaiferie à luy d'aider fon aduerfaire
pour eftre apres opprimé par luy, & luy preparer
des armes pour en eftre offenfé, *l. magis puto para.*
itemq; fi inops. ff. de reb. cor. qui fubtut. Boëre en fa
decifion 324. nomb. 6. fait vne queftion, fçauoir fi
vn pauure a vn procez contre le Roy, fans auoir
dequoy fournir aux frais, fçauoir fi le Roy eft tenu de luy fournir vn Aduocat pour faire cognoi-
ftre la verité du fait. Et refout pour l'affirmatiue
le mefme Boëre en la decifion fuiuante : fait plufieurs autres queft. concernans ce chap & pour
la decifiô d'iceluy. Voy Guy Pape en fa queft. 551.
Didacus Couarrunias pratic. quæft. tom. 2. c. 6. nu.

3. *& 4. Rebuf. d. sent. prouis. ar. 3. gloss. 1. & autres.*

CHAP. XXXVII.

COmme la sentence au principal a force iusques à trente ans, elle l'a aussi pour les despens, ayant esté iugé par Arrest contre vn heritier qu'ils se peuuent taxer apres vingt ans, du 7. Feurier 1565. dont toutesfois ie douterois si les parties estoient d'accord du principal : comme a esté iugé par Arrest du 14. Ianuier 1585. *Iust. l. 3. C. de fract. & lit. expens.*

CHAP. XXXVIII.

LE 6. Iuin 1598. a esté party vn procez en la grand' Chambre, entre Monsieur de Fleury Rapporteur, & Monsieur Molé compartiteur, par lequel vn creancier a esté mis en son ordre du iour du contract de constitution de rête, tant pour son sort principal, interests, que despés. Le mesme a esté iugé par Arrest dóné en la grand' Chambre, au rapport de Monsieur Briçonnet, le 22. Decembre 1609. La difficulté estoit que les despens qui sont personnels n'emportoient hipotheque que du iour de l'executoire, au moins du iour du iugement portant la condamnation des despens, ne dépendât tant du contract que de l'instance, venant plustost pour la mauuaise foy du debteur, qu'autrement. Mais l'on a consideré que le contract estant le fondement de l'action, la cause, l'origine, & le fondement des despens, comme accessoires ils prennent leur hypotheque de ce iour: en quoy il y a moins de difficulté, quand au contract il y a clause, *à peine de tous despens dommages & interests* : lesquels dómages & interests emportent les frais & despens du iour du contract, com-

me nous auons monftré au chapitre 27. L'ancienne Iurifprudence eftoit au contraire, fondée fur
ce que les defpens font accidentaux, & prouien-
nent le plus fouuent de la temerité du debteur : ce
qui ne doit pas nuire, ny apporter quelque taxe, ou
diminution aux droicts des creanciers precedans
la condamnation d'iceux : autrement vn debteur
de mauuaife foy fouftiendroit de gayeté de cœur
vn gros procez, les frais & defpens duquel fe monteroient autant ou plus que le principal, & par ce
moyen fruftreroit fes creanciers pofterieurs : Que
la claufe, *à peine de tous defpens, dommages & in-*
refts. que l'on infere ordinairement és contracts
& obligations, ne fe doit entendre fi cruëment, ny
eftendre, finon en vn fimple adiournement ou execution, & non à vne conteftation formée pour elu-
der le contract, cela n'ayant efté vray-femblable-
ment preueu par les contractans. A prefent l'on
n'en fait plus de difficulté, & cela eft tourné en
maxime que l'hypotheque pour les defpens va du
iour du contract, mefme des defpens faits en execution de l'executoire, côme Monfieur le premier
Prefident de Harlay y apprit aux Aduocats le Vendredy de releuée 6. Avril 1 6 0 7. *Addatur*, qu'en
toutes obligations, foit de preft, ou autres contracts les Notaires en leur ftyle ont accouftumé de
mettre ces mots, *Promettans rendre & payer à plain*
& fans plaids, tous coufts, frais, mife, defpens, falaires,
iournées, dommages & interefts qui fais & fouftenus
feroient par defaut de ce que dit eft, garenty, enteriné &
accomply, obligeant quant à ce tous fes biens. Et pour
cét effect eft befoin leuer le breuet, obligation ou
contract en forme, à ce que les chofes comprifes

sous ces mots, *& cætera,* soient declarees estenduës
& dilatees : aussi que les despens, comme accessoires du principal, sont estimez de mesme nature
que le principal, suiuant la regle *accessorium de reg.*
iur. in 6. l. petitor. ff. de lib. leg. & ainsi le tiennent
au Chastelet. Toutesfois le contraire a esté iugé
par Arrest donné au profit de la Voisiere, Substitut de Monsieur le Procureur general du Roy à
Mont-lehery, & ne prend on l'hypotheque des
despens que du iour de la sentence portant condamnation d'iceux, suiuant le 53. art. de l'Edict de
Moulins, comme les despens estãs separez du principal. Aussi que la promesse portee par le style des
Notaires est certaine, faire de chose qui n'est point
n'y ayant alors d'icelle aucuns despens naiz ny adiugez. Voila quelle estoit l'ancienne Iurispru-
dence, qui est changée (comme il est dit cy-dessus)
l'hypotheque allant auiourd'huy du iour du contract, mesme pour les despens. Voy Monsieur
Loüet en son recueil d'Arrests lettre I. nombre
12. Quant aux interests, i'ay veu des Arrests donnez au grãd Conseil, l'vn du 28. Septembre 1607.
l'autre du dernier Septembre 1611. pour l'ordre
des biens de Mondreuille & Brienne, auquel feu
Maistre Iean Vreuin, viuant Aduocat en iceluy
grand Conseil, & au Conseil priué du Roy, auoit
escrit par lesquels les interests estoient mis en
mesme rang que le principal. Le mesme a esté iugé audit grãd Conseil, par Arrest du 18. Iuin 1612.
au rapport de Monsieur le Gras, pour Desloges,
contre du Bois, sur vne obligation *de præst. iung.*
Choppin. l. 3. de legib. And. tit. 3. nu. 23. l. vlt. ff.
de fideiuss. Monsieur Mainard tom. 1. liu. 2. ch. 32.

Chap. XXXIX.

VN Iuge se doit bien garder en condamnant
vne partie és despens, de comprendre les
despens futurs, comme il fut iugé par Arrest du
Parlement de Paris de l'an 1510. *per l. non quemad-*
modum ff. de iud. & l. 1. de vsur. Peut neantmoins
regler l'adjudication desdits despens à venir, &
non faits, comme s'il ordonne quelque chose à
faire en autre forme que de coustume, à la requeste d'vne partie exempte. Ie fais remonstrance au
Iuge que si mes tesmoins sont enquis sur le lieu,
dōt ma partie & moy plaidons, ie m'asseure de luy
faire presenter la verité plus euidemment du faict
contentieux. Si la partie l'empesche, le Iuge doit
ordonner que l'enqueste que i'entends faire sera faite sur le lieu, & mes tesmoins y conduits,
ores qu'il soit lointain ; à la charge qu'en cas que
i'obtienne les despens de ladite enqueste, ne seront taxez, sinon de mesme qu'ils le seroient, si
i'auois fait mon enqueste au lieu de la residence
des tesmoins? Autre cas: Ie demande au Iuge qu'il
fasse descente sur le lieu, pour auoir connoissance
des droicts des parties. La partie l'empesche: &
dit que telles descentes ne se doiuent faire apres le
procez instruit à la requeste de l'vne, ou l'autre
des parties, mais seulement de l'office du Iuge : si
apres auoir veu le procez il trouue que telle chose soit necessaire, auant que iuger ledit procez il
pourra ordonner neantmoins, & sur la requeste
que i'en faits, ladite descente, & dire qu'elle se fera
à mes despens, que ie ne pourrai faire taxer, si i'ob-
tiens. Tu poursuis criminellement vn qui t'a offensé, quand il est question de faire venir des tes-

moins pour eftre recollez & confrontez, tu re-
monftres la difficulté, pour eftre lefdits tefmoins
vieux, valetudinaires, & auttrement empefchez de
venir, requiers qu'on aille fur les lieux de leurs
demeurances, cela eft exorbitant. Toutesfois le
Iuge *ex caufa*, le peut ordonner, mais il doit declarer que c'eft à la charge qu'en cas de victoire
les defpens de telle confrontation ne feront taxez,
finon comme ils euffent efté, fi elle euft efté faite
in loco iudicij. Voy Rebuff. *tit. de expenf. art. 5. n. 64.*

CHAP. XL.

PAr Arreft donné au Parlement le 7. Auril
1566. les Chambres affemblées, fut conclud
que quand quelqu'vn aura efté condamné aux
defpens, il doit non feulement les defpens de fon
temps, mais ceux faits du temps de fon predeceffeur, fi le condamné a repris le procez purement
& fimplement. Tellement que quand aucun fe
fait fubroger en vn procez purement & fimplement, & il aduient qu'il eft condamné aux defpens, il doit non feulement les defpens de fon
temps, mais auffi ceux de fon predeceffeur, *lata
condamnatione damnorum, & intereffe per arreftum
confirmata concludendo in caufa appellationis, cum
fuiffet cum expenfis petitum intereffe, dictum fuit ex
deliberatione dominorum vtriufque cameræ, denique
ftatutum etiam virtute dictæ fententiæ confirmatæ, ta-
xandum effe intereffe intimato pro follicitatione, in
caufa appellationis.*

Il a efté iugé par Arreft du Samedy 4. Avril
1580. qu'vn fubrogé en vn procez, & que fon predeceffeur fuft demeuré en caufe pour les defpens
de fon temps, le fubrogé au procez ne fera tenu

aux defpens, que depuis le iour qu'il aura efté fubrogé audit procez.

Par vn ancien Arreft du 7. Avril 1516. apres Pafques, il a efté iugé par les deux Chambres, que le
fubrogé qui eft condamné és defpens, doit tant les
defpens de fon temps, que ceux qui ont efté faits
du temps de fon predeceffeur. Ce qui s'eftend au
cas rapporté cy-deffus : & depuis par autre Arreft
donné aux grands iours de Poictiers le 17. Octobre 1541. car regulierement le fubrogé ne doit les
defpens que du iour de la fubrogation; parce que
tous defpens font perfonnels, comme il a efté iugé
par vn autre Arreft du 3. Avril auant Pafques
1508. lefquels Arrefts font rapportez par *Rebuff.*
in Prax. Benef. part. 2. tit. 2. de fubrogat. num. 47. 48.
& tom. 3. ord. tract. de expenf. art. 1. num. 11. & art. 5.
num. 59. Boër. decif. 94. Molin. conf. 2. num 17. Guil-
lel. de Lud. fin. col. 3. Amanell. declar. ag. fing. col.
6. Oldrad. cauf. 313. in fine.

Au procez d'entre Monfieur le Cardinal de
Bourbon, Abbé commandataire de l'Abbaye de
Trefport, deffendeur, contre Bonju demandeur, a
efté iugé que ledit fieur Cardinal eftoit tenu des
defpens & frais de fon predeceffeur Abbé, en vn
procez pendant en la Cour, bien qu'il ne fuft fon
heritier, & qu'il n'euft l'Abbaye par fa refignatió.
L'Arreft fondé fur ce que l'action eftant contre
L'Abbé cette dignité ne meurt point, *fed habet fuc-*
ceſſorem, autrement les Sujets du Roy feroient
forcez pour la conferuation de leurs droicts plaider, & perdre leurs frais contre les Abbez com-
mendataires, qui n'ont le plus fouuent aucun heritier. Ioint que l'action eftant côduite en qualité

d'Abbé eftât forcé de defendre, ou demandeur en cefte qualité, celuy qui fuccede à la qualité eft tenu de defédre. L'Arreſt eſt du mois de Nou. 1542.

CHAP. XLI.

PAr les Ordonnances des Roys Charles VIII. de l'an 149. art. 61. & François I. de l'an 1521. chap. 7. art. 8. & 9. eſt porté, que ſi en procedant à la taxe des defpens il y a appel interjetté de quelque article, ne ſera differé de paſſer outre à la taxe des autres par le meſme Commiſſaire, & executoire deliuré à la partie du contenu és articles deſquels n'y aura appel. A quoy s'y peut rapporter l'Arreſt du 13. Iuin 1449. donné, les Chambres aſſemblées, contre vn appellant de certaine taxe de defpens, qui auoit croiſé les articles, par lequel fut dit bien taxé, partant condamné en deux amendes ſeulement, ſauf la moderation de la Cour, fut ordonné ainſi le faire d'orefnauant, que *tot ſententiæ, tot articuli conſignarentur. Rebuf. tract. de expenſ. art. 6. & 7. Boer. deciſ. 7.3. & 253. Tiraq. de ret. conuent. ad fin. tit. n. 144. 1. Lud. Roman. conſ. 181. Felin. cap. 3. de re iud. Bart. conſ. 150.* De ſorte donc que pour chacun article mal croiſé, ſi l'appellant en dechet, il paye vne amende entiere, comme d'vn autre fol appel, ſinon qu'il y euſt pluſieurs articles connexez dependans les vns des autres : car lors pour tous leſdits articles connexez il ne paye qu'vne amende.

CHAP. XLII.

L'Ordonnáce de Blois, art. 15. porte que pour releuer les Sujets du Roy, des frais qui ſe font à la taxe des defpens & liquidation de dommage & intereſts és matieres legeres, & de peu d'importance,

portance, que les defpens des côgez , defauts, de-
fertions, folles intimations, affignatiôs, ou appellations interiettees de fentences données par defauts & contumace, ou és matieres de fins de non
proceder, & tous autres de petite confequence: &
pareillement les dommages & interefts des em-
prifonnemens tortionnaires, faifies, executions
reelles & actuelles indeuëment faites, feront de-
formáis taxez & liquidez par le mefme iugement,
par lequel ils auront efté adjugez , fi faire fe peut.
Mais on demande fi les Iuges font aftraints en
toutes caufes & differends generalement quelcô-
ques, de fpecifier en leurs fentences vne certaine
fomme de defpens. Ce qui ne s'y peut, & ne fe
doit obferuer, ny pratiquer, *l. non ignoret. C. de*
fruct. & lit. expenf. Faber. in l. fancimus in fin. C. de
iud. cum id faciat per relationem ad acta. arg. l. 2. C.
de fent. quæ fin. cert. quant. fpecul. tit. defruct. parag.
vifo. verf. fed qualiter. Barth. ad l. nec fententia C.
de fent. & inter l. omn. iud. Alexand. l. 5. conf. 109.
item cum agitur de accefforys, de certa quantitate non
curatur. Iafon. in parag. curare Inftitut. de actionib.
Felin. in cap. fignificantib. extr. delibel. obl. Fab. ad
l. 2. C. de fent. & int. omn. iud. Et ainfi l'ont inter-
preté Monfieur Bourdin fur l'ordonnance de l'an
1539. Conftantin, Rebuffe. Papon, tit. de reftitut.
de fruicts, & autres.

Chap. XLIII.

LEs defpens font tellement perfonnels : que
s'ils font adiugez contre le mary & la femme
en execution du contract de conftitution de rente, ou autres debtes, efquelles ils fe feroient foli-
dairement obligez, bien qu'ils tirent leur caufe &

origine du côtract, ce neantmoins la femme apres
le deceds de ſon mary n'en peut eſtre pourſuiuie
que pour la moitié ſeulement, côme il a eſté iugé
par Arreſt du Védredy 27. Nouébre 1556. plaidãs
Robert de Fontenay & Mãgot, la veufue de Vigot
Procureur en Parlement, & les Marguilliers de
l'Egliſe S. Euſtache, parties plaidantes.

CHAP. XLIV.

LEs deſpens doiuent eſtre adjugez auſſi bien és
procez criminels, comme és ciuils, pource
que la temerité peut échoir auſſi bien és vns qu'és
autres, *imò*, s'agiſſant ordinairement és criminels
de la vie, ou de l'honneur des hommes, il y a bien
plus de peril en iceux, que non point és procez
ciuils, eſquels il ne s'agit que des biés. Voila pourquoy la temerité en eſt cenſée plus grande, & par
conſequent plus puniſſable. *Rebuff. tit de expenſ.*
art. 1.17. & art. 5. num. 48. Fachin. lib. 1. controuerſ.
cap. 42.

CHAPITRE XLV.

LEs frais d'vn procez criminel, lors qu'il n'y a
partie ciuile, ou s'il y en a, & eſt pauure, ne
ſe doiuent taxer, ny prendre ſur l'accuſé, quelque
charge qu'il y ait contre luy, mais ſur les deniers
du Roy, ou Seigneur Iuſticier du lieu: & ainſi fut
iugé par Arreſt du Parlement de Paris, du 26.
Mars 1546. Pour Maiſtre Denis Berardier Greffier de Beaune, appellant, contre Maiſtre Iacques
Fautray, Aduocat, & Iean Petral, Procureur du
Roy audit lieu. *per l. quoniam liberi. C. de teſt. &*
cap. ſtatutum parag. proferendæ de reſcrip. in 6. Voy
ce que nous auons obſerué au chapitre 13. cy deſſus.

Cecy a esté confirmé par plusieurs Arrests, nommément du ɪɪ. Septembre 1563. sauf pour la preuue des faicts iustificatifs de l'accusé, & des reproches des tesmoins quand il y est receu, qui doit
estre faite aux despens de l'accusé, par l'ordonnance de l'an 1539. art. 159. & 160. parce que c'est en
sa faueur. Et toutesfois le prisonnier ne pouuant
faire informer de ses faicts iustificatifs faute de
moyens, & argent, à la requeste dudit prisonnier.
La Cour ordonne apres l'abandonnement de ses
biens, que la partie consignera la somme aduisée
par Arrest, à la charge de le reprendre sur le plus
clair des biens du prisonnier, lors qu'il en aura:
comme fut pratiqué pour Launay prisonnier en
la Conciergerie, contre les heritiers de la Motthe
Serrant, le 15. Iuillet 1581.

CHAP. XLVI.

TResoriers, Receueurs, & leurs Commis
agissans, ou conuenus pour le faict de leur
estat, & deniers du Roy, doiuent obtenir les despens de l'instance, s'ils obtiennent, doiuent aussi
estre condamnez aux despens, s'ils succombent, *l.*
seueriter præses. §. *qui etiam C. de excus. tut. & l. 1.*
C. de Decur. lib. 10. Et ainsi fut iugé par Arrest de
Grenoble le 8. Mars 1459. entre les Tresoriers de
Dauphiné, d'vne part, & Maistre Iean Brunet,
Fermier des Gabelles de Romans d'autre part : &
par Arrest de la Cour des Aydes de Paris du 29.
Ianuier 1556. entre le Syndic de Forests, appel-
lant d'vne part ; & Milan Caze, Receueur des
Tailles & Aydes audit pays intimé, d'autre part.

Chap. XLVII.

QVand le demandeur fonde fa demande en inftruments, & qu'il en fait mention par icelle lors il doit faire l'edition defdits inftrumens à fes defpens, & non du defendeur. Mais quand il n'en fait point mention, & que le defendeur demande edition de quelques tiltres concernans la demande, comme fi le defendeur demande edition de la lettre de conftitution de la rente, dont on demande payement, en ce cas l'edition doit eftre faite aux defpens du defendeur : lefquels defpens font les frais faits pour chercher lefdits tiltres, ou pour les enuoyer ou apporter au lieu où eft le procez pendant. Et font lefdits defpens deubs iaçoit que le demandant ne faffe aucune edition, pourueu qu'il fe purge par ferment en iugement en perfonne, ou par procuration fpeciale, qu'il a fait deuë diligence pour chercher lefdits tiltres, & qu'il n'en a trouué aucuns.

La copie de l'exploict fe doit bailler aux defpens du demandeur . tant en premiere inftance, qu'en caufe d'appel. Barthole fur la loy premiere *ff. de edend. Aufrer. decif.* 91. Boëre en fa decifion 303. *Tiragg. de ret. lig.* §. 1. *gloff.* 10. *nu.* 107. *Felin. cap.* 1. *extr. de lib. obl. Moli.* §. 13. *gloff.* 12. *n.* 5. *conf. Parif.*

Chap. XLVIII.

SI celuy qui a propofé caufes de recufation foit auant, foit apres conteftation en caufe, ne les prouuant point, peut eftre condamné aux defpens. *Rebuffe* to. 1. *de litt. oblig. art.* 10. *gloff.* 2. *num.* 3. cite vn Ar. du 12. Auril 1543. auant Pafques, par lequel an vn quidam recufant fut condáné fuiuant l'Edit çu foixante liures d'amende, & és defpens, dom-

mages & interefts:l'ordonnance de Rouffillon art.
12. y eft formelle pour l'amende: Voy le côfeil 89.
d'Alexandre du liure premier, le 175. de Dec. & le
220. de Louis Romain, la queftion 478. d'Aufrere, & 465. Felin. fur le ch. 13. nombre 4. *de refcript.*
ext. CHAP. XLIX.

Q Vid d'vn mineur, lequel s'eftant laiffé tom-
ber en des defauts & contumaces, en veut
eftre releué fans refonder les defpens, fera-il à ce
receuable fans ladite refufion : Tous les Docteurs
font d'aduis que non. Aufrere en fa decifion 2. &
329. Rebuffe en fon Traicté des defpens, art. 3. n.
41. Boëre en fes Decifions 63. 79. & 92.

CHAP. L.

P Ar la Couftume de Normandie le demandeur
eft tenu bailler caution des defpens, au cas
qu'il fuccombe, fi le defendeur au commencement
de la caufe le requiert : ce qui garde beaucoup de
perfonnes de plaider, conformes au droict commun, *in aut. generaliter. C. de exift. de cleri.* Alexandre en fon Confeil 37. du liure fecond, où il
cite la glofe du §. 1. *inftit. de fatifdat. in verb. fub.*

CHAP. LI.

I 'Ay veu autresfois difputer fi le retrayant lignager doit rembourfer à l'achepteur les defpens du procez par luy intenté contre le vendeur
afin d'auoir la tradition de l'heritage vendu. Charondas raporte qu'il a entendu qu'il a efté iugé au
Chaftelet de Paris qu'il y eftoit tenu; & dit que s'il
y auoit Arreft, qu'il s'en tairoit, mais qu'il ne peut
acquiefcer à telle fentence, parce que l'inftance
pour la tradition de l'heritage ne concerne en rien
le retraict lignager, lequel fe peut intenter, encore

LI iij

qu'il n'y ait que le contract de vendition ; & les
deſpens eſtans perſonnels, l'achepteur ſe les doit
faire adjuger contre le vendeur temeraire litiga-
teur, n'ayant le lignager intereſt en ladite cauſe,
ſans attendre l'euenement de laquelle il peut intenter ſon action de retraict. Voy Felin ſur le chapitre *nouit. ext. de iud.* & Monſieur Tiraqueau qui
a traicté cette action *in terminis,* en ſon liure de
retraict lignager, §. 29. *gloſſ.* 4. *num.* 12. qui n'eſt
point de l'aduis ſuſdit de Charondas, lequel auſſi
ne ſe peut ſouſtenir.

Chap. LII.

SI quelqu'vn fait demande de plus grande ſomme qui ne luy eſt deuë, celuy-là ne ſera pas dit
plaider temerairement : mais celuy qui eſt appellé
pour s'exempter des deſpens, doit faire offre de ce
qu'il doit au vray : car ceſſantes leſdites offres, il ne
laiſſera d'eſtre condamné és deſpens, quoy qu'il
ne doiue toute la ſomme qui luy eſt demandée, *l.*
quidam ff. ſi cert. pet. Rebuff. in procem. conſt. reg. nu.
53. Auſr. deciſ. Thol. 208. *reclamat. Iaſon.* §. *ſed*
hæc quidem, num. 13. *inſtit. de act.* Guy Pape en ſa
queſtion 27. dit que par le chapitre *vnic. de plus*
petit. vn demandeur eſt tenu aux deſpens de l'inſtance, s'il ne preuue ſon intention pour le tout ;
& s'il obtient pour le tiers ou moitié, le deffendeur
ne laiſſe à eſtre condamné à cette portion, & obtenir les deſpens. Ainſi fut iugé par Arreſt de Grenoble, du iour de Vigile S. Iean 1447. mais au
Parlement de Paris eſt indifferemment pratiqué,
& ainſi a eſté iugé par pluſieurs Arreſts, qu'vn defendeur doit touſiours eſtre condamné aux dépens
enuers le demandeur, qui a prouué partie de ſa de-

mande, & non le tout, quand le defendeur n'a rien
offert, *quia qui petit totum, & quamlibet eius partem
petere videtur. cum in maiori summa minor insit.* Et
ainsi est pareillement obserué en la Cour d'Eglise
etiam probandum solum in obolo, & pour cela est allegué Barthole sur la loy *qui solidum ff. de legat. 2.*
Rebuffe au lieu allegué cy-dessus, dit que si la demande est excessiue de lieu, ou de temps, come de
faire contraindre à Lyon de fournir chose qui est
promise de fournir à Paris; ou bié de le faire auant
terme, lors sans doute, ores que le défédeur doiue
& n'offre de fournir ou payer au iour qu'il doit,
ou bien au lieu où il doit, ce neantmoins le demádeur sera condáné luy mesme en tous les despens,
l. properandum § 1. *C. de iud. Molin. ad l. non videtur*
de reg. iur. Voy Papõ l. 8. tit. 1. Arrests 1. & 2. Guy
Pape en sa question 27. cy dessus alleguee, auec les
Cómentaires de Ranchinus & autres. Cecy soit
dit pour les actions personnelles, car autre chose
est des réelles, comme nous appréd Guy Pape en
sa quest. 27. *Felin. cap. 4. nu. 14. extr. de constit. li. si*
quis solidum de leg. 2. Le mesme droit doit estre obserué en la persóne d'vn Fermier, qui sous pretexte d'vne remise à faire de quelque partie de sa re-
deuáce, la retient tout entierement pardeuers soy,
sans faire offre de ce qu'il peut deuoir au vray.

CHAP. LIII.

L A Cour a accoustumé de condamner les Ecclesiastiques és despens des procedures volontaires, quand ils ont procedé volontairement
pardeuant le Iuge lay, & les laïcs qui ont procedé
volontairement pardeuát le Iuge d'Eglise. Arrest
du Lundy 20. Mars 1563. sur vn appel du Preuost

de Paris, plaidant Buiſſel. Autre donné en plaidât
à la Tournelle, Monſieur Seguier Preſidét, le Samedy 9. Decembre 1606 côformement aux concluſions de Monſieur l'Aduocat du Roy Seruin.
Autre du Lundy 29. Iuillet 1613. Monſieur le premier Preſident de Verdun ſeant. Autre du Lundy
20. Iuillet 1615. plaidant Rembouïllet pour l'appellant comme d'abus de l'Official de Chartres,
& Couſſin pour l'intimé. Voy Monſieur Maynard
en ſes Queſtions de droict. tom. 1. liu. 1. ch. 24.

CHAP. LIV.

IL conuient remarquer que lors que l'inſtance
eſt declaree perie, on a de couſtume d'adiuger
les dépens à celuy qui s'eſt monſtré diligent. C'eſt
pourquoy le conſeil 106. du 2. vol. de Balde ceſſe:
pource que, par l'ordonnance de Rouſſillon notoire à vn chacun, & par l'vſage de France, l'inſtáce eſtant perie, celuy-là paye les dépens qui a eſté
la cauſe qu'elle n'ait pris fin. C'eſt l'opinion de
Boëre en la deciſion 247. nôb. 10. & 11. qui traite
cette queſtion. *& paragr. 23. de iuriſ.* Couſtume de
Bourgogne, Papon. paragr. 14. Couſtume de
Bourbonnois. Grimaudet liu. 10. des Retraicts,
chap. 11. dit que les Docteurs veulent que le Iuge
puiſſe abſoudre le deffendeur de l'inſtance : & ad-
iouſtent que par meſme iugemét le Iuge peut cô-
damner le demandeur és dépens de l'inſtance perie, à quoy il dit ne pouuoir s'accorder : car ſi en la
preſcription de l'inſtance, toute la force & effect
des actes perit, & comme dit le Iuriſconſulte en
la loy ſecôde, *ff. iudic. ſol.* il ne demeure plus rien
de l'inſtance, ſoit de la côteſtation de la perpetua-
tion d'actions, ou autres actes de la cauſe, le defé-

deur ne peut plus rien demander d'iceux parce
que ſi le ſujet, qui ſót les actes de l'inſtãce, ne ſub-
ſiſte plus, il n'y peut plus auoir d'accident, qui eſt
condemnation, & taxe des frais deſdits actes de la
cauſe, & d'iceux ne peut eſtre demandé aucũ prix
& rébourſement : Mais cette opinion n'eſt point
receuë. *Conſt. ad conſtit. reg. ar. 120. Bald. paragr.*
illo l. properandum. Felin. ſur le chap. *venerabiles*
extr. de iudic. CHAP. LV.

IL y a difficulté, ſçauoir ſi quand y a ſans deſpens, ſi on doit payer les eſpices *pro media*, & a
eſté arreſté en la premiere Chambre des Enqueſtes en l'an 1568. pour l'affirmatiue. De ſorte donc
que s'il eſt dit ſans deſpens de la cauſe principale,
& de la cauſe d'appel, celuy qui leue l'Arreſt paye
les épices, executoire pour la moitié cõtre l'autre
luy eſt deliuré, ce qui auoit eſté iugé par Arreſt du
16. Iuin 1544. Dauantage, les eſpices ſe payent
pour le tout par celuy qui eſt condamné pour vne
partie, & abſous pour l'autre, moyennant que celuy qui gagne ait dépés : & fut dit par Arreſt du 3.
Feurier 1579. que le Chaſtelet ſuiura ce reglemét.

Iugé par Arreſt du 26. Iuin 1587. donné en la
cinquieſme des Enqueſtes, au rapport de Monſieur Cheualier, & par autre Arreſt donné en la
meſme Chambre, au rapport de Monſieur de
Meſme, le 13. Nouembre 1596. entre Ribault &
Barillet que cõbien que par Arreſt il ſoit dit ſans
deſpens de la cauſe d'appel, neantmoins celuy
qui a aduãcé les frais de l'Arreſt interlocutoire, en
peut apres l'Arreſt difinitif demander executoire
pour le rembourſement de la moitié : la queſtion
demandee aux Chambres, d'autant qu'en aucu-

nes d'icelles s'il se iugeoit diuersement.

Nota, qu'anciennement les espices ne venoient
en taxe, ores qu'encores ne prend-on executoires
pour espices, ains qu'elles sont poursuiuies par
requestes, dốt y eust Arrest du 27. Iuin 1591. ce dit
Bergeron en ses additions sur le dernier Arrest du
tit. 3. liu. 18. de Papon. Voy le second Arrest sur
la fin des mesmes titres & liure, là où il est dit que
le 17. May 1402. fut ordốné par Arrest, que les espices viendroiét en taxe; parce qu'anciennement
ce qu'on bailloit par courtoisie & honnesteté, en
dragées & cốsitures, a esté par la malice du temps
conuerty en necessité, comme le docte Ragneau
a fort bien prouué, nous faisant part de trois an-
ciếns extraicts du Greffe de la Cour, par lesquels
il se voit comme les espices ont esté changees en
or; lesquels sont rapportez par Loyseau en son
liure des Offices, liu. 1. chap. 8. nomb. 32. pag. 98.

Chap. LVI.

PAr Arrest du mois d'Aoust l'an 1562. fut dit &
ordonné que d'oresnauant quand aucuns despens seront taxez, si ledit condamné offre payer
la somme contenuë en l'executoire au Procureur
de sa partie, ledit Procureur sera tenu de le receuoir, pour éuiter aux frais de l'execution, autrement l'opposition sera bonne & valable.

Chap. LVII.

SI vn deffendeur assigné à iour ordinaire, com-
paroist extraordinairement sans mandement
de la partie, & reconnoist de bonne foy ce qui luy
est demandé, il ne doit point de despens, selon la
doctrine des Docteurs, sur la loy *quidam liberius*
deseruit. vrb. præd. Ie soustiendrois en mon égard

le contraire, si la partie debitrice auoit esté inter-
pellée de payer, ou satisfaire à autre clause auant
l'assignation : car en ce cas ie tiens qu'elle doit les
despens de l'adiournement. *Fallit*, si par l'instrument il y auoit terme prefix & iour limité : car le
iour interpelle, auquel manquant on est presumé
estre en demeure, & par consequent l'on se soû-
met aux despens, *vulg. l. magnam. C. de contrahent.*
& cum stipulat. Felin. in cap. heli. extr. de si mon.
Capol. caut. 121. *Abbas cap.* 2. *de accus. Roman.*
sing. 398. *incip. alio sera dierum l. Decius in l. qui*
in alterius num. 9. *de reg. iur. Balde in l. non igno-*
rat. Cod. de fruct. & lit. expens. C'est pourquoy
le debteur est tenu des despens faits pour leuer
l'instrument en forme, *Abbas & Felin. in cap.* 13.
de iudic.

Chap. LVIII.

AV procez de Rusignac, au rapport de Monsieur du Val en la 5. des Enquestes, le 3. iour
de Iuin 1595. a esté arresté que l'on pouuoit de-
mâder interests du iour du cômandement de payer
vne somme contenuë en vn executoire de despens.
Arresté aussi que les interests estoiét deus non seulement du iour que l'on les demande particulierement, mais du iour du commandement de payer le
contenu audit executoire, comme il auoit esté iugé
par plusieurs Arrests fondez sur l'ordonnance, qui
donne lesdits interests du iour du commandement
de payer. La raison de doute estoit que par l'ordô-
nance d'Orleans de l'an 1560. l'interest à faute de
payer n'est deu que pour sommes deuës par cedules ou obligations, que *apposite* l'ordonnance auoit
mis ces deux mots, *cedule* ou *obligation*, d'autant

que ce qui est deu en vertu d'icelles. *Tamquam ex
sorte debetur vsura* : ce qui ne se pouuoit dire des
sommes deuës par executoires de despens: Neantmoins l'on a estimé que les despens estans taxez
en la presence des Procureurs des parties, valoient
bien vne cedule, ou vne obligation, *quia in iudiciis etiam contrahimus* , que la somme contenuë en
l'executoire est aussi bien deuë que du contenu en
vne cedule ou obligation, que le consentement des
parties y estoit , comme aux cedules & obligations. Le mesme a esté iugé entre des mineurs, par
Arrest donné en la Chambre de l'Edict, contre le
tuteur des enfans de Iean Courault Baron de
Chastelaillon, & les Arrests y ont si souuent passé,
que cela est maintenant tourné en maxime : & ne
peut-on dire que les interests de despens soient interests d'interests comme en matiere d'arrerages
de rentes : car les despens sont d'vne nature &
qualité toute differente ; ce sont deniers aduancez
& desboursez, lesquels estant taxez, *sortem fa-
ciunt.* Nous en auons vne belle remarque obmise
par tous ceux qui ont traicté cette question, c'est
en la loy *his consequenter* 18. *parag. sumptuum ff.
famil, ercisc.* qui est decisiue de ce poinct, là où le
Iurisconsulte Vlpian dit que *sumptuum quos vnus
ex heredibus bona fide fecerit, vsuras quoque consequi
potest à coherede ex die moræ.*

Chap. LIX.

SI l'on procede contre quelqu'vn par action,
qui ne nous peut competer pour l'effect que
nous desirons, pour ce que nous y deuions proceder par autre voye : quelques-vns ont esté d'aduis
que le Iuge doit prononcer sur l'absolution du de-

fendeur, & condamner le demandeur aux defpens,
fauf à luy de proceder par nouuelle action *l. ha-*
bebat. de Iuſtit. l. Bibus Marcell. in fin. de paēt. dot.
Matth. de Afflict. deciſ. 60. là où il eſt dit que ſ
actum eſt vna via & non competit illa via, ſed alia ab-
ſoluatur reus ab obſeruatione iudicij, & actor condem-
natur in expenſis : Les autres ont eſté d'opinion
contraire; qui a eſté iugée la plus equitable, que la
condamnation doit eſtre interpoſée au fond, *ex*
vera & legitima cauſa, ſans defpens neantmoins
entre les parties, qui doiuent eſtre compenſez, attendu qu'il y a de la faute du demandeur en l'intenté de l'action, & de la mauuaiſe foy du deffendeur ſuccombant au fond.

CHAP. LX.

ON a accouſtumé de reſeruer les defpens de
ſentences de prouiſions en diffinitiue, quãd
elles s'y vuident par contumaces; mais ſi elles ſe
vuident parties ouyes, on les adiuge par fois. Et
combien que ces ſentences de prouiſions ſoient
executoires, nonobſtant oppoſions ou appellations quelconques, & ſans prejudice d'icelles,
toutesfois leſdits defpens ne ſont executoires,
Rebuff. tom. 1. *tract. de ſent. prou. art.* 1. *gloſſ.* 4. *num.*
2. 3. 4. 5. & 6. mais les frais & miſes qui ſont faites pour mettre à execution leſdites ſentences de
prouiſion, ſont bien executoires, nonobſtant oppoſitions, ou appellations quelconques. Car s'ils
n'eſtoient executoires, leſdites ſentences ſeroient
inutiles, parce qu'on feroit faire plus de frais à les
executer qu'elles ne ſe monteroient.

Chap. LXI.

L'Executeur d'vn Arreſt ne ſe peut taxer, ny faire droiƈt ſur les deſpens de l'execution: car il n'y a rien à faire apres auoir fait ſon execution, parce que *fruƈtus eſt officio ſuo. l. index. de reuid.* & ainſi a eſté iugé par Arreſt du Parlement de Paris, le 17. Decembre 1526. contre le Bailly de Vermandois. Il doit renuoyer les parties ſur la requeſte de tels deſpens, pardeuant ceux dont eſt emanée ſa commiſſion. *Rebuff. traƈt. de lit. ciuil. art. vnic. num.* 6.

Chap. LXII.

PAr Arreſt donné au Parlement de Roüen le 15. Auril 1603. entre Guillaume Benart, & ſa femme, appellans du Bailly de Caën, ou ſon Lieutenant à Vire, & Eſtienne le Maigneu intimé, il a eſté iugé que la ſomme principale des deniers pour laquelle la ſaiſie, & criées ont eſté faites, eſtant ſolute & payée, on ne peut pas continuer les diligences du meſme decret pour le payement des deſpens iugez & liquidez depuis ladite ſaiſie.

Chap. LXIII.

PAr Arreſt du Parlement de Paris du 12. Aouſt 1504. fut arreſté & conclud que les reſponſes & contredits fournis par le pourſuiuant criées, contre les cauſes d'opoſition, & produƈtion des oppoſans ne viennent en frais de criées. Le pourſuiuant doit doncques aduiſer de n'empeſcher par conteſtation & contredits, les oppoſans bien fondez. S'ils ſont mal fondez, il doit obtenir deſpens contr'eux, & par ainſi il demeure indemné: ſi eſt-ce pourtant que depuis, & du 18 Nouembre 1514. ſe trouue qu'en Parlement a eſté enregiſtré que

pour tels frais & dépens tant de ce que des iugemens des criées, ou ailleurs a esté ordonné, que
cela est remis à l'arbitrage du Iuge, qui peut connoistre la temerité, ou necessité.

CHAP. XLIV.

V N appellát se plaint de ce qu'en vne instance par luy intentée pardeuant le Iuge dont
est apel, sa partie luy a oposé la fin de nó receuoir,
de laquelle il se fait releuer par lettres Royaux
qu'il presente, & sur lesquelles la partie conteste.
Enfin elles sont entherinées, & en cela il gagne
sa cause, neantmoins il est condamné aux despens
de l'instance desdites lettres : L'intimé dit que
l'appellant doit les despens de la fin de non receuoir, qui est sans doute, d'autant qu'en ce il a
eu mauuaise cause. *Tum*, il doit tout ce qui s'en
est ensuiuy, qui est certes l'instance desdites lettres Royaux, qui sont pour couurir ladite fin de
non receuoir; ce qui ne se doit faire aux despens
de l'intimé, qui n'a iamais contredit à l'enterinement d'icelles lettres, pourueu que les despens
luy fussent payez. La Cour par son Arrest du 15.
Decembre 1551. dit qu'il a esté mal iugé, en ce que
l'appellant est cõdamné aux despens de l'instance
d'icelles lettres. Fait deffenses à tous Iuges-de
plus condamner les parties impetrantes de telles
lettres Royaux aux despens de l'instance d'icelles,
quand elles seront entherinées.

Aufrere en sa decision 329. fait cette question,
sçauoir si vn mineur qui est restitué, doit estre
condamné aux dépens, & dit qu'il a esté iugé que
ouy. Toutesfois on dit qu'ils suiuent le principal,
& si l'on acquiesce aux lettres apres la communi-

cation d'icelle, qu'il n'y eſchet point de dépens: *Confer hic quæ diximus ſuprà* , au chapitre 8. du tiltre, apres la veuë duquel ſi le deffendeur n'acquieſce, il ſuccombe aux deſpens, & tire-t'on en argument la loy ſeconde , §. *Item ſi nihil interſit actoris ff. ſi quis vocatus in ius non ter. & l. arbiter Galudis de recep. arbit.*

CHAP. LXV.

LA taxe des deſpens *eſt iuriſdictionis* , comme ont remarqué les Docteurs ſur la loy *Imperium ff. de iudic.* Bergeron dit que pour dommage & intereſts il n'y a côtrainte par corps, ſelon qu'il a eſté iugé par Arreſt du 20. Fevrier 1578. Mais cette opinion ne ſe doit prendre ſi eſtroitement, parce qu'il y a des condemnations de dommages & intereſts qui emportent contrainte par corps, comme il s'obſerue en pluſieurs cauſes.

CHAP. LXVI.

SI vn qui eſt actiôné en matiere reelle fait defaut, puis en apres dénie la demande, l'on doit recouurir contre le garend au moyen de cette denegation. Mais qu'arriuera-il des deſpens precedans icelle, ſçauoir s'ils ſont deus par le garand, à cauſe qu'il eſt tenu purger ſon garenty ? Nullement, & ſont leſdits deſpens recouurables contre ledit defendeur & defaillant, auquel toute audiéce ſera déniee tant & iuſques à ce qu'il les ait refondez, *l. 2. & 4. C. qui appell. non recip l. contumacia 53. de re iud. ff.* C'eſt partant ſi le garand, qui doit les deſpens faits tant en demandant en l'inſtance de ſommation, que de ceux de l'inſtance principale, eſtoit inquieté, *doli exceptio dabitur.*

CHAP.

Chap. LXVII.

S I l'achepteur n'a point fommé fon vendeur, comme il a deu faire, cette negligence luy caufe preiudice, en forte qu'il ne puiffe repeter de fon
Autheur les frais & dépens par luy faits en l'infta-
ce non fommée, que iufques au iour de fa denonciation : parce que regulierement le garend fommé eft feulement tenu remplacer les defpens à fon
achepteur, lefquels il monftre auoir fait depuis fa
denonciation; & non point ceux qu'il a fait auant
icelle. Mais s'il arriue que l'acheteur ne l'ait peu
fommer auparauant, comme par exemple, fi l'on
euft entré en denegation du droit requis fort tard,
ou qu'on l'ait rendu contentieux apres des procedures : Neantmoins pourueu que ce garand
foit fommé lors, & au temps que l'acquerreur eft
troublé, c'eft affez pour reietter fur luy les dépens,
l. fi plus 7 4. 8. *mota quæftion. ff. de euict.* C'eft partant les defpens de la premiere procedure qui font
deus entierement.

Chap LXVIII.

S I le Iuge fe tranfporte fur les lieux pour ouyr
des tefmoins, afin qu'ils puiffent plus éuidem-
ment parler du faict, & ce à la requefte d'vne des
parties, le Iuge l'ordonnant doit declarer que ce
fera à la charge qu'en cas de victoire, ladite partie
n'aura que les mefmes dépens qui feroient taxez,
s'ils euffent efté entendus au domicile du Iuge. Le
mefme foit dit d'vne defcente fur les lieux, pour-
fuiuie & requife par l'vne des parties & que l'autre empefche, comme encores des refponfes fur
faicts & articles pertinents, que la partie valetu-
dinaire, ou conftituée en dignité, ou autrement,

M m

requiers le Iuge ſe tranſporter en ſon domicile.

. Aucuns neantmoins au dernier cas, ont dit que le voyage ſe deuoit faire à communs frais, parce que cela ſe faiſoit en la faueur, tant de l'vn que de l'autre, tant de celuy qui requerroit l'interroga-toire du maladif, ou conſtitué en dignité, que de celuy infirme. Les autres ont dit que la nobleſſe & dignité ne deuoit preiudicier à perſonne, pour l'opprimer par vne grande deſpenſe. Voy *Specul. tit. deiur. cal. §. reſtat. in fin. Aufre. deciſ.* 273. *&* 101. là où il châge d'aduis. Pour ſoudre doncques cet-té difficulté, l'vſage & la pratique eſt telle que celuy qui requiert l'interrogatoire ſur faicts per-tinents d'vn autre, doit fournir aux frais dudit interrogatoire & reſponſe, c'eſt à dire, doit payer Le Iuge, & le Greffier de leurs vacations, telles & ſemblables qu'ils euſſent pris en leurs maiſons.

Mais quant aux deſpens du voyage faits par le Iuge & ſon Greffier, c'eſt à faire au reſpondant, en faueur duquel il ſe fait, à le payer. Voy Mon-ſieur Boëre en ſa deciſion 3c3.

Chap. LXIX.

AV mois d'Aouſt 1523. en la taxe des dêpens d'entre le Comte de Laual, d'vne part, & René Charlet d'autre, a eſté ordonné par la Cour que d'oreſnauant ne ſeront taxez aux parties les voyages qu'ils demanderont de chacun appointe-ment de la cauſe donnee par le Iuge *a quo*, fors les voyages ordinaires & neceſſaires: & ſeront ta-xez ſeulement les procedures, & le conſeil, s'il y échet, nonobſtant qu'auparauant l'on taxaſt au pays du Maine, & ailleurs, vn voyage à chacun appointement de la caufe.

Par Arreft du Parlement de Paris du 21. Feurier 1539. fut ordonné que tant à la Cour , qu'aux Iurifdictions du reffort d'icelle , l'on ne taxeroit voyage pour leur deffaut, ou congé, pour les faire fignifier , & taxer les defpens d'iceux.

Par autre Arreft du 16. Iuin 1509. fut conclud & arrefté en la Grand'Chambre des Enqueftes qu'aucuns voyages ne fe taxeront pour faire contredits de production nouuelle : mais fe taxeront feulement les contredits, & feront les voyages referuez en diffinitiue , & ioints au principal , tout ainfi que les voyages du produifant de nouueau. Le mefme fut iugé le dernier Feurier 1499.

Les defpens viatiques qu'on taxe és Cours layes de Poictou, font arbitraires, felon la qualité des matieres. Toutefois on taxe communement cinq ou fix voyages pour la defpenfe feulement. Sçauoir eft, quand la partie au commencement du procez va ou enuoye hommes expres pour faire confultation de fa matiere , & informer fon confeil. Item, pour affermer les efcritures. Item pour faire faire fon enquefte , produire, & inftruire fes tefmoins. Item, pour eftre allé à l'affignation baillée pour voir produire , receuoir , & faire iurer tefmoins. Item, pour voir faire monftrée & decernée, & pour les faire, parce que les perfonnes y font requifes. Item, pour faire confultation à la publication des Enqueftes. Item, pour faire taxer les defpens, & d'autres voyages, où il eft requis que la partie y foit en perfonne , à l'arbitrage du Iuge, qui verra fi la prefence eftoit requife , ou d'enuoyer hommes exprez : de tous lefquels voya-

ges faut faire ſerment en perſonne, ou par procuration ſpeciale de les auoir fait ou fait faire expreſſément pour leſdites expeditions, autrement
ne viendront en taxe.

Et s'il ſuruenoit quelque incident en la matiere principale, où la partie ſeroit contrainte faire
conſultation, y pourroit auoir vn autre voyage:
comme ſi l'vne deſdites parties auoit fait quelque
offre, obtenu lettres Royaux, pour eſtre receu à
employer, augmenter ou diminuër, ou autre cas
ſemblable, & n'eſt ſeulement taxé que la deſpenſe
de l'homme & du cheual, s'il eſt venu à cheual:
ou de deux hommes, & de deux cheuaux, ſi c'eſt
quelque perſonnage qui ait accouſtumé d'aller
par pays luy deuxieſme, & deux cheuaux, ou plus
grand nombre, ſelon la qualité de la perſonne.
Mais s'il y auoit condamnation de deſpens, dommages & intereſts, le Iuge pourroit taxer autres
voyages & le ſalaire outre la deſpenſe, ſelon l'eſtat
& vacation de celuy qui a obtenu condamnation
de deſpens, dommages & intereſts.

Chap. LXX.

GVy Pape en ſa queſtion 55. demande ſi les
parties tranſigent d'vn procez ſans parler
des deſpens, ſçauoir ſi apres la tranſaction ils
pourront eſtre demandez, & s'ils ne ſont cenſez
remis; & dit que l'opiniõ de Iean André a eſté, que
la demande ſe pouuoit faire deſdits deſpens, laquelle a eſté ſuiuie par la Cour de Parlement de
Grenoble, nonobſtant les opinions contraires par
luy rapportées en ladite queſt. *quam vide cum ibi
notat. & qu. 172. & 405. eiuſ. auth.* Aucuns ont fait
diſtinction, & on dit que les deſpens peuuent eſtre

demandez. S*i in obligatione fuerint, secus sit offuit iudicis debebantur.* Aufrer. en fa 5. decif. tient pour l'afirmatiue, que s'il y auoit proteftatió faite pour iceux, il n'y refteroit aucune doute, felon la remarque faite par les Autheurs cy-deffus cottez, & par Iean Faure au §. dern. *iuft. de perpet. & temp. ad.* Mais fi l'on auoit rédu l'obligation laquelle d'ailleurs ne feruiroit plus de rien, le debteur feroit iugé eftre exempt des defpens. C'eft la doctrine de Barth. fur la loy dern. *ff. de eo quod cer. loc.* & fur la loy feconde, *ff. fi quis caut.* CHAP. LXXI.

LE 6. Iuillet 1600. en la cinquiefme Chambre des Enqueftes, au rapport de M. Portail, apres l'auoir demandé aux Chambres, fut arrefté qu'à l'aduenir les defpens des contredits de production nouuelle feroient taxez, encore que par Arreft il fuft dit fans defpens de la caufe d'appel.

Le Samedy 8. Mars 1510. fut conclud que quand l'intimé fera aucune production nouuelle en refondant les defpens des contredits, ledit intimé fait faluation, & apres il obtient defpens, tant du principal, que de la caufe d'appel, lefdites faluations feront taxées aux defpens contre l'appellant; combien que par Arreft foit dit l'appellation mife au neant, fans amende & defpens de la caufe d'appel; neantmoins s'il y a condamnation de defpens de quelques incidés faits en la caufe & taxation de defpens defdits incidens, les efpices dudit procez fe taxeront *prorata* d'iceux incidens, comme il fut iugé par Arreft du 14. Nouembre 1526.

CHAP. LXXII.

EN taxant les defpens adiugez, l'on fait taxe à vn Euefque pour 7. cheuaux, à vn Cheualier

de quatre, à vn Conſeiller de quatre, par Arreſt du
Parlement de Paris du 21. Mars 1531. & le tout
neantmoins eſt incertain, car le Iuge doit conſiderer la qualité des parties : comme s'il eſt queſtion
du Laboureur, qui n'eſt vieux, ny maladif, ou d'vn
Artiſan, & autres de vile condition, qui doiuent
aller à pied, il ne leur doit taxer voyages à cheual,
per gloſſ. in l. idemque §. Item *Lab. in ſi. mandat.*

Quelquesfois par auarice & colluſion des Aduocats & Procureurs, ou bien par l'animoſité des
parties, ſe void ſi grand nombre de voyages & audiances ſuperfluës en vn procez, qu'vn Iuge taxant les deſpens eſt bien empeſché. Et en pareille
difficulté fut par Arreſt de Paris donné en Aouſt,
l'an 1523. les deux Chambres des Enqueſtes aſſemblées iugé, que ſeulement deuoient eſtre taxez les voyages & aduocations neceſſaires, &
ſans leſquelles on n'euſt eu depeſche, l'Arreſt rapporté par de Luc, liu. 11. tit. 7. art. 10.

En taxant les deſpens adiugez, l'on doit taxer
contre vn appellant, voyages & lettres d'anticipation dans les iours introduits à releuer : mais ne
ſe taxe point anticipation de Iournée, donnée à
la requeſte de l'appellant à longs iours, pourueu
que le iour premier donné ſoit dans le Parlement,
& auſſi que l'intimé ne ſoit priſonnier, & ainſi
fut iugé par Arreſt de Paris en l'an 1534.

Le 21. Mars 1531. fut conclu qu'vn Cheualier
de quelque qualité qu'il ſoit, n'aura en taxe de
deſpens que quatre cheuaux.

Par Arreſt du 7. Auril 1516. fut ordonné que
le voyage pour obtenir condamnation de deſpens
ne viendroit en taxe.

Comme pareillement par autre Arreſt du 8.
Avril audit an, fut arreſté par la Cour qu'aucun
voyage pour obtenir anticipation en la cauſe d'appel, ne ſeroit taxé, ains ſeulement pour le vin du
garçon.

CHAP. LXXIII

PAr Arreſt du 14. Aouſt 1600. au rapport de
Monſieur de Grieu, entre Boulet, & Chabert
fut iugé qu'encore qu'vn appellant euſt eſté condamné en vne certaine ſomme pour tous dépens,
dommages & intereſts, ce neantmoins cét appellant ayant fait vne production nouuelle, les deſpens des contredits fournis contre icelle n'eſtoiét
pas compris en la condamnation, ains ſeroient taxez. Et par autre Arreſt donné en la meſme Châ-
bre, au rapport de Monſieur Hannequin le 15.
Mars 1601 prononcé le 17. enſuiuant, fut iugé
que les deſpens des reſponſes à griefs ſont deubs,
nonobſtant qu'il ſoit dit ſans deſpens ; au cas que
leſdits griefs ſoient fournis apres l'an de la concluſion du procez, & qu'à la ſignification le Procureur de l'intimé ait proteſté de reſpondre aux
deſpens de l'appellant. Iugé en la meſme Chambre, au rapport de Monſieur Garrault au petit
Criminel, entre les Gaſſeaux, & Pochin, que l'appellant *à minima* d'vne ſentence, par laquelle on
luy auoit adiugé des deſpens, confirmée par Arreſt, ſans dépens de la cauſe d'appel, pouuoit coucher en la declaration les eſpices, façon de l'Arreſt
& voyages, par Arreſt du 14. Iuillet 1608. prononcé le 19 en ſuiuant. V. Papon. lib 9. tit. 11. & 12.
& les Arreſts y rapportez.

Mm iiij

Chap. LXXIV.

L'Accufé non conuaincu du crime, s'il fe trouue chargé, & foit ordonné qu'il fera plus amplement informé, doit les defpens : Autre chofe
eft s'il a prouué fon alibi, ou autre fait iuftificatif:
car lors il eft mis hors de Cour & de procez, &
luy font deus les defpens. Nous en auons traité
plus amplement au 3. liu. de nos obferuations fur
le Code Henry.　　Chap. LXXV.

EN criées y a deux fortes de defpens faits par
le pourfuiuāt, les vns de la faifie & de la pourfuite entiere des criées : les autres font faits côtre
les oppofans, & pour contredire leurs interdits:
Par Arreft du Parlemēt de Paris du 3. Aouft 1564.
fut iugé que les premiers fe prennent fur le prix,
les autres non : car les oppofans ont bonne ou
mauuaife caufe : s'ils l'ont bonne , *fibi imputet
actor*, de follement contredire: s'ils l'ont mauuaife
il a les defpens contr'eux. Ce neantmoins s'il y a
apparence de les côtredire, & qu'en ce faifant *bona fide*, le pourfuiuant y procede, s'il obtient defpens, il les peut demander contre fon debteur,
contre qui fe font les criées par action feparée,
Toutesfois fe trouue Arreft du 4. Aouft 1500. par
lequel fut dit qu'és frais des criees ferōt compris
les frais & defpens faits par le pourfuiuant les
criees pour refpondre aux caufes d'oppofition des
oppofans. Pour plus grand éclairciffement de ce
chap. faut voir M. Maynard tom. 2. liu. 6. chap.
70. & liu. 7. chap 45 de fes Queft. notables.
Chap. LXXVI.

NOuuelle enchere doit eftre fignifiée par celuy qui la fait à fes defpens au precedent

enchcriſſeur, & ſuffit de le faire à ſon Procureur.
Et doit le Greff. faire regiſtre à part de toutes encheres, qui ſera communiqué à tous les Procur.

CHAP. LXXVII.

L E premier iour de Mars 1507. fuſt conclud en
la grand Chambre des Enqueſtes, qu'examen
des teſmoins à futur pour les demandeurs ne ſera
taxé encor qu'il ſoit receu pour enqueſte, & que
l'on y ait eu eſgard, cõme s'il eſtoit fait en temps
d'enqueſte, & apres la conteſtation des parties, excepté quand ledit examen eſt fait apres le procez
commencé, & pendant iceluy, *etiam lite non con-
teſtata,* car il ſeroit taxé. CHAP. LXXVIII.

L E defendeur auquel auroit eſté fait vente ſans
charge de garentie, agit contre ſon Autheur,
qui eſt mis hors de Cour, & ſi obtient deſpens : le
demandeur originaire trouué en mauuaiſe foy, eſt
condamnable és deſpens, tant de l'inſtance principale, que de ſommation, qui a eſté le motif du
procez, *in quam male ſumptus facti ſunt.*

CHAP. LXXIX.

L E Iuge en iugeant ſur le champ le principal
ne doit appointer les parties en droict ſur les
deſpens, comme a eſté iugé par Arreſt du Parlement de Paris le 20. de Ianuier 1544.

CHAP. LXXX.

Q Velquefois en conſideration des qualitez
des parties comme de parentelle, affinité &
conſanguinité, le Iuge fait remiſe des deſpés pour
nourrir paix & entretenir l'amitié entre parens
qui pourroit eſtre alterée par vn forcé payement d'iceux, pourueu toutesfois qu'on ne deſ-
couure aucune manifeſte calomnie ou dol en la

personne de celuy qui succombe : car en ce cas
sans auoir égard à la Parentelle ny à affinité quelconque, le Iuge condamnera le succombant aux
despens, *l. penal. ff. de iur. dot. l. sed hæc ita 22. ff. de
re iud.* C H A P. LXXXI.

ORes que l'ordonnance de l'an 1539. empes-
chant que le vaincu au possessoire pardeuant
le Iuge lay en matiere beneficiale, se puisse adres-
ser au Iuge Ecclesiastique pour le petitoire, sans
premier auoir payé tous dommages & interests, &
que le iugement soit executé, ne parle point nommément des despens, ce neantmoins elle est entenduë desd. despens, comme il a esté iugé par Arrest
du Parlem. de Paris du 20. iour de Nou. 1541.

. C H A P. LXXXII.

DV 18. iour de Fev. 1510. la Cour auroit ordóné que doresnauát és executoires de despens sera mise la clause, *in præsantia Procuratorum
partium, vel in absentia Procuratorum partium,* s'ils
font absens, de despens taxez *in presentia Procuratorum partium,* si lors de la taxe n'y est appellé serót
exépts, & ne sera receu l'appel depuis interjetté:
& ne s'entéd cette Ord. que des dépens taxez par
les Cóseillers de la Cour, en vertu des Arrests d'i-
celle du 23. Aoust. 1518. du 11. de Sept. 1536. Arrest
a esté donné entre Iean de Baignaux demandeur,
& requerát l'entherinemét de lettres Róyaux par
luy obtenuës cótre Guill. Chappelain defendeur,
par lequel led. demádeur fut debouté de ses lettres
tendantes afin d'estre receu à repeter ce qui auoit
esté par luy payé, au moyen de certaine taxe, faite
in præsentia procuratorum partiũ, sous couleur de ce
qu'il disoit qu'en cette taxe, outre les despens de

la cauſe d'appel, eſquels ſeulement il auoit eſté
condamné, auoient eſté compris certains deſpens
de deux inſtances qui eſtoient encores pendantes
& indeciſes, & d'vne autre inſtance, ſur laquelle
auoit eſté dit ſans deſpens, & ledit Arreſt fondé
ſur la rigueur de l'ordonnance au moyen de ce que
les deſpens auoient eſté taxez *in præſenti*, & n'y
auoit eu appel : & tout ainſi que l'executé n'euſt
eſté receuable appellant de la taxe par la rigueur
de l'ordonnance, en tant qu'ils auoient eſté taxez
in præſentia, & n'en auoit appellé, par ſemblable
raiſon il eſtoit receuable de venir en repetition.

Le Mardy dernier iour d'Avril 1521. fut declaré non receuable, & condamné en l'amende, &
és deſpens, vn appellant de la taxe de deſpens faite en la preſence des Procureurs des parties, deſquels le ſien eſtoit preſt de croiſer.

Des deſpens donc taxez en la preſence des Procureurs, on n'en peut appeller ; toutesfois ſans
tirer en conſequence, il fut iugé le contraire le 11.
d'Aouſt 1585. & eſt enioint aux Procureurs de la
Cour, de croiſer & bailler les diminutions à part
comme en compte les debats.

Toute cette diſpoſition des Arreſts ſuſdattez eſt
fondée ſur l'Ordonnance du Roy Charles VIII
1493. art. 61. qui a lieu ſeulement pour les Cours
de Parlement, & non pour les Iuges Royaux : car
s'il y a appel de l'executoire des deſpens taxez en
la preſence du Procureur il faut ſurſeoir. Iugé le
24. Aouſt 1518. n'a lieu és taxes faites par Meſſieurs
des Requeſtes du Palais. Arreſt du 11. Mars 1522.
& ne ſe pratique point auſſi en taxe de dommages & intereſts, ores qu'elle ſoit faite par la Cour.

Chap. LXXXIII.

CE qui est fait pour le profit commun des plaidans, doit estre supporté à communs frais, *l. sed & si loci* §. 1. *ff. fin. regundor.* là où le Iurisconsulte dit, que si le Mesureur ou Arpenteur a esté employé par vn seul, le Iuge neantmoins condamnera celuy qui ne l'a point loüé ny employé au payement du salaire de l'Arpenteur pour sa part & portion, & ainsi les inuentaires se font aux despens de l'heredité, selon que rapporte Papon, liu. 15. tit. 6. Arrest 8. nonobstant l'opinion de Guy Pape en sa quest. 351. *quam vide cum ibi notat.* Mais ce qui se fait pour le profit particulier d'vn seul, ou ce qui s'accorde à vn seul, ce seul-là doit fournir à tous les frais, *l. sed & si hereditas, parag. 1. ff. ad exhib.* Imb. l. 1. de ses Institut. chap. 37.

Chap. LXXXIV.

POur compenser les despens quãd il y a pareille temerité de part & d'autre : voy la loy *ex hoc edicto parag. si & stipulat. ff. de eo per quem fact. erit, &c.* ou le Iurif. *Iulianus* dit que, *si & stipulator dolo promisseris, & promissor dolor stipulatioris impeditus fuerit, quominus ad iudicium veniret, nutri eorum prætor succurrere debebit, ab vtraque parte dolo compensand. vid. gloss. in verb. dolo compensendo.*

Chap. LXXXV.

LEs saisies feodales ou censuelles se font souuent la pluspart par Sergens de Villages, qui n'obseruent les solemnitez requises, bien que le droict soit deu, pourquoy est la saisie. L'on a demandé s'il y a opposition & nullité, si le Seigneur saisissant doit les despens, dommages & interests. Maistre Charles du Moulin sur le 76. article de la

Couſtume de Blois, apporte cette diſtinction, où
y auoit lieu de ſaiſie; & en ce cas le Seigneur pour
auoir ſaiſi ſans obſeruer la ſolemnité de la Couſt.
ne doit aucuns deſpens, dommages & intereſts,
bien que la ſaiſie ſoit nulle, *quia cauſa ſuberat: non
idem*, s'il n'y auoit lieu de ſaiſir, *Puta*, s'il n'eſtoit
rien deu : car en ce cas la ſaiſie ſeroit pluſtoſt tortionnaire, que nulle, tortionnaire faite *pro non de-
bito*, nulle *ex defectu ſolemnitatis.*

CHAP. LXXXVI.

QVand le Iuge ou Examinateur ont vne fois
taxé & liquidé des deſpens, il n'eſt plus en
leur pouuoir d'y rien rabattre ny diminuër, non
plus qu'au Iuge de retracter ſa ſentence, non pas
meſme en des deſpens d'vn interlocutoire, nonobſtant tout ce qui eſt allegué par Louis Romain
en ſon Conſeil 362. ſelon ce qu'il nous a laiſſé par
eſcrit. Rebuffe au tiltre de deſpens article 5. nombre 32.

CHAP. LXXXVII.

L'On a accouſtumé de taxer les deſpens qui
apportent quelque diminution du patrimoine, ou prejudice aux affaires particulieres & domeſtiques, ou qui cauſent quelque tort eminent,
afin que le plaideur temeraire ſente enfin la peine
de ſa temerité, & qu'il deſiſte par ce moyen de trauailler induëmét les vns & les autres comme d'vn
ouurier qui a eſté diuerty de vaquer à ſon ouurage, pour les frequens voyages qu'il a faits pour la
pourſuite de ſon affaire, *ſed & ſi parag. planè ff.
ad exhib.* En apres en taxe de deſpens, l'on a égard
au ſtyle du ſiege, auquel la taxe ſe fait *Specul. tit.
de expenſ.* Couſt. Bourb. Bart. ſur la loy *ex officio ff.*

vti pupil. educ. deb. Corſet. ſing. verb. Expenſa
Amanci. decla. aq. ſing. col. 1.

Chap. LXXXVIII.

SI vn Clerc a eſté appellé & conuaincu pardeuant le Iuge laïc, ou pris & apprehendé par
luy apres l'exhibition de ſon priuilege, il doit
eſtre renuoyé pardeuant ſon Iuge à ſes deſpens,
ou s'il eſt pauure, aux deſpens de l'Eueſque. Mais
s'il arriue que le Iuge, apres auoir eu communication du priuilege clerical, paſſe outre, il doit
eſtre renuoyé aux deſpens du Iuge. Voy pour cecy la deciſ. 303. de Monſieur Boëre, & M. Charl.
du Moul. ſur l'art. 9. de la Couſt. de la Marche.

Chap. LXXXIX.

LEs frais & deſpens qu'il conuiét faire en l'accuſation & pourſuite d'vn homicide doiuent
eſtre ſupportez par les heritiers de l'homicidé,
ainſi que recite Boëre en ſa deciſ. ſuſd. de 303. Aufrere en ſa deciſ. 41. & Bodin liu. 5. de ſa Rep.
ch. 5.

Chap. CX.

SI vne partie produit vn inſtrument faux iaçoit
que par apres il ſe deſiſte dudit inſtrument, il
ſera nonobſtant ce condamné és deſpens. Ce qui
ſemble eſtre contre la loy *poſtquam C. de paĉt. l. ſi*
aduerſarius C. de fid. inſt. Rebuffe l'atteſte ainſi
auoir eſté iugé au traité *de mat. poſſ. art* 11. n. 9. Mais
bien dauantage, car il doit déchoir de ſon action,
ſelon la doĉtrine de Boëre en ſa deciſ. 291. *Felin. c.*
6. n. 19. *& ſeq. de except. ext. Faber. ad l. ſi falſos C.*
de fal. Guy Pape du 243. & 245. *ſecus ſi per procu-*
ratorem aut interpoſitam perſonam id fecerit cap. de-
ciſ. 67. Lud. Roman. conſ. 105. Alex. lib. 3. conſ. 50.

CHAP. XCI.

PAr Arrest du Parlemẽt de Paris du 9. May 1531. donné entre Gabrielle Texier veufue de feu Leon Barré appellãt, & Anthoine Iulien intimé, fut dit que la taxe de despens excedant 40. liures parisis seroit executee nonobstant l'appel, parce que la condemnation principale estoit executoire.

CHAP. XCII.

EN taxe de despens quand on a passé procuration pour affermer, *non licet de periurio quærere*, sinon qu'on ait quelques pieces par escrit pour monstrer le contraire.

CHAP. XCIII.

GVy Pape en sa quest. 117. afferme que la taxe de dépens se peut faire mesme apres l'appel interjetté: ce que nous ne gardons point à present, nostre pratique estant fondee sur vne tres-bonne raison. Car l'appel suspend l'effect de la sentence, & par consequent l'accessoire. Dauantage s'il auoit esté mal iugé, pour neant la taxe de despens seroit-elle faite, *Vitandum est ne iudicijs factum sit ludibrio notant. D. D. in l. si prætor ff. de iudic.* sinon que ce fust és cas de l'Ordonnance que la sentence fust executoire tant en principal que despens: Auquel cas, la taxe se doit faire par autre Iuge que celuy qui a ordonné qu'il seroit passé outre nonobstant l'appel.

CHAP. XCVI.

SI le Iuge a taxé les dépens, l'appel se releue deuant le Superieur du Iuge qui a taxé: Arrest du 14 Iuillet 1527. Mais si la sentence est confirmee par la Cour, la taxe sera faite par la Cour, & nõ par le Iuge dont est appel *agitur enim ex confirmante.*

non ex confirmata. Arreſt du douziéme Mars 1534.
recité par Rebuffe. *tract. de expenſ. art, 5. gloſſ.
vnic. num. 36.* CHAP. XCV.

LA Cour par les Ordonn faites le 19. Decébre
1534. a ordonné que les Procureurs des parties feroiét tenus d'aſſiſter pardeuát les Cómiſſai-
res és lieux & heures à eux aſſignees, ſur peine de
cent ſols pariſis d'amende ſur les Procureurs deſ-
obeïſſans & dilayans: & ſi les parties condamnees
reuoquét leurſd. procureurs, en faiſans leurs dites
reuocations, ils ſeront tenus en conſtituer autres,
& le faire ſignifier dedans le iour au Procureur de
la partie aduerſe : & faute de ce, ladite taxe de dépens ſera faite auec ledit Procureur euoqué, qui
ſera tenu de comparoiſtre, comme deſſus, & comme s'il n'auoit eſté reuoqué. Il y a depuis l'ordonnance du Roy François I. 1535. chap. 5. art. 14. &
pour le grád Conſeil 1539. art. 13. par leſquels articles les Procureurs des parties ſont tenus comparoir à la taxe des deſpens pardeuant le Commiſſaire, ſur peine de cent ſols. *Vid. Rebuff. tract. de-
ſent. execut. art. 7. gloſſ. 11. nu. 22. inſtantia ſinita, am-
plius non cenſetur Procurator. l. inuitus l. ita demū. C.
Procur. c. 2. non iniuſtè ext. eod. tit.* Et l'Ordonn. du
Roy Charles IX. 1563. art. 7. Le Procureur qui
aura eu procuratió pour occuper en la cauſe, ſera
tenu & contraint comparoir en l inſtáce d'execution des Arreſts, ou iugement, ſans que nouuelle
procuration ſoit requiſe. CHAP. XCVI.

LA ſentence de prouiſion nonobſtant l'appel,
ne peut eſtre executoire pour les deſpens : car
par l'Ordonn. n'eſt rien parlé des deſpens, & par
ainſi ne doit eſtre entendu *cap. ad audientiam de deciſ.*

œf. & fuiuãt ce fut iugé par Arreſt de Paris du 18.
Feu. 545 pour vn appellãt du Seneſchal de Bourbonnois, le pareil eſt des dépens adiugez par ſentence de fourniſſement de cõplainte & contredit,
ainſi que fut iugé par art. de Paris le 20. Iuin 1522.

Se trouue autre Arreſt de meſme pour les dépens adiugez d'vn incident prouiſiõnel de medi-
camens, par lequel fut dit mal taxé, & executé
quant aux deſpens. Autre choſe eſt en autre point
de l'ordonnance des ſentences executoires, nonobſtant l'appel, qui parle des deſpens expreſſément, & dont il ne faut douter que pour iceux ne
puiſſe eſtre paſſé outre ſaus caution.

CHAP. XCVII.

VN renonçant à ſon appel doit eſtre condamné és deſpens ſi c'eſt apres le temps de l'ordonnance à ſçauoir apres les huit iours, *cap. inter-
poſita* §. *ille de appel.* par Arreſt du 15. Iuillet 1519.
mais au dedans n'en doit point, comme fut iugé
par Arreſt du 18. Decembre 1545.

CHAP. XCVIII.

L'Amende pecuniaire peut cauſer la retention
d'vn priſonnier iuſques à l'entier payement,
mais non pas les deſpens. Car combien qu'ils
ſoient dépendans du principal & acceſſoires, &
que l'on puiſſe dire qu'ils doiuent eſtre reglez de
meſme ſorte que leur principal, ce neantmoins
per not. per Barth. in l. ſolen. ff. de alim. & cib. leg. fut
iugé par Arreſt de Bourdeaux, que pour les deſ-
pens l'on ne peut retenir vn priſonnier, adjugez
pour delit. Voy Monſieur Maynard liure 3 chap.
49. de ſes Queſtions notables. La raiſon diuerſe
de la contrainte par corps pour delict, & des deſ-

N n

pens de la pourſuite, eſt diuerſe: parce que les dépens s'adiugent pour les frais de la pourſuite du
procez, lequel acte de pourſuite ne peut eſtre autre qu'vn faict, qui ne reſſent rien de la nature du
delict : tellement que pour iuger des deſpens, il
faut pluſtoſt regarder le pied, qui eſt *quaſi ex con-
tractu,* qu'à l'origine du procez ſelon l'opinion de
Planc. in reg. ex pœnalibus cauſis ff. de reg. iur.

Chap. XCIX.

LE procez eſtant interrompu par la mort de l'vn
des plaidans eſt repris ſimplement par l'vn des
heritiers d'iceluy, ſans dire pour quelle portion
il eſt heritier, & apres eſtre condamné, ſa partie
fait taxer contre luy tous les deſpens. Il dit qu'il
n'en doit que le quart, qui eſt ſa portion heredi-
taire : l'autre dit qu'il pouuoit lors de ſa repriſe
alleguer cela, mais qu'en le celant il eſt chargé
du tout. Par Arreſt du Parlement de Paris, rapporté par du Luc. liu 11. tit. 17. art. 6. eſt dit qu'il
payera le tout, ſauf ſon recours pour les trois
quarts contre ſes coheritiers,

Chap. C.

LOrs qu'il y a appel d'vne taxe de deſpens, l'appellant eſt tenu faire rapporter la taxe, & declaration eſtant au Greffe du Iuge dont eſt appel,
& l'intimé eſt tenu remettre au Greffe du Iuge, *ad
quem,* auant que de conclure & faire droit ſur l'appel, les pieces ſur leſquelles il a fait faire ladite taxe, comme il a eſté iugé par Arreſt du Parlement
de Paris du 9. May 1550. apres que les Procureurs
du Parlement furent tous appellez & ouys là
deſſus, par Monſieur le Preſident de Saint André.

TRAITÉ

POVR LES LOTS

ET VENTES.

CHAPITRE PREMIER.

Es lots & ventes ne s'exigent par les Seigneurs, sinon en tant que par Coustumes particulieres, paction, ou inuestiture, ils sont introduits. C'est l'opinion de *Boerius in conf. Bitur.* tit. des fiefs, de *Ioan. And. addit. ad Specul. rubr. de præsc. verb. nil potest peti nisi sit deductum in pactum speciale in prima feudi concessione, vel sit consuetudo.* Aussi pour donner lieu en la Seneschaussée de Guyenne aux lots & ventes, a esté necessaire d'en employer vn article en la Coustume. *Guid. Pap. decis. 415. de consuetudine generali præsentis patriæ Delphin. & cæterarum aliarum patriarum circumuicinarum, Dominus percipere, & haberi consueuit laudimia ab emptore, etiam rei feudalis, pro inuestitura, ad instar rei emphyteuticariæ. Aliter*

tamen seruatur in regno Franciæ vbi pro re feudali
non recipiuntur landimia l. idem qu. 48. *& Francif.*
Marc. decif. 292. *volum.* 2. Et Boër. decif. 231.
en parlant du payement des lots & ventes receuës
en Perigord, en rapporte le droict de la Couftume
& vfage. Ce feroit chofe longue d'entrer en difcours fur ce fujet. Au pays Couftumier, mefme
les Arrefts de la Cour ont declaré les vaffaux
exempts des lots & ventes és lieux aufquels ils
ne font eftablis par Couftume, & aufquels les Seigneurs ne font fondez en poffeffion. Et de fait cō-
bien que par la Couftume d'Auuergne ch. 22. §.
20. le Seigneur foit fondé en retraict feodal, il eft
dit au parag. 21. qu'il ne peut demander aucuns
lots & ventes, ny droits. Par la Couftume de
Langres art. 5. confirmée par Arreft du 7. Septembre 1580. entre Monfieur l'Euefque de Langres, & Meffire Iacques de Viennes, les Seigneurs ne font fondez en aucuns droicts. Le femblable iugé par les Habitans de la Ville & Comté
de Tonnerre, Bailliage de Sens, par Arreft du 11.
de Mars 1552. Et par la couftume du Duché de
Bar, art. 52. le Seigneur n'en peut pretendre, s'il
n'eft fondé en contention particuliere.

LE droict de lots & ventes a efté pretendu par
les Vicomtes de Turenne, à caufe des acquifitions faites au dedans du Vicomté : les Gentils-
hommes fe font roidis au contraire, & par Arreft
du Parlement de Bourdeaux donné auec le fieur
de Lignerac, du 24. Decembre 1329. rapporté par
Boëre Confeiller en iceluy Parlement, qui fut
commis & deputé pour l'execution de l'Arreft, en
fa decif. 263. & par Mainard liu. 4. chap.33. a efté

ordonné qu'il feroit informé par turbes: & depuis
ce reglement i'ay appris que les Officiers du fieur
de Bouïllon auoient fait vne tranfaction auec vn
des heritiers du fieur de Lignerac, le 17. Septembre 1599. par lequel il fe foûmet au payement des
lots & ventes, nonobftant l'Arreft:& enfuite de ce
qu'ils auoient introduit vne inftance au grand
Confeil contre le fieur de la Mefchauffée, qu'on
dit eftre feruiteur particulier dudit fieur de Bouïllon, & auec luy obtenu Arreft, portant condamnation des lots & ventes, contre lequel y a requefte ciuile, & en parlera plus amplement ailleurs.

C H A P. I I.

AVcuns font exempts de payer ventes par couftume locale, comme les habitans de Tonnerre & Muffy, & autres rapportez au procez verbal
des couftumes du Bailliage de Sens, art. 225. & par
René Choppin en fes Commentaires fur les couftumes d'Arefon liu. 2. tit. 3. *num.* 1. nonobftant
laquelle ils ont efté condamnez par Arreft cité par
ledit Choppin. Autres par priuilege du Prince:
comme les habitans de Figeac, par Arreft donné en
l'Audiance du grand Confeil, maiftre Iean Vreuin
plaidant le Ieudy 18. Fev. 1611. & pourtant ne font
exempts de payer cens, *quia cenfus effe poteft fine lau-
dimiis Molin. art. fi gloff. 1. num. 14. Conf. Parif.* art.
2. de la couftume locale de Meaux, & le procez
verbal enfin, par lequel ceux de Meaux font exépts
de payer ventes, pour ce qui eft fcis en la ville.

Ventes ne font point deuës, où la couftume n'en
difpofe point, comme en Auuergne & Langres;
procez verbal de la couftume de fens, art. 225.

Nulles ventes de ce qui defpend de Montfauion

Luſy, & Gurgy le Chaſtel. Choppin. 2. *And. tit.*
3. *num.* 1. Ventes ſont deuës en Perigord, nonobſtant la Couſtume articulée au contraire ; Iugé
pour le Roy de Nauarre, contre Caluimont, par
Arreſt du grand Conſeil, du 10.Nouembre 1544.

CHAP. III.

Ventes d'inſeodation deuës au dominant au
pays de droiͨt, & à l'inſeodant au pays de
Couſtume, fol. 71. *Choppin. 2. Add. til. 3. n. 1. & 5.*

CHAP. IV.

Extraordinaires ne peuuent eſtre fondées ſur
l'obligation, ou le payement d'aucuns. *Chop.
ibid. n. 2.*   ### CHAP. V.

Ventes ſont deuës pour iouyſſance de fond,
laiſſées au creancier pour ſeureté de rente
racheptable en Anjou, *Chopp. ibid. nu. 3. ſecus,* s'il
n'y a qu'hypotheque, Monſieur Loüet en ſon recueil d'Arreſts, chap. 15. lettre I. ores qu'elle ſoit
ſpeciale. Coquille queſt. 33.

CHAP. VI.

Elles ſont deuës pour vente à grace, excedant
neuf ans en Anjou, & ailleurs pour tout
temps, *Chop. ib. n. 4.* & ſur la Couſtume de Paris, liu.
1. tit. 3. art 12. *Argent. de laudim. parag.* 7. *Brod. addit.* ſur le nōb. 2. lettre R. & ſur le nomb. 30. let. D.
Loüet, ſans attendre le rachap. Loüet let. V. ch 12.

CHAP. VII.

Ventes ſont deües pour ceſſion de grace, faite
à vn tiers, *Chop. ibid. n. 4. Argent. de laudim.
parag.* 10.   ### CHAP. VIII.

Mineur reſtitué pour le temps de grace ſiny,
ne doit ventes, ores que le temps excede,
Chopp. ibid. num. 4.

CHAP. IX.

VEntes ne font deuës pour refolution de contracts procedant de l'euiction de partie, ou
qualité de la chofe: *Chopp.ibid. num.* 5. Papon liu.
13. tit. 2. Arreft 29. Coquille queft. 24. Argentré *de
landir. paragr* 2. *Molin. paragr.* 23. *n.* 17. 155. *gloff.* 1.
n. 26. Loüet let. R. *n.* 2. M. Maynard liu. 4. ch. 38.
Charondas liure 13 refponfe. 103.

CHAP. X.

LOts & vêtes ne font deuës pour venditió faite pour la neceffité publique, *Chop. ibid. nu.* 5.
& fur la Couftume de Paris liu. 1. tiltre 3. nomb.
14. & du domaine liu. 3. tiltre 23. nomb. 4. Maynard liu 4. ch. 43. & 50. Loüet lettre A. nomb. 6.

CHAP. XI.

LE Seigneur peut demander ventes du bail à
rente racheptable, fans attendre le rachapt,
Chop. ibid. n. 6. à quelque prix que la rête fe rache-
pte. Charondas liu. 7. de fes refponfes, chap. 18.
C'eft pourquoy elles appartiennent au Fermier
du temps du contract à faculté de rachapt, non à
celuy du temps duquel le rachapt fe fait. *Robert. l.*
5. *rer. indic. cap.* 18. Papó liu. 1. tiltre 7. Arreft. 8.
Amendes taxees appartiennent au Fermier du
téps du delict, les arbitraires au Fermier du temps,
de la fentence, encor qu'il y en ait appel. Coquille queft. 14. Papon liu. 13. tiltre 9. Arreft 9. Grimaudet traité des Retraits liu. 4. chap. 32. Ferrer
fur la queftion 535. de Guy Pape.

CHAP. XII.

LIcitation entre coheritiers ne produit ventes,
Couftume de Paris, art. 80. Loüet let. L nób.
9. Charondas fur l'art. fufd. de Paris, & liu. 2. de

ſes Pandect.ch.16.fol.166.& liu.7.reſpôſe.287.
Papon liu.13.tit.2.arreſt 23.Ferrer ſur la queſt.48.
de Guy Pape, hormis en Niuernois. Coquil. queſt.
32. *alibi jecus*, ny échâge fait côtr'eux en ſuite d'vn
partage. *Chop. ibid. nu.* 9. encores qu'vn eſtranger
ait eſté admis. Louët, lieu ſus allegué, pourueu
qu'il ne ſoit demeuré adjudicataire. Couſt. Paris
art. ſuſdit *Molin.* §.23. *queſt.* 7. ou que la ſoulte ne
ſoit faite de choſes non communes. Coqu. queſt.
32.*Chop. And.1.cap.4.num.8.& 9. Argent.t ract. de
laudim.* §. 53. *& 5*4. Mais elles ſont deuës, pour licitation faite entre eſträgers. *Chop.ibid. nu.* 7. &8.
Louët lieu ſus allegué tient le côtraire, & Maiſtre
Charles du Moulin auſſi au §.22. qu.22. ſi ce n'eſt
que le contract commence par ventes, ou que la
choſe ſe peuſt partager. Iugé par Arreſt du Ieudy
11. Ianuier 1607 plaidans Pietre & Greuet ſur vn
appel du Bailly de Chartres, que ſi l'adiudication
ſe fait à la veufue, il n'eſt point deu de droicts, parce qu'elle eſt aucunement heritiere du mary, luy
ſuccedant par le moyen de la communauté, laquelle elle a pû repudier. Iugé en la meſme Couſtume de Chartres, s'agiſſant d'vn partage fait entre deux legataires particuliers du mary, & de la
femme, de deux terres acquiſes pendant la cômu-
nauté, la veſue en ayant iouy trente ans entiers,
en vertu de ſon don mutuel : par lequel partage
l'vne deſdites terres eſtoit écheuë à vn des colle-
gataires, moyennant vne legere ſoulte : qu'il n'e-
ſtoit deu aucun relief pour la moitié de lad. terre
delaiſſée par le partage : n'eſtât ce partage vne vê-
te, ains vne accômodation, par Arreſt infirmatif de
la Sentéce du Bailly de Chartres, du 29.May 1615.

Monſieur le premier Preſident de Verdun ſeant,
plaidant I. Talon & Ramboüillet ; les Doyen,
Chanoines, & Chapitre de l'Egliſe de Chartres,
& les Boulets, parties plaidantes.

CHAP. XIII.

LE Seigneur prend ventes, tant pour le fonds,
que pour le baſtiment, ores que le baſtiment
ait eſté depuis la conceſſion du fonds, *Chopp. ibid.*
num. 10. & iaçoit que le Seigneur n'ait baillé que
la place, ſol ou aire à cens, & que le preneur y ait
baſty, ſans eſtre tenu de ce faire ; ſi eſt-ce que de
tout l'heritage. l'edifice compris, quand il ſe ven-
dra ſeront deubs lots & ventes, comme eſtant l'e-
difice acceſſoire du fonds : & ainſi le tiennent
Boëre ſur le §.19. de la Couſtume de Bourges, au
tiltre *de conſi. et. feud.* Le Feron ſur le § 15. *de feud.*
conſuet. Bardig.

CHAP. XIV.

TEnancier ne peut démolir le baſtiment, ſans
le conſentement du Seigneur, *Chop. idem nu.*
ny abattre la haute fuſtaye, ſi le fonds eſt inutil
apres. Coquille queſt. 30. quand la Couſtume le
permettroit, ſi ce n'eſt que l'heritage ſoit d'ailleurs
tres-ſuffiſant. *Idem* en ſa queſtion 269.

CHAP. XV.

PRorogation de grace faite dans le temps per-
mis, produit ventes, ſi elle eſt ratifiée apres.
Chop. ibid. num. 11. encore qu'elle ſoit faite par le
Iuge, *idem num.* 19. 20.

CHAP. XVI.

LOts & ventes ne ſont deubs pour rachapt de
ſeruitude, *Chopp. ibid. nu.* 12. *Argentr. tractatu*
de Laudimij §.30. & M. Charles du Moulin, §.55.

gloſſ. 3. in princip. & gloſſ 53. num. 35.

CHAP. XVII.

VEntes ne ſont deuës pour achapt d'arriere-fief fait en meſme iour que l'achapt du fief, pourueu que ce ſoit apres, ſi ce n'eſt que le fief ſoit imaginaire. *Choppin. ibid. num. 13. & 14.*

CHAP. XVIII.

VEntes ne peuuent eſtre donnees, mais bien receuës par le Seigneur au prejudice de ſon Fermier, ſon bail n'eſtant notifié, ſauf en cas de recepte, le recours au Fermier contre le Seigneur. *Chop. ibid. num. 14.*

CHAP. XIX.

SEigneur retenant cens & rentes, a les ventes, ores que la rente ſoit alienee par luy. *Chop. ibid. num. 15. & 16.*

CHAP. XX.

DOnation onereuſe, autre que pour nopces, ſujette à vente. *Choppin. ibid. num. 17. ſecus,* ſi pour nopces en ligne directe, ores qu'il y ait eſtimation. *Chop. Add. 1. cap. 4. num. 8.* & que moyennant ce, le donataire renonce: art 26. de la Couſtume de Paris, & qu'apres le mariage le mary opte le fonds eſtimé. *Molin. S. 56. nũ. 36. fallit,* ſeló Maynard, liu. 4. ch. 41. ſi la donation eſt faite *ab extraneo. Ferrer. not. in quæſt.* 48. *Guid. Pap. Argent. de laud. S. 47. Coq. Inſt. fol.* 99. *Alex. lib. 2. conſ.* 173. Rat. ſur les art. 15. & 168. de Poictou.

CHAP. XXI.

TRanſaction faite entre freres produit ventes, pour ce qui eſt baillé en payement des deſpens, dommages & intereſts. *Chopp. ibid. num. 18.*

CHAP. XXII.

LOts & ventes ne peuuent eſtre demandez pour vente de Greffes. *Chopp. ibid. nu. 21. & 22.*

CHAP. XXIII.

ESchange fait contre rentes racheptables, ne produit ventes, Monſieur Loüet en ſon recueil d'Arreſts en la lettre L. nomb. 9. s'il n'y a promeſſe de rachepter. Le meſme en la meſme lettre, chap. 18. Coquille queſtion 31. tient qu'il en produit en tout cas, & en ſa queſt. 266. Monſieur Choppin en ſes Commentaires ſur la Couſtume de Paris, liu. 1 tit. 3. nomb. 21. eſt de contraire aduis. S'il y a eſchange d'vn fonds à la charge du decret, les lots & ventes ne ſont deubs pour le decret conforme à l'eſchange. Iugé en l'audiance le Vendredy 16. de Iannier 1609. Chenu en ſes Additions ſur le 8. Arreſt de Papon tit. 7. liu. 11. Charondas en ſes Commentaires ſur le 78. art. de la Couſtume de Paris, & au liu. 7. de ſes Reſp. ch. 142. Monſieur Mainard liure 4. chap. 37.

CHAP. XXIV.

SEcretaire du Roy ne retire les lots & ventes du retrayant, s'il eſt auſſi Secretaire, *Secus,* s'il ne l'eſt pas. Monſieur Loüet en ſon Recueil d'Arreſts, en la lettre S, chap. 22. Charondas ſur l'art. 138. de la Couſt. de Paris. Grimaudet traité des retraicts, liu. 8. ch. 5. ou ſi la grace ne luy eſt point perſonnelle. Coquille queſtion 174. *Argent. parag.* 3. *etiã* qu'il contracte auec luy. *Molin. parag.* 2. 4. *n.* 24. *Chop. l. 1. in And. conſ. ch.* 3. Les gardes des Sceaux des Chancelleries des Parlemens, ne iouïſſent point de cette exemption, iugé au grand Conſeil, pour M. Eſtiéne Goutte, côtre Dame Anne de

Fages, vefue de Meffire Chriftophe le Barbiant Confeiller d'Eftat, & Prefident au Parlement de Bourdeaux, par Arreft donné en Nouembre 1612. au raport de Monfieur Courmoulin, Maiftre Iean Vreuin mon bon frere, Aduocat au grand Confeil, auoit efcrit au procez pour ledit Goutte, pour lequel il difoit que les parties demeureroient d'accord du faict, au moyen de l'exhibition faite par ladite de Fages du contract d'acquifition de la terre de Belhade, & de fes defpendances, d'autant que par iceluy il appert que ladite terre eft mouuante du Roy, au lieu duquel Goutte montroit eftre fubrogé par le contract qu'il en a fait auec fa Majefté le premier iour d'Aouft 1609. de façon qu'il ne refte à examiner que la queft. de droict qui eft de fçauoir fi les defenfes propofées par ladite Fages pour s'exempter du payement des ventes, font fuffifantes, qui font que ledit fieur de Babiant eftoit Garde des Sceaux de la Chãcellerie de Bordeaux, lors qu'il a acquis lad. terre de Belhade, & partant exempt de payer aucuns droits: D'ailleurs qu'il a efté receu en foy, & baillé fon adueu de ladite terre, confequemment qu'il n'y a plus d'apparence de luy en demander les ventes. Or pour montrer que ces deffenfes font infuffifantes, ledit Goutte fe contente de reprefenter deux chofes; La premiere, qu'il n'y a point d'Ordonnance qui die, que les Gardes des Sceaux des petites Chancelleries foient exempts de payer les droicts feodaux cenfuels des acquifitions qu'ils font des chofes mouuátes du Roy: C'eft vn priuilege qui n'appartient qu'aux Secretaires feuls: & combien que Monfieur le Chancelier l'ait pretédu comme eux,

difant qu'il eftoit le premier Secretaire : Toutesfois d'autant que cette qualité n'appartient qu'au
Roy, qui prend la premiere bourfe, comme chef
de leur College, le Confeil fçait la difficulté qui
luy en a efté faite, telle que fi Monfieur le Chancelier ne l'a pû obtenir ; il y a peu d'apparence de
l'adiuger au Garde des Sceaux d'vne petite Chancellerie, duquel l'Office eft fans comparaifon inferieur au fien. Quant à la reception en foy,
quand elle auroit efté faite (comme on dit) cela
n'empefcheroit point que ladite Fages ne fut re-
nuë au payement des ventes : pource que par la
reception de foy, le Seigneur perd bien la faculté
de faifir, auec effect de gagner les fruicts, *quia fi-
dem habendo de pecunia foluenda, videtur effe credi-
tum & commercium contraxiffe :* Mais il ne perd
point la faculté d'agir, fuiuant l'opinion de du
Moulin, §. 1. *glf.* 2. *n.* 2. *con'. Parif.* Or ledit
Goutte n'a procedé que par action, par côfequent
il n'y a rien qui empefche qu'elle ne foit condamnée au payement des ventes dont eft queftion: pour
ces raifons ledit Vreuin concluoit à ce que ladite
Fages fut condamnée payer audit Goutte les ventes de l'acquifition faite par ledit fieur de Barbiant
& elle, de la terre & feigneurie de Belhade, à raifon de foixante mil liures, qui en ont efté payez
par le contract du 5. de Septembre 1592. fuiuant
la couftume des lieux, & aux defpens de l'inftance:
ce qui luy fut adjugé par Arreft cy-deffus cotté.

Chap. XXV.

Entes font deuës pour affignat tranflatif de
proprieté fait par le mary, apres la diffolutiõ
de mariage pour la dot de la femme. Coqu. qu 113.

CHAP. XXVI.

Entes ne font deuës pour vente de haute fuſtaye, s'il ne fait la meilleure partie du fief,
ou que le fond ſoit inutile apres. Coquille queſtion 30. ne font deuës au pays Couſtumier. Cho-
pin liu. 2. de ſes Commentaires ſur la Couſtume
d'Anjou, tit. 2. nombre 2. & ſuiuant M. Anne Robert, liure 3. des choſes iugées ch. 9. Corbin plaid.
32. les droicts ſont deus au pays de droict écrit. Iugé par Arreſt du grand Conſeil pour le ſieur de
Bordeilles contre le ſieur de S. Meſgrin, du 5. Iuin
1610. & par autre Arreſt du 8. Mars 1614. pour M.
Eſtienne Goutte, côtre Pierre & Iacques Cotton,
pour leſquels feu M. Iean Vreuin mon bien-aimé
frere auoit eſcrit & diſoit que par contract du 4.
Octobre 1609. le ſieur de Biron auoit vendu aufdits Cotton la coupe de la petite foreſt de Claran-
ce à luy appartenante, moyennant quatre mil cinq
cens liures qu'ils luy en ont payé comptant, à la
charge expreſſe de les acquitter des lots & ventes,
au cas qu'on leur en demandaſt aucuns ſuiuant ce
contract deſdits Cotton ayans diſpoſé de ce bois,
ledit Goutte les auroit fait aſſigner au Conſeil
pour exhiber le tiltre en vertu duquel ils ont fait
la couppe, & luy en payer les ventes, à raiſon
de trois ſols quatre deniers pour liure; c'eſt l'in-
ſtâce ſur laquelle les parties ont eſté reglées apres
que leſdits Cotton ont ſouſtenu aux perils & fortunes de leurs garâds, qu'ils deuoient eſtre abſous
des concluſions contre-eux priſes: les moyens de
leur abſolution reſultent de ce qui eſt conſtáment
tenu par tous les Docteurs François: Sçauoir eſt
qu'il n'eſt deu aucunes ventes pour la couppe des

bois de haute fuftaye, parce qu'eftant vendu pour
eftre coupé, il tóbe en nature de chofe mobiliaire
en laquelle il n'y a ny Retrait ny Ventes, non plus
qu'aux fruicts pendant par les racines : lefquels
eftans vendus feparément du fond, font exépts de
l'vn & l'autre de ces droicts, encores qu'ils foient
reputez faire partie du fond ; & par confequent
qu'ils foient fuiets au retrait & aux ventes, eftans
coniointement vendus auec le fond ; C'eft ce que
dit Maiftre Charles du Moulin art. 23. queftion
20. de la Couftume de paris , & Maiftre René
Choppin liu. 2. tiltre 2. de la Couftume d'Anjou:
& fi cela eft vray en termes generaux, il l'eft encores plus au fait particulier, d'autant que ce que
ledit fieur Biron a vendu ne fait point la trentief-
me partie de fon fief, tellement qu'on ne fçauroit
dire qu'il ait fait cette vente en fraude, pour ne
fe referuer qu'vn fief imaginaire : mais il eft plus
raifonnable de croire que ce bois luy eftant inutil,
comme il y a vn temps, apres lequel le bois ne fait
que deperir, il en a vendu la defpoüille, pour remettre le fond qui luy eft demeuré en meilleur
eftat & valeur.

Les fiefs font reputez patrimoniaux en France,
& par confequent les vaffaux peuuent difpofer
non feulement des fruits qu'ils produifent, comme eft le bois, mais encor du fond, pourueu qu'ils
s'en referuent la meilleure partie & la foy, fur ce
qu'ils alienent : de maniere que quand ledit fieur
de Biron auroit vendu le fód de fon bois, ce qu'il
n'a point fait, n'eftant point la meilleure partie
de fon fief, & n'en ayant point quitté la foy, il
n'en deliuroit aucuns droicts : à plus forte raifon

s'eſtant reſerué tout le fond, & n'en ayant vendu
que la deſpoüille pour ſubuenir à ſes affaires : car
c'eſt le moyen plus prompt duquel les Gentils-
hommes & autres puiſſent tirer ſecours en leur
neceſſité: ledit Goutte pretend ſe rendre fauora-
ble, en diſant qu'il plaide pour la conſeruation
des droiᵉts du Roy, auquel il eſt obligé de bailler
vn terrier, mais quand on conſiderera que tout ce
qu'il fait en cette cauſe n'eſt que pour auoir des
ventes, où le Roy ne prend rien , pource qu'il a
cedé audit Goutte tous les droiᵉts Seigneuriaux
de ſon domaine de Guyenne, payable pour vne
fois, & que le terrier ne va point aux vêtes, mais
aux recõnoiſſances, on iugera bien que c'eſt mal à
propos, qu'il pretexte cette cauſe de l'intereſt du
Roy, & que pour parler veritablemẽt, c'eſt vn hõ-
me qui *per diſſiaẽtia iuſti, diuinæ pro ſe domus attra-*
hit actiones. Il dit qu'il faut iuger cette cauſe ſuiuãt
l'vſage du pays de droit eſcrit, dont elle vient par
lequel il eſt deu vêtes pour bois de haute fuſtaye,
encor qu'il ſoit vendu ſeparément du fond. Mais
quand on parle d'vſage, *illud explorandum ſit an ali-*
qua do cõtradicto iudicio cõſuetudo illa firmata ſit. Or
ledit Goutte n'apporte point d'Arreſt, par lequel
cét vſage ſoit prouué: bié eſt vray qu'il en allegue
vn qu'il dit auoir eſté donné pour le ſieur de Bordeilles, cõtre le ſieur de S. Meſgrin, en l'an 1609.
mais il ne le produit point : conſequemment il le
faut tenir à la reſolution commune, qui eſt, que
pour bois de haute fuſtaye vendu ſeparément du
fond, il n'eſt deu aucun droiᵉt. Le fondement de
cette reſolution n'eſt point celuy que ledit Goutte prend, ſçauoir que le retrait lignager n'a point
dé

de lieu en telle vente: car ce seroit vne erreur d'ar-
gumenter du retraict qui requiert deux qualitez,
l'vne d'immeuble, & l'autre de propre, aux ventes
qui n'en requierét qu'vne, sçauoir celle d'immeubles & alienez. Aussi les Autheurs qui ont traité
cette question, ne se sont-ils pas fondez sur cette
raison, mais sur ce que si l'on admettoit qu'il fust
des droicts seigneuriaux pour vente de haute fustaye, ce seroit aduoüer qu'il en seroit deub pour
ventes des choses mobiliaires : parce que la haute
fustaye ne se vend que pour estre renduë telle, par
le moyen de la coupe. C'est ce que dit d'Argentré
*delaudim. paragr. 28. lex escindendi contractui appo-
sita mobilitatis necessitatem inducit* : & sur l'article
60. de la coustume de Bretagne, respódant à l'ob-
jection commune faite de la loy, *Quintus de con-
trab. empt.* qui dit que, *Arborum quæ in fundo conti-
nentur non est separatum corpus à fundo.*

Il dit que cela se dit pour monstrer que quand
on vend le fond, sans excepter les arbres, ils sont
compris en la vente : mais non pas pour dire qu'ils
fassent partie essentielle du fond, parce qu'ils ne le
font non plus, que les cheueux au corps de l'homme, *qui sine corporis dãno resecantur*: & conclud à la
fin, que s'il n'y a fraude en la vente de la haute fustaye comme si elle n'est venduë auec le fód à vne
ou plusieurs personnes par vn ou diuers côtracts,
il n'en est deub aucuns droicts. *Molin. §. 55. gloss. 1.
nu. 191.* de la coust. de Paris, fait vne autre question
qui approche de celle-là : sçauoir, si le Seigneur
peut demander les droicts de la vente du Moulin
attaché à la terre, & en apres separe & resout que
non, non plus que si le vassal auoit vendu *grandes*

O o

arbores, vel nemus antiquum, nudo solo retento, vel to-
tam diruendos domus superficiem retenta area. Monfieur Boëre en fes decifions 229. & 230. rapporte
pareillement auoir efté iugé au Parlement de Bordeaux, qui eft pays de droict efcrit, que fi vn fonds
eft vendu auec les fruicts pour mefme prix, & par
le mefme contract, les ventes font deuës de tout:
mais fi au contraire les fruicts font vendus feparément du fonds, pourueu que ce ne foit point, *in*
fraudem mox futura venditionis fundi, il n'en eft deu
aucunes.

A prés tant d'authoritez, il doit eftre permis audit Cotton, de dire que c'eft vne diftinction imaginaire, d'alleguer que vente de haute fuftaye produit des droicts feigneuriaux en pays de droict
écrit & qu'elle n'en produit point en païs couftumier d'autát que les Autheurs qui ont traitté cette queftion, l'ont refoud indiffiniment, & fans diftinction quelconque pour le pays de couftume &
de Droict, nonobftant lefquelles raifons lefdits
Cottós furent condánez au payement des droicts
feigneuriaux par l'Arreft rapporté cy-deffus.

Vaffaux ou tenanciers, peuuent abattre la haute fuftaye, pourueu qu'ils ne foiét obligez de l'entretenir, & que d'ailleurs les droicts du Seigneur
foient affeurez. Coquille queftion 269 ou que ce
foit pour baftir en fon fond, ou qu'il laiffe des tail-
lis, ou que ce foit pour donner air à fes fruicts,
etiam que ce foient arbres fruictiers. *Idem* en fa
queftion 275.

Retraict lignager n'y a lieu finon quand le retrayant fuccede au vendeur dás l'an, Robert *lib. 3.*
rer. indic. cap. 9. Papon liu. 11. tit. 7. Arreft 18. *Chop.*

de Morib. Pariſ. l. 1. tit. 1. nomb. 22. du domaine,
liu. 3. tit. 17. Grimaudet liu. 4. des Retraicts, ch.
24. couſt. de Normandie, art. 447. Pithou en ſes
Comment. ſur l'art. 164. de la couſt. de Troyes,
couſt. de Sens art. 66. M. Charles du Moulin ſur
l'art. 201. de la couſtume de Blois.

CHAP. XXVII.

BAil excedant neuf ans ne produit ventes, s'il
n'eſt à vie, ou à perpetuité, ou qu'on vende
le fonds en meſme temps. *Molin.* §. 56. *n.* 6. Argentré au traité *de laua.* §. 42. tient le contraire, ſi
ce n'eſt que la ferme ſoit payable en grains. *Vide*
Ferrer. vlt. obſer. in quæſt. 48. Guy Pape, Corbin
plaid. 96. Papon liu. 13. tit. 2. Arreſt 22. Tiraq. §.
1. *gloſſ.* 14. *n.* 112.

Locatio excedens nouem annos, pro alienatione accipi-
tur. Decius conſ. 204. *Molin. art.* 5. *n.* 6. *Conſ. Pariſ.*
Tiraq. de Retr. parag. 1. *gloſſ.* 14. *nu.* 80. Loüet lettre
B, *nu.* 5. *Couarr. tom.* 2. *tit.* 2. *nu.* 2. *argum. eſt art.* 227
conſ. Pariſ. Balde ſur la loy finale, *C. de iur. emphyt.*
Decennium dicitur longum tempus. gloſſ. in l. 6. *ff. de*
vſur. Argent. §. 42. *de laudim. pag.* 2323.

CHAP. XXVIII.

LOts & ventes ne ſont deubs pour retrait lignager accordé en iugement, ou dehors. *Chopp. lib.*
1. *in conſuet. Pariſ. tit.* 3. *num.* 8. Charondas liu. 7.
de ſes Reſponſes. ch. 216. D'Argentré *de laudim.*
parag. 36. *& ſeq.* Coquille Inſt. au droict François,
pag. 274. Grimaudet liu. 18. de ſes Retraits chap.
3. & 4. Monſieur Mainard liu. 4. de ſes queſtions
not. chap. 36. où il refute la reſponſe ſuſdite de
Charondas.

CHAP. XXIX.

LEs Secretaires du Roy ne font exempts des
ventes dont ils fe chargent pour fruftrer les
Seigneurs, *Argentr.de laudim.* §. 3. *fecus,* s'ils font
vendeurs ou achepteurs. Choppin fur la couftume
d'Anjou liu.1.ch.4.n.5.Loyfeau en fon traité des
Offices, liu. 1.ch.9.n.53.Loüet lettre S, nomb.22.
Charond.fur l'art.138. de la couft. de Paris. Grimaudet des retraiêts,liu.8.ch.Papon liu. 11. tit. 9.
Arreft 2.　CHAP. XXX.

VEntes deuës par le poffeffeur, ores qu'elles
ne foient de fon temps, art. 24. couft. Parif.
Idem pour les amendes,& iufques à ce,le Seigneur
n'eft tenu l'admettre. *Mol.parag.*34.*nu.* 28. Coq.
queft.28.Argent.art. 71. & 231. Bret. *etiam* qu'il
ait receu le cens du predeceffeur,*fecus,*s'il a eu faifie fans referuer les droiêts. *Molin. parag.* 52. *gloff.*
1. *n.* 1. ou s'il a acquis par decret fans oppofition.
Charondas liure 1. refp. 11 Papon liure 13. tit.2.
Arreft 36. ou s'il n'eft que Fermier. *Chopp.lib.* 1. *de
Morib. Parif. tit.* 3. *num.* 3. Charondas liure 2. de
fes Pandeêtes chapitre 16.

CHAP.　XXXI.

NOuuelles ventes ne font deuës de la nomination du Command. pourueu qu'elle foit faite
dans deux mois. *Chopp.*1. *Parif.Conf. tit.* 3. *num.*13.
Charond.liu.16 refp.59.mefmes apres *fi appareat
de mandato. Mol.*§.9.5.*&*6.*Argent.de laud.*§. 21.

CHAP.　XXXII.

VEntes ne font point deuës en pays plain pour
vente de nauire, ou batteau, s'il n'eft bannal,
fondé fur paux, ou fur terre. *Argent. de laud.*§.29.
CoquilleInftit. fol.234.*Chopp.lib.Conf.Parif.tit.*1.

*num.*14. *fol.* 26. *Grimaud. de retract. lib.* 4. *cap.* 17.
Tiraq. ibid. §.1. *gloss.*7. *num.* 6. 88. coust. de Normandie art. 519. Bayonne tit. 5. art. 43. Peleus question 103.　　CHAP. XXXIII.

VEntes deuës du prix des fruicts vendus auec
le fonds. *Argent. de laudim.* §. 27. *Molin.* §. 13.
gl. 2. *n.* 8. Anjou, art. 402. TIRAQ. *de retr.* §. 1. *gloss.* 7. *r.*
53. *Boer. decis.* 129. *& seq.* Boer. §. 19. tit. des fiefs,
Bourg. Rat. §. 261. Poict. *Molin.* 55. *gloss. & parag.*
23. *quæst.* 20.　　CHAP. XXXIV.

VEntes sont deuës pour transaction faite pour
confirmer l'achapt. Charond. liu. 7. resp. 111.
Argent. de laudim. parag. 55. Grimaudet l. 5. des Retraicts, chap. 14. de Lommeau sur l'art. 360 de la
coust. d'Anjou. Loü et lettre T, nomb. 5. *vbi addit.*
Charond. liu. 5. resp. 42. Expilly en ses Arrests,
chap. 139. Ferrer. sur la quest. 48. Guy Pape: Coquil. Inst. fol. 121. *maximè,* si le prix de la transaction est grand. *Chop. lib.* 3. *in cons. And. tit.* 5. *nu.* 3.
ou si elle est feinte, ou si le transigeant auoit d'ailleurs bon droict. *Mol. parag.* 22. *quæst.* 21. *& parag.*
55. *gloss. n.* 126. Choppin, liu. 2. du domaine, tit. 5.
nomb. 6. que si la chose a esté acheptée sa iuste valeur, ne sont deubs aucuns droicts, M. Charles du
Moulin *parag.* 77. *gl.* 1. *n.* 125. *tom.* 1. *pag.* 1465. de la
nouuelle edition, & Coquille en ses Inst. Coustu-
mieres, liu. 4. tit. 2. reg. 11. *Idem de supplemento.*
D'Argentré *de laudim. par.* où il tient que les ventes sont deuës au Fermier du temps du supplémét.
Charondas liu. 1. de ses Pandectes, ch 16. fol. 169.
　　CHAP. XXXV.

VEntes sont deuës pour eschange d'heritages
vn meuble precieux nõ estimé. *Mol. parag.*

55. *gloſſ.* 1.*num.* 5. *parag.* 13. *gloſſ.* 5. *quæſt.* 10. *Arg.*
de laudim. *parag.* 1. Coquille queſt. 226.

CHAP. XXXVI.

VEntes ne ſont deües à Laon pour vne vente
reſoluë du conſentement des contractans
dans huictaine apres la tradition, *& præuentionem*
Domini. couſt. de Laon art. 138. *vbi Molin. Tiraq.*
§ 6. *gl.ſſ.* 2. *de ret. conu* Samſon. §. 17. de rachapt.
Tours. Pap. §. 397. Bourbon, Loüet lettre R,
nôb. 2. *vbi addit.* Mainard liu. 4. ch. 40. Grimaudet des Retraicts, liure 5. ch. 4. Coquille en ſon
Inſtit. fol. 66. & 67. *Faber. in l.* 1. *ſi quando lic. ab*
empt. diſced. & ſur le §. 1. *inſt. de empt. & vend. Mo-*
lin. §. 55. *gloſſ.* 1. *num.* 38. *& §.* 13. *gloſſ.* 5. & ſur
l'art. 397. de la couſt. de Bourbon Charondas ſur
l'art. de la couſt. de Paris. *Guid. Pap. quæſt.* 101. *Ale-*
xand. conſ. 173. *lib.* 2. Rat ſur l'art. 16. de la couſt. de
Poictou. Pithou ſur l'ar. 77. de la couſt. de Troyes.

CHAP. XXXVII.

VEntes ne ſont deües par contract reſolu faute de payer le prix, notamment ſi la faillette
arriue peu apres le contract, & auant qu'il y euſt
demande ou ſaiſie du Seigneur. *Molin.* §. 23. *n.* 17.
§. 55. *gloſſ. nu* 36. §. 33. *gloſſ.* 1. *nu.* 2. *Argent. de laud.*
§. 2. Mainard liure 4. chapitre 38.

CHAP. XXXVIII.

DEs rentes conſtituées, l'on n'en peut demander lots & ventes, Loüet lettre L, chapitre
15. *Argent. de laud.* §. 51. Charondas ſur le 78.
art. de Paris.

CHAP. XXXIX.

VEntes rembourſables à l'acquereur, ores que
le Seigneur luy en a fait grace par bien-fait

ou priuilege. Coquille queſt. 184. *Argent .de laud.*
§. 3. *ſecus,* ſi celuy qui les doit rembourſer a pareil
priuilege. Louët lettre S. chap. 22 n'eſt tenu affermer. Maynard liure 4. ch. 32. le priuilege n'eſt có-
muniqué à l'autre contractant. *Molin.* §. 24. *Chop.*
And. lib. 1. *cap. num.* 5. quand meſme le priuilegié
s'en chargeroit. *Argentr. de laudim. num.* 3.

Chap. XL.

Ventes non deuës pour reünion pourſuiuie
par le Seigneur, comme la choſe n'ayant pû
eſtre alienée ſans luy. Coquille queſt. 281.

Chap. XLI.

Il n'eſt point deub de droict *ob venditionem lapi-*
dicinæ, quia fundus ſupereſt : id iudicatum in præ-
torio Pariſienſi, plaidant M. Iean Vreuin, le Ieudy
17. Mars 1608. *licet lapidicinæ in fructu non ſint. l. 7.*
§. *ſi vir. ff. ſolut. matr. debentur tamen laudimia ob*
venditionem demolitionum. Molin. 198. *prin.* Amiés,
l. 2. C. de rei vend. l. 2. & 3. de ædific. vbi Cuiac. Loy-
ſeau du deguerpiſſement, liu. 5. Charondas liu. 11.
reſp. 26.

Chap. XLII.

Si les lots & vétes ſont deubs des frais, vins, ſalaires de Notaires, Proxenetes, des deniers
baillez à la femme pour ſes eſpingles, pour conſentir à l'alienation : Du Moulin ſur l'art. 55. *gloſſ.*
num. 9. de le Couſt. de Paris, Grimaudet liu. 8. des
Retr. ch 9. Charond. ſur l'art. 76. de la Couſt.
de Paris, & liu. 2. de ſes Pandect. ch. 16. fol. 165.
Du Moulin ſur le paragr. 78. de la Couſt. de Paris, *gloſſ.* 1. *nn.* 138. 139. & ſuiuans.

LE STYLE DES SECRETAIRES.

Subscriptions de lettres.

AV PAPE.

A Tres-sainct, bien-heureux & Souuerain Pontif Gregoire XV.

AV TVRC.

A tres-haut, tres-excellent, tres-puissant, tres-magnanime & inuincible Prince, le Grand Empereur des Musulmans, Osman, nostre tres-cher & parfait amy.

A L'EMPEREVR.

A tres-haut, tres-excellent, & tres-puissant Prince, nostre tres-cher & tres-amé frere, cousin & allié l'Empereur.

AV ROY D'ESPAGNE.

A tres-haut, tres-excellét & tres-puissant prince Philippes Roy Catholique des Espagnes, nostre tres-cher & tres-amé beau-frere, cousin & allié.

AV ROY DE LA GRAND'BRETAGNE.

A tres-haut, tres-excellét & tres-puissant prince nostre tres-cher & tres-amé bó frere, cousin, amy allié & confederé le Roy de la grand'Bretagne.

AV ROY DE DANNEMARC.

A tres-haut, tres-puissant & tres-excellent Prince Frideric Roy de Dannemarc, & de Noruergue, Duc d'Holstein, nostre tres-cher & tres-amé bon frere, cousin, compere, & confederé.

AV GRAND CHERIF.

A tres-haut & tres-puissant Prince, le Grand Cherif, Roy de Fez & Therudan, Empereur de Maroques.

AV DVC DE LORRAINE.

A tres-illustre & tres-excellent Prince Henry Duc de Lorraine nostre tres cher & tres-amé Oncle, amy & allié.

AVX ELECTEVRS ET ESTATS DE L'EMPIRE.

Serenissimo ac potentissimo Principi Imperij semper Augusto fratri consanguineo nostro : Reuerendissimis, illustrissimis, magnificis generosis, spectabilibus, prudentibus, sacri Romani Imperij Principibus Prælatis, Comitibus libertis, & Imperij ciuitatibus, nostris charis cognatis, amicis & côfœderatis iã angusta côgregatis, coniunctum & diuisum, vel quorum legatis; Illorũ absentia honorato nostro dilecto cognato & amico Archiepiscopo & Electori Mogũtino, sacri Romani Imperij per Germaniã Cancellario, vel eius legatis aperiũde, & aliis dictis Principibus, Statibus, vel quorum, Legatis communicanda coniunctum & diuisum.

A L'ARCHEVESQVE DE TREVES, ELECTEVR.

Reuerendissimo & Illustrissimo Principi Archiepiscopo Treuerensi, & sacri Romani Imperij Electori, consanguineo nostro & amico charissimo.

AV DVC DE SAXE ELECTEVR.

Illustriss. & Amplissimo Principi Augusto Saxoniæ Duci & sacri Rom. Imp. Electori, consanguineo nostro & amico charissimo. AV DVC DE BAVIERES.

Illustrissimo Principi Guillielmo Bauariæ Duci, consanguineo nostro & amico charissimo.

A L'EVESQVE DE BAMBERG.

Illuſtriſſimo Principi Antiſtiti Bambergenſi conſan-
guineo noſtro & amico chariſſimo.

AV PEVPLE ET A LA COVR
DE BRVNSVICH.

Chariſſimis & ſpectabilibus Conſulibus Senatui Po-
puloque Brũſuiſienſi, amicis & fœderatis chariſſimis.

AVX SVISSES.

A nostres chers & grands amis, alliez, & côfe-
derez, & bons comperes les Aduoyers, Bourgue-
maiſtres, Amans, Conſeillers, & Communautez
des Cantons des anciennes Ligues des hautes Al-
lemagnes.

Et quand c'eſt pour quelque Canton en particulier, faut ſubſcrire.

A nostres-chers, &c. les Aduoyers & Bourgue-
maiſtres, Conſeillers & Communautez de::::

AV CAPITAINE GENERAL DE L'AR-
ME'E DE MER DV GRAND SEIGNEVR.

A illuſtre & magnifique Seigneur le Beglierbey
de la Mer, Capitaine general de l'armée du Grãd
Seigneur.

A LA SEIGNEVRIE DE GENNES.

A nos tres-chers & bons amis, les Duc, Gouuer-
neurs, Anciens & Conſeil de la Cité & Republique de Gennes.

Quãd ſa Majeſté eſcrit aux Republiques & Seigneuries ſouueraines, comme à ceux de Ragouſe,
Gennes & autres la ſubſcription eſt. *A nos tres-*
chers & bons amis. Et le commencement de la lettre eſt, *Tres-chers & bons amis, &c.*

Et quand il eſcrit aux Villes qui luy ſont ſujettes
la ſubſcription eſt.

A nos chers & bien-amez les Maire, Sous-Maire, Iurats ou consuls, Officiers, Magistrats, Manans & habitans de nostre ville & cité de : : :

A L'ARCHEVESQVE DE REIMS.

A nostre amé & feal conseiller l'Archeuesque & Duc de Reims, premier Pair de France.

A L'EVESQVE DE : : :

A nostre amé & feal conseiller l'Euesque de : : :

A VN CHEVALIER DES ORDRES.

A mon cousin le sieur de : : : : Cheualier de nos Ordres, Lieutenant és Gouuernemens de : : : en l'absence de mon cousin le Duc de : : :

A VN COLONEL.

A Monsieur de : : : Colonel General de : : :

A VN GOVVERNEVR.

A Monsieur de : : : Gentil-homme ordinaire de nostre chambre, capitaine du chasteau de : : :& Gouuerneur de nostre ville de : : :

A Monsieur le Comte : : : Gouuerneur de la ville de : : : en l'absence de : : :

A VN CAPITAINE.

A Monsieur de : : : Capitaine de cinquante hommes de mes Ordonnances.

AVX COMMISSAIRES DES : : :DE

NOSTRE VILLE DE : : :

A nos amez & feaux conseillers les sieurs de : : : Maistres des Requestes ordinaires de nostre Hostel. B. Tresorier de France estably à : : : & C. Maistres de nos Comptes à : : : Commissaires par Nous ordonnez sur le faict des : : : en la, &c.

Les subscriptions des Lettres qui s'escriuent & s'a-dressent par des particuliers au Roy, doiuent estre ainsi qu'il s'ensuit.

Au tres-Chreſtien & tres-inuincible Louis
XIII. Roy de France & de Nauarre.

A ſa Majeſté tres-Chreſtienne.

Au Roy tres-Chreſtien de France & de Nauarre, Louis XIII. mon ſouuerain Seigneur.

A LA REYNE.

A ma ſouueraine Dame la Reyne de France.

A VN CARDINAL.

A Monſeigneur l'Eminentiſſime Cardinal de:::

A Monſeigneur le tres-illuſtre, & tres-reuerend Cardinal, &c.

A tres-reuerend & tres-illuſtre Cardinal, &c.
Monſeigneur & tres-ſingulier Maiſtre.

On donne ordinairement aux Cardinaux deux
tiltres conioints enſemble, à ſçauoir tres-illuſtre
& tres-reuerend: Mais ſuiuant la couſtume obſeruée en Cour on met aucunes fois Illuſtre au commencement de l'inſcription ; pource que quand le
Cardinal eſt de ſang & race noble, au moyen de ſes
Predeceſſeurs, & des hõmes illuſtres de ſa maiſon,
on doit écrire, à tres-illuſtre, & puis tres-reuerẽd
tel, monſtrant quaſi que le tiltre de tres-illuſtre lui
eſt propre, encores qu'il ne fuſt Cardinal: mais ſi le
Card. n'eſtoit noble de race, ains pourueu par ſa
vertu à ce haut degré, s'il donnoit ſplendeur à ſa
maiſon, la rendant illuſtre, on doit écrire. A tres-
reuerend & tres-illuſtre, &c. Pource que par le
moyen du tiltre Eccleſiaſtique, ſa maiſon acquiert
le tiltre d'Illuſtre & de Noble. A VN EVESQVE.

A Monſeigneur Monſeigneur le tres-reuerend
& tres-illuſtre Eueſque de, &c.

A VN DVC.

A tres-illuſtre & tres-excellent Seigneur, le

Duc, &c. mon tres-honoré Maiftre.

A VN MARQVIS.

A mon tres-illuftre & tres-honoré Seigneur le Marquis, &c.

A VN COMTE.

A l'illuftre Seigneur, Monfeigneur le Comte, &c.

A VN CHEVALIER.

A Monfieur, Monfieur le Cheualier tel, Seigneurde:::

A VN GENTIL-HOMME.

Il faut noter qu'en efcriuant à vn Gentil-homme, on fufcrit volontiers en mettant feulement le nom de la Seigneurie en cette maniere.

A Monfieur, Monfieur de, &c.

Et s'il y a quelques autres qualitez, on les y adjoufte.   A VN DOCTEVR.

A vertueux & excellent Docteur és loix & :::

A VN RELIGIEVX.

A Monfieur le Reuerend Pere, &c,

A VN SECRETAIRE.

A Monfieur, Monfieur, Secretaire de Monfieur le Duc de::

MISSIVES.

Le Roy au Pape de fa propre main par Monfieur de::

TRes-fainct Pere, fçachant comme le fieur de ::vous eft agreable, ie le vous ay bien voulu ennoyer, auec l'occafió qui s'eft prefentée de vous faire tenir fur les affaires qui s'offrét, certains propos que vous prendrez, s'il vous plaift, de bonne part venant de moy, & vous eftát raporté par ledit

fieur de::: qui vous comptera de mes nouuelles, de
l eſtat de mes forces par deçà & de la diligence qui
ſe fait à les exploiter. Il vous dira auſſi en quelle
reſolution il m'a laiſſé de continuër touſiours à
vous obeïr, aimer & obſeruer, pour l'eſperáce que
i'ay que vous ne me ſerez iamais autre que bon &
tres affectionné Pere, en me traitant & cónoiſſant
&c. *au deſſous,* Voſtre obeïſſant & deuot Fils.

Pour l'aduertir du traité de Paix.

TRes-ſainct Pere, Nous auons preſentement
　dépeſché le ſieur de::: pour retourner par delà , ſuffiſamment inſtruit des affaires de par deçà,
auec le ſommaire des art. de la Paix accordée entre
le Roy Catholique & Nous. Pour à quoy paruenir,
afin de dóner repos à cette affligée Chreſtiété, qui
a tant ſouffert, &c. Nous auós pour ce bié general
voulu oublier tout, &c. & eſperons que moyénant
lad. Paix & l'eſtroite, &c. il ſera facile & aiſé de faire ce que Vous & Nous auons, &c. touchát, &c. Et
remettát le ſurplus ſur noſtre Ambaſſadeur le ſieur
de:: & ledit de : : par lequel Nous lui auons ample-
mét écrit. Nous ne vous en ferós cette pluslongue.
Vous ſuppliát les vouloir croire de ce qu'ils vous
diront & feront entendre de noſtre part, comme
vous voudriez faire nous-meſme. Et Nous ſupliós
le Createur, tres-ſaint Pere, qu'il vous vueille longuement maintenir, preſeruer & garder au bon regime & gouuernemét de noſtre Mere ſainte Egliſe.
Eſcrit à:: le::: Voſtre deuot Fils le Roy de France.

En faueur d'vn Eneſque pour le faire Cardinal.

TRes-ſaint Pere, encores que Nous ne faſſions
　nulle doute que voſtre Sainteté, parce qu'elle
Nous en a fait aſſeurer, n'ait bóne memoire & ſou-

tenance de ceux que nous luy auons recômandez
par la lifte qui luy en a cy-deuant efté prefentée de
noftre part, pour eftre pourueus à la dignité Car-
dinale:Entre lefquels eftoit noftre amé & feal Meffire::Euefque de::Toutefois Nous n'auons voulu
laiffer pour cela à vous en écrire particulieremét,
& fupplier autât affectueufement voftre dite Saincteté, tant en côfideration de la maifon illuftre dôt
il eft, qu'auffi de la tres inftâte fupplication & requefte que Nous en auons ja faite, le vouloir faire
& creer Card. à cette prochaine creation & promotion que vous ferez.En ce faifant(outre ce que
vous adjoufterez en la compagnie du fainct College, vne creature qui ne fe trouuera aucunement
inutile,pour les vertus & loüables qualitez qui
font en fa perfonne)vous l'obligerez perpetuellement à ceux de voftre maifon , & ferez chofe que
nous receurons à tres finguliere grace, faueur, &
plaifir.Priant à tât le Createur,Tres-S.Pere,&c.

Pour la prefentation & nomination d'vne Abbaye.

TRes-S.Pere, eftant aduerty de la vacation de
l'Abbaye de:::Ordre de:::au Diocefe de::par
le trépas de Maiftre ::: dernier paifible poffeffeur
d'icelle; & defirans finguliere ment le bié,promo-
tion,aduâcemét en l'Eglife de noftre cher-& bié-
aimé Maiftre::tant pour fes bonnes mœurs, &c.
qu'en faueur, &c. Nous vous fupplions & requerons autant affecteufemét que faire pouuons, que
le bon plaifir de voftre Saincteté foit à noftre nomination, priere & requefte, pouruoir ledit::::de
lad.Abbaye & fur ce luy en octroyer,conceder,&
faire expedier les Bulles, difpenfes, & prouifions
Apoftoliques, requifes & neceffaires, fuiuant les

memoires & prefentations qui en feront prefentez à voftre-dite Sainteté, laquelle en ce faifant
nous fera plaifir tres-agreable. Priant à tant le
Createur, Tres-fainct Pere, &c.

Pour la refignation d'vn Prieuré.

TRes-S. Pere, ayant agreable la refignation
que Maiftre N. prieur cōmandataire du Prieuré au Diocefe de .entend & defire faire de fondit prieuré, en faueur de noftre cher & bien-aimé
Maiftre N. perfonnage qui fe fçauroit bien ac-
quiter en l'adminiftration d'iceluy. A cette caufe,
Tres-fainct Pere, nous fupplions & requerons
voftre Sainteté, tant & fi affectueufement que faire pouuons, que le bon plaifir d'icelui, foit à noftre nomination, priere & requefte, admettre fa
refignation; & en ce faifant pouruoir ledit N. dudit Prieuré, luy en faifant à cette fin expedier toutes, &c. *comme deffus.*

A vn Ambaffadeur eftant à Rome pour vne
nomination.

MOnfieur de.ie vous prie tenir la main, inter-
ceder, & tant faire enuers noftre Tres-S.
Pere le Pape, à ce que le bon plaifir de fa Sainêteté
foit à ma nomination, priere & requefte, pouruoir
Maiftre N. en l'Abbaye de.. &c. affife au Diocefe
de.. &c. vacquant à prefent par le trefpas de N.
dernier poffeffeur d'icelle, & fur ce luy octroyer,
conceder & faire expedier les Bulles, difpenfes, &
prouifions requifes & neceffaires, fuiuant les memoires & fupplicatiōs qu'il en fera prefenter à fa-
dite Sainêteté, & vous ferez chofe qui nous fera
tres-agreable, Priant Dieu, mon coufin, qu'il vous
ait en fa fainête & digne garde. Efcrit, &c.

Au

Au grand Seigneur pour restitution de Prisonniers.

TRes-haut , tres-excellent , tres-puissant, tres-magnanime & inuincible Prince , le grand Empereur des Musulmans, Sultan Osman, nostre tres-cher & parfait amy, en qui tout honneur & vertu abonde, Dieu vueille augmenter vostre grandeur & hautesse, auec fin tres-heureuse. Nos chers & bien amez François Barriere, Iean Robin, &c. nos sujets du pays de Broüage, Nous ont fait remontrer par aucuns leurs parens & amis estans par deçà, que dés quatre ans ou enuiron, eux & leurs compagnons en nombre de dix-huit, freterent & aduitaillerent vn nauire audit pays de Broüage, *le narré s'acheuera.* Furent pris par aucuns de vos Esclaues, sujets ou seruiteurs nauigeans en mer. Lesquels iusques à present les ont detenus & detiennent prisonniers *en tel lieu,* *&c.* en grande captiuité & misere ; A cette cause, & que la parfaite amitié & intelligence d'entre nous, veut & requiert que vos sujets & les nostres soient en la liberté, seureté & protection les vns des autres, nous vous prions autant affectuosement que faire pouuons, que les dessusnommez nosdits subiets, vous vueillez faire mettre à pleine & entiere deliurance pour s'en retourner par deçà en leurs maisons, & ce faisant vous ferez chose digne de vostre grandeur, auec satisfaction au denoir de nostre-dite amitié reciproque. Priant à tant le Createur, tres-haut, tres excellent tres-puissant, tres magnanime Prince, nostre tres-cher & parfait amy, &c. qu'il vous en ait en sa saincte garde. Escrit à... le.. *& au dessous,* Vostre bon & parfait amy. LOVIS,

Pp

Nota, que le Roy parle par nous à toutes gens & met les Roys à qui il escrit pardeuant soy, & se met dernier pour sa courtoisie.

Quand le Roy escrit au premier Bascha du grand Seigneur, il met en teste, illustre & magnifique Seigneur. Nous, &c. au bas, & vous nous ferez tres-singulier plaisir pour le deuoir de la reciproque & parfaicte amitié d'entre le grand Seigneur, Priant Dieu, illustre & magnifique Seigneur, qu'il vous ait, &c. Voftre bon amy, L O V I S.

Quand il escrit au Roy d'Argier, il met en teste, tres-illustre Prince & bon amy, Nous, &c.

Lettre du Roy de France au Roy d'Espagne.

TRes-haut, tres-excellent & tres-puissant Prince, nostre tres-cher & tres-aymé beaufrere, cousin & allié. Nos chers & amez tels du pays de Bretagne sont presentement venus pardeuers nous, qui nous ont fait exposer & dire, qu'ils ont intention & propos d'aller presentement, en plusieurs Royaumes & parties de ce monde, pour exercer leurs personnes en faicts de cheualerie, & voir les pays, en nous faisant supplier & requerir que nous vous voulussions escrire pour eux & pour leur faict. Et pour ce, treshaut, &c. que nous voulons tousiours auoir amour & plaisir à tous estrangers, Nous vous prions que lesdits tels & leur fait, vous vueilliez auoir pour l'amour de nous pour bien recommandez. Et en ce faisant nous ferez vn grand plaisir. Priant à tant le Createur, tres-haut, &c.

Lettre du Roy de Frãce au Roy de la grande Bretagne.

AHaut & puiſſant Prince, noſtre tres-cher &
tres-aymé couſin & allié le Roy de la grande Bretagne Louys, &c. Salut, auec parfait a-
mour & bonne accroiſſance de parfaite alliance,
&c.

Lettre du Roy de France au Roy de : : : Pair & pre-
mier Prince du ſang de France.

HEnry, &c. tres-cher & tres-aymé frere,&c.
Nota, que le Roy ne ſaluë point au commencement les Roys de ſon ſang, comme il a
fait les autres Roys, mais vient apres ſon tiltre à
ſa narration, prie & ſaluë en fin , & dit, eſcrit &
ſigné, & ne dit point de par le Roy, & eſcrit comme à pareil en parchemin fermé comme papier &
ainſi on eſcriuoit iadis au Roy de Nauarre.

A la Seigneurie de Veniſe pour accompagner le retour
vers elle d'vn leur Ambaſſadeur par deçà.

TRes-chers & grands amis , confederez &
alliez , Retournant preſentement deuers
vous le ſieur Iacomo . . . par vous à preſent reuoqué de la charge de voſtre ambaſſade par deçà, au
lieu duquel vous nous auez enuoyé le ſieur Iean. . . .
nous l'auons bien voulu accompagner de la preſente. Pour vous donner teſmoignage des grands
contentemens & ſatisfaction que nous auons des
bons & honneſtes offices que ledit. . . a faits durant ſa legation & ambaſſade, comme tres-vtil
inſtrument à la continuation de la bonne & parfaite amitié , alliance & confederation d'entre
nous. Au moyen dequoy il a tres-bien merité &
merite d'eſtre par vous bien fauorablement receu,
ainſi que tres-affectueuſement nous le vous re-

commandons. Suppliant le Createur, tres-chers
& grands amis, confederez & anciens alliez,
qu'il vous ait en sa tres-saincte & digne garde.
Escrit à :::::

Au Maistre de la Religion de Malte, en faueur
d'vn qui desire estre de ladite Religion.

MOn Cousin, le sieur de :::: Antoine de :::
present porteur m'a fait entendre le singu-
lier desir, affection & deuotion qu'il a de faire
seruice à vostre Religion. Et s'est pour cét effet
deliberé vous aller trouuer, pour vous presenter son seruice, & obeyr à ce que vous luy com-
manderez, me suppliant vous vouloir escrire en
sa faueur : ce que ie luy ay bien accordé, pour le
desir que i'ay à son bien & auancement, tant
pour le regard de ses vertus & loüables qualitez,
que aussi en faueur d'aucuns ses parens & amis
mes speciaux seruiteurs. Vous priant autant affe-
ctueusement que ie puis, le vouloir receuoir en
vostre Religion, & luy donner la Croix, afin de
l'introduire au seruice de vostredite Religion,
pour effectuer la bonne & singuliere volonté
qu'il en a. En quoy vous l'aurez pour l'amour de
moy pour recommandé, auec son auancement,
selon que vous verrez & connoistrez qu'il le meritera par cy-apres. Et outre l'obligation perpetuelle qu'il en aura enuers vous, ie ne seray in-
grat du plaisir que vous luy ferez, mais le recon-
noistray quand d'autre chose me voudrez requerir. Priant à tant le Createur, mon Cousin qu'il
vous ait en sa tres-saincte & digne garde. Escrit
à, &c.

Lettre du Roy de France à l'Infant d'Espagne.

LOVIS, &c. A haut & puissant Prince nostre tres-cher & tres-amé cousin & allié, Dom N. Infant d'Espagne, salut, &c. Comme, &c.

Lettre du Roy à vn Cheualier estranger.

LOVIS, &c. Tres-cher & grand amy, nous auons sceu, &c.

Nota, que le Roy escrit en Latin, quand ceux à qui il escrit sont estrangers, & de grand lignage, & le signe latin, & dit *datum*, & ferme en queuë.

Nota aussi, que c'est assez honneur de mettre en signe sans saluër, & sans les reprises & signe, touchant de la marge, & assez prest de l'escriture.

Nota, que le Roy signe à tous estrangers.

Lettre du Roy au Duc de Bauieres.

LOVIS, &c. Tres-cher & tres-amé cousin, &c. Nota, que quand le Roy escrit par nous, il escrit en parchemin & en queuë, & dit prions, requerons; & quand c'est pour secours, & aussi à tous alliez; & ne laisse nulle des deux salutations, quand c'est à grand Seigneur & estranger, & se signe prés de l'escriture à deux doigts prés au moyen de la marge.

Lettre du Roy à vn Cheualier.

NOstre amé & feal, Nous vous mandons qu'incontinent ces lettres veuës, vous vous retiriez pardeuers nous, quelque part que soyons, pour aucunes choses esquelles nous vous voulons employer. Escrit, &c.

Nota, combien que le Roy escriue à plusieurs, feal, si ne dit-il pas Conseiller s'il ne l'est, mais dit feal, pource qu'ils ont communément ser-

ment de feauté & hommage au Roy, mefmement
des Cheualiers, & mande à tous, par ce qu'il dit,
De par, qui fignifie fujetion.

A la Cour de Parlement pour la verification
d'vn Edict.

NOs amez & feaux, Nous vous enuoyons
prefentement nos lettres d'Edict de :::: *faut*
mettre ce que contient l'Edict: Vous mandant & enioignant tres-expreffement cette fois pour toutes, qu'à la lecture, publication & verification
de nofdites lettres d'Edict, vous procediez incontinét icelles receuës fans faire aucune reftriction,
modification, ne difficulté. Ne remettre la chofe
en longueur ne diffimulation, fous ombre de quelque remonftrance que vous auriez à nous faire là
deffus, lefquelles nous tenons pour toutes faites.
Car nous voulons icelles lettres nous eftre par
vous renuoyées auec voftre expedition telle que
deffus, dedans Lundy prochain pour le plus tard,
& n'y faites faute. Donné, &c.

A Meffieurs des Comptes, pour la verification
d'vn don.

NOs amez & feaux, Nous auons entendu ce
que noftre amé & feal Confeiller & Maiftre
de nos Comptes, Maiftre :::: nous a dit & expofé,
fuiuant la creance que vous luy auez donnée par
la lettre que vous nous auez par luy efcrite, touchant les difficultez que vous faites d'enteriner
le don que nous auons fait à noftre tres-cher &
amé coufin le Prince de ::::de dix mille pieds d'arbres à prendre en nos forefts de Montargis &
Lyhons: Et femblablement du don de l'Aubeine
& fucceffion du feu Euefque de :::dont nous auons

diſpoſé en faueur de ſon nepueu; Nonobſtant leſquelles difficultez que nous auons tres-bien en-
tenduës, & les cauſes & fondemens d'icelles.
Nous voulons & vous mandons que vous paſſiez
outre audit enterinement & verification deſdits
deux dons, ſelon le contenu en nos lettres ſur ce
expediées, & ainſi que vous dira de noſtre part ledit ſieur de ::: ſuiuant la charge que nous luy auons
ſur ce donnée, dont vous le croirez comme nous
meſmes. Et vous nous ferez ſeruice tres-agreable.
Si n'y vueillez faire faute. Car tel, &c.

Lettres cloſes à mander les trois Eſtats a'vn Pays
à ceux des Villes.

DE PAR LE ROY.

CHers & bien amez, pour certaines cauſes qui
grandement touchent & regardent le bien
& profit de Nous & de noſtre Royaume, & à la
conduite de nos plus grandes affaires, auons deliberé nous tranſporter en la Ville & Cité de N.
& illec conuoquer, faire venir & aſſembler pardeuers Nous les Gens des trois Eſtats de noſtre
pays de Languedoc, auſquels eſcriuons & mandons preſentemét qu'en ladite Ville ſoient le, &c.
de May, &c. pour ouyr les choſes que nous enten-
dós faire, dire & propoſer en voſtre preſence, afin
de nous donner par icelles leurs aduis & conſeil,
& pour eſtre preſens à la concluſion que nous y
prendrons. Si vous mandons & expreſſément enjoignons ſur l'obeïſſance que nous deuez, qu'auſdits lieux & iour enuoyez, & faites de par Nous
repreſenter trois ou quatre des plus notables
d'entre vous, qui ayent plain pouuoir de conſentir de voſtre part en tant que ſoin ſeroit tout

ce qu'à ladite affemblée fera aduifé, befongné, &
conclud, & gardez que n'y faites aucune faute,
Donné, &c.

Aux Prelats & Nobles.

NOftre amé & feal, &c. comme deuant. Si
vous mandons femblablement & enioignós
expreffément fur l'obeyffance que nous deuez,
que toutes excufes ceffantes, vous foyez à ladite
affemblée au iour deffus nommé; & au cas que
pour l'indifpofition de voftre perfonne, au autre
legitime & receuable excufe n'y pourriez aucunement aller, enuoyez y pour vous perfonne fuffifante, auec plain pouuoir de confentir de voftre
part en tant que befoin feroit, tout ce qu'à icelle
affemblée fera aduifé, &c. Donné, &c.

Lettre du Roy aux Gens des Comptes.

NOs amez & feaux, par nos Lettres patentes
dont vous aperra, & pour les caufes efdites
Lettres contenuës, auons donné à noftre amé tel,
à fa vie, tous les reuenus de la Chaftellenie de
Langres, à les auoir par la maniere contenuë en
nofdites lettres. Et pource que ledit tel nous a
bien grandement feruy en nos guerres, & autrement, & qu'à l'occafion de noftre feruice il a
beaucoup perdu, & fans noftre ayde ne pourroit
fouftenir fon Eftat, Nous pour cette confidera-
tion & autres à ce nous mouuans, vous mandons
& par exprés vous commandons, que nofdites
lettres luy expediez incontinent, le tout felon la
forme & teneur, fans y faire aucune difficulté:
Car tel eft noftre plaifir. Donné, &c.

Lettre du Roy aux Gens des trois Eftats du Dauphiné.

NOs amez & feaux, Nous auons chargé nos amez & feaux Confeillers & Chambellans le fire de Gancour Gouuerneur du Dauphiné, Imbert de Groffée Marefchal de noftre Dauphiné, Gerard Blanchet, Maiftre des Requeftes de noftre Hoftel, & Lieutenant dudit Gouuerneur, en l'abfence d'iceluy Gouuerneur, de vous dire & remonftrer certaines chofes de par Nous qui grandement touchent & regardent le bien de nous & de noftre fang, & lefquelles nous auons tres-à cœur, fi vueillez nofdits Confeillers, & chacun d'eux en abfence des autres, croire comme nous-mefmes de tout ce qu'ils vous diront de noftre part : Et en ce vous auoir & gouuerner par maniere que demonftrez par effet la bonne loyauté, obeyffançe & volonté que de tout temps auez euë, & que par bonne continuation vueillez & defirez auoir enuers nous telle qu'en deuions eftre contents, & vous auoir toufiours en vos affaires & autrement, pour fpecialement recommandez. Donné, &c.

Nota, que quand le Roy efcrit à ceux du Dauphiné, il met en tefte, De par le Roy Dauphin.

A vn Euefque.

DE PAR LE ROY.

NOftre amé & feal : Pource qu'entre nos autres Seruiteurs difpofez à faincte Eglife, noftre amé & feal Secretaire tel nous a longuement feruy, & toufiours a efté occupé en nos plus fpeciaux affaires, en tant qui touche fon Office. Et pour l'occupation qu'il a euë & prife

en nosdites affaires, n'a peu si singulierement entendre à sa promotion & auancement comme les
autres, parquoy il n'est pas suffisamment pourueu de benefice. Nous desirant de tres-grand cœur
sa promotion, mesmement que nous sçauons qu'il
est digne de grande promotion, ainsi que nous
sçauons qu'en ces choses, esquelles nous auons
tres à cœur en vous priant; & neantmoins mandons qu'en faueur des merites & renommée de
nostre dit Secretaire, & à nostre instante & affe-
ctueuse priere & requeste, vous vueillez pouruoir de la premiere dignité ou prebende vacante
à nostre Eglise; car en ce faisant vous ferez nostre gré & plaisir; plus que de chose en semblable
qu'à iamais vous pourrions requerir. Pourquoy
le plaisir qu'en ce nous ferez sera à nous plus ac-
ceptable, & contenterez nostre desir auec le
droict de nostre conscience, dont en ce faisant aurons memoire & souuenance. Et de ce auons
chargé tel feablement de par Nous, lequel vueillez croire de ce qu'il vous dira sur ce comme nous
mesmes. Donné.

Nota que le Roy ne dit à nul Archeuesque ou
Euesque de ce Royaume, reuerend, mais dit, nostre amé & feal, & leur prie & mande : Neantmoins il faut en recommandation de benefice
qu'il les prie, & ne mande pas, & dit donné, & escrit en parchemin & en queuë, & ne dit point nostre Seigneur soit garde de vous, & ne signe point
si ce n'est en recommandation de benefices, & dit
Conseiller : car de leur ordinaire, tous Prelats de
ce Royaume sont Conseillers du Roy.

Lettre du Roy à vn Abbé.

NOstre amé & feal, autresfois vous auons recommandé l'auancement & promotion de noſtre amé, frere Pierre, &c. Religieux, &c. Et pour l'affection que nous auons audit Religieux, vous prions encores derechef, que le vueillez pouruoir d'aucun bon benefice en office, & nous vous en ſçaurons bon grè. Donné.

Notta que le Roy eſcrit aux Abbez, & autres gens d'Egliſe, Clercs & bien amez, s'ils ne ſont tres-notables & affins de ſon hoſtel, auquel cas il dit noſtre amé & feal, &c.

Lettre du Roy recommandant à vn Chapitre pour · eſlire vn Abbé.

CHers & bien amez, Nous auons entendu que voſtre Egliſe, laquelle eſt de fondation Royale, eſt deuenuë à grande deſolation, & de preſent vacante & deſtituée par la mort de voſtre dernier Abbé : Pour ce, & pour le bon rapport qui a eſté fait par gens dignes de foy, de grand ſens, prudence notable, gouuernement & autres vertus & merites de la perſonne de Frere **G.** Religieux d'icelle, duquel auons connoiſſance: Eſcriuons par deuers vous en vous priant bien affectueuſement, qu'en faiſant voſtre aſſemblée & eſlection, dont en tant que meſtier vous feroit, vous donnons par ces preſentes congé & licence, ayez ſur tous ledit Frere **G.** pour ſpecialement recommandé ; Et que pour le bien de vous & de voſtre dite Egliſe, qui a beſoin d'vn tel Adminiſtrateur ; & attendu meſmement, que comme l'on dit, il a eſté par vous-meſmes, ou par vos deuanciers autrefois eſleu, vueillez eſlire pour

voſtre Abbé & Paſteur. Et ſi ainſi le faites, nous
aurons la choſe tres-agreable, & vous & les affaires d'icelle Egliſe en plus ſpeciale recommenda-
tion. Si ne nous vueillez eſconduire, & vous
nous ferez tres-grand plaiſir. Donné, &c.

Lettre de creance.

MOnſieur, eſtant le ſieur de N. depeſché par
delà pour l'occaſion que vous ſçauez, ie
remettray ſur luy tout ce que ie vous en pourrois
eſcrire: Vous priant le croire de ce qu'il vous en
dira, comme vous me feriez; Et prie Dieu vous
donner ce que vous deſirez. Eſcrit...le

Lettre miſſiue pour l'entretenement d'vn ſauf conduit,
nonobſtant la prohibition & reuocation.

MOn Couſin, nous auons il y a quelque
temps, pour aucunes bonnes occaſions,
accordé & permis au Seigneur de N. qu'il peuſt
faire ſortir de nos Pays la quantité de 22. tonneaux de bled, & iceux porter en N. & autres
pays de nos amis & alliez: ou ſuiuant cela, ſes
facteurs & entremetteurs auroient fait diligence
de conduire iuſques au nombre de vnze deſdits
tonneaux de bled, & eſtant preſts de faire le ſemblable pour le reſte montant vnze tonneaux, nous
aurions fait reuocation de ſemblable traité; au
moyen de laquelle vous n'auriez voulu permettre le tranſport deſdits vnze tonneaux deſd. bleds
reſtans, comme dit eſt, de ladite permiſſion que
nous luy auons vn peu auparauant ce octroyée.
Toutesfois ne voulant qu'il demeure fruſtré de
noſtre liberalité, inclinât meſmemét à la requeſte
qui nous en a eſté faite de ſa part: Ie vous ay bie
voulu eſcrire la preſente, & ordonner par icell

que vous souffriez & permettiez qu'il puisse faire
mener audit pays de N. & autres pays de nos a-
mis & alliez : A la charge qu'il vous fera deuëment apparoir de la descente qu'il en aura faite du
reste desdits tonneaux, dans le temps que vous
luy statuerez, afin qu'il ne s'y commette aucun
abus, nonobstant ladite reuocation & defense
par icelle contenuë : Ausquelles i'ay pour ce dé-
rogé. Priant sur ce nostre Seigneur qu'il vous
tienne, mon Cousin, en sa garde. Escrit, &c.

Lettre pour exemption de logis.

MOn Cousin, Vous auez bien entendu que
mon intention a tousiours esté & est que
nos Officiers domestiques & commençaux soient
& demeurent exempts de logis de nos gens de
guerre. Et pource que les Secretaires de nostre
Maison sont à cause de leurs Estats encores plus
priuilegiez que mesdits domestiques : Ie vous prie
ne vouloir souffrir aucuns de nosdits Gens de
guerre estans sous vostre charge, loger és maisons
de N. mon Secretaire, y prendre & fourager aucune chose : & si fait l'auoient, les ferez incontinent déloger, & payer à ses fermiers ce qui auroit
esté pris. Et m'asseurant, mon Cousin, que le ferez aussi, ie prie Dieu qu'il vous maintienne en sa
saincte garde.

Au Gouuerneur de :::: pour le mariage d'vne
fille mineure.

NOstre amé & feal, Nous auons esté aduertis que feu tel, a laissé par son trespas vne
sienne fille vnique son heritiere, auec vne bonne
& grosse succession, qui est cause que l'on fait plusieurs pratiques, & menées pour la marier, en-

cores qu'elle n'aye que huict ans ou enuiron ; à
quoy la mere telle, & son tuteur & oncle paternel nommé tel, prestent l'oreille pour vne intelligence qu'ils ont ensemble, sans auoir esgard
au bien, commodité & auantage de ladite fille,
taschant à faire leur profit de la puissance qu'ils
ont de la marier à qui bon leur semblera. Et
mesmement sadite mere fait estat de trouuer
moyen de se remarier en accordant le mariage de
sadite fille en certain lieu : Et d'autant que nous
sommes protecteur & garde des mineurs de nostre Royaume, & que nous voulons & enten-
dons ladite fille telle, estre selon ses qualitez &
facultez, mariée par le commun vouloir & consentement de ses parens, qui sçauront bien choi-
sir ce qu'il luy faudra quand elle sera en aage de
contracter mariage. A cette cause, Nous vous
mandons & enjoignons qu'incontinent vous
ayez à faire assembler lesdits parens & amis charnels d'icelle fille, pour leur remonstrer & faire
entendre ce que dessus ; & si pour éuiter ausdites
menées, & nourrir ladite fille en lieu honorable, pour trouuer party de mariage à elle conuenable, ils ont agreable & consentent qu'elle
soit mise és mains de Damoiselle Magdelaine de::
femme du sieur de ::: vous ferez exprés commandement de par Nous audit tel, tuteur, de
mettre & deliurer ladite fille és mains de ladite
Damoiselle de : : : : auec les contraintes en tel cas
requises là où il seroit refusant, pour icelle fille
estre nourrie & instruite en bonnes mœurs auec
ladite Damoiselle, iusques à ce qu'elle soit en
aage pour contracter mariage par le vouloir &

confentement de fefdits parens & amis charnels,
& à ce ne faites faute : Car tel, &c. Donné.

Encores pour vn mariage.

CHere & bien amée, Nous auons efté aduertis
que vous auez vne voftre fille nommée telle,
prefte à marier, de laquelle vous eftes demeurée
chargée par la mort de feu voftre mary tel. Et
d'autant que pour eftre garde & protecteur general des pupilles de noftre Royaume, nous defirons fingulierement luy eftre pourueu de party de
mariage à elle conuenable pour la conferuation
& augmentation de fon bien , & pour le contentement & fatisfaction d'elle & de fes parens &
amis charnels. A cette caufe, & que pour cét
effet vous ne fçauriez faire meilleure élection que
de la perfonne de noftre cher & bien amé tel,
Gentilhomme , eftant de la maifon du fieur de::::
fous lequel durant ces dernieres guerres & auparauant il nous a fait plufieurs bons feruices,
comme nous efperons qu'il nous fera encores : au
moyen dequoy nous defirons fingulierement fon
bien & auancement : Nous vous en auons bien
voulu efcrire la prefente, vous priant vouloir regarder à affembler auec vous fefdits parens du
cofté paternel , aufquels en femblable nous en
efcriuons, pour d'vn commun accord & confentement conclure ce mariage pour le bien de
l'vne & de l'autre des parties. Et vous ferez
chofe qui nous fera fort agreable, & dont nous
aurons tres-fingulier plaifir & contentement.
Donné, &c.

Autre lettre pour le mariage.

MOn coufin, defirant fingulierement le bien
& auancement de mon coufin le fieur de :.:
de la maifon de:::tant pour la proximité de lignage, dont il attouche à la Reyne noftre femme, que
pour les bons & recommandables feruices qu'il
m'a par cy-deuant faits, & que i'efpere qu'il eft
pour me faire cy-apres. A cette caufe, eftant aduerty que vous auez vne fille en aage nubile , &
dont le mariage d'elle & dudit fieur de ::::: feroit
fort conuenable & à propos pour l'vne & l'autre
des parties : Ie vous ay bien voulu efcrire la prefente , & prier autant affectueufement qu'il m'eft
poffible d'y vouloir entendre , en forte que les
chofes fe puiffent accorder & accommoder pour
paruenir à l'effect dudit mariage, duquel ie fuis
certain que vous aurez par cy-apres contentement, & fatisfaction, tant par la grande obeyffance que vous tirerez d'iceluy fieur de :::: que
pour le voir aduancer en bien & honneur tels
que ie luy veux faire. Priant Dieu, mon coufin,
&c.

A Monfieur de::: Superintendant des Finances en::
pour faire payer vne penfion.

MOnfieur de :::: Pource que i'ay accordé au
Duc de :::::::que d'orefnauant pendant le
temps qu'il fera occupé, comme il eft, à mon
feruice, qu'il foit payé par chacun quartier de la
penfion qu'il a de moy, montant cinq mil liures
par chacun an, afin qu'il ait meilleur moyen de
s'entretenir & fatisfaire à la defpenfe qu'il e
contraint de faire. A cette caufe ie vous prie, e
neantmoins ordonne, Que des deniers qui fe
ron

ront enuoyez & assigner pour fournir & employer à
mes affaires de delà, vous ayez à luy faire payer par
chacun quartier sadite pension par ses simples quittances, dont vous chargerez les estats que vous
dresserez au Tresorier de l'extraordinaire quant à
ses parties de despense : Et pource qu'il est deu audit
Duc demie année de sadite pension, qui escherra le
dernier iour de ce present mois de Iuin, vous la luy
ferez payer comme dessus : Et ordonnez au Tresorier dudit extraordinaire ou son commis, qu'il ait à
enuoyer par chacun quartier vne coppie deuëment
collationnée à l'original de la quittance qu'il prendra dudit Duc au Tresorier de nostre Espargne,
afin que cette partie ne demeure confuse entre luy
& ledit Tresorier de l'Extraordinaire. Priant Dieu,
&c.

Au Lieutenant Criminel pour vne remission.

NOstre amé & feal Iean Bernard dit Vitry, sol-
foldat de nostre Regiment de: : : sous la charge
du Capitaine de : : : nous a fait entendre comme par
cy-deuant, à la requeste de nostre Cousin le Duc de:::
nous luy auons octroyé & accordé nos lettres de remission pour les cas & crimes y contenus, lesquelles
à cause des guerres qui ont tousiours depuis regné;
mesmes luy ayant esté ordinairement enfermé dedans la place de : : : : il ne les vous a sceu presenter
que iusqu'à cette heure, que (auec congé de son
Capitaine) il s'est allé rendre prisonnier en nostre
Chastelet de Paris, pour dedans l'an venir requerir l'entherinement de sesdites lettres. A cette cause, & que nous auons esté aduertis que ledit Vitry est

l'vn de nos foldats en noſtre Regiment de :::: des plus experimentez à la guerre, & de feruice. Nous vous mandons & tres-expreſſément enjoignons, qu'en la meilleure & plus briefue expedition de iuſtice que faire ſe pourra, vous procediez à la verifi-cation & entherinement de noſdites lettres, ſelon & ainſi qu'il appartiendra, aux charges contenuës en icelle, ſans y vſer d'aucune remiſe ne longueur, ne nous donner occaſion de plus vous en eſcrire. Et à ce ne faites faute; Car tel eſt noſtre plaiſir. Donné à Sainꝗ Germain en Laye, &c.

Pour faire mener bleds en, &c. des pays cir-conuoiſins.

MOnfieur de::: Vous verrez les Lettres paten-tes que preſentement ie vous enuoye pour faire publier par tous les lieux & endroits de vo-ſtre Gouuernement de:::: que l'on ait à porter des bleds en noſtre pays de ::pour les cauſes contenuës & declarées par leſdites lettres, leſquelles ie veux & vous ordonne faire mettre incontinent à deuë & entiere execution : donnant ordre à ce que ceux qui auront deſdits bleds audit pays de::::::faſſent toute extréme diligence d'en enuoyer audit pays de::::pour y eſtre vendus & diſtribuez franchement & quittement de tous droiꝗs & deuoir de Trai-ꝗé, & autres ſubſides & impoſitions quelconques: Car c'eſt choſe qui importe grandement mon ſer-uice, comme vous pouuez entendre, & ſi vous trouuez aucuns refuſans, vous ferez proceder à l'encontre d'eux par contraintes, attendu l'impor-tante & vrgente neceſſité de l'affaire dont eſt que-

ſtion: me faiſant reſponſe à la preſente, afin que
i'entende l'ordre que vous y aurez donné. Priant
Dieu, &c.

Pour faire amener au Roy le ſieur de::: la part où il ſera.

M Onſieur de::: Ie veux & vous ordonne, que
vous faſſiez toutes les diligences poſſibles de
me preſenter en mon Conſeil priué, la Part que ie
ſeray, dedans trois ſepmaines ou vn mois pour le
plus tard, toutes excuſes & diſſimulations ceſſantes, le ſieur de: :pour reſpondre ſur ce que l'on aura
à luy demander : & là où il vous ſembleroit qu'il
fuſt pour refuſer ou dilayer de venir à noſtre mandement, vous vous ferez ſaiſir reaument & de fait de
ſa perſonne pour le faire amener à ſes deſpens ſous
bonne & ſeure garde pardeuers moy là où ie ſeray,
dedans le temps & termes deſſuſdits: mais gardez d'y
faire faute, ſous peine de m'en reſpondre en voſtre
propre & priué nom. Priant Dieu, &c.

Pour faire bailler vne Charge de gens de pied en Piedmont.

M On Couſin, vous ſçauez le long temps qu'il
y a que le jeune Montmartin, fils du ſieur de
Montmartin, Eſcuyer ordinaire de noſtre Eſcurie,
eſt par delà, où à ce que i'ay entendu il s'eſt touſiours
bien & vertueuſement porté & acquitté en mon
ſeruice là où il a eſté employé. A cette cauſe, deſi-
rant ſon bien & auancement, & meſme en contemplation des longs & recommandables ſeruices de
ſon pere, ie vous prie mon couſin, qu'à la premiere
vacation qui aduiendra de l'vne des Compagnies de

noſtre Regiment de : : : eſtant par delà , vous regar-
dez à en pouruoir ledit de Montmartin le ieune , &
l'auoir en cét endroit pour recommandé. En quoy ,
outre l'eſperance que i'ay , qu'il ſera pour bien ſe
conduire en ladite charge , vous ferez choſe qui me
ſera tres-agreable. priant Dieu, mon couſin, &c.

Lettre de fauteur.

MOn Couſin, pource que ie deſire ſinguliere-
ment le bien & auancement en charges honnorables du ſieur de : : : Gentil-homme de ma Chambre , & ayant entendu que la place de Lieutenant de
voſtre Compagnie eſt à preſent vacante par la promotion du ſieur de : : : : en vne charge de Cheuaux
legers. A cette cauſe ie vous ay bien voulu eſcrire
la preſente, & vous prier bien fort, mon couſin,
vouloir faire iceluy de : : : voſtre Lieutenant, lequel
ie ſuis ſeur qu'il ſe ſçaura tres-bien acquitter de cette charge, ayant toutes les parties & bonnes qualitez à ce requiſes : Et dautant qu'à cette prochaine
monſtre qui ſe fera de voſtredite Compagnie, il ne
ſe pourra pas trouuer pour le voyage qu'il va faire
en : : : : où ie l'enuoye pour mes affaires & ſeruice,
vous ne laiſſerez pour cela de faire enroller en ladite
place, & vous ferez choſe qui me ſera tres-agreable.
Priant Dieu, mon couſin, qu'il vous ait en ſa treſ-
ſainte garde. Eſcrit à , &c. le , &c.

A aucuns Hoſpitaux, pour receuoir ceux qui ont eſté
bleſſez à la guerre.

CHers & bien amez, Nous auons donné charge à noſtre amé & feal Conſeiller & grand

Aumofnier, d'enuoyer pardeuers vous certain nombre de pauures soldats bleffez pour noftre feruice en
cette derniere rencontre que nous auons euë auec
nos ennemis, afin d'eftre fubuenus, aydez, medica-
mentez, & traitez comme membres de Dieu, & de
la chofe publique de noftre Royaume, iufqu'à ce
qu'ils ayent recouuert guarifon peur continuer noftredit feruice, s'il en peuuent efchapper. parquoy
nous vous prions, & neantmoins ordonnons, que
lefdits foldats bleffez vous ayez à receuoir, & leur
faire faire tout le meilleur & plus honorable traite-
ment que vous pourrez, felon ce que vous mandera
noftredit Grand Aumofnier : & vous ferez œuure
de Dieu recommandée, & à nous chofe tres-agreable, qui nous donnera de plus en plus occafion de
vous auoir, & les affaires de voftre Ville en finguliere recommandation. Donné, &c.

Pour deliurer vn Forçat des Galeres.

MOnfieur de ::::::: I'ay octroyé & fait expedier mes Lettres patentes à tel, que vous
anez fur vos Galeres, où il a efté condamné de feruir & tirer la rame par force durant trois ans : &
banny à perpetuité du pays & Duché de :::: par
lefquelles Lettres ie luy ay quitté & pardonné
ladite peine & feruice de nofdites Galeres, en le
r'appellant d'icelles, enfemble du banniffement
perpetuel, felon que portent lefdites Lettres qui
vous ont efté prefentées & fignifiées : mais pource qu'elles ne font à vous addreffantes, vous auez
fait difficulté de deliurer ledit ::::::: auquel ie veux
& entends la grace à luy fur ce par moy faite, for-

tir de fon plain & entier effet : Et pour cette caufe ie
vous en ay bien voulu efcrire , afin que fuiuant le
contenu en mefdites lettres patentes, vous ayez à le
mettre ou faire mettre incontinent & fans delay à
pleine & entiere deliurance : Et en rapportant la
prefente fignée de ma main, auec le vidimus deuëment collationné de mefdites lettres patentes, vous
ou vos Commis à qui ce pourra toucher , ferez tenu
quitte & defchargé de la fubmiffion & promeffe par
vous faite de garder & faire feruir ledit tel pendant
& durant ledit temps de trois ans, & autrement ainfi
qu'il appartiendra fans aucune difficulté. Priant
Dieu, &c.

A vne Republique pour permettre le paffage par leurs
terres d'vne leuée de gens de guerre.

TRes-chers & grands amis. Nous écriuons prefentement à noftre amé & feal Confeiller tel,
noftre Ambaffadeur deuers vous, à ce qu'il ait à vous
faire de noftre part tres-inftante priere & requefte,
de donner paffage feur & libre par le pays & terres
de voftre dition & obeiffance iufques à fix mil Lanfquenets que nous faifons prefentement leuer en Al-
lemagne pour aller en:::renforcer noftre coufin le
Duc de..paffant par:: felon & ainfi que vous dira ledit tel, lequel nous vous prions autant affectueufement que faire pouuons vouloir fur ce croire, comme vous voudriez faire nous mefmes, faifant accommoder iceux Lanfquenets de viures, armes, & autres chofes dont ils auront befoin, en payant rai-
fonnablement : Et nous tiendrons cela à tres-fin-
guliere grace & plaifir , tel que requiert la parfaite

amitié, alliance & confederation d'entre nous. Suppliant le Createur, tres-chers & grands, &c.

Don de la place d'Archer aux Gardes.

MOnſieur de:::: I'ay accordé au Capitaine tel, vne place d'Archer de mes Gardes, le recognoiſſant homme de ſeruice, & qui a merité que ie faſſe pour ſon bien & auancement : Parquoy vous ne faudrez de l'enrooller pour le pouruoir en voſtre bande de l'vne des premieres places qui viendront à vacquer; Et ſur ce ie prieray Dieu, Monſieur de:::: vous auoir en ſa ſaincte & digne grace, &c.

La Reyne au Pape.

TRes-ſainct Pere, Auec la tres-inſtante requeſte que le Roy noſtre tres-cher Seigneur & Eſpoux fait preſentement à voſtre Saincteté pour la promotion en la dignité Cardinale de noſtre cher & amé couſin l'Eueſque de:: Meſſire tel, Nous auons bien voulu ſupplier tres affectueuſement voſtre dite Saincteté, que ſon bon plaiſir ſoit (en faueur de nous) de l'auoir pour recommandé à cette prochaine creation de Cardinaux, pour le colloquer en cette dignité, dont nous aurons perpetuelle obligation enuers vous & les voſtres, pour eſtre ledit Eueſque noſtre parent comme vous ſçauez : outre ce qu'il eſt auſſi perſonnage qui merite pour ſes vertus, & qui ne ſe trouuera aucunement inutile au lieu qu'il plaira à voſtre Saincteté le faire tenir. Suppliant à tant le Createur, tres-ſainct Pere, &c.

Lettre de la Reyne à vn Chapitre.

MEffieurs, defirant fingulierement la promotion & auancement en l'Eglife de N. d'vn
tel N. noftre Chappelain ordinaire, tant pour les
feruices qu'il m'a de long-temps faits, & contenuë chacun iour, que pour les bonnes & loüables
parties qu'ay cogneu eftre en luy, i'ay bien voulu faire la prefente, & vous prier en ma faueur le vouloir
pourueoir de la premiere Chanoinerie & prebende
de ladite Eglife, qui viendra à vacquer en voftre
difpofition, & le preferant à tous autres qui vous
pourroient par moy auoir efté cy-deuant comman-
dez : ce faifant (outre que vous ferez fi bien à perfonne qui le merite,) me ferez plaifir tres-agreable
que ie reconnoiftray enuers vous tant en general
qu'en particulier, les occafions s'offrans : Sur ce
Meffieurs ie prie noftre Seigneur qu'il vous aye en
fa garde, &c.

PASSE-PORT,

De par le Roy.

A Tous nos Lieutenans Generaux & Gouuer-
neurs de nos pays, terres & Seigneuries, Iuges, Maires, & Efcheuins, Capitaines, & Gardes de nos villes, portes, ports, ponts, & paffages, & à tous autres à qui ces prefentes feront
monftrées. Nous voulons & vous mandons que librement & fans aucun empefchement ne difficulté, vous laiffiez paffer & repaffer, fejourner, aller & venir par tous les lieux, endroits & deftroits

de vos pouuoirs, paſſages & iuriſdictions, noſtre
cher & bien amé:::lequel nous enuoyons tant en noſtre bonne ville de Paris qu'ailleurs pour noſtre ſeruice, ſans luy faire ſouffrir, ne permettre eſtre fait
ne donné aucun deſtourbier ny empeſchement, auec
ſes gens armes & cheuaux: Mais luy donner tout ſecours, faueur, ayde & ſupport en tout ce qu'il vous
requerra & demandera pour noſtre dit ſeruice.
Mandons en outre au Controlleur general de nos
poſtes, ſes Commis, & Maiſtres de noſdites poſtes, de luy bailler & fournir Cheuaux de poſtes en
tel nombre qu'il aura beſoin, en payant raiſonna-
blement, & de gré à gré, ſoit pour iceux, & pour
le logis & viures qui luy ſeront adminiſtrez. Car
tel, &c. Donné.

AVTRE PASSE-PORT.
De par le Roy.

A Tous nos Lieutenans, Generaux, Gouuer-
neurs, Billifs, Seneſchaux, Preuoſts, Iuges, ou
leurs Lieutenans, Maires, Conſuls, & Eſcheuins de
villes, gardes de portes, ponts, ports, peages, paſſages
Iuriſdictions, & deſtroits: Et à tous nos autres Iuſticiers, Officiers & ſubjets qu'il appartiendra, Salut.
Nous voulons & vous mandons que vous ayez à laiſſer paſſer, aller, venir & ſejourner ſeurement &
librement par chacun de voſdits pouuoirs & deſtroits, noſtre cher & bien amé le ſieur de::::: auec
deux de ſes freres, gens & ſeruiteurs, allant & venant en pluſieurs & diuers lieux de cettuy noſtre
Royaume, tát pour noſtre ſeruice, que pour ſes affaires particulieres, auquel pour deffenſe & ſeureté de

ſa perſonne, auons permis porter piſtolets & har-
quebuſes; & n'eſtant en ſes maiſons & ſur ſes terres,
qu'il puiſſe pour ſon déduit & recreation tirer ou
faire tirer deſdites harquebuzes par ſeſdits gens, enſemble de l'arbaleſtre, à toute ſorte de gibier non defendu, ſans qu'au moyen des Ordonnances & defenſes par nous faites ou à faire, il puiſſe encourir les
peines y contenuës. Car tel, &c. Donné.

Bullettes.

I E tel, Capitaine de, &c. Certifie à tous, que tel
eſt mon ſauf-conduit par moy donné à :::: manant
& habitant de la terre & Chaſtellenie de, &c. durant
d'icy, &c. prochain venant, pour eſtre & demeurer
en ſon hoſtel, charroyer, labourer, aller & venir par
tout où bon luy ſemblera, en toutes ſes beſognes, affaires & labourages, de iour, de nuict, à pied, ou à
cheual, & par tout, par forme que contenu eſt audit
ſauf-conduit. Donné, &c.

Don d'amende & confiſcation de biens.

P Laiſe au Roy, en conſideration des bons &
agreables ſeruices que le ſieur de:::: l'vn de ſes
Gentils-hommes ſeruans, luy fait ordinairement
prés ſa Majeſté, luy faire don & octroy de l'amende
& confiſcation de tous les biens, tát meubles qu'immeubles, appartenans à François Loſte & Margue-
rite Triboulet ſa femme: En quoy ils ont eſté ou ſeront condamnez pour les cas & crimes dont ils ſont
accuſez: Et de ce commander luy expedier toutes les
lettres pour ce requiſes & neceſſaires, &c.

Pour resigner vn Office.

Laise au Roy, en contemplation des bons &
agreables seruices que tel, Controolleur ordinaire des Guerres, a par cy-deuant fait à sa Majesté,
tant en l'exercice de sondit Estat, qu'en plusieurs
voyages, charges & commissions d'importance qui
luy ont esté distribuées, desquelles il s'est tousiours
tres-bien & dignement acquitté luy vouloir permettre, accorder, & octroyer qu'il puisse & luy laisse siresigner, & soy défaire de sondit Estat de Controlleur ordinaire des Guerres au profit de tel personnage suffisant & capable qu'il aduisera, sans pour ce
payer aucune composition de finances: Et de ce commander expedier audit tel toutes & chacunes les lettres requises & necessaires.

De remises de lots & ventes.

Laise au Roy, en faueur du sieur Comte du
Sault, Cheualier de son Ordre, vouloir quitter
& remettre au sieur de Chasteau Rhedon, Pol Elotte; les droicts de lots, ventes, & autres droicts &
deuoirs seigneuriaux deubs à sa Majesté, pour raison
de l'acquisition faite par ledit sieur de Chasteau
Rhedon, de Maistre François Rascas, Conseiller en
la Cour de Parlement de Prouence, & Anne de Rascas sa femme, de trois dixiémes, les dix faisant le
tout de la terre, place & seigneurie de Chasteau
Rhedon, assise audit pays de Prouence, pour le prix
de douze cens escus, reuenans les dessusdits droicts
& deuoirs seigneuriaux à enuiron cent ou cent dix
escus. Et de ce commander & expedier les lettres
d'acquit pour ce requises & necessaires.

Villes où il y a Parlement, Chambre des Comptes,
　　Cour des Aydes, & Sieges des Requestes.

PARIS, Parlement, Chambre des Compte, Cour
des Aydes, Requestes, Edict.

THOLOSE, pour Languedoc, Parlement &
Requestes.

BORDEAVX, pour Guyenne, Parlement.

ROVEN, pour Normandie, Parlement, Chambre des Comptes, Cour des Aydes, Requestes &
Edict.

DIION, pour Bourgogne, Parlement, Chambre
des Comptes, & Requestes.

AIX, pour Prouence, Parlement, & Chambre des
Comptes.

GRENOBLE, pour Dauphiné, Parlement, &
Chambre des Comptes, Edict.

RENNES, pour Bretagne, Parlement.

METS, Parlement.

A Nerac, Chambre de l'Edict pour Bordeaux,
maintenant a cause de rebellion transferée à Agen.

A Castres, Chambre de l'Edict pour Tholose.

Montpellier, Cour des Aydes, & Chambre des
Comptes.

Montferrant, Cour des Aydes.

Nantes, Chambre des Comptes pour Bretagne.

Les Bailliages & Seneschauffées de France.
La lettre B. signifie Bailliages, S. Seneschauffees,
G. Gouuernement.

Le Preuoft de Paris.

Le B. du palais à Paris.

Bourgogne premiere partie
de France.

Le Bailly de Dijon.

B. d'Authun.

B. de Chaalon.

B. d'Auxois.

B. de la Montagne.

B. de Mafcon.

B. d'Auxerre.

B. de Bar-fur-Seine.

B. de Charolois.

Normandie.

B. de Roüen.

B. de Caën.

B. de Caux.

B. de Cotentin.

B. d'Eureux.

B. de Gifors.

B. d'Alençon.

Guyenne.

S. de Guyenne & Bour-
delois.

Iugeries de Riuiere &
Verdun.

G. de Cominges.

S. de Bazadois.

S. de Perigord.

S. de Roüergue.

S. de Xaintonge.

S. d'Agenois.

S. des Lannes.

S. d'Armaignac.

S. de Condon.

Siege de Gafcogne.

S. du haut Limofin, ville
de Limoges, & bas
pays de Limofin.

S. de Quercy.

S. de Poictou & de Mail-
lezais.

G. de la Rochelle.

B. de Lauaur.

Champagne & Brie.

B. de Troye, Nogent &
pont fur Seine.

B. de Sens.

B. de Chaumont.

B. de Vitry.

B. de Chafteauthierry.

B. de Meaux.

B. de Prouins.

B. de Sezanne.

Tholofe & gouuernement
de Languedoc.

S. de Tholofe.

S. de Beaucaire.

S. de Montpellier.

S. de Carcaſſonne.

S. de Beziers.

S. de Lauraguais.

B. de Vermandois.

S. d'Anjou.

S. de la Fleche.

S. de Lodunois.

S du Mayne.

B. de Touraine & d'Amboiſe.

B. de Vendoſmois.

B. de Berry.

B. de S. pierre le Mouſtier.

S. de Bourbonnois.

B. de Foreſts.

B. de Beaujolois.

Auuergne.

S. du bas païs d'Auuerg.

S. des Mõtag. d'Auuerg.

B. de Mont-ferrant.

B. de Velay.

S. du Puy.

S. de la Marche.

B. du Viuarais.

B. de Geuodan.

S. de Lyon.

B. de Chartres.

B. d'Orleans.

B. de Blois.

B. de Dreux.

B. de Montargis.

B. de Mante & Meulan.

B. de Gien.

B. du Perche.

B. de Chaſteau-neuf en Timerais.

B. d'Amiens.

S. de Ponthieu.

S. de Boulonnois.

G. de Peronne, Montdidier, & Roye.

B. de Soiſſons.

B. de Senlis.

B. de Vallois.

B. de Clermont en Beauuoiſis.

B. de Chaumõt en Vexin

B. de Melun.

B. de Nemours.

B. de Niuernois & Douziois.

Dauphiné.

G. de Dauphiné.

B. des Montagnes de Dauphiné.

B. de Viennois.

B. de S. Marcelin.

B. de Gap.

B. de Briançon.

B. d'Ambrun.

S. de Valentinois.

B. de Monfort & Hou-
dan.
B. d'Eſtampes.
B. de Dourdan.

S. de Draguignan.
S. d'Yerres.
S. de Digno.
S. de Forcalquier.

Prouence.

Grand S. de Prouence.
S. d'Aix.
Viguier de Marſeille.
S. d'Arles.

Bretagne.

S. de Rennes.
S. de Nantes.
S. de Vennes.
S. de Quimpercorentin.

---

*Les vingt & vne Generalitez de France, auec les Eſle-
Ctions & Greniers à ſel, qui ſont ſous quinze
deſdites Generalitez.*

GENERALITE' DE PARIS.
qui contient 1904. Parroiſſes.

EſleCtions. Paris, Meaux, Sens, Senlis, Compiegne, Mante, Melun, Beauuais, Montfort l'Amaury,
Dreux, Eſtampes, Auxerre, Vezelay, S. Florentin,
loigny, Tonnerre, Prouins, Rozay, Creſpy, Co-
lommiers.

GENERALITE' D'AMIENS.
qui contient 1213. Parroiſſes.

Eſlections. Amiens, *Il y a encore trois Eſlections particulieres qui en ſont dependantes,* Oyſemont, Gama-
ches, Ayrames, *où il y a à chacune vn Eſleu particulier,
& vn Lieutenant.* Doulens, Corbie, *y a Eſleu & Lieutenant particulier,* Abbeuille, Montdidier, *Eſleu &
Lieutenant particulier à* Roye & Bertheuil, Peronne, S. Quentin.

GENERALITE' DE SOISSONS.
qui contient 1088. *Parroiſſes.*

Eſlections. Soiſſons, Clermont, Creſpy, Cha-
ſteau Thierry, Laon, Noyon.

GENERALITE' DE CHALONS.
qui contient 2294. *Parroiſſes.*

Eſlections. Chaalons, à S. Menchou, & à Ver-
tus, *y a Eſleu particulier.* Vitry, à S. Dizier, Ioinuil-
le, & Montirandé, *Eſleus particuliers.* Chaumont
en Baſſigny, à Bar ſur Aube, *il y a Eſleu particulier,*
& à Andelot, & à Vaſſy. Langres, à Chaource,
Eſleu particulier. Troyes, à Arcis, Villenopces,
Mery, Brienne, & Villenon, *Eſleus particuliers.*
Sezanne, Eſpernay, à Chaſtillon, *Eſleu particulier,*
Reims, à Fiſmes & Cormicy, *Eſleus particuliers.*
Rethel, à Meziers. *Eſleu particulier.*

GENERALITE' DE ROVEN.
qui contient 2899. *Parroiſſes.*

Eſlections. Roüen. Le Pont de l'Arche. Le pont
l'Eueſque. ponteau de Mer, Caudebec, Montiuil-
lier, Arques, Neuf-chaſtel, Eureux, Conches,
Bernay, Liſieux, Giſors, Andely, Chaumont &
Magny, Lyons, Alençon, Argentan, Verneüil,
Mortaigne. & Beleſme, Domphront.

GENERALITE' DE CAEN.
qui contient 1008. *Parroiſſes.*

Eſlections. Caën, Bayeux, Fallaize, Vire & Con-
dé, Couſtances, Carentan, Vallongnes, Auran-
ches, Mortaing.

GENERALITE' DE TOVRS.

Eſlections. Tours, Amboiſe, Loches, Chinon,
Loudun, Mirebeau, Monſtreubellay, Saumur, An-
gers, Baugé, La Fleche. *Il y a Eſleu particulier à*
Beaumont

Beaumont le Vicomte, Chasteau-gontier, Laual,
& le Mans. *En cette Eslection il y a plusieurs Esleus
particuliers.*

GENERALITE' D'ORLEANS.
qui contient 1231. Paroißes.

Eslections, Orleans, à Ianuille & Sully, *y
a Esleus particuliers*. Chartres, à Coruille,
Nogent & Illiers, *y a Esleus particuliers*.
Blois, Vendosme à Montoires, *Esleus particuliers*. Gien, à la Charité, S. Fargeau &
Cosne, *y a Esleus particuliers*, Dourdan,
Montargis, Clamecy, Chasteaudun, à Bon-
neual, *Esleu particulier*. Remorantin, Bau-
gency, Pithiuiers.

GENERALITE' DE BOVRGES.
qui contient 672. Paroißes.

Eslections. Bourges, à Yssoudun, *Esleu particulier*. Chasteau-chinon, Chastillon sur
Indre, Chasteauroux, Lachastre, S. Amand.

GENERALITE' DE MOVLINS.
qui contient 1281. Paroißes.

Eslections. Moulins, à Billy, Verneüil,
Bourbon & Caueroches, *Esleus particuliers*,
Neuers, *plusieurs Villes où il y a plusieurs
Esleus particuliers*. Mont-luçon, *Esleu particulier*, Gannat, La Marche, à Montegu, *y
a Esleu particulier*. Combraille, Franqua-
leu.

R

GENERALITE' DE RIOM
en Auuergne.
qui contient 827. Paroisses.

Eslection. Riom, Haut Auuergne, à S.
Flour, Bas Auuergne, Iffoire, Brioude,
Aurillac.

GENERALITE' DE LION.
qui contient 865. Paroisses.

Eslections, Lion, Mont-brifon, Ville-franche en Beauiollois.

GENERALITE' DE POICTIERS.
qui contient 1354. Paroisses.

Eslections, & n'y a point de Greniers à fel.
Poictiers, à Partenay, Montmorillon, Ci-
uray, l'ifle iourdan, & **Mefle**, *y a Esleus par-
ticuliers.* Saint Maixant, Niort, à Mereuil
& Luffon, *y a Esleus particuliers,* Ollone, à
Predmond, *Esleu particulier*, Mauleon, à
Mortaigne, *Esleu particulier*, Toüars, Cha-
ftelleraut, la Rochelle.

GENERALITE' DE LIMOGES.
qui contient 268. Paroisses.

Eflection & n'y a point de Grenier à Sel.
Limoges, Tulles, Briues en Berry, Bourg-
neuf, Angoulefme, Xaintes à Barbezieux
& Pons, *Esleus particuliers.* Sainct Iean
d'Angely.

GENERALITE' DE BORDEAVX.

qui contient 3483. Paroiffes.

Eflections, & n'y a point de Grenier à Sel.

Bordeaux, Cumenges, Riuiere, Verdum, Figeat, Montauban, Cahors, & Rodez, Ville-Franche, Rouerge, Condommois, & Bezadois, les Lannes Armaignac, Agen, Perigort. *Il y a auffi plufieurs villes où il n'y a qu'vn Efleu particulier.*

GENERALITE' DE BRETAGNE.

Il n'y a point d'Eflection en cette Generalité, ny de Greniers à Sel: mais elle eft compofée de dix Receptes particulieres, & s'appellent Receptes de Foüages, à caufe que les impofitions fe font par feux: lefdites Receptes font à Nantes, Sainct Malo, Vennes, Rennes, Fougeres, Sainct Brieux, Triguiers, Cornoüailles, Leon. *Il y a Preuofté & mefurages de Sel de la Foffe de Nantes.*

GENERALITE' DE DIION
OV BOVRGOGNE.

qui contient 1761. Paroiffes.

Les Tailles fe leuent par Bailliages, ou Receptes particulieres.

GENERALITE' DE DAPHINE'.

qui contient 604. Paroiffes.

Il n'y a ny Eflections ny Greniers à Sel, mais à huict Bailliages qui portent le reuenu du Do-

maine à la recepte generale.

GENERALITE' DE MONT-
pellier.

qui contient 604. *Paroisses.*

Il y a vnze Receptes particulieres par Dioce-ses, sçauoir le Diocese de Narbonne.

D. de S. Ponts.   D. d'Vzez.

D. de Beziers.   D. de Viuiers.

D. d'Agde.   D. de Mande.

D. de Montpellier.   D. du Puy.

D. de Nisme.   D. de Lodesue.

GENERALITE' DE THOLOSE.

qui contient 1013. *Paroisses.*

Il y aussi vnze Receptes particulieres en vnze Dioceses, sçauoir les Dioceses de Tholose, S. Papoul, Castres, Alby, Alleth, & Limoux, Carcassonne, Mirepois, Rieux, Cominges, Lauaur, Montauban.

GENERALITE' D'AIX.
EN PROVENCE.

qui contient 644. *Paroisses.*

Il n'y a point d'Eslection.

F I N.

www.ingramcontent.com/pod-product-compliance
Lightning Source LLC
Chambersburg PA
CBHW060826220326
41599CB00017B/2282